BARBARA
WOOD

BARBARA WOOD

ARMONÍA ROTA

Traducción de Carme Camps

grijalbo
grijalbo mondadori

Título original:
PERFECT HARMONY
Cubierta: Jordi Solé

Publicado por acuerdo con Lennart Sane Agency AB.
Primera edición
ISBN: 84-253-3186-2 (tela)
ISBN: 84-253-3213-3 (rústica)
Depósito legal: B. 38.551-1997
Impreso en Hurope, S.L., Lima, 3 bis, Barcelona

Primera Parte

1

18,00. Palm Springs, California

El estridente timbrazo del teléfono despertó a Charlotte de un sueño profundo.

Al tender el brazo para responder, consultó el despertador de su mesilla de noche. Las seis de la tarde. Las últimas noches no había dormido bien, por lo que al salir del laboratorio había ido a casa y se había tumbado a echar una breve siesta. Para su sorpresa, vio que había dormido media lluviosa tarde.

Quien llamaba era Desmond. Sus palabras cayeron como bombas:

—Charlotte, será mejor que vengas enseguida. Ha habido otra.

Ella despertó de golpe.

—¿La tercera? —La habitación se hallaba a oscuras; encendió la lámpara de la mesilla—. ¿Es muy grave?

—Como las otras. La víctima ha muerto.

Charlotte cerró los ojos. «Dios mío.»

—Voy para allá.

Pero cuando puso los pies en el suelo, se detuvo y se llevó las manos a la cabeza. Había tenido un sueño extraño, inquietante. ¿Cómo había sido?

Poco a poco fue recordando: su abuela le decía: «Provenimos de un largo linaje de hijas sin madre. Siempre, en un momento de nuestra vida, nuestra madre nos guía desde el Más Allá. Algún día, Charlotte, oirás la voz de tu madre que te habla, como una vez oí yo a la mía.

»—Pero ¿cómo la reconoceré? —había preguntado Charlotte en su sueño—. Mi madre murió cuando yo era muy niña. Nunca la llegué a oír hablar.

»—La reconocerás con el corazón, no con los oídos.

»—¿Y cuándo sucederá esto?

»—Cuando sea el momento oportuno.

Sólo había sido un sueño, pero también un recuerdo. La abuela de Charlotte había pronunciado esas proféticas palabras más de diez años atrás. Charlotte aún esperaba oír la voz de su madre.

Mientras se apresuraba a ponerse unos tejanos, se pasaba un jersey de punto de trenza por la cabeza y se recogía el largo cabello negro en un pasador dorado, Charlotte miró por la ventana hacia el desierto valle que se extendía ante ella, apenas visible en el agonizante día. Una lluvia caliente caía de un cielo ennegrecido con nubes de tormenta; hacia el oeste, los relámpagos iluminaban el horizonte en breves explosiones sulfurosas.

Charlotte pensó: «Si la abuela viviera, sabría interpretar las señales. Diría: "Estas nubes, como grullas, volando a casa con urgencia. Un feliz presagio. Significa que se avecina buena suerte"».

Charlotte nunca había aprendido a interpretar las señales, aunque su abuela había tratado de enseñárselas. «Quizá soy demasiado americana —pensó Charlotte—. Igual que la abuela era demasiado china.»

Protegiéndose los ojos del resplandor de un relámpago, pensó: «Palm Springs tiene trescientos treinta días de sol al año. ¿Cómo puede considerarse buen presagio esta tormenta?»

Era un mal presagio. Tres muertes causadas por productos Armonía en una semana. Tenía que ser sin duda un caso de falsificación del producto, como el del Tylenol, porque Armonía Biotec fabricaba infusiones de hierbas bajo el más estricto control de calidad. Pero si se trataba de una falsificación de producto, ¿estaban relacionadas las muertes, o sólo una de ellas había sido intencionada y las otras dos eran víctimas inocentes? ¿O el objetivo era la empresa Armonía?

Puso la radio de la mesilla de noche; estaban dando las noticias de la tarde: aviso de riada en los desiertos bajos... cortes de suministro eléctrico en Pomona, Manhattan Beach y zonas del valle de San Fernando... desprendimientos en Malibú...

Apagó la radio. No eran buenos presagios...

Apresurándose hacia la cocina, donde su vivaz interina empezaba a preparar la cena, Charlotte cogió su enorme bolso de piel que le servía de cartera de mano y bolso a la vez, recogió las llaves del coche y dijo:

—Tengo que ir a la fábrica, señora Sánchez. Ha surgido una emergencia. No sé a qué hora volveré.

—Debería llevarla Pedro en coche —dijo la interina, refiriéndose a su esposo que trabajaba de hombre para todo en las cinco hectáreas de Charlotte—. La tormenta es fuerte.

—No me pasará nada. No te preocupes.

Los Sánchez llevaban ocho años con Charlotte. Habían venido con ella desde San Francisco, «cuando las medicinas se trasladaron —como le gustaba explicar a la cajera de la tienda de comestibles de Ralph—. No podíamos dejar sola a la *señorita.** Necesita que la cuiden. Aunque ella no lo sabe.»

—Pero ¿y su cena? —preguntó la señora Sánchez, abarcando con el brazo las burbujeantes ollas y cazuelas, los mostradores sembrados de verduras y especias.

—Tomaré algo en la cafetería —respondió Charlotte, y salió a la lluvia.

¡La cafetería!, pensó la señora Sánchez con repentina alarma. Debía de ser una emergencia muy grande para que la señorita comiera cualquier cosa. La señora Sánchez conocía mejor que nadie los extraños hábitos de comida de su ama.

Esta noche, siguiendo las instrucciones de la señorita Lee, la señora Sánchez estaba preparando ensalada de raíz de loto. Lo hacía no porque a la señorita Lee le gustara el sabor de la raíz de loto sino porque, como le había explicado en una ocasión a la señora Sánchez, las palabras chinas que designaban «raíz de loto» y la expresión «obtiene más cada año» sonaban casi igual, por lo que se consideraba útil para la economía personal comer mucha raíz de loto. La señora Sánchez hacía tiempo que se había acostumbrado a los hábitos alimenticios de su ama, los cuales se regían menos por las normas del gusto que por curiosas reglas del estilo «suena como» —la señorita Lee comía mucho arroz porque sonaba como «larga vida»— o eligiendo alimentos de la buena suerte, como *bok choy*, y evitando comida de la mala suerte, como el maíz. La señorita Lee incluso basaba su menú diario según su salud física del momento y el tiempo que hacía: «He decidido no tomar el estofado de angélica, señora Sánchez —decía por ejemplo—. Mi yin está demasiado alto». O: «Tomemos esta noche la sopa de perejil a la cicuta, señora Sánchez, han anunciado bajas temperaturas».

¡Cuántas reglas!, pensó la señora Sánchez volviendo a su quehacer. En lo que a ella se refería, si tenía ganas de comer tamales, comía tamales.

*En español en el original. *(N. de la T.)*

Cuando Charlotte dobló la esquina de su casa, se detuvo y miró a través de la lluvia.

—Oh, no —exclamó.

Una enorme rama de eucaliptus, rota por la fuerza del viento, bloqueaba por completo la salida del garaje y el sendero.

Dio media vuelta y volvió a la cocina, dejando la tormenta fuera, y pidió a la señora Sánchez que buscara a Pedro y que éste se encargara de retirar la rama lo más deprisa posible. Luego dejó el bolso y las llaves y se dirigió hacia el pasillo apenas iluminado.

Entonces fue cuando se dio cuenta de que estaba ocurriendo algo en la casa.

No era sólo la tormenta, o los truenos que hacían temblar la tierra. No era el frío y la oscuridad. Y no era la mala noticia que le había dado Desmond por teléfono. Era la casa. Ocurría algo en la casa.

Construida con adobe, estuco y tejas de Saltillo, la villa de casi ochocientos metros cuadrados de Palm Springs había sido diseñada y decorada al estilo suroccidental, con vigas envejecidas, tejas satinadas pintadas a mano y esculturas de madera de coyotes a tamaño natural aullando. No había nada que recordara Oriente en ningún rincón de la casa, ni un solo objeto chino. No obstante, antes de ir a vivir allí, Charlotte había contratado a un geomántico para que recorriera las habitaciones y comprobara que el *feng shui* —la práctica china de adaptar el ambiente en que uno se halla para que aporte salud, felicidad y prosperidad— era el adecuado.

El practicante de *feng shui* había encontrado algunos fallos horrendos en el diseño interior de la casa de Charlotte. Su cama, por ejemplo, se había colocado directamente debajo de una viga del techo que quedaba al descubierto, de modo que discurría horizontalmente de un lado a otro de la cama, cosa que sin duda provocaba dolores y achaques y «cortaba por la mitad» la vida del que dormía en ella; tenía que colocarse en una posición más «afortunada». El cuarto de baño de los invitados estaba situado frente a la puerta principal, lo cual significaba que todo buen *chi* que entraba en la casa se iría por el desagüe; un pequeño espejo en la base del retrete para desviar el *chi* del desagüe corrigió el error. Y el estanque del jardín formaba una curva alejándose de la casa, lo que creaba un «arco» de mala suerte que apuntaba directamente a la sala de estar; se alteró el estanque para que se curvara hacia el edificio, con lo que lo protegería.

De ese modo, durante dos años la casa de Charlotte había sido una casa afortunada y sana. Pero esta noche era diferente. Algo había cambiado.

Charlotte entró en su estudio, encendió la luz del escritorio y contempló los periódicos pulcramente apilados encima de éste, cuyos titulares le contrajeron el estómago. Tres personas muertas debido a los productos de su empresa. ¿Por qué? ¿Quién era el culpable?

De pronto sintió miedo. Cuando sus ojos tropezaron con la fotografía enmarcada de debajo de la lámpara cogió el teléfono sin vacilar. No quería estar sola en aquellos momentos, necesitaba que Forest estuviera con ella. Mientras marcaba su número de teléfono mantuvo la vista fija en la fotografía, en especial en la amplia sonrisa en el rostro de aquel hombre que un amigo común había descrito en una ocasión como la representación de un San Bernardo con forma humana. Forest era profesor de matemáticas en la Universidad de California en Los Ángeles. Hacía ocho años que era amigo de Charlotte y cinco que era su amante. Serio y estable, un hombre sin secretos.

Charlotte sintió un gran alivio cuando le oyó responder. Cuando apresuradamente le habló de la llamada de Desmond, él exclamó:

—¡Oh, Dios mío, Charlotte, es terrible! ¡Terrible!

Ella esperó mientras observaba la lluvia que golpeaba los cristales de sus ventanas. Apenas podía distinguir a Pedro Sánchez bajo el aguacero, atando una cuerda a la rama del árbol caído en el sendero.

Al cabo de unos instantes Forest preguntó:

—¿Crees que debería ir contigo? La tormenta es muy fuerte.

Ella vaciló.

—No, Forest —dijo—. Será mejor que te quedes ahí.

—Llámame si me necesitas. Te quiero.

—Yo también te quiero —murmuró ella, y colgó.

Mientras dejaba el auricular en su lugar, preguntándose a quién más llamar, se volvió hacia las puertas correderas de cristal que se abrían a su jardín rocoso, y vio una gran tortuga del desierto avanzando lentamente bajo la lluvia. Charlotte había encontrado el animal a un lado de la carretera, un año atrás. Alguien la había maltratado, por lo que se la llevó a casa y la alimentó con una dieta de hierbas chinas especiales. Suponía que cuando estuviera mejor se marcharía, pero el viejo animal se había quedado, incluso a pesar de que allí estaba encerrada.

—Salvas animales —le había dicho su abuela— en lugar de tener hijos.

Charlotte se había echado a reír.

—Ya tengo un hijo muy grande, abuela. Armonía Biotec es suficiente para mí como hijo.

Pero su abuela tenía razón. Charlotte pronto cumpliría cuarenta. Ella y Forest habían hablado de casarse y tener hijos, pero siempre concluían: «Lo haremos en cuanto...»

¿En cuanto qué?, se preguntó ahora mientras volvía a la cocina, donde los aromas de la excelente cocina de la señora Sánchez resultaban una fuerte tentación para quedarse en casa. La empresa siempre había ocupado el primer lugar en la vida de Charlotte. Siempre había algo nuevo que quería probar, algo innovador de lo que tenía que convencer a su abuela para que lo adoptara. De alguna manera los años habían ido transcurriendo y el tema de formar una familia siempre había quedado atrás.

Y ahora estaba esta nueva calamidad: alguien envenenaba productos Armonía.

Cuando cruzó el pequeño atrio donde cultivaba flores y hierbas raras, sintió una ráfaga de aire frío. Se volvió y vio que la puerta de cristal que daba al jardín se había abierto de golpe.

Al dirigirse apresuradamente a través de las delicadas palmeras y frágiles helechos a cerrar la puerta, notó que algo crujía bajo sus pies. Cuando vio lo que era, se llevó las manos a la boca y, en un breve regreso a su infancia, exclamó:

—*Aii-yah!*

El móvil de campanillas de cristal que llevaba dos años colgado en el atrio había caído al suelo y se había hecho añicos.

Se inclinó para palpar los fragmentos. El móvil era un regalo que le había hecho Jonathan la última vez que se habían visto, diez años atrás. Durante una década entera estos delicados círculos de cristal habían mantenido el *chi* bueno fluyendo por donde ella vivía, recordándole aquella tintineante musiquilla, con amarga tristeza, el único gran amor de su vida y cómo lo había perdido.

Su abuela había aprobado esta rememoración de la tristeza y el sentimiento de pérdida.

—Ahora nunca serás completamente feliz, Charlotte. El yin y el yang están equilibrados en tu vida.

¡Qué concepto! Aprobar la desdicha porque el equilibrio y la armonía eran más importantes que la felicidad completa.

La señora Sánchez entró, secándose las manos en una toalla. Emitiendo sonidos que indicaban su desaliento dijo:

—No se han roto todos, señorita. Aún podemos volver a colgarlo.

Pero el círculo exterior de cristal se había hecho trizas, por lo que ya no incluía a los más pequeños.

—Los móviles de campanillas rotos no pueden volver a colgarse —dijo Charlotte asomándole las lágrimas a los ojos—. El sonido no sería el correcto. El *chi* fluiría hacia atrás.

Por un momento se quedó mirando fijamente la suerte destrozada —esto era lo que le había hecho sentir que ocurría algo en la casa— y se preguntó si alguna vez todo volvería a ir bien. Luego, se volvió y se apresuró a regresar a su dormitorio donde abrió la cómoda y sacó una bufanda de seda profusamente estampada en azules acuáticos y verdes selváticos, otro regalo de Jonathan. Se la había regalado la última vez que se habían visto, cuando él le dio la noticia más pasmosa: «Soy espía —había dicho simplemente, como si se tratara de la más corriente de las ocupaciones—. Estoy aquí montando una trampa para atrapar a un agente de la KGB que nos ha traicionado».

Pero ésa no fue la noticia que la había dejado perpleja.

Regresó al atrio, recogió con suavidad las campanillas y trozos de cristal y lo envolvió todo en la bufanda. Pedro Sánchez apareció entonces, con un impermeable chorreante, para comunicarle que ya había despejado el sendero.

Cuando unos momentos después Charlotte estaba a punto de lanzarse a la tormenta, la interina la detuvo en la puerta de la cocina y dijo:

—Para usted —y metió algo en la palma de la mano de Charlotte—. Es muy antiguo —dijo la señora Sánchez, que era del sur de México y por tanto tenía sangre maya en sus venas. Charlotte vio que se trataba de un pequeño talismán, un trozo de jade verde tallado en forma de serpiente dormida—. Trae buena suerte, es muy muy antiguo —le aseguró.

Cuando Charlotte cerró los dedos en torno a la reliquia, sintió de verdad que un poco de buen *chi* penetraba de nuevo en su vida.

Charlotte redujo la velocidad del coche al entrar en Joshua Tree Drive, donde los discretos edificios del Parque Científico Armonía ocupaban una amplia zona de césped color verde esmeralda, con palmeras, cascadas artificiales entre las rocas y un lago que en esos momentos estaba agitado a causa de la lluvia. El letrero —Laboratorios

Armonía Biotec— y el otro más pequeño de debajo —Productos Herbales Armonía— eran tan discretos como los edificios. Los ricos y la elite que acudían a los campos de golf de Palm Springs y otros enclaves exclusivos no querían que se les recordaran la enfermedad y la mortalidad.

Cuando pasó por delante del primer edificio, que albergaba los laboratorios y la fábrica, Charlotte vio a algunos miembros de la policía local con impermeables amarillos acordonando las entradas y alejando a la gente. Frente al edificio principal, Charlotte sintió consternación al ver a un grupo de periodistas en el aparcamiento, furgonetas de las emisoras de televisión locales, tres cadenas nacionales, la CNN. Antes de bajar del coche rezó una plegaria en silencio por la vida inocente que se había perdido. Lamentaba de corazón saber que su empresa —cuya finalidad era proporcionar bienestar y salvar vidas— hubiera matado a tres personas. Se alegraba de que su abuela no viviera para presenciar esta vergüenza y este deshonor.

Y entonces sintió una oleada de rabia. Quienquiera que se hallara tras esos crímenes monstruosos no iba a salir impune.

Al bajar del coche el viento cambió de dirección lanzándole la lluvia a la cara, pero enviando también una breve ráfaga de deliciosos aromas culinarios procedentes de la cafetería de los empleados que se encontraba cerca de allí. Aunque Armonía daba empleo a muchos anglosajones e hispanos, la comida que se servía era china en su mayor parte, una tradición que había iniciado mucho tiempo atrás la abuela de Charlotte, quien creía que la comida era medicinal. Esta noche, para saciar el apetito del turno de tarde, había bacalao braseado con *dangshen* y *huangqui*, hierbas chinas que aumentaban la energía del cuerpo y ayudaban a tener una buena digestión.

—Señorita Lee —reclamaban los periodistas a través de la lluvia, acercándole micrófonos mientras ella se dirigía a toda prisa hacia el edificio principal—. ¿Cree usted que también ha sido un accidente? ¿Tres muertes?

Mientras se abría paso sin decir palabra, otro periodista se puso frente a ella.

—¿Qué tiene que decir de las afirmaciones de que su empresa ha estado utilizando en sus productos animales de especies en peligro?

Charlotte miró al hombre con expresión de asombro. Luego pasó por su lado entregándose a los brazos protectores de Desmond, primer vicepresidente, responsable del marketing. Desmond era primo suyo.

En otra época también había querido ser su amante. Ella sospechaba que aún lo quería.

—¡Esto es una pesadilla! —exclamó mientras la hacía entrar apresuradamente en el espacioso vestíbulo, donde el personal de seguridad trataba de mantener alejado a todo el mundo.

—Des, ¿qué es esto de que utilizamos animales ilegales en nuestros productos?

Desmond parecía acorralado, algo impropio de él, pues su preocupación por la imagen a veces rayaba la obsesión, como creía Charlotte. Esto la alarmó aún más. Para Desmond estar tan alterado que, por una vez, no llevaba el pelo perfectamente peinado significaba que la noticia era aún peor de lo que ella creía.

—No lo sabía —respondió él—. Al parecer, varios canales de televisión y periódicos importantes han recibido un anónimo. ¡La FDA* está investigando la acusación de que ponemos pene de tigre en nuestro té! —Cuando llegaron a los ascensores, Desmond frunció más el entrecejo, deformando sus atractivas facciones—. Hay más malas noticias —dijo—. El agente federal que se encargaba de los otros dos casos...

—Sí, Johnson.

—Ha sido retirado del caso. Adivina quién le sustituye.

Charlotte no necesitó adivinarlo, pues por la expresión desolada de Desmond ya lo sabía. Valerius Knight, un agente de la Food and Drug que estaba haciendo carrera atacando a las empresas fabricantes de productos herbales. Esto no presagiaba nada bueno.

—¿Y Adrian y Margo? —preguntó.

Desmond aprovechó la espera del ascensor para corregir su imagen: se pasó los dedos por la frente y el pelo, se alisó el jersey de pico de lana negra y los pantalones negros. Charlotte observó que su abrigo de cuero negro estaba seco, lo que significaba que aún no había salido para enfrentarse con los periodistas. Advirtió que incluso tenía un momento para colocar la cadenita de oro que llevaba al cuello formando una curva perfecta.

—Papá y mamá estaban de camino hacia las Bermudas —dijo—. He logrado atraparles en el avión de la empresa. Vienen hacia aquí.

*Food and Drug Administration, organismo que controla los alimentos y medicamentos en EE.UU. *(N. de la T.)*

Mientras seguían esperando ante las relucientes puertas de los ascensores, Charlotte contempló impaciente su propio reflejo en ellas. Con su largo cabello negro empapado por la lluvia y pegado al cráneo, sabía que no tenía el aspecto que debería tener la directora general de una empresa farmacéutica y herbal que facturaba varios millones de dólares al año. Su expresión era tan tensa que sus pómulos asiáticos, normalmente tan evidentes que le hacían parecer cualquier cosa menos estadounidense, ahora resaltaban y estaban húmedos y su piel tenía una palidez ebúrnea que le recordaba la antigua estatua de marfil de la diosa Kwan Yin que tenía en su despacho. Sus ojos mostraban las ojeras fruto de una semana sin dormir. «Ojos secretos», los había llamado Jonathan en una ocasión, mucho tiempo atrás. Porque eran ojos que protegían el conocimiento oculto, cosas que nadie sabía, como el hecho de que Charlotte no era su verdadero nombre.

Observó el otro rostro que se reflejaba en el cromo pulido. Desmond era un hombre apuesto, con las facciones regulares y una imagen cuidadosamente cultivada. También él tenía secretos. Ella se preguntó si era ésa la razón por la que siempre llevaba gafas de sol, incluso ahora que había oscurecido y llovía.

—Dios mío —exclamó Desmond dando un nuevo golpe al botón del ascensor—. ¡Es increíble! ¡Te juro que esto es peor que cuando fuiste secuestrada por extraterrestres! —La miró con aire contrito—. Lo siento. Ha sido un chiste malo.

Desmond no lo había dicho en broma. Charlotte sabía que hablaba en serio. Nunca dejaba pasar una oportunidad de referirse a un incidente por el que al parecer había estado preocupado los últimos veinticuatro años.

Sucedió cuando ella tenía quince años y Des catorce: un verano, Charlotte desapareció misteriosamente durante tres semanas y después no dijo a nadie adónde había ido, en especial a Desmond, quien no paraba de preguntar:

—¿El viejo verde de mi abuelo se ha aprovechado de ti como dice todo el mundo? —Desmond trataba de bromear y decía—: No, no podría ser verdad. Debieron de secuestrarte unos extraterrestres.

Charlotte no podía creerlo. Incluso después de tantos años, y en medio de una situación crítica de la empresa, Des aún quería saber adónde había ido cuando aquel verano desapareció. Lo que Desmond no sabía era que estaba más cerca de la verdad de lo que creía: realmente la habían secuestrado.

—Dame los detalles de este último incidente —dijo ella mientras subían en el ascensor hasta la tercera planta, donde se encontraban las oficinas de la empresa.

—Los análisis preliminares de las cápsulas halladas en el lugar...

—No —interrumpió ella, poniéndole suavemente una mano en el brazo—. La persona que ha muerto. ¿Era hombre o mujer?

—Una mujer de treinta años. Abogada. Divorciada y con dos hijos.

—Estoy desolada, Desmond. Desolada de veras.

—Charlotte, no ha sido culpa tuya.

—¿Alguien se ocupa de los niños? ¿Hay familia?

—Mmm... tendré que averiguarlo. Me temo que mi mente ha estado pensando sólo en la empresa. Quiero decir, ¿cómo diablos se contaminaron esas cápsulas?

Charlotte frunció el entrecejo.

—¿Cápsulas?

—Ah, claro, no te lo he dicho. Esta vez no ha sido el tónico. Ha sido el Dicha.

El ascensor se detuvo y las puertas se abrieron con un susurro, pero Charlotte no se movió.

—¿El Dicha? —dijo—. ¿Quieres decir que esta muerte la ha provocado un producto distinto?

Él asintió con gesto serio.

—¡Oh, Dios mío, Des!

Lo que eso significaba la dejó sin aliento.

Cada día, la empresa Armonía despachaba cientos de productos a miles de tiendas en todo el país y en todo el mundo. Las tres víctimas habían tomado tres productos diferentes; ¿cuántos más habían sido manipulados? ¿Todos?

—Retíralo todo —dijo, furiosa de pronto—. Retira inmediatamente todos los productos Armonía de las tiendas.

Entraron en una caótica zona de recepción donde sonaban multitud de teléfonos y todo el mundo parecía hablar al mismo tiempo. Charlotte se detuvo para controlar su ira. Sabía que todos buscarían en ella fuerza y consejos; sabía que en los próximos días tendría que hacer grandes esfuerzos para parecer tranquila y controlada.

Mientras la gente se precipitaba hacia ella acosándola a preguntas, Charlotte examinó el lugar en busca del agente federal Valerius Knight. Éste poseía alguna información vital y ella quería conocerla enseguida. Pero se detuvo antes para hablar con una mujer rolliza y de baja estatura vestida con un impermeable mojado, con un redondo rostro asiático enmarcado por una bufanda floreada y los ojos llenos de preocupación.

—Diga a sus equipos que me reuniré con ellos mañana por la mañana, señora Wong —dijo Charlotte—. Dígales que no hay nada de qué preocuparse. Todos seguirán cobrando, no se despedirá a nadie.

Pero Charlotte sabía que tras los ojos asustados de la señora Wong se escondía una pregunta más importante: las primas prometidas, anunciadas cuatro semanas atrás, con las que todos contaban.

Las primas en realidad habían constituido una noticia en toda la nación, incluida la portada de la revista *Time*. Invento personal de Charlotte, era un nuevo plan de reparto de beneficios basado en los valores que su abuela le había inculcado y que coincidía con la tradición de la empresa Armonía de tratar siempre a los empleados como a miembros de la familia. Como los beneficios de Armonía el año anterior habían alcanzado cifras récord, en lugar de repartirse el pastel entre ella y los otros miembros del consejo de administración, Charlotte había decidido compartirlos con los casi mil trabajadores de la empresa. Algunos de los cheques iban a tener siete dígitos, tan elevados eran los beneficios. Los ejecutivos de otras empresas consideraban el plan de Charlotte una amenaza indeseable para el sistema de compensación a los trabajadores. Pero Charlotte se limitaba a señalar que los empleados de Armonía eran leales e incansables y que el movimiento de personal era inferior al uno por ciento anual.

Los cheques tenían que ser extendidos ese fin de semana. Pero el giro de los acontecimientos representaba una amenaza.

Cuando las luces fluctuaron de pronto, todos ahogaron una exclamación; Charlotte dijo a Desmond:

—Ocúpate de que Mantenimiento compruebe los generadores de emergencia. Es posible que se produzca un fallo de corriente.

—Ya lo he hecho —dijo él.

Su secretaria se acercó apresurada.

—Charlotte, tengo a alguien de la cadena KFWP al teléfono, y la KRLA está llamando. Quieren declaraciones.

—Entreténlos todo lo que puedas. Margo está de camino. Ella se ocupará de la prensa. ¿Has visto al señor Sung? —preguntó, refiriéndose al presidente del consejo de la compañía.

—Le he visto por ahí hace un rato.

—Búscamelo, por favor. —Charlotte se volvió a Desmond—. Podría ser que tuviéramos que hacer frente a algún pleito por responsabilidad del fabricante. Quiero que el señor Sung esté al tanto.

—No te preocupes, Charlotte. Podremos demostrar que se trata de una manipulación externa.

—No si Valerius Knight está a cargo del caso —dijo ella, atisbando por fin al representante de la FDA, que se hallaba al otro lado de la habitación: una cabeza que destacaba por encima de las demás—. Ese hombre tiene dos caras. Nada le gustaría más que destruir Armonía.

Apareció el jefe de química de la empresa, retorciéndose las manos, el semblante pálido y agitado:

—No me dejan entrar en mi laboratorio. Necesito entrar.

Ella le puso una mano en el brazo.

—Veré lo que puedo hacer. No te preocupes. Todo irá bien. —Charlotte se volvió a su secretaria—. Busca al señor Sung. Necesito verle enseguida.

—Tengo otras cuatro personas al teléfono —dijo la joven, sosteniendo varios papelitos de mensajes de color rosa—. Via-tek Corp al teléfono, y Chang How Imports. El señor López de la granja Gilroy está preocupado por algo...

—Coge los mensajes, diles que les llamaré en cuanto sepa algo. —Se dirigió a Desmond—. Lo primero que tengo que hacer es hablar con Knight y averiguar qué información posee.

—Buena suerte —le deseó Desmond.

Charlotte se abrió paso en la abarrotada zona de recepción.

Encontró al agente de la FDA cerca de la sala de suministros, sentándose ante un escritorio y poniendo en marcha un ordenador portátil. Valerius Knight era un imponente afroamericano de alta estatura, con un espeso bigote negro, cabeza rapada, y un timbre de voz profundo y resonante; era famoso por sus ansias de llamar la atención y perseguir los casos más espectaculares. Su presencia en Armonía hizo sonar la alarma en la cabeza de Charlotte.

—Agente Knight —dijo ella sin preámbulos—, ¿qué información puede proporcionarme sobre las víctimas?

—Ah, señorita Lee —dijo él, obsequiándole con una encantadora sonrisa—. Lamento que tengamos que vernos en semejantes circunstancias.

—¿La FDA está segura de que los productos Armonía han sido los causantes de las muertes?

—En los tres casos, lo último que las víctimas habían ingerido era uno de sus productos. Tendré que interrogar a todos los empleados que estuvieron en contacto con esos productos, desde la preparación química hasta el chico que condujo el camión hasta el distribuidor.

Le tendió un paquete de chicles de menta ofreciéndole uno.

—¿Por qué cree que la manipulación se hizo aquí?

—Hemos hablado con el hermano de la última víctima —respondió el hombre, desenvolviendo con cuidado un chicle y examinándolo como si también pudiera estar contaminado—. Ha dicho que su hermana era muy escrupulosa y se aseguraba de que ningún cierre hermético estuviera roto; siempre comprobaba las fechas de caducidad, cosas así. Bueno, ella era abogada. —Sonrió mientras se metía el chicle en la boca—. Además, hemos encontrado el envoltorio de celofán en el mostrador de la cocina, y sólo faltaban cuatro cápsulas de Dicha, lo que significa que acababa de abrir un nuevo frasco. Si esas cápsulas fueron alteradas después de salir de su fábrica, el autor es una persona muy hábil.

—¿Cuál ha sido la causa de la muerte?

Él masticó con timidez.

—La primera víctima, paro cardiaco. La segunda, apoplejía.

—¿Y la tercera?

—Preferimos mantenerla en secreto, de momento.

—Agente Knight, si mi empresa está bajo sospecha tengo derecho a saber de qué ha muerto la mujer.

Él se quedó pensando unos instantes.

—Hemorragia cerebral. Apoplejía. Pero eso no es para consumo público.

—Sé guardar un secreto, agente Knight.

—Sí, ya lo imagino —dijo él sonriendo.

—¿Han encontrado alguna relación entre las tres mujeres?

—Estamos trabajando en ello. Pero también estamos considerando a Armonía Biotec como el posible objetivo. ¿Han recibido alguna amenaza? ¿Una carta? ¿Llamadas telefónicas? ¿Alguien pidiendo dinero?

—No —respondió Charlotte—. Nada.

—¿Y... —se metió la mano en la chaqueta deportiva de costosa confección y sacó un pequeño bloc de notas— este tal Norman Thurwood, el hombre a quien quitaron su empresa de medicamentos?

—Nosotros no hemos quitado nada a nadie. Fue una adquisición amistosa.

—Eso no es lo que ha llegado a mis oídos. A él no le gustó la compra. ¿Podría estar resentido?

—Agente Knight, al señor Thruwood no le compramos Armonía. Sólo el parque científico y el laboratorio de investigación biomédica de su empresa. Armonía es *mi* empresa, ha sido de mi familia durante generaciones. Nuestros productos se basan en los remedios a base de hierbas que conocía mi bisabuela.

—Sí, conozco eso a lo que usted llama remedios, señorita Lee. —Esbozó una fría sonrisa—. ¿Estas muertes podrían tener origen interno?

—Somos una familia, agente Knight.

—No, me refiero a algún empleado.

—Eso es a lo que yo me refería. Esta empresa es una familia, señor Knight. La mayoría de mis empleados llevan años aquí. Tenemos un porcentaje muy elevado de lealtad.

—¿El tipo de empleados leales que callarían información o mentirían por su amo?

Ella hizo caso omiso de este comentario.

—¿Han traído ya los resultados de los análisis químicos? ¿Sabe si había el mismo ingrediente en los tres productos que causaron las muertes?

—Todavía no tenemos los resultados. Los espero en cualquier momento. Esto me recuerda una cosa: necesitamos la fórmula del Dicha, para poder comparar.

Charlotte le lanzó una mirada dura. Había solicitado muestras de los dos primeros productos con el fin de que sus químicos pudieran realizar pruebas independientes, pero la FDA había negado su solicitud.

—Me encargaré de hacerle llegar la fórmula, agente Knight. Pero puede que tarde un poco.

La sonrisa del hombre se ensanchó.

—Tengo la plena seguridad, señorita Lee, de que usted y su personal nos ofrecerán toda su cooperación en esta investigación, y de una forma rápida.

Cuando ella hizo ademán de marcharse, él dijo:

—Entiendo, señorita Lee, que sus laboratorios fueron inspeccionados tres veces el año pasado por la FDA. ¿No es eso bastante inusual?

Ella le miró a los ojos.

—Agente Knight, nuestros productos se fabrican siguiendo estrictas reglas, independientemente de lo que la FDA exige. Cada lote de materia prima que llega a esta planta se muestrea y se prueba antes de ser utilizado. Nuestros productos se fabrican entonces según los informes de la serie redactados estrictamente, y cada fase del proceso es medida, comprobada y recomprobada por expertos químicos y farmacéuticos. Se saca una muestra de la serie, se prueba y se aprueba antes de enviarla a las tiendas. No somos una empresa de pacotilla, agente Knight.

—Bueno, yo no he dicho...

—No es ningún secreto que la FDA y Armonía no se llevan muy bien. Nos han estado presionando para que hagamos pruebas clínicas en animales. Y la política de Armonía está en contra de la experimentación animal.

De pronto se oyó un alboroto cerca de la escalera de emergencia, voces llamando a los de seguridad, Desmond gritando:

—¡Saque de aquí esa maldita cámara!

—¿Qué me dice de ese nuevo medicamento, el GB4204? —preguntó Knight cuando el alboroto se hubo acallado.

Ella le miró a los ojos, tratando de descifrar en ellos una amenaza oculta. El GB4204 era el producto al que Charlotte había dedicado veinte años de su vida.

—¿Qué pasa con ese producto? —preguntó, a la defensiva.

—Tengo entendido que en la actualidad otras dos empresas tienen fórmulas similares ante una junta asesora secreta.

Charlotte enarcó las cejas.

—¿Está sugiriendo que estas muertes se deben a sabotaje industrial?

—O algo ideado para hacer que parezca sabotaje industrial. Digamos, por ejemplo, por alguien de la empresa, para desacreditar a esos otros dos fabricantes de medicamentos. —Se encogió de hombros y se apresuró a añadir—. Pero probablemente estoy equivocado. —Le ofreció una sonrisa deslumbrante que Charlotte ni por un instante creyó.

Ella le miró un momento, midiendo a este ser del que tanto había oído hablar; un hombre de gran ambición, se decía, un inconformista entre los agentes federales que, según se rumoreaba, recurriría a cualquier método para prosperar en su carrera. Su cruzada personal eran los fabricantes de hierbas medicinales. Era el responsable de que dos empresas más pequeñas hubieran cerrado, y Charlotte sospechaba que hundir la empresa Armonía sería el trampolín que precisaba para el próximo ascenso en su carrera.

—¿Nos van a cerrar la empresa? —preguntó bruscamente.

—Sólo de forma temporal —respondió él, sin borrar su encantadora sonrisa de sus labios, como si estuviera de parte de ella—. Sólo el tiempo necesario.

—Si me disculpa, agente Knight, tengo muchas cosas de las que ocuparme. Mi secretaria se encargará de todo lo que necesite.

—Claro —dijo él—. Adelante. Yo no me moveré de aquí.

Charlotte encontró a Desmond hablando con el señor Sung; Desmond parecía muy inquieto, el hombre de más edad le miraba con expresión implacable. Llevándose a su primo a un lado, Charlotte le dijo:

—Prepara anuncios para la radio y la televisión alertando de que existe algún problema con los productos Armonía, que no los compren, que no consuman los que tengan en casa. Y asegúrate de que se retira todo del comercio.

—¿Y los empleados?

—Mantendremos un equipo de guardia y enviaremos a los demás a casa, con permiso retribuido.

Él meneó la cabeza.

—Esto es serio, Charlotte. Muy serio.

—Y diles a esos periodistas de ahí fuera que leeré un comunicado. —Se detuvo y puso una mano en el brazo de Desmond—. Dame unos minutos, ¿de acuerdo? Tengo que serenarme. Y —añadió, mirando por encima del hombro al agente Knight, que estaba conectando su ordenador portátil— manténle ocupado. Pero haga lo que haga, no cooperes. Tengo la fuerte sensación de que este hombre está aquí para crucificarnos. Manipulará todos los datos para que parezca que la culpa es nuestra. Ya lo ha hecho anteriormente.

Cuando Desmond se perdió entre la multitud, Charlotte se volvió al señor Sung, quien esperaba paciente, observando con calma la escena.

Con casi ochenta años, el señor Sung no sólo era el principal consejero de la empresa, sino que había sido el consejero de la abuela de Charlotte y también amigo íntimo. El señor Sung era el que había acompañado el féretro a casa; fue la última persona que vio viva a la abuela de Charlotte.

—Charlotte —dijo con su voz suave—, qué desastre.

—Realmente voy a necesitar su ayuda.

Él la miró con expresión triste.

—Escucha el ruido, la falta de armonía. Aquí sólo hay mala suerte. —Meneó la cabeza—. Traigo noticias desafortunadas. Las familias de las víctimas han demandado a la empresa.

Charlotte gimió. Seis días atrás se hallaba en la cima del mundo, con la FDA a punto de aprobarle su nueva fórmula contra el cáncer, el GB4204, el resultado del sueño que había acariciado durante veinte años. Ahora todo su mundo se venía abajo rompiéndose en mil millones de fragmentos irrecuperables, como el móvil de campanillas que había metido con gran cuidado en su bolso, temerosa de dejar atrás su suerte destrozada.

¿Quién estaba haciendo esto? ¿Era una enemistad personal contra la empresa Armonía? ¿Un empleado disgustado? ¿Sabotaje industrial? ¿O el asesino simplemente había elegido los productos Armonía como su instrumento para matar, y en realidad no tenía nada que ver con Charlotte o su empresa?

Eso fue un instante antes de que cayera en la cuenta de que el señor Sung le tendía algo. Lo reconoció enseguida: una cajita de madera ligera y decorada con complicada marquetería, un rompecabezas chino que había pertenecido a la madre de Charlotte.

—Hace años que no lo veía —murmuró maravillada cogiendo la cajita—. Recuerdo el estante donde lo guardaba la abuela. —Miró perpleja al anciano—. ¿Por qué lo ha traído ahora?

—Me ha parecido que podría resultarte útil en estos momentos de necesidad. Y ahora, si me disculpas, tengo cosas que atender. Estaré en mi despacho si me necesitas —dijo el hombre, añadiendo «Charlotte» en tono cariñoso.

Mientras le observaba cruzar la zona de recepción, un anciano enjuto a quien todos, respetuosamente, dejaban pasar, Charlotte agitó con suavidad la cajita rompecabezas. Para su sorpresa, había algo dentro.

Charlotte avanzó por el pasillo, a cuyo término su despacho ocupaba una esquina, abandonando la caótica escena en la que Desmond intentaba hacer frente a los preocupados supervisores y jefes de departamento, donde Valerius Knight escribía en su ordenador portátil y las secretarias procuraban atender el alud de llamadas telefónicas.

El silencio que de inmediato la engulló, cuando cruzó las puertas dobles de roble y las cerró tras de sí, fue como una panacea instantánea. Echó una mirada a las dos estatuas que flanqueaban la puerta: Esculapio, el dios griego de la curación en Occidente, con una inscripción en el pedestal que rezaba: «Lo primero es no hacer daño», y Kwan Yin, diosa china de la misericordia: «Las manos toscas hacen medicinas toscas». Charlotte envió una breve plegaria mental a los antiguos dioses, pidiéndoles guía y fortaleza.

Salvo por Kwan Yin, no había nada asiático en la decoración en tonos grises y granates del despacho de Charlotte. Muy al estilo de empresa norteamericana, aspecto que Charlotte cultivaba adrede. La mayoría de personas, cuando la conocían por primera vez, no sabían que era china en una cuarta parte, o que su apellido, Lee, no era norteamericano sino que tenía sus raíces en la China del sur. En realidad, fue Charlotte quien, tras heredar el puesto de directora general a la muerte de su abuela seis meses atrás, había desviado el interés de la compañía de la fabricación de hierbas medicinales chinas a la investigación y desarrollo de productos farmacéuticos occidentales. El cambio de nombre, de Productos Armonía a Armonía Biotec, era obra suya.

El teléfono de su escritorio estaba sonando; las diez líneas estaban encendidas. Haciendo caso omiso se acercó a la barra de bar y, obligándose a moverse con lentitud, llenó de agua el hervidor eléctrico. Luego sacó una taza especial con su plato, de la mejor porcelana china y decorada con símbolos de buena suerte, y colocó en la taza una bolsita de tela con manzanilla. Mientras esperaba a que el agua hirviera, practicó la respiración lenta y profunda y efectuó unos ejercicios mentales para controlar los rápidos latidos de su corazón y calmar sus nervios.

Mientras su respiración se iba haciendo más lenta, Charlotte se llevó la mano al collar que descansaba justo sobre su clavícula. Al final de una cadena de plata con amatistas, el colgante de plata de la dinastía Chang y lágrima de ámbar dorada era en realidad un relicario. Charlotte había metido algo dentro veinticuatro años atrás, sellándolo con las lágrimas de una quinceañera. Desde entonces no lo había abierto.

Cuando la infusión de manzanilla estuvo lista, se la sirvió en la taza y al instante el aroma del vapor que emanaba de ella la calmó, trayéndole el recuerdo de mucho tiempo atrás: el de que su abuela tenía una serie de teteras, cada una con un propósito diferente: «para el té que impide entender mal», «para el té que trae suerte», «para el té que mejora el *chi*». Con qué frecuencia su abuela había regañado a Charlotte por hervirle el agua para todas sus infusiones en el mismo hervidor y luego mojar la hierba metida en una bolsita colgada de un hilo. Muy mala suerte. Cuando apareció el té instantáneo en los estantes de los supermercados, la abuela de Charlotte declaró: «Inutilidad instantánea».

Charlotte sintió una repentina punzada de pena y contempló la estatua de Kwan Yin, tratando de recordar qué le había dicho su abuela en una ocasión referente a *otra* estatua de la Reina de los Cielos. Pero lo único que recordaba era que se trataba de una extraña historia exótica de la diosa que había recorrido una gran distancia cruzando el océano con tesoros escondidos en su cuerpo, y Kwan Yin había traído buena suerte una vez y después mala suerte. Pero la abuela no le había explicado esta parte, le ocultaba las historias de mala y buena suerte, lo que hacía pensar a Charlotte que la tumba de su abuela debía de estar llena a rebosar; tantos secretos se había llevado consigo.

Apartando la caja de bolsitas de manzanilla, ojeó la etiqueta con su advertencia: «Precaución - este producto contiene camomila, de la familia de la *Ambrosia elatior*. Puede provocar reacciones alérgicas o ataques de asma». Y pensó en el agente Valerius Knight y un comentario que en una ocasión le había oído en un programa de televisión: «La fitoterapia no es más que charlatanería y una manera de robar a gente incauta el dinero que tanto les ha costado ganar. También es peligrosa porque no es obligatorio advertir al consumidor de sus posibles efectos secundarios».

Armonía era el único fabricante de hierbas en Estados Unidos cuyos productos incluían un aviso en la etiqueta, algo que la FDA aún no exigía a las empresas que no fabricaban medicamentos. Armonía era famosa por ir más allá de los consejos federales; la empresa tenía un historial de ética elevada. Contrariamente a la afirmación del periodista, la empresa Armonía no utilizaba animales en sus productos ni probaba éstos en animales. Tampoco, pese a la mayor presión por parte del gobierno, iba a hacerlo jamás.

Dio un sorbo a su infusión y, de pronto, se paró y frunció el entrecejo.

Dicha.

Dejó la taza de infusión, buscó en el armario y sacó otra caja. Dicha era un compuesto de hierbas, natural e inocuo, que ofrecía, según indicaba la etiqueta, «el enfriamiento de los nervios calientes, la recuperación del equilibrio del yin y el yang». El Dicha estaba compuesto principalmente por *dong quai*, expresión china que indica «impulsado al regreso», una hierba femenina cultivada principalmente para la salud de la mujer, y Charlotte a menudo añadía dos cápsulas a su té o zumo los días en que necesitaba aplacar sus nervios.

La víctima inocente que había ingerido este producto buscaba paz. En cambio, obtuvo la muerte.

¿Por qué?

Sintiendo que la ira empezaba a burbujear de nuevo, Charlotte hizo esfuerzos por controlarse mientras se llevaba la taza a los labios. Se detuvo cuando sus ojos se posaron en la cajita rompecabezas que el señor Sung le había entregado. La cogió y volvió a sacudirla. No cabía duda de que dentro había algo. Sin embargo ella hubiera jurado que durante años había estado vacía en la estantería de la abuela.

Dejó la taza sobre la mesa y dio vueltas a la cajita en sus manos, buscando el punto de partida para abrirla, cuando se fijó en otra cosa: el ordenador que había sobre la mesa. Frunció el ceño. La pantalla estaba encendida. Recordaba claramente haberla apagado cuando se marchó del despacho.

Metió la cajita rompecabezas en su bolsa de piel, se acercó a su escritorio y vio en la pantalla la lista de su correo electrónico. El fichero que contenía correo nuevo estaba abierto: a él sólo se podía acceder mediante una contraseña protegida que únicamente conocía Charlotte.

Señaló *Leer*.

Apareció un mensaje:

> Esas tres mujeres sólo han sido el principio.
> Haz lo que te diga o morirán muchas más.

Charlotte se quedó mirando fijamente el mensaje; luego se apresuró a sentarse, señaló *Lector* en la línea de herramientas, y luego *Muestra todos los encabezamientos*.

> Return-Path: rrabbit@guidenet.com
> Recibido: de nova.unix.com (root@nova.unix.portal.com)
> [156.15.1.0]
> Comentarios: Este mensaje NO es de la persona que aparece en la línea
> De.
> EL SISTEMA PORTAL NO CONDONA NI APRUEBA
> EL CONTENIDO DE ESTE ENVÍO
> X-PMFLAGS: 2244560

Charlotte frunció el entrecejo. ¿Qué diablos era esto? ¿Una broma? ¿Y quién había puesto en marcha su ordenador, marcado su módem de manera que ella quedara conectada y luego accedido a su correo personal y lo había puesto a punto para recibir el mensaje?

Cuando iba a coger el teléfono sonó la alarma de correo, indicando que estaba llegando un nuevo mensaje. Señaló *Nuevo correo* y leyó el nuevo título: «Soy yo otra vez». Charlotte señaló el título con el cursor y apareció el texto del mensaje:

En caso de que creas que no soy de verdad, he aquí una prueba: la mujer que tomó Dicha murió de una hemorragia cerebral. Información confidencial que conocemos sólo los federales y, por supuesto, yo, su asesino.

Charlotte se puso de pie inmediatamente y se dirigió hacia la puerta. Al final del pasillo observó la misma escena caótica en la zona de recepción, las hileras de escritorios de las secretarias donde casi todas las terminales de ordenador estaban siendo utilizadas. Incluso vio al señor Sung, a través de la puerta entreabierta de su despacho, pensativo con la vista fija en la pantalla. Buscó a Valerius Knight. La pantalla de su ordenador portátil estaba encendida pero el agente federal no se hallaba a la vista.

Charlotte regresó a su despacho a tiempo para ver otro mensaje que llegaba.

No se lo digas a los federales porque en ese caso tendrás muchas muertes en tus manos. Esto es sólo entre tú y yo.

Volvió a sentarse, señaló *Respuesta* y se apresuró a escribir: *¿Qué quieres?*, pulsando las teclas con tanta furia que cometió muchos errores y tuvo que volver atrás para corregirlos. Señaló *Enviar* y observó el mensaje que se dirigía hacia su receptor. Unos momentos más tarde apareció en la pantalla la frase:

SUBSISTEMA DE ENTREGA DE CORREO: Su mensaje no ha podido ser enviado. Fallo en la búsqueda del nombre del receptor.

«¡Maldita sea!», pensó Charlotte. ¿Se trataba del verdadero asesino? ¿O era alguien que se estaba burlando de ella?

«Sabe información confidencial.»

Volvió a escribir: «¿Quién eres?», señaló *Enviar* y se mordió el labio inferior mientras miraba la pantalla.

Pero el mensaje regresó sin haber sido entregado.

—¡Maldita sea! —exclamó en un susurro. Con los ojos fijos en la pantalla, tamborileó con los dedos sobre el escritorio, apenas consciente del barullo existente tras la puerta cerrada de su despacho, sin darse apenas cuenta de que empezaba a sentir un dolor de cabeza pulsátil en las sienes—. Vamos —murmuró—. Dime lo que quieres.

Y al instante siguiente sonó la alerta y apareció un nuevo mensaje en la pantalla:

> Harás una declaración pública. Confesarás públicamente que la empresa Armonía se sirve de prácticas poco éticas, pone animales en peligro de extinción en sus productos y comete fraude a sabiendas. Si no lo haces, mataré a miles. Puedo hacerlo, te lo prometo.

Charlotte no había salido de su asombro cuando llegó una adenda:

> Dispones exactamente de doce horas para preparar tu declaración.

Volvió a hacer ademán de coger el teléfono... tenía que decírselo a Des, a su personal de seguridad, a la policía. Pero se detuvo. Valerius Knight... ¿podía confiar en que iría tras este tipo seriamente? ¿O en realidad se pondría de su lado y quizá incluso, en secreto, esperaría que ella hiciera esa indignante declaración?

Dispones de doce horas...

—No saldrás impune de ésta —dijo dirigiéndose a la pantalla mientras sus pensamientos volaban como metralla. Sabía que necesitaba ayuda, pero no confiaba en Knight, Desmond no era el hombre más dinámico que conocía y Forest se hallaba a cientos de kilómetros de distancia al otro lado de una tormenta...

Le desagradaba admitirlo, pero realmente sólo había una persona que pudiera ayudarla.

La caja fuerte de la pared se hallaba escondida tras un pergamino chino del siglo XIX; sólo Charlotte y Desmond conocían la combinación. Ahora Charlotte la abrió y sacó un delgado libro encuadernado en piel. El título estaba grabado en oro: *Corona de Laurel de Plata de Poesía, 1981.* Charlotte lo había guardado todos esos años, pero no lo había abierto desde aquel día, en 1981, en que sintió que el mundo se derrumbaba a su alrededor.

Ahora lo abrió, levantando la tapa sólo lo justo para que una tarjeta de visita se deslizara fuera, cayendo sobre la alfombra con la suavidad de una pluma. Cuando recibió esta carta por correo, inesperadamente, nueve años atrás, la metió dentro del libro y guardó éste. Ahora llevó la tarjeta de color crema a su escritorio y la sostuvo bajo la lámpara:

Jonathan Sutherland
Asesor de seguridad tecnológica
Londres: 71-683-4204
Edimburgo: 31-667-9963
e-mail: TSC@atlas.co.uk

Cuando recibió esta tarjeta, pensó: «Así que ha dejado de espiar para el gobierno y se ha instalado por su cuenta. ¿Fue antes o después de la boda?».

La tarjeta había abierto una herida tan dolorosa que Charlotte la había guardado de inmediato y se había obligado a no pensar en ella. Había tardado años en llegar, por fin, al punto de no pensar en él durante todo el día, el punto de *aceptar*, como le habría aconsejado su abuela. Mucho tiempo atrás había jurado solemnemente no permitir que Jonathan volviera jamás a su vida; nueve años atrás había renovado ese juramento.

Pero ahora le necesitaba. No podía negarlo. No había nadie más en quien pudiera confiar, no conocía a nadie tan experto. Si alguien podía encontrar a su asesino-chantajista anónimo era Jonathan.

Charlotte miró la pantalla del ordenador: *Dispones de doce horas*. Pero Jonathan se hallaba a más de doce mil kilómetros de distancia. No le sería posible llegar a tiempo. Quizá podría pedirle consejo por teléfono, quizá él podría indicarle cómo seguir la pista a su anónimo comunicante, o quizá podría hacerlo él mismo desde su propio ordenador.

Cuando fue a coger el auricular del teléfono calculó la diferencia horaria. En Londres eran las dos de la madrugada. Observó que la tarjeta no incluía ningún número de teléfono particular. Quizá tenía el servicio de desvío de llamadas.

Con el pulso latiéndole a toda velocidad empezó a marcar. Jonathan, después de tantos años... ¿sería ella capaz de soportar el dolor que eso le produciría? ¿Querría él hablar con ella, siquiera?

Escuchó sonar el teléfono al otro extremo de la línea, los urgentes timbrazos dobles característicos de los teléfonos británicos. Trató de imaginarse a Jonathan. Estaría dormido junto a su esposa.

Cuando oyó que alguien llamaba suavemente a su puerta, pensó: «Ahora no, Desmond. Dame unos minutos para saber cómo volver a hablar con Jonathan». Pero la llamada insistió.

—Adelante, Des —dijo por fin.

La puerta se abrió de golpe y apareció una figura con un impermeable mojado y una radiante sonrisa.

—Hola, cielo —dijo Jonathan.

Charlotte no estaba preparada para la oleada de emoción que la inundió cuando le vio allí de pie, como si hubiera surgido de sus pensamientos, materializándose.

El amor que en otra época había sentido por este hombre —un amor profundo y desesperado que había mantenido oculto durante tantos años— regresó a ella con toda la fuerza de un ciclón. «Hola, cielo», había dicho, y el corazón de Charlotte dio un vuelco. Él la llamaba «cielo». Pero entonces recordó que los vendedores de las tiendas de Londres, cuando te daban el cambio, decían: «Toma, cielo».

Necesitó reunir toda su fuerza de voluntad para no arrojarse a sus brazos. Cuando vio aquella conocida sonrisa, se sintió transportada a la primera vez en que aquellos labios habían rozado los suyos. Ella y Jonathan se hallaban en su escondrijo, él había llorado. Al consolarle, con el «No te preocupes, Johnny» y el torpe abrazo, sus bocas de algún modo se habían encontrado y en aquel instante la Charlotte de quince años había imaginado dos altas velas, como cirios, inclinándose la una hacia la otra, juntándose las llamas hasta formar una sola, ardiente y apasionada.

Después de aquel ardoroso beso adolescente, cuando ella y Johnny se separaron jadeantes porque ambos habían visto hasta dónde habían llegado y eso les asustó, después de que él retirara su llama de la de Charlotte, ésta se sintió sólo como la mitad de lo que había sido unos momentos antes. Era como si Johnny la completara; sin él nunca volvería a estar completa.

Y Johnny también lo sintió. No lo dijo porque Johnny nunca había sido capaz de expresar sus emociones con palabras. Pero sus ojos expresaban mucho más de lo que sus palabras podrían manifestar. Los dos lo supieron, simplemente. Jonathan y Charlotte eran almas gemelas, nunca podría existir nadie más en su universo.

—Sé que debería haberte telefoneado antes para saber si querías mi ayuda —dijo él con una expresión sombría, reflexiva, que a Charlotte le recordó pasiones del pasado—. Pero he creído que quizá rechazaras mi ayuda; entonces habría venido de todos modos, pero habría resultado violento.

«Se ha vuelto muy británico», pensó Charlotte. Como si se esforzara para ello. Recordó cómo había luchado él contra los intentos de su padre de convertirle en estadounidense, aunque, técnicamente, Jonathan Sutherland era estadounidense, eso decía su certificado de nacimiento. Charlotte recordaba que lo primero que había sabido de él era que su corazón no se hallaba en ese continente. Eso era lo que había hecho que se enamorara perdidamente de él.

—Así que has regresado a mi vida —dijo ella, procurando mantener la voz controlada para indicarle que el pasado había quedado atrás, que ahora eran casi extraños—. ¿Así, de repente? ¿Diez años y vienes sin avisar?

—Fuiste tú quien me echó, Charlie —dijo él con voz baja.

—¿Qué se suponía que tenía que hacer? Dímelo.

—De acuerdo, me porté muy mal. Lo siento. —Cerró la puerta tras de sí, se acercó a ella en cuatro zancadas y, cogiéndole la cara entre las manos, lo que hizo jadear a Charlotte, dijo—: Pasara lo que pasara entre nosotros hace diez años, tenemos que olvidarlo. Ahora tienes un problema grave y me necesitas. —Charlotte contuvo el aliento procurando no ahogarse en el oscuro océano de los ojos de Jonathan. Era como si él hubiera traído el ánimo y la energía de la tormenta a esa habitación; sintió el poder que emergía de las puntas de sus dedos—. Soy el único que puede ayudarte —dijo él.

Charlotte tuvo que apartarse, por su propia salvación. Dio un paso atrás.

—¿Cómo lo sabes?

Él se volvió; su cuerpo era de movimientos rápidos, recordaba muy bien ella. Jonathan no necesitaba la energía de la tormenta, poseía la suya propia. Mientras se quitaba el mojado impermeable dijo:

—He hecho algunas llamadas telefónicas. —Esbozó una radiante sonrisa—. Todavía tengo amigos en la agencia. El envase de los productos que causaron las dos primeras muertes no parecía haber sido manipulado antes de que las víctimas los abrieran. El análisis somero preliminar de los productos no ingeridos revela que todo el contenido del envase estaba alterado, no sólo lo que las víctimas se tomaron. Yo llamo a eso un buen indicador de que los productos fueron falsificados aquí, en la fábrica. Bien —dijo mientras dejaba su gran bolsa de nailon negra sobre el escritorio y abría la cremallera de un bolsillo lateral—, resulta que sé que el proceso y fabricación de los productos químicos en Armonía están informatizados...

—Veo que has hecho los deberes —dijo Charlotte.

—Así que vamos a encontrar al autor, o al menos su pista, en algún lugar de tu sistema informático. Bueno, resulta que soy el mejor investigador técnico que hay sobre la faz de este planeta...

—¿Puedes hacerlo mejor que un equipo de agentes federales?

Él soltó una breve carcajada desprovista de alegría.

—Ésos no saben distinguir un disco duro de un huevo duro. De acuerdo, ¿qué más puedes decirme del caso?

Ella le miró a los ojos y se dio cuenta de que la presencia de Jonathan allí tenía por objetivo algo más que el simple hecho de encontrar a un asesino. Jonathan había traído consigo veintiséis años de historia, la historia de ellos dos, y Charlotte de pronto tuvo miedo de que una bestia muy desagradable estuviera a punto de ser liberada.

Ella le informó de lo que sabía hasta el momento, y luego le mostró los mensajes electrónicos.

Jonathan miró la pantalla del ordenador con ceño.

—¿Qué objetivo persigue esta declaración pública que se supone que harás dentro de doce horas?

Charlotte examinó el perfil de aquel hombre, recordando una época en que Jonathan se sentía avergonzado de su nariz grande. Pero por supuesto al final se había acostumbrado a ella, desarrollando también una mandíbula fuerte y una frente que ella siempre había encontrado sexy. Su cabello castaño oscuro aún era denso y ninguna hebra gris lo veteaba, aunque pronto cumpliría los cuarenta. Su cuerpo tenía aspecto de estar en buena forma.

—Chantaje, supongo —respondió ella, dándose cuenta de que antiguos deseos volvían a ella precipitadamente—. Semejante anuncio destruiría mi empresa. Es evidente que esta persona espera que le ofrezca que me la compre.

—La causa de la muerte de la tercera víctima, la hemorragia cerebral... ¿estás segura de que nadie más lo sabe?

—El agente Knight me ha dicho que estaba reteniendo esa información. Ni siquiera se lo he comentado a Desmond. ¿Quién más podría saberlo salvo el asesino?

—Existen maneras de obtener información confidencial —dijo Jonathan pensativo, los ojos fijos en la pantalla—. Bueno —prosiguió con voz suave—, ¿Desmond sigue en la empresa?

—Es miembro del consejo —respondió ella, recordando los días de amarga rivalidad entre Jonathan y el primo de Charlotte, las ocasiones en que ella había tenido que intervenir para poner paz entre ambos.

—¿Puedes seguir la pista a esas cartas? —preguntó Charlotte.

—No. Han llegado a través de un remitente anónimo. Sería casi imposible rastrearle. —Jonathan recorrió la mirada por el despacho—. ¿Quién puede entrar aquí para poner en marcha tu ordenador?

—Cualquiera. Lo único que tenía que saber era dónde se guardan las llaves.

—¿Quién sabe tu contraseña?

—Sólo yo, y no hay modo de que nadie pueda descubrirla. No la tengo escrita en ningún sitio.

Vio que Jonathan seguía recorriendo el despacho con la mirada, como si buscara pistas y respuestas. Recordó que siempre lo hacía, buscaba en lo que le rodeaba las respuestas que al fin salían de sí mismo. Cuando vio que su mirada se posaba en la caja de seguridad de la pared, abierta, con lo que dejaba al descubierto el volumen de poesía encuadernado en piel, captó una leve fluctuación en sus ojos, y por un instante se sobresaltó: le pareció que era dolor. Pero podía haber sido otra cosa. Era ella la que había resultado herida.

Mientras le observaba peinarse hacia atrás el cabello mojado con largos dedos puntiagudos, pensó en los inocentes comienzos de su amor, años atrás, cuando eran físicamente inseparables, dos chiquillos saltando juntos de un trampolín y abrazándose, partiéndose de risa, o la mano de Jonathan rodeando la muñeca de Charlotte cuando por fin le permitió entrar en su asombroso santuario secreto... a la sazón tenían trece, catorce, quince años. Pero entonces cumplieron dieciséis, y en una noche fantasmagórica, envuelta en la niebla, el inocente roce cesó y juntos se acercaron al borde del precipicio.

Por un instante, en esta noche tormentosa y de pesadilla, con la electricidad que fallaba y su empresa hecha un hervidero de agentes federales, con su mundo entero amenazado, Charlotte quiso volver y sentarse a la sombra del puente del Golden Gate y contar los barcos que entraban en la bahía mientras Jonathan trenzaba un brazalete de hierba para ella. Pero cuando se fijó en el modo en que él iba vestido —el traje de Savile Row, la camisa con puños franceses y la corbata de seda anudada perfectamente— regresó a la dura realidad. ¿Qué esperaba? ¿Vaqueros rotos y una camiseta de algodón? Ese Jonathan ya no existía. Este Jonathan, rico y triunfador, era un extraño. El pasado no volvería jamás.

Él se volvió de pronto y empezó a decir algo. Pero cuando se interrumpió y contempló a Charlotte con ojos solemnes, ésta supo que también él estaba recordando.

Jonathan le tendió la mano, levantó el colgante que ella llevaba en el cuello.

—Veo que todavía lo llevas —dijo él.

—Para recordar.

Jonathan era la única persona que conocía la verdad de su desaparición veraniega cuando tenía quince años. Él era el único que sabía qué contenía el relicario.

Soltando el colgante de plata y ámbar, él dijo:

—Armonía Biotec.

Charlotte sabía lo que eso significaba. Ella había cambiado el nombre cuando se había hecho cargo de la empresa tras la muerte de su abuela.

—Era hora de entrar en la edad moderna —dijo ahora, un poco a la defensiva—. Las hierbas no son suficientes. La gente también necesita medicamentos serios.

—La medicina más importante que tu abuela tenía para ofrecer no venía en una botella —dijo él con voz suave, en sus ojos castaño oscuros el reflejo de los recuerdos—. Su medicina más fuerte era la compasión. Ella comprendía que el afecto constituía una parte importante de la cura.

—El afecto no cura el cáncer. Armonía está a punto de lanzar un nuevo medicamento que puede luchar contra el cáncer. Las pruebas clínicas del GB4204 en seres humanos voluntarios han superado los índices de supervivencia en un cincuenta por ciento. ¡Imagínate, un cincuenta por ciento!

Él sonrió.

—Después de tantos años, tu sueño está a punto de hacerse realidad.

El semblante de Charlotte se ensombreció.

—O está a punto de hacerse añicos.

Él volvió a mirar la pantalla del ordenador y la última amenaza enviada por correo electrónico.

—Quizá sea ése el motivo de nuestro amigo. Al fin y al cabo, el GB4204 significará un gran volumen de facturación para Armonía.

Sacó un teléfono portátil de su bolsa, lo abrió y marcó un número.

—¿Crees que es obra de alguien de la competencia? —preguntó Charlotte.

—Si alguien quiere destruir la empresa Armonía, las tres muertes son un buen comienzo.

—En caso —dijo ella— de que Armonía sea el objetivo.

Él se quedó escuchando la llamada al otro extremo de la línea.

—La cuestión importante es saber cuáles son exactamente los planes de nuestro amigo en el caso de que dentro de doce horas no hayas efectuado esa ridícula declaración pública. —Alzó una mano y dijo al auricular—: Thorne, por favor. Sí, espero. —Entonces tapó el micrófono del teléfono con una mano y dijo a Charlotte—. El agente de la FDA que lleva el caso, ¿cómo has dicho que se llamaba?

—Valerius Knight.

—¿Qué ha hecho hasta ahora?

—No lo sé. No es que nos comuniquemos exactamente. No confío en él, Jonathan. Sé que Knight va detrás de un ascenso. Tiene un plan personal que le hace ser muy parcial en este caso. Me preocupa.

—¿Con quién has hablado de estos mensajes?

—Con nadie, todavía.

—Bien —dijo él, hablando con rapidez, la mano sobre el auricular—. De momento a los federales no les interesa tu sistema informático más que para comprobar ficheros de producción y fórmulas. Pero si descubren estos mensajes, y si estas amenazas están cruzando fronteras estatales, o si los federales determinan que las fórmulas fueron manipuladas por un loco de otro estado, se convierte en un caso federal. Controlarán tu red. Te bloquearán el sistema y no habrá modo de entrar en él. Si este tipo ha entrado como pirata en la red de Biotec, este sistema es nuestro único enlace con él, nuestra única esperanza de capturarle. Pero si los federales se hacen cargo de ello, jamás le atraparemos.

—Esto significa que tengo que preocuparme por otro control horario aparte de este plazo de doce horas. ¡Maldita sea! —dijo ella, apartándose de él, caminando como si quisiera arremeter contra la sólida pared. Se giró en redondo—. ¿Puedes hacerlo? ¿Puedes atrapar a este tipo trabajando tú solo?

—Trabajo mejor solo, ya lo sabes.

Cuando momentáneamente sus miradas se cruzaron, Charlotte se sorprendió a sí misma recordando de pronto la cómica risa de Jonathan. Sonaba como un coche al ponerse en marcha una fría mañana. Ella solía pensar en cosas divertidas sólo para hacerle reír y así reírse ella también hasta que los dos se partían de risa sólo porque era una sensación tan agradable y nada dolía ya, ni siquiera las piedras lanzadas con honda y los excrementos de perro y los gritos de «¡china!» en California Street.

Charlotte se preguntaba si Jonathan aún se reía de aquel modo. Y de pronto sintió ganas de oír aquella risa, tuvo ganas de decir: «¿Sabes aquél de...?». Pero no se le ocurrió nada divertido.

Él la miró.

—¿A qué viene eso?

—¿El qué?

—Esa expresión de tu cara. Antes siempre sabía cuándo estabas pensando en algo.

«Eso era antes —quiso decir Charlotte—. Mi cara ha cambiado. Ya no me conoces.»

Él volvió a alzar la mano.

—Sí, Roscoe. Soy Jonathan Sutherland. Bien, gracias. Necesito un favor. Tengo un perfil que te agradecería consultaras en tu base de datos.

Charlotte se puso a pasear de nuevo mientras Jonathan decía:

—Objetivos empresas farmacéuticas, específicamente fabricantes de hierbas. Envía mensajes con amenazas utilizando remitentes anónimos. Familiarizado con los ordenadores, posibles conocimientos de farmacia o bioquímica. Posible relación con Armonía Biotec. Sí —dijo—. Un trabajo particular. No para conocimiento general. ¿Cómo dices? Sí, espero.

Mientras esperaba a que Thorne volviera a ponerse al aparato, Jonathan observó a Charlotte recorrer su espacioso despacho a lo largo y a lo ancho. Vestía tejanos y un jersey de punto de arroz de color crema. Charlotte no tenía aspecto de ejecutiva, ni siquiera después de heredar la corona de su abuela. En realidad, no tenía aspecto de nada. Jonathan sabía que nunca había prestado mucha atención a su apariencia; su mente estaba siempre en funcionamiento: en la ducha, dictaba ideas para nuevas fórmulas; cuando se vestía, cogía cualquier cosa que estuviera limpia mientras su mente buscaba una manera más rápida de entregar las hierbas frescas al público; quizá se tomaba un minuto para aplicarse un poco de pintalabios pero sus pensamientos zumbaban en torno a la noticia de un nuevo cierre hermético de seguridad que algunas empresas farmacéuticas empezaban a utilizar. Incluso su largo cabello negro, recogido en un broche dorado, indicaba que había sido peinado con prisas. Jonathan dudaba que Charlotte hubiera visto siquiera el interior de un salón de belleza. Pero bueno, pensó con una súbita punzada de deseo, no lo necesitaba.

Pensó en Adele, siempre tan perfecta, tan cuidadosa con su apariencia: coordinando, conjuntando, tardando una hora en elegir lo necesario para conseguir el efecto deseado. Sabía que no era justo comparar a Adele con Charlotte, pero daba igual.

La mirada de Jonathan descendió por la espalda de Charlotte. Recordaba que ella siempre se quejaba de sus caderas anchas. Pero Jonathan encontraba encantador el modo en que el tejido de sus pantalones sobresalía más abajo de su estrecha cintura. En aquel momento le habría gustado poner sus manos en aquellas generosas caderas y volver a sentir su ritmo.

—Sí, Larry —dijo al teléfono—. Sí, gracias. Éste es el número en el que puedes encontrarme. Te lo agradezco. Saludos.

Cuando cerró el teléfono, dijo:

—Necesitaré planos de aquí: la fábrica, los terrenos, las oficinas, con indicación de dónde están situadas las instalaciones telefónicas y eléctricas. —Hablaba deprisa, como si su mente fuera más rápida que sus palabras—. Y también un plano, si lo tienes, de todos los módems y terminales de ordenador. Supongo que tu servidor en la red está en el edificio principal, ¿no?

—Sí, en el tercer piso —respondió ella, maravillándose del modo en que se estaba haciendo cargo de todo como si lo hubieran acordado. Jonathan raras veces preguntaba. Y eso de pronto molestó a Charlotte, pensando en Forest, que siempre era tan considerado y primero preguntaba.

Él consultó su reloj y se sentó ante el ordenador de Charlotte.

—¿Qué tal es tu sistema de seguridad?

—Tenemos blindajes, contraseñas, códigos.

—Los sumos sacerdotes de la falsa seguridad. —Tecleó unas cuantas teclas, contempló la pantalla y murmuró—. Software Dianuba. Bien. —Se volvió a ella—. ¿Permites el mantenimiento del acceso a distancia por Dianuba Technologies?

—Tendrías que comprobarlo con mi administrador del sistema. Pero ya se ha marchado a casa. Jonathan, ¿qué vas a hacer?

—Voy a encontrar a ese hijo de puta y atraparle. ¿Tu red tiene módems de autorrespuesta? La mayoría de intrusos entran así.

—No, tenemos módems de rellamada.

—Bien. Nuestro amigo sin duda volverá a ponerse en contacto contigo. Le tenderé una trampa y le seguiré la pista. ¿Puedes confiar en tu administrador del sistema?

Al ver que ella vacilaba, dijo:

—No importa. Trabajaremos sin él. Es más seguro y más rápido.

—Jonathan —dijo Charlotte—, su amenaza de matar a otras personas... ¿cómo puede cumplir esa amenaza? Hemos retirado todos nuestros productos de las estanterías. Emitiremos avisos en televisión y radio. ¿Cómo puede él estar seguro de que la gente seguirá tomando nuestros productos? Y son miles de personas.

—Al parecer nuestro hombre incluso piensa —dijo Jonathan mientras volvía a consultar su reloj— que puede retrasarlo o hacer que suceda en un plazo de doce horas. Charlotte, necesito un lugar donde pueda trabajar en privado y acceder a tu red.

Ella tuvo que pensar. Todo el complejo de edificios era un hervidero de agentes federales y de policía. No había ningún sitio donde él pudiera...

—Sí —dijo de pronto—. Hay un sitio. No creo que nadie sepa siquiera que existe.

—Bien. —Se puso en pie y, tras devolver el teléfono móvil a su bolsa negra, cerró la cremallera del compartimento—. Nadie me ha visto entrar. Eso de ahí afuera es como una casa de locos. He saludado con la mano a Desmond pero me ha despachado diciendo que no iba a responder a más preguntas. Me parece que ni siquiera me ha mirado. Quiero que salgas ahí y le digas a Desmond que estarás ocupada un rato, fuera de la vista. ¿Puedes hacerlo?

—Sí. Espera aquí un momento. —Charlotte salió al encuentro de su primo, asediado por teléfonos que sonaban, agentes apresurados, empleados presa del pánico. Le llevó aparte y le dijo que iba a revisar los expedientes de los empleados, para ver si podía localizar a algún posible sospechoso. También iba a revisar los libros y cuentas financieras para ver si había algo sospechoso. No mencionó los mensajes amenazadores ni a Jonathan—. Te necesito aquí para que mantengas unida la empresa, Des.

Él le dio unas palmaditas en la mano y dijo tras las gafas oscuras:

—No te preocupes, Charlotte. Me ocuparé de todo.

De nuevo en su despacho dijo a Jonathan:

—Ya está. Podemos salir por detrás, utilizando la escalera de incendios. ¡Date prisa!

Siguieron un sendero cubierto que salía del edificio principal y se bifurcaba para acceder a otras áreas del parque. Jonathan seguía a Charlotte, esquivando los charcos y entrando y saliendo de círculos de luz; de pronto se detuvo y fijó la vista a través del aguacero.

—¿Qué es eso? —preguntó.

—Un invernadero. Cultivamos hierbas raras.

Él miró con los ojos entrecerrados hacia la fantasmagórica estructura que bajo la lluvia resplandecía en verde; una débil luz interior creaba siluetas verde oscuro de troncos retorcidos y hojas gigantescas.

—Tengo que entrar —dijo él.

—¿En el invernadero? ¿Por qué?

—¿Puedes abrirme?

—Claro.

Se dirigieron hacia el invernadero por el sendero de grava, asegurándose de que nadie les veía; allí Charlotte introdujo un código de seis dígitos en el teclado para que se abriera la puerta. Inmediatamente fueron asaltados por una atmósfera húmeda y cálida y olores fuertes y margosos. Jonathan se introdujo en la selva de plantas, flores y árboles, inspeccionando cada uno, en particular sus bases. Se detuvo ante un arbusto cargado de olorosos capullos de color rosa.

—¿Qué es esto?

—Peonía. Lo cultivamos para antisépticos, diuréticos. Jonathan, ¿qué...?

Él se secó la frente sudorosa.

—¿Trabajará alguien aquí?

—No. Hasta otoño no recogemos las raíces.

Para sorpresa de Charlotte, Jonathan dejó caer su bolsa negra, se arrodilló deprisa y, tras abrir un compartimento, sacó tres objetos de metal envueltos en plástico. Para mayor sorpresa aún, vio que Jonathan apartaba con cuidado un poco de tierra en la base del tronco y enterraba los objetos.

Mientras le veía volver a colocar la tierra, procurando no dejar rastro, Charlotte sintió que la cabeza se le inundaba de los cálidos perfumes del invernadero, aromas estivales, y recordó muchos veranos atrás cuando Jonathan se marchaba cada mes de junio. Recordó que ella le contaba todas las cosas que haría mientras él estuviera fuera, charlando excitada, haciendo que pareciera que de algún modo su ausencia iba a liberarla para poder hacer las cosas que realmente deseaba hacer. Charlotte no quería dar la impresión de que era un alivio para ella que su carcelero se marchara. Pero le dolía. Y quería ocultarlo. Mencionaba partidos de los Giants, ferias renacentistas y equitación en el parque del Golden Gate para disimular la tristeza que su partida le producía, para cubrir su puro miedo a que esta vez tal vez no regresara. Mira qué feliz seré, anunciaban su tono y su sonrisa, mientras su corazón lloraba: «No me dejes, Johnny, sin ti seré una concha».

Y él se quedaba de pie con ojos lacrimosos que parecían rebosar de sentimientos, sus labios mudos, su voz silenciosa. Pero ella veía el vulnerable palpitar en su pálido y delgado cuello, y sabía que sus emociones estaban luchando contra su silencio, tratando de aflorar.

Ella parlanchina y alegre, él mudo y perplejo, se decían adiós y se preguntaban cuándo las cosas iban a ir bien. Entonces ella lloraba desconsoladamente hasta que la vida se le escurría del cuerpo dejándola seca y débil.

Jonathan se puso en pie, sacudiéndose las manos. Cuando vio la mirada interrogadora de Charlotte, dijo:

—Es un arma. La he traído por si acaso. Pero es ilegal, o sea que no puedo dejar que me pillen con ella.

—Creía que habías dejado el juego del espionaje.

—Sí, así es —dijo él con un asomo de amargura que desconcertó a Charlotte—. Bien, vámonos.

Charlotte le llevó de regreso a la «vieja China», o eso le pareció a Jonathan cuando ella le dio al interruptor de la pared y unas suaves luces de pronto iluminaron una escena de otra época, de otro mundo.

—Esto fue un proyecto de mi abuela —explicó Charlotte en tono suave mientras él se apartaba de la puerta y recorría con la mirada este museo erigido en un extremo del Parque Científico Armonía, a unos centenares de metros de las oficinas principales.

—Antes estaba abierto al público —explicó Charlotte—. Pero tras la muerte de la abuela lo cerré.

La iluminación era delicada, sutil. Unas vitrinas de cristal alojaban preciosos objetos que parecían relucir con una incandescencia como de otro mundo, casi como si, Jonathan no pudo evitar pensarlo, esos objetos hubieran sido transportados allí por una máquina del tiempo y se mantuvieran en frágiles lapsos, posiblemente para regresar al pasado en cualquier momento.

—Es increíble —murmuró.

—Fue el intento de mi abuela de aferrarse al pasado. Le dije que Armonía tenía que entrar en el siglo veintiuno. Intercambiamos palabras duras... —Charlotte desvió la mirada unos instantes—. Ahora lo lamento —dijo con voz suave—. Eso no altera el hecho de que la abuela perdió la visión que en otra época había tenido para su compañía. Le dije que no creía que aferrarse al pasado, a ningún pasado, fuera conveniente —añadió, devolviendo su mirada directa a Jonathan—. Hay que soltarlo. Pero ella no podía soltar el pasado como yo había hecho. Y lamento que, cuando murió, no estuviéramos en buenos términos. Pero yo tengo que pensar en la empresa y en el futuro.

Jonathan inspeccionó la notable colección que representaba, literalmente, la historia de la medicina china. Sabía que gran parte de la historia de la familia Lee también se hallaba allí, en aquellos cuencos de porcelana, biombos lacados, cestas de bambú, figuras de jade. No le sorprendió ver un gigantesco perro de templo chino hecho en piedra y se dio cuenta de que le resultaba familiar; lo había visto anteriormente, muchos años atrás. Se contaba una historia de esa estatua, igual que se contaban historias de cada uno de aquellos increíbles tesoros.

Cuando vio, en una pared cercana, un mapa del Chinatown de San Francisco, cayó en la cuenta sobresaltado de que parte de su propio pasado también debía de estar representado allí, pues su camino se había unido al de Charlotte Lee y su familia cuando tenía trece años.

—El lugar de trabajo está aquí, en el despacho de la abuela —dijo Charlotte, volviéndose para guiar el camino—. Ella nunca lo utilizaba, claro. Nunca aprendió a escribir a máquina.

Él la siguió pisando la mullida alfombra, entre hileras de vitrinas de vidrio llenas de exóticos recuerdos de un pasado desaparecido. Cuando de pronto tropezó con un hombre alto ataviado con bellos ropajes de seda de mandarín, Jonathan ahogó un grito, pues el maniquí parecía un hombre de verdad. No necesitó leer la pequeña placa para saber que se trataba de una representación del tatarabuelo de Charlotte, un adinerado médico de Singapur. Reconoció el traje de seda color esmeralda y chaqueta de satén negra de una fotografía que Charlotte le había mostrado años atrás.

—Cerré con llave este lugar al día siguiente de que muriera la abuela —manifestó Charlottte cuando llegaron al pequeño despacho. Encendió una luz—. Todo está tal como ella lo dejó. —Se volvió para mirar a Jonathan, para observarle con aquellos ojos verde claro que él recordaba tan bien—. La abuela tenía noventa y un años cuando murió, y aún dirigía la empresa. Pero pasaba la mayor parte del tiempo aquí, cuidando de sus recuerdos, mimando el pasado.

El despacho, también iluminado suavemente con luces indirectas, daba la impresión de no haber conocido una sola presencia humana en mucho tiempo. La abuela de Charlotte había fallecido seis meses atrás; Jonathan se preguntó si Charlotte habría recibido las flores y la tarjeta de pésame que le había enviado desde Suráfrica.

Charlotte señaló una pequeña consola de televisión que había en el rincón.

—Lo hice instalar —dijo, conectándola— para que la abuela no tuviera que recorrer los terrenos. Nunca lo utilizó. Incluso a los noventa años visitaba personalmente todos los departamentos cada día, como había hecho durante años...

Charlotte oprimió algunas teclas del cuadro de mandos y apareció en la pantalla el aparcamiento principal, mostrando a un enérgico Valerius Knight de pie bajo la lluvia, efectuando una seria declaración a las cámaras de televisión. Volvió a oprimir la tecla y apareció a la vista la sala de embotellado, donde los empleados pululaban de un lado a otro, confusos ante la maquinaria que permanecía en silencio.

Charlotte se acercó al escritorio de su abuela, retiró la funda de plástico del monitor, puso en marcha el ordenador y, unos instantes después, la pantalla cobró vida.

Jonathan dejó su bolsa negra sobre el escritorio. Era una gran bolsa de nailon y piel con muchas cremalleras y compartimentos laterales, y cuando la abrió Charlotte vio una abultada pero ordenada colección de discos flexibles, cables coaxiales, pinzas de cocodrilo, bobinas de cable telefónico, cables de electricidad, cintas de casete, *patch cables*, auriculares para ordenador, micrófono de sobremesa, microcasete, antena, guantes de goma, pinzas.

Se sacó la chaqueta y la colgó sobre el respaldo de la silla. Charlotte le observó enrollarse las mangas de la camisa con los movimientos resueltos que siempre le habían hecho sentir que todo iría bien. Jonathan estaba asumiendo el control.

Pero en otros aspectos era un extraño. Ahora iba bien acicalado, tenía una apariencia fresca, no la de un hombre que acaba de realizar un vuelo de doce horas y luego ha conducido cientos de kilómetros bajo una tormenta. Charlotte se preguntó si esa imagen estaba ensayada, si se había detenido en algún sitio a arreglarse, si lo hacía para que los clientes se sintieran cómodos. Al fin y al cabo, estaba en el negocio de la seguridad técnica. Su aspecto anunciaba un hombre que controlaba la situación.

Charlotte comprendió que el refinamiento era el resultado final de una metamorfosis que ella había visto empezar diez años atrás. Ya no le imaginaba comiendo una manzana a mordiscos, sino cortándola pulcramente con cuchillo, al estilo europeo. Sospechaba que ya no mojaba las patatas fritas en la salsa ni se preparaba horribles bocadillos de alubias con tocino y pan de molde. Tenía una sospecha respecto a la causa de este cambio. No le había salido de él. Un hombre que no descubre los calcetines hasta los veinte años no se convertía en Pierce Brosnan de la noche a la mañana. Estaba claro que Jonathan había estado sometido a diez años de una fuerte influencia externa.

La fabulosa y despreciada Adele.

Cuando Jonathan levantó un lado de la bolsa, Charlotte vio una tira de plástico fijada en el borde superior, con las palabras: «Cualquier tecnología suficientemente avanzada es indistinguible de la magia». Arthur C. Clarke. También vio una novelita en uno de los bolsillos. *Yo, robot*, de Isaac Asimov. Charlotte se dio cuenta de que ver estas dos cosas le proporcionaba cierto consuelo. A Jonathan aún le interesaba la ciencia ficción, y aún leía, lo cual significaba que si al menos en algunas cosas no había cambiado, era posible que en otras tampoco lo hubiera hecho. Quizá Jonathan no fuera un absoluto extraño, al fin y al cabo.

—Tendré que acostumbrarme a tu red —dijo Jonathan— y determinar el nivel de seguridad. Si nuestro amigo es un intruso conoce el sistema interno de Biotec.

—¡Un intruso! ¿Quieres decir un *hacker*, un pirata informático?

Él puso ceño y sonrió al mismo tiempo.

—Los *hackers* son los buenos, ¿lo recuerdas? Estábamos orgullosos de nuestra capacidad de pasar cuarenta horas sin comer ni dormir para poner a punto un programa que nadie iba a usar jamás de tal modo que ya no pudiera ponerse más a punto. Los medios de comunicación nos robaron ese título y se lo dieron a los malos.

¿Cómo podría haberlo olvidado? Aquella lluviosa noche en Boston, diecisiete años atrás, cuando un Johnny barbudo y contestatario había declarado con pasión:

—Me voy al MIT, Charlie. Los mejores *hackers* del planeta...

Y lo único que ella pudo pensar fue: ¡Johnny estaría en Estados Unidos!

—¿Quieres abrir el sistema por mí, por favor?

Charlotte regresó al presente.

—Puedo darte mi contraseña.

Él se apartó del escritorio, sosteniéndole la silla para que se sentara.

—Quiero que abras tú. —Se volvió de espaldas al ordenador—. Por favor.

—De acuerdo —dijo ella, y se sentó y con rapidez mecanografió una palabra—. Ya está —dijo, poniéndose en pie y abandonando la silla.

—Gracias —dijo él, y se sentó.

Charlotte se maravilló al ver que Jonathan se transformaba de inmediato. Había presenciado este cambio en otras ocasiones en el pasado: en cuanto sus dedos rozaban un teclado, en cuanto sus ojos se posaban en una pantalla de ordenador, su cerebro cambiaba de marcha con una concentración tan firme que nada podía distraerle.

—¿Cuál es la contraseña de tu correo electrónico? —Un momento más tarde apareció un mensaje en la pantalla—. Vaya, vaya — exclamó Jonathan—. Ha vuelto a escribirte.

Charlotte atisbó por encima del hombro de Jonathan y leyó el mensaje más reciente:

> Llegar a esas tres mujeres fue fácil. Puedo llegar a ti aún más fácilmente. No me decepciones, Charlotte.

—Te ha llamado Charlotte —dijo Jonathan—. Al parecer te conoce.

—O quiere hacerme creer que me conoce. Si me llamara por mi verdadero nombre me impresionaría.

—Dice que puede llegar a ti más fácilmente que a las otras tres. Charlotte, supongo que tú consumes productos Armonía. ¿Hoy has tomado alguno?

Charlotte sintió una punzada de miedo. Prácticamente sólo consumía productos de su empresa: champú, gel de ducha, dentrífico, desodorante, vitaminas, infusiones, barritas energizantes. Y en las últimas doce horas los había utilizado todos.

—Está bien —dijo Jonathan lacónico cuando vio la palidez que asomó al semblante de Charlotte. Había un deje de ira en su voz cuando sacó de su bolsa cable telefónico, pinzas para puentes y cortacables y dijo—: Necesitaré entrar en tu matriz de comunicaciones en cuanto me consigas esos planos.

Hablaba en el tono seco que ella conocía tan bien, una forma de hablar en *staccato* que significaba que estaba furioso. Pero ¿por qué? ¿Por la situación en que se hallaban? ¿Por causa de ella?

Ella le había abandonado diez años atrás. Le había dejado, sentado allí, con una expresión asombrada en el rostro.

—¿Puedes echar mano a esos planos? —preguntó él.

—Sí. Están en mi oficina. —Por unos instantes hizo contacto con unos ojos turbulentos bajo espesas cejas oscuras—. Iré por ellos —dijo; necesitaba escapar—. Volveré enseguida.

Cogió su bolsa de piel y dio media vuelta.

Jonathan la observó cruzar el museo, y cuando de pronto se detuvo ante uno de los objetos exhibidos, siguió observándola, incapaz de apartar los ojos de ella.

Charlotte seguía siendo guapa después de tantos años, con el pelo negro liso de sus antepasados de Singapur y los vivos ojos verdes de su abuelo norteamericano. Pero el flequillo mal cortado que él recordaba había desaparecido; ahora su cabello estaba dividido en dos con una raya central, colocado detrás de las orejas y sujeto con un broche dorado en la nuca, para caer liso, como una ancha cinta negra, sobre su espalda. Era más alta que sus parientes chinos, pero había heredado el cuerpo delgado de su abuela, una figura más adecuada, como había observado Jonathan en una ocasión, para un *cheongsam* de seda que para los vaqueros.

De pronto recordó el día en que se habían conocido, encuentro que permanecía en su memoria reluciendo como uno de los objetos suavemente iluminados de las vitrinas. Había tenido lugar en el distrito de Pacific Heights de San Francisco, veintiséis años atrás. Jonathan había pasado muchas veces por delante de la casa con la entrada en forma de luna y dos perros de piedra como los de un templo, una casa envuelta en misterio hasta que un día divisó una cara en la ventana, que le miraba fijamente. Después de ese día ella no estuvo siempre allí, sólo esporádicamente, observándole pasar camino de la academia, dejándole con la impresión de unos ojos solemnes sobre unos pómulos exquisitos.

Fue el día en que no pudo soportar más su tristeza, cuando ésta se había vuelto más pesada que su mochila, cuando se sentó en el parque cercano, se puso la cabeza sobre las rodillas y lloró desconsoladamente. Percibió su presencia antes de oírla o verla; su sombra cayó sobre él como una caricia. Aún recordaba la expresión de aquellos ojos verdes cuando se quedó de pie a su lado mirándole. Preguntó: «¿Qué te ocurre?» aunque en realidad no llegó a pronunciar ni una palabra.

Él se llevó la manga a la nariz y ella se sentó a su lado, cruzando los brazos sobre el regazo.

—Echo de menos a mi mamá —dijo él de pronto—. Intento no llorar, pero no puedo evitarlo.

Unos párpados en forma de almendra se bajaron sobre los iris verde jade. Ella permaneció callada unos instantes; luego volvió a mirarle:

—Mi madre también está muerta —dijo.

Esas palabras le sobresaltaron. Él no había dicho que su madre estuviera muerta. Pero era cierto, había muerto el año anterior; y su padre le había enviado a vivir a este país extranjero.

—Soy de Escocia —dijo el muchacho, sin saber realmente por qué lo decía. Pero al instante se sintió mucho mejor, como si el hecho de que ella lo supiera aliviara su dolor.

—¿Te gustaría tomar un poco de limonada? —le preguntó ella, poniéndose de pie.

Fue entonces cuando él entró en aquella extraordinaria casa llena de exóticos tesoros y un palpable y extraño silencio.

—Me llamo Charlotte —dijo ella cuando llegaron a un amplio salón desde cuyas ventanas se divisaba el puente del Golden Gate.

—Jonathan —dijo él. Corrigiendo—: Johnny.

—Me gusta tu acento. —Y sonrió.

Él la observaba ahora en el museo de su abuela, este monumento a la contención entre abuela y nieta desde siempre que él recordara, y Charlotte hizo una cosa sorprendente: abrió la parte trasera de una de las vitrinas de cristal y metió la mano para sacar algo.

Jonathan dejó el ordenador y se acercó a ella, para ver qué era lo que le había llamado la atención, y vio en sus manos dos zapatillas de seda bellamente bordadas.

—Eran de mi bisabuela —dijo Charlotte en un tono lleno de temor reverente.

—¿De cuando era niña?

—De cuando era una mujer adulta.

Las zapatillas no tenían más de ocho centímetros de longitud.

Volvió a dejarlas en la vitrina y metió la mano en la bolsa de piel que llevaba colgada al hombro. Cuando Jonathan vio lo que sacaba, dijo:

—Recuerdo eso. Es una caja rompecabezas.

—Era de mi madre. El señor Sung me la ha dado hace unos minutos. Me ha dicho que podría ayudarme ahora que necesito ayuda. —La acercó al oído de Jonathan—. Escucha. Hay algo dentro. Esta caja siempre estaba vacía. Alguien ha metido algo en ella.

—¿Puedes abrirla?

—Hace mucho tiempo... —Charlotte empezó a darle vueltas a la caja, oprimiendo aquí, tirando de allá, apretando en ciertos lugares para encontrar el punto de partida—. Recuerdo la primera caja rompecabezas que me regaló mi abuela —dijo con voz suave cuando encontró la primera pieza y la sacó deslizándola hacia un lado—. La abuela me explicó que una caja rompecabezas es una ilusión. Parece que no tiene costuras, ni tapa, que no hay manera de llegar dentro. Ella me enseñó a abrirla, a tener la paciencia que requiere, la manera de palpar la madera, de probar una pieza y luego otra, y a no suponer nunca que porque ésta sale por aquí, esta otra se soltará. Me enseñó cómo el conjunto dependía de los movimientos precisos de sus partes, que cada pieza dependía del movimiento de la anterior. Tardé una semana en abrir esa primera caja, y me parece que era sencilla, de sólo doce movimientos. Pero cuando miré dentro me quedé decepcionada porque estaba vacía. Creía que recibiría un premio por haber tenido la habilidad de llegar hasta el final.

Colocó otra pieza en la cajita, y luego buscó la siguiente manipulando con los dedos.

—La abuela decía que el placer radica en la búsqueda del tesoro, no en su obtención. Lo estuvo haciendo durante años, darme cajas vacías.

Jonathan escuchaba mientras observaba los delgados dedos de Charlotte manipular la caja con movimientos pausados, encontrando las partes móviles, probándolas, volviendo a colocarlas en su lugar como un explorador cauto en un laberinto traidor. Recordó la primera vez que ella le había enseñado a abrir una caja rompecabezas, estaban como ahora, sus cabezas juntas, Jonathan luchando contra un impulso abrumador de besarla.

—La abuela trataba de enseñarme la alegría que produce abrir la caja. Ella no comprendía que yo, si no existía la esperanza de obtener una recompensa, no haría ningún esfuerzo. Por fin, una Navidad, debía de tener diecisiete o dieciocho años, vi una caja nueva y no me molesté en abrirla. A la abuela le dolió mucho. Siempre le había gustado observarme mientras abría cada caja con impaciencia. Y ahora yo no quería jugar su juego.

Las yemas de los dedos de Charlotte se deslizaban sobre la suave marquetería, buscando las costuras ocultas, poniendo de manifiesto la ilusión óptica, moviendo piezas hacia aquí y hacia allá.

—Al año siguiente me dio una caja y me dijo: «Hay algo dentro». La abrí y encontré un anillo con una perla. Pero ya no volvió a ser lo mismo.

La última pieza cedió y la tapa se abrió para dejar al descubierto el interior de la caja. Contenía un pequeño pedazo de papel.

—Hay algo escrito —dijo Jonathan—. Caracteres chinos. ¿Sabes leerlos?

La abuela de Charlotte le había enseñado a leer y a escribir chino, mostrándole con pacienda cómo trazar las pinceladas, cómo escribir los caracteres que designaban «sol» y «luna» y enseñándole que si se escribían juntos significaban «mañana».

—Hace tiempo que no lo utilizo —dijo mientras sostenía el papelito frente a la luz—. Mi chino está bastante oxidado.

—Recuerdo las extrañas conversaciones que solíais mantener tú y tu abuela.

Ella alzó la cabeza.

—¿Extrañas? ¿En qué sentido?

—Ella te hablaba en chino y tú le respondías en inglés.

Charlotte frunció en el entrecejo.

—¿No lo recuerdas?

—No me daba cuenta.

—¡Sonaba muy raro a quien os observaba!

«¿Eso hacíamos?», se preguntó Charlotte mientras examinaba los misteriosos caracteres chinos escritos en el papelito. ¿La abuela y yo hablábamos diferentes idiomas? ¿O lo hacen todas las abuelas y nietas, aunque las dos hablen la misma lengua?

—Este carácter —dijo Charlotte, señalándolo con el dedo— indica una serpiente en una casa: peligro. Y ésta son dos caras: engaño.

—¿El señor Sung te está advirtiendo de que alguien de la empresa te está traicionando?

—O alguien que está dentro de mi casa —dijo ella, repasando con la mirada las vitrinas de cristal que contenían la historia de su familia.

—Me parece un modo extraño de darte consejo, esconder un mensaje en una caja rompecabezas. ¿Por qué no decirte claramente: «Charlotte, creo que hay un traidor entre nosotros?».

Charlotte sonrió por primera vez en días.

—Es el estilo chino —dijo.

Jonathan también sonrió. Antes conocía muy bien las costumbres chinas.

—Hay muchas cosas que no sé de mi familia —dijo ella—. Se guardaban muchos secretos. Sobre todo la abuela. Y sin embargo ella creó este museo, este monumento a los armarios llenos de secretos. ¿Por qué?

Charlotte volvió la mirada hacia él con pasión en los ojos.

—Esa persona que está enviando los mensajes... me da dos opciones, o efectúo una declaración pública que destruirá todo lo que he construido, o morirán miles de personas. ¿Qué clase de opción es ésa? Tenemos que encontrarle e impedir que siga adelante, Jonathan.

—Lo haremos, Charlie. Te juro que le atraparemos.

—Quizá se trate de alguien de la empresa o de mi familia. Y quizá lo que está sucediendo tenga sus raíces en el pasado. Johnny, este museo está lleno de huellas del pasado, ¡está lleno de pistas! Quizá si las repaso una a una logre descubrir a alguien, en algún punto, que tenga alguna enemistad conmigo o mi familia. Alguien con alguna deuda antigua que saldar.

Jonathan recorrió con la mirada las diferentes vitrinas.

—Yo estoy contigo, ya lo sabes —dijo con voz suave.

—Sí. Lo sé.

Sus ojos se encontraron unos instantes. Luego ella dijo:

—Me quedaré aquí hasta que encuentre lo que busco. Le he dicho a Desmond que iba a revisar los expedientes de los empleados y las cuentas financieras. Pero no le he dicho dónde estaría. Podemos controlar el recinto desde el despacho de la abuela y seguir la pista de todos y cada uno. Si alguien me buscara, aparecería de pronto.

Charlotte volvió a meter la mano en la vitrina y sacó las pequeñas zapatillas.

—¿Sabes? —murmuró—, antes conocía todas las historias. La abuela me las contó. Pero dejé de escuchar. Y luego cogí una escoba y las barrí de mi cabeza. Pero ¿sabes una cosa? —Alzó la mirada hacia Jonathan—. Al mirar estas zapatillas, casi oigo de nuevo a la abuela hablándome de su madre, Mei-ling, que las llevaba. ¿Realmente oímos la voz de nuestra abuela, Johnny? ¿O sólo deseamos ardientemente que parezca real?

Él le puso una mano en el brazo, un contacto firme, como para tender un puente entre los dos, entre el pasado y el presente. Ambos sabían que iban a tener que dar un gran salto juntos, que tenían que dejar de lado lo que había sucedido diez años antes; al menos, de momento por el bien de la empresa.

—Tenemos mucho camino que recorrer, Charlie, y no disponemos de mucho tiempo. Voy a instalar un dispositivo de busca y captura, por si nuestro comunicante anónimo intenta entrar en el sistema; luego tendré que instalar determinado software y realizar pruebas de la seguridad de tu sistema. Después viene la base de datos. He hecho una lista de más de un kilómetro de largo. No podemos perder ni un minuto. —Se calló, y añadió—: Y tú, ¿por dónde vas a empezar?

—Por aquí —respondió ella, contemplando los pequeñísimos zapatos con exquisitos bordados en oro y plata que habían ocultado la mutilación y el dolor—. Empezaré por el principio...

2

Singapur, 1908

Aun antes de sentir el dolor, la niñita se puso a chillar.

Con los brazos inmovilizados por sus tías, la pequeña de seis años fue obligada a sentarse en el taburete y le estiraron las pequeñas piernas hacia adelante para que sus pies desnudos se apoyaran en las rodillas de Mei-ling. Al ver las rígidas vendas fue cuando se puso a chillar, pero cuando le llegó el verdadero dolor —cuando Mei-ling agarró el pie derecho de la niña y rápidamente le dobló los cuatro dedos, hacia abajo y hacia atrás, apretándolos hacia el arco, los dedos se rompieron con un crujido sordo— la niña abrió la boca de par en par pero ningún sonido salió de ella.

Rígida y temblorosa, sus tías la mantuvieron suspendida sobre el taburete diciéndole lo valiente que era, lo hermosa que sería, y entretanto los veloces dedos de Mei-ling le aplicaban el vendaje, apretado, afianzando los dedos rotos en su nueva posición, estrujados, dejando libre el dedo gordo.

Todos estaban de acuerdo en que la niña tenía suerte de que fuera Mei-ling quien le vendara los pies. Por supuesto, el vendaje de los pies nunca resultaba indoloro puesto que significaba aplastar los huesos, pero Mei-ling tenía unas hierbas especiales para aliviar el dolor, y elixires para apaciguar el espíritu aterrado. Y había otra ventaja: su sola presencia resultaba calmante.

En realidad, Mei-ling era una leyenda en la isla: una sabia mujer joven que tocaba cuerpos enfermos, aunque llevaba los pies vendados, lo que significaba que era de cuna ilustre.

La niña emitió unos gemidos infrahumanos y las velas que ardían en el altar de Kwan Yin vacilaron, como para mostrar la simpatía de la diosa. Fuera, más allá del elevado muro del patio, los habitantes de Singapur celebraban un ruidoso festival en honor a los muertos.

Mei-ling trabajaba con la mente dividida, la mitad en el vendaje de los pies, la otra en el presagio que la había visitado unos días atrás y la interpretación que le había dado la adivina.

—Se acerca el festival de los fantasmas —había dicho la anciana—. Trae algo más que espíritus de los muertos a la vida de Lee Mei-ling. Trae un diablo extranjero.

Un hombre, había proseguido la adivina, procedente del otro lado del océano, con el cabello rubio y los ojos verdes.

—¿Es británico, venerable? —había preguntado Mei-ling.

Como el resto de su familia, que eran chinos aristócratas cuyo linaje se remontaba a los principios del mundo, sus sentimientos por los ingleses constituían una mezcla de tolerancia, curiosidad e impaciencia.

Pero la adivina había respondido:

—Estadounidense.

Y ahora el festival de los fantasmas había llegado, y las calles de Singapur habían cobrado vida con fiestas, espectáculos de marionetas y óperas chinas para entretenimiento de los muertos. Era el séptimo mes lunar, cuando la tradición afirmaba que las puertas del infierno se abrían para que las almas de los muertos visitaran a sus descendientes. Las familias celebraban grandes banquetes en su casa, honrando a los muertos que les visitaban, pero las almas de los que no tenían descendientes vagaban por las calles, hambrientos y envidiosos, y se les apaciguaba con comida y distracciones. En toda la ciudad ardían velas e incienso; los ricos perfumes flotaban por encima del elevado muro del jardín y se depositaban en Mei-ling y las mujeres con ella reunidas.

Cuando terminó de vendar los pies, la niña se hallaba bajo una fuerte impresión, callada y estremecida, por lo que Mei-ling le mostró sus propios pies vendados, pequeños y preciosos, calzados en unas zapatillas bordadas de ocho centímetros de largo.

Después de que la familia se llevara a la niña a casa para admirar sus nuevos pies, Mei-ling se abrió paso lentamente por las calles atestadas, donde los malabaristas entretenían a los muertos y a los vivos y la gente celebraba banquetes, compartiendo su botín con los fantasmas errantes. Con su leal sirvienta a su lado, la cual acarreaba la caja de medicinas y los instrumentos sin los cuales jamás viajaba, Mei-ling siguió pensando en lo que la adivina le había dicho del extraño estadounidense que iba a entrar en su vida. Pero ¿cuándo? ¿Dónde? ¿Cómo le conocería? ¿Sería con un buen fin? ¿El presagio quería avisarle de que lo mantuviera lejos o la animaba a acercarse a él?

Mei-ling no se lo había contado a nadie, y le había resultado difícil mantener el secreto, pues vivía en un hogar muy numeroso. Situado en el barrio rico de Singapur, la magnífica casa de Peacock Lane era el hogar no sólo de Mei-ling y su padre viudo, sino de numerosos parientes femeninos que de otro modo no tendrían donde vivir; tías viudas y solteras y jóvenes sobrinas y primas, además de Elegancia Dorada y Amanecer Estival, las viudas de dos hermanos de Mei-ling, Primer Joven Maestro y Segundo Joven Maestro, así como Orquídea de la Luna y Casia de la Luna, los bebés nacidos de la Tercera Esposa de su padre que había muerto en el parto. Una casa llena de mujeres, pero era Mei-ling, cuyo nombre significaba Inteligencia Hermosa, quien mandaba en el corazón de su padre. Qué poco chino era, decían las mujeres más ancianas, en especial las que tenían hijos adultos sin casar, idolatrar de ese modo a una hija, permitirle semejantes libertades, ¡ya tenía veintiún años y todavía no se había casado! Pero el padre de Mei-ling se volvió sordo a sus quejas y críticas y se enorgullecía de haber proporcionado unos buenos conocimientos a su hija mayor, pues ella conocía el arte de la escritura y la habilidad de la medicina tan bien como él mismo o cualquier médico respetado.

Por supuesto, ella sólo podía atender a mujeres; la actividad que más a menudo realizaba Mei-ling era vendar pies, pues tenía fama de poseer las manos más suaves de todo Singapur, y los partos, pues las mujeres afirmaban que tenía buena suerte y sabía hacer salir al bebé del vientre de forma indolora.

¡Socorro! ¡Socorro!

Mei-ling se detuvo en la transitada calle.

—¿Qué ocurre? —preguntó a su criada.

Escucharon la música y las risas y los fuegos artificiales que explotaban en el cielo nocturno.

—¿Qué ocurre, *sheo-jay*? —preguntó la anciana, utilizando la fórmula de cortesía «joven ama».

—¿No has oído...?

¡Socorro!

—¡Alguien está en peligro!

Mei-ling miró arriba y abajo la calle, llena de chinos y malayos vestidos con su indumentaria de fiesta. No vio a ningún extranjero, sin embargo el grito no había sido en chino.

¡Oh, Dios mío...!

—¡Allí! —dijo ella, señalando un estrecho callejón—. ¡Un hombre está en peligro!

—Pero *sheo-jay*...

—¡Deprisa!

Mei-ling avanzó por el callejón lo más deprisa que sus diminutos pies y cortos pasos le permitían. La criada, que era mayor y más corpulenta, y llevaba la pesada caja de ébano con las medicinas, la seguía, jadeando. Llegaron al callejón que había detrás de una hilera de tiendas y vio a un grupo de matones pateando a un hombre que había caído al suelo.

—¡Ay! —gritó la criada de Mei-ling—. ¡Vámonos de aquí, *sheo-jay*! ¡Esto trae mala suerte! La Noche de los Fantasmas...

Pero Mei-ling siguió adelante, dando voces y agitando los brazos. Los matones al principio le hicieron caso omiso, pero cuando pasó bajo la luz de las linternas y vieron su vestido de seda y diminutos pies, su pelo arreglado con las peinetas y ornamentos de la mujer de un hombre rico, se dieron la vuelta y huyeron, alejándose por el callejón con los pies descalzos.

Mei-ling les dejó marchar. Se apresuró a arrodillarse junto al hombre y vio que éste se hallaba inconsciente y gemía, y su chaqueta blanca, camisa blanca y pantalones blancos estaban manchados de sangre.

—¡Un demonio extranjero, *sheo-jay*! —exclamó la criada, trazando rápidamente una señal de protección en el aire—. ¡Mala suerte!

Pero Mei-ling le puso la mano en la ensangrentada frente. El hombre era rubio. Y cuando abrió uno de sus párpados, ella vio debajo un iris de color verde.

El estadounidense de la profecía.

—¡No le toques! —exclamó su criada—. ¡Mala suerte!

Pero Mei-ling conservaba la calma, más fascinada que temerosa.

—Está herido —dijo—. Debemos ayudarle.

—Iré a buscar a la policía.

Pero Mei-ling detuvo a la criada, diciendo:

—Este hombre me fue profetizado en un sueño. He sido atraída hacia él por una razón.

—¡Llamar a la policía!

Mei-ling se irguió e inspeccionó el callejón. Había poca gente alrededor; la única vida procedía de sombras que danzaban sobre el pavimento mientras las linternas de papel oscilaban movidas por la brisa nocturna.

—Allí —dijo, señalando la tienda de sedas de la señora Wah—. Ve allí. Pídele a la señora Wah que envíe a su hijo más fuerte.

La criada obedeció por miedo a faltar al respeto a una profecía enviada por los dioses, pero lo hizo de mala gana, echando miradas por encima del hombro para ver a su ama inclinada sobre el extranjero tendido en el suelo.

La señora Wah envió a su hijo más corpulento para que llevara al extranjero inconsciente a su tienda, y luego le hizo trasladar al hombre a la pequeña habitación que daba al callejón. No lo hizo por el extranjero sino por Mei-ling, quien el invierno anterior le había dado un tónico a base de hierbas secretas, pues su ciclo menstrual se había interrumpido durante dos meses tras la visita de un invitado especial. A la sazón, el marido de la señora Wah se hallaba fuera y no podía hacerle creer que el hijo era suyo. El tónico de Mei-ling había reestaurado las fases de la luna en el cuerpo de la señora Wah, y por ese motivo le estaría siempre agradecida.

—¿Avisamos ahora a la policía? —preguntó la vieja criada cuando hubieron tendido al extranjero en una cama y se encontraban las dos a solas con él.

—Calla —dijo Mei-ling mientras abría con gesto rápido su caja de medicinas—. ¿Desafiarías una profecía de los dioses?

—Pero quizá se trata de eso, de que tienes que avisar a la policía.

Pero Mei-ling meneó la cabeza mientras empezaba a limpiarle las heridas. Cualquier transeúnte habría podido llamar a la policía. El camino de ella se había cruzado con el de este extranjero por otro motivo, con un fin más importante. «Cuando despierte —pensó—, lo sabré.»

Cuando Mei-ling empezó a desabrocharle la camisa con delicadeza, la vieja criada se sentó en el suelo y empezó a gemir. Ver a su ilustre ama rebajarse de aquel modo, ver a una hija aristócratica de Singapur deshonrar su modestia poniendo los ojos en el cuerpo de un hombre, ¡y después tocarlo!

Mei-ling contempló la carne pálida y herida.

—Qué le han hecho —susurró indignada—. ¡Cuánto daño le han hecho!

Sus lágrimas cayeron sobre el pecho desnudo del hombre.

—¡A lo mejor se lo merecía! —gimió la vieja criada—. ¡A lo mejor es un hombre malo, *sheo-jay*! ¡Un ladrón, un adúltero, o algo peor!

Pero Mei-ling acarició el pelo rubio hacia atrás, apartándoselo de la frente, le rozó los ojos cerrados, y supo que no era un mal hombre.

Tenía que actuar deprisa. La esperaban pronto en casa y la familia se preguntaría dónde estaba. Primero le lavó las heridas con un antiséptico calmante hecho de raíces de peonía blanca y luego las roció con hueso de sepia en polvo para detener la hemorragia, y las cubrió con vendas. Luego le tomó el pulso como su padre le había enseñado a hacer, notando el reflejo en cada uno de los veinte puntos del pulso, del estado de sus doce órganos vitales; con las sensibles yemas de sus dedos en la muñeca del extranjero, en su cuello y pies, detectaba la lucha entre el yin que se debilitaba y su asustado yang. Le abrió los párpados y observó las pupilas, le puso las manos sobre la piel desnuda y calculó el grado de vacío, la falta de calor, los puntos en que su espíritu estaba temblando.

La señora Wah trajo un humeante cuenco con caldo para el extranjero herido, y para Mei-ling y su criada, arroz al curry con gambas picantes, pasteles de almendra y té verde. La señora Wah no hizo preguntas mientras dejaba los cuencos y encendía un pequeño brasero para mantener el té caliente. De no haber sido por el reconstituyente menstrual de alazor de Mei-ling, la señora Wah habría muerto a manos de su esposo. En cambio, le hizo regalos de perlas y perfumes por su fidelidad.

A Mei-ling le preocupaba que el extraño no despertara. Se preguntó si la herida que tenía en la sien le habría causado un desequilibrio irreparable de los vientos que soplaban en su cabeza. Le puso las manos sobre las costillas, en la cintura, palpando para captar la existencia de un desequilibrio interno. Le examinó el bello rostro. Le aplicó gotas de aceite de clavo en los labios. Luego le pellizcó las mejillas para hacer regresar su espíritu a su cuerpo, y le dio suaves palmadas en los brazos para despertar la fuerza dormida.

Finalmente no pudo quedarse más tiempo, tenía que marcharse.

—Tú te quedarás con él —instruyó a la vieja criada, quien se había calmado considerablemente tras el festín de gambas y arroz, nada de lo cual su ama había probado—. Mañana traeré a la adivina y ella me dirá lo que debo hacer.

En aquel momento, cuando la anciana iba a protestar, el extranjero despertó, parpadeando varias veces tratando de enfocar sus ojos. Miró a Mei-ling sin dejar de parpadear.

—¿Estoy... —empezó a decir— estoy muerto?

Como el padre de Mei-ling se movía entre dos mundos, el chino y el británico, enorgulleciéndose de ser moderno y de haber cultivado amistades y relaciones comerciales con ingleses, la casa de Peacock Lane con frecuencia ofrecía hospitalidad a personas de Occidente. Mei-ling había aprendido inglés de su padre, para esas ocasiones en que ella servía el té a las visitas importantes. Pero no era el mejor inglés, y tuvo que asimilar la pregunta del extraño antes de ser capaz de formar una respuesta.

—Estás a salvo —dijo ella, y al instante los ojos del hombre se enfocaron sobre el rostro de la joven.

—¿Eres un ángel?

Ella sonrió.

—Soy Mei-ling. Mi criada y yo te hemos traído a esta casa. ¿Cómo te llamas? ¿Y a quién debemos avisar para que te lleve a tu casa?

El hombre frunció el entrecejo.

—No... no lo sé —respondió—. No tengo ni la menor idea de quién soy.

—*Aii* —exclamó la vieja criada—. ¡Un fantasma le ha robado los recuerdos y ahora habita en su cuerpo!

—Cállate —ordenó Mei-ling en chino—. No le alteres.

Puso una mano en la mejilla del hombre y se inclinó hacia él para atisbar en sus ojos.

La anciana temblaba de miedo observando a su joven ama entregar su alma al diablo extranjero, pues él miraba a Mei-ling con tanta intensidad que la vieja criada sabía que le estaba robando el espíritu. Él dijo en un susurro:

—Eres muy hermosa.

Y aunque la vieja criada no entendía su lengua, su tono de voz le era conocido. La desgracia acechaba aquella noche siniestra, lo sabía por la forma en que su joven ama miraba al extranjero. Ella había visto muchas veces esa mirada, en el rostro de hermanas e hijas, y en su propio rostro mucho tiempo atrás. Era una mirada secular y universal.

Mei-ling se había enamorado.

Mei-ling volvió al día siguiente con la adivina, quien examinó la palma de la mano del extranjero mientras éste dormía. Luego partió un huevo y, cuando vio la doble yema, exclamó que eso era señal de mala suerte.

—Él es dos hombres, *Sheo-jay*. Uno te amará, el otro te engañará.

«Entonces amaré al que me ame —decidió Mei-ling—. Y no buscaré al que me engañe.»

Cada día acudía a la habitación secreta sobre la tienda de sedas de la señora Wah para llevar tazones de comida saludables que ella misma preparaba: buey al hinojo para equlibrar el *chi* y reducir el exceso de frío, arroz con trufa para reducir el exceso de yang, sopa de carpa para nutrir la sangre. Le lavaba las heridas, le aplicaba ungüentos y le cambiaba los vendajes. Le aplicaba compresas calmantes en la magullada carne para calmar la sangre furiosa que corría debajo. Le hacía tomar vinos y tónicos reconstituyentes, todos ellos elaborados con raíces de ginseng y batata y regaliz, que la propia Mei-ling había recogido en el jardín privado de la casa familiar.

Le bañaba en la cama, preservándole su intimidad bajo una sábana, y le sujetaba por los hombros cuando él estaba demasiado débil para incorporarse y comer. Quemaba incienso a Kwan Yin y purificaba el aire con plegarias especiales. Cada día le preguntaba su nombre. Y cada día él le respondía que no lo sabía.

Le preguntó por el anillo que lucía en la mano derecha. Grueso y de oro, parecía exhibir el dibujo de dos letras inglesas entrelazadas. «R. B.», había murmurado él, mirando la anillo con ceño—. No sé lo que significan.

La vieja criada seguía observando y temblando de miedo, pues su joven ama estaba realizando actos prohibidos: ¡tocar la desnudez de un hombre, un hombre que no era pariente suyo, y ni siquiera chino! Si la familia de Mei-ling lo averiguaba, las condenarían a muerte a las dos, a la joven y a la criada. Pero ella no podía hacer nada para impedir esta desgracia. Su joven ama se hallaba bajo los efectos de un hechizo.

Cuando Mei-ling envió las ropas del extranjero a lavar, revolvió primero en los bolsillos, y aunque no encontró ningún papel ni ninguna forma de identificación, vio que contenían una enorme suma de dinero en dólares norteamericanos y en libras británicas.

—No sé de dónde procede este dinero —dijo él. Cuando Mei-ling le preguntó si debería avisar a las autoridades estadounidenses, él respondió:

—¿Y si soy un criminal?

De modo que siguieron manteniéndole en secreto sobre la tienda de sedas de la señora Wah, aguardando a que recuperara la memoria.

Por fin, una mañana Mei-ling y la vieja criada llegaron y le encontraron sentado en la cama, con aspecto de estar más fuerte, sonriente. Mientras la vieja criada se acuclillaba en el rincón, rezando a sus antepasados, Mei-ling abrió los postigos de par en par para que la balsámica luz del sol penetrara en la estancia; luego ayudó al extranjero a bañarse y afeitarse, y luego le ofreció el desayuno, colocando la bandeja sobre su regazo.

Todo el tiempo, desde el minuto en que había entrado por la puerta, él no había apartado sus ojos del rostro de la joven.

Ahora bajó la mirada a la comida y puso ceño:

—¿Esto es lo que he estado comiendo?

Ella cogió los palillos y señaló cada plato:

—Sopa *won ton*, pollo al sésamo, fideos sofritos, piña fresca.

—Qué variedad —murmuró él con una expresión de duda en el rostro.

—Los opuestos que equilibran el *chi*.

Él la miró con aire interrogador.

—Este plato es caliente —dijo ella con una sonrisa—. Éste es frío. Éste es blando, éste es crujiente. Estos producen armonía.

Él se rió y sus ojos verdes danzaron.

—Si a ti te da lo mismo, unos anticuados huevos con beicon y café solo me irían bien.

Sus palabras desconcertaron a Mei-ling. Nunca había oído la pronunciación estadounidense.

—Cómete esto ahora y mañana te traeré huevos.

Mientras él cogía un crujiente trozo de pollo con los dedos, Meiling le tomó la mano con suavidad y puso en ella los palillos. Por un instante él le miró la mano que sujetaba la suya, luego levantó la mirada y una silenciosa comunicación se cruzó entre ellos.

—No sé usarlos —dijo él con voz suave—. Supongo que no podrías traerme un cuchillo y un tenedor.

—Mañana cuchillo y tenedor —dijo ella, bajando los ojos a sus manos unidas: la suya, pequeña y pálida, y la de él, grande y morena—. Y café solo —añadió con una sonrisa tímida.

El hombre borró su sonrisa y se quedó mirando fijamente a la joven. Recostado sobre las almohadas, la sábana hasta la cintura, dejando su pecho al descubierto, examinó a la joven china que estaba sentada en el borde de su cama.

—Me has salvado la vida —dijo—. ¿Por qué?

—¿Debería haberte dejado morir?

Él echó una mirada a la caja de medicinas: un estuche de laca negro con dragones rojos y dorados pintados en él, sus muchos cajones y compartimentos abiertos exponiendo bolsitas de hierbas, frascos de líquido, paquetes atados con cuerda.

—¿Eres enfermera o algo así?

—Mi padre me enseñó las antiguas artes de la curación —respondió con modestia.

—Un arte-con un gran poder —dijo él con una sonrisa irónica—. Lo último que recuerdo es que, cuando me encontraba en el suelo y aquellos matones me estaban dando patadas, sabía que estaba a punto de morir.

Ella le observó con ojos solemnes. Cuando él fue a buscarle la mano, ella no la retiró.

—Eres muy guapa —dijo.

Al día siguiente Mei-ling y su criada le llevaron beicon y huevos, cocinados como el cocinero del Raffles Hotel le había explicado, y el extranjero se emocionó tanto al ver un desayuno conocido que lo devoró todo —huevos fritos, tiras de beicon, patatas asadas, tostadas con mantequilla y café caliente— sin decir una sola palabra. Cuando Mei-ling vio los platos vacíos, sonrió. Las palabras sobraban.

—¿Cuánto tiempo hace que estoy aquí? —preguntó él mientras se afeitaba con el jabón y la cuchilla que ella le había traído.

—Tres semanas.

Él miró a la vieja criada, quien permanecía sentada en el rincón con expresión preocupada.

—Ojalá pudiera contaros qué es lo que pasó —dijo a Mei-ling—. Ojalá pudiera deciros quién soy y qué hago en Singapur.

Sin embargo sabía algunas cosas. Sabía que era estadounidense; incluso sabía que el presidente que a la sazón gobernaba Estados Unidos era un hombre llamado Theodore Roosevelt. Habló a Mei-ling de una ciudad llamada San Francisco, y dijo que le parecía que vivía allí, porque podía hablarle de tranvías y vendedores de flores y su restaurante favorito en Powell Street. Pero de sí mismo —quién era, quién era su familia, a qué se dedicaba para ganarse la vida— no sabía nada.

—Mi memoria ha empezado a volver a mí en sueños —dijo—. Pero cuando despierto, los sueños se desvanecen.

Mei-ling comprendía el poder de los sueños, pues un sueño la había llevado a él.

—Quizá si yo estuviera presente mientras duermes... —dijo.

—No estaría bien que pasaras la noche conmigo.

—Tú dormirías y yo te observaría. Cuando sueñes te despertaré y me contarás lo que hayas visto en tu sueño.

—La verdad es, Mei-ling, que no sería capaz de dormir si estuvieras tú aquí.

—Me quedaría muy callada.

—No me refería a eso —dijo él con voz suave.

La criada, que no entendía las palabras que intercambiaban, no sabía nada de lo que los jóvenes decían. Les leía los ojos, los cuerpos, los tonos de voz. Y supo que la catástrofe que había estado temiendo se cernía sobre ellos.

Mei-ling eligió la octava noche del octavo mes para quedarse con él, pues el ocho era el número más afortunado y un doble ocho era doblemente afortunado. Por primera vez salió de la casa de su padre sin la compañía de la vieja criada, escabulléndose en la noche mientras la casa dormía.

—Voy para ayudarle a recuperar su memoria perdida —dijo a la anciana—. Voy para ayudarle a recuperar su espíritu de las brumas adonde ha ido.

Pero la anciana sabía por qué iba Mei-ling, y lo único que pudo hacer fue enroscarse en su estera, taparse la cabeza con la manta y gemir temiendo la mala suerte que se avecinaba.

Cuando Mei-ling y el extranjero estadounidense hicieron el amor por primera vez, un apacible monzón envolvía Singapur en un tierno abrazo.

Mei-ling sabía que lo que hacía estaba castigado con la muerte. A la mujer sólo le estaba permitido tener un hombre en su vida: su esposo, en caso de que se casara. A la mujer no casada no le estaba permitido ningún hombre. Por el contrario, al hombre se le permitía, por ley y por tradición, tantas esposas y concubinas como pudiera pagarse, pues la lógica era que «una tetera ha de tener muchas tazas».

Mientras yacía en brazos del apuesto estadounidense, cuyo vigor y virilidad se habían recuperado gracias a los dulces cuidados de ella, mientras le observaba dormir, maravillada de este apuesto extranjero que los dioses habían llevado a su vida, Mei-ling se preguntaba qué era una sentencia de muerte cuando estaba en juego el amor. Moriría gustosa por un abrazo de aquel hombre.

Le dejó mientras aún dormía, regresando a su casa antes de que la servidumbre despertara. Y acudió de nuevo a la noche siguiente, y a la siguiente. Le ayudó a dar unos pasos por la habitación, a andar despacio mientras ella le sujetaba, dando la propia Mei-ling diminutos pasos dolorosos en sus deformados pies. Le daba noticias del mundo exterior, y después él le sacaba las horquillas y peinetas de su largo cabello y le repetía cuánto la amaba.

Durante el día, Mei-ling realizaba discretas averiguaciones sobre si alguien buscaba a un estadounidense desaparecido. Y durante la noche, mientras yacía a su lado, le observaba revolverse en sueños, pronunciando nombres y palabras que eran extraños para ella. Cuando le despertaba, él no recordaba lo que había soñado. Cuando le preguntó quién era Fiona, él respondió que no tenía ni idea.

—Quizá debería llevarte a un médico inglés —dijo ella una tarde mientras el sol penetraba de soslayo a través de las persianas—. Hace demasiado tiempo que has perdido la memoria. Tu familia debe de estar preocupada. Tienes que encontrar tu casa.

Pero él le cogió las manos y dijo con pasión:

—Tú eres mi casa, Mei-ling. Tú eres mi familia. Quiero casarme contigo.

—Pero ¿y si resulta que ya estás casado?

—No me siento casado. ¿No debería «sentirme» casado? —Luego añadió, muy tierno—. Sí, me siento casado, Mei-ling. Cuando estoy contigo.

Ella bajó la vista.

—Nunca podré casarme contigo. Debo casarme con un chino.

—Ya estamos casados, Mei-ling. —Se sacó el anillo de oro del dedo, con las iniciales RB entrelazadas, y le cogió la mano entre las suyas—. Con este anillo yo os desposo. —Y se lo colocó en el dedo—. Estamos casados, amada mía. A los ojos de Dios y en nuestros corazones, somos marido y mujer.

Y entonces Mei-ling cometió un error fatal.

Una noche llegaron a la casa de Peacock Lane unos distinguidos invitados de su padre, ingleses que admiraron con deleite los jardines, patios y aleros curvados de los tejados de este hogar chino. Mientras Mei-ling servía té y pastelillos de almendras, preguntó a uno de los invitados, que era un médico especializado en desórdenes de la mente, si era posible perder solamente una parte de la memoria y conservar el resto. Y mientras el extranjero explicaba a Mei-ling lo poco que se conocía de la mente humana su padre observaba la escena con atención. No fue el hecho de que Mei-ling formulara preguntas a un extraño —él siempre la había animado a buscar el conocimiento— ni la naturaleza de las preguntas, aunque él mismo encontraba la mente humana un tema de gran fascinación. Fue la manera en que el inglés miraba a Mei-ling lo que abrió los ojos de su padre a una verdad que había estado tratando de evitar: que su hermosa hija no podía permanecer más tiempo sin estar casada.

Vinieron las tías desde muy lejos, la aldea ancestral en la provincia del sur de China. E incluso mientras sonreía, servía té y fingía sentirse honrada porque la examinaban como futura nuera, Mei-ling ya había tomado una decisión: por el amor de su estadounidense, traería la deshonra a su familia.

Al día siguiente preparó el equipaje con cuidado, para que los criados no sospecharan nada, llevándose sólo los artículos más necesarios y personales. Y su caja de medicinas. Le dijo a Elegancia Dorada, su cuñada, que la habían llamado de una casa situada al otro extremo de la isla, para asistir a un parto.

Luego salió de la casa de su padre, donde había nacido y crecido, dio la espalda a su vida, a su familia y a su cultura y se dirigió con tanta celeridad como pudo hacia la tienda de sedas cerca del puerto.

Pero cuando llegó, su estadounidense no se encontraba allí.

Había dejado una carta: «Queridísima Mei-ling, perdóname. He esperado todo lo que he podido. Pero el sol ya se pone y no has venido aún. He recordado quién soy y debo irme. Me he llevado el dinero porque he de comprar un pasaje de barco con él. Me consuela saber que vivirás en casa de tu padre hasta que regrese. Volveré, amada mía, y me casaré contigo. Pero antes debo hacer una cosa...»

Ella corrió a la ventana y miró hacia la calle. ¿En qué dirección habría ido? ¿Dónde estaba, en aquellas atestadas calles? Lanzó un grito, asustando a las palomas que se desperdigaron y luego se juntaron bajo los aleros. ¿Era éste su castigo por deshonrar a su familia?

Se miró el anillo que lucía en el dedo; no era un verdadero anillo de boda. Y ahora no tenía marido. Volvió a leer, con los ojos llenos de lágrimas, su carta y su firma al pie: Richard.

Entonces se llevó la mano al abdomen... pues allí me encontraba yo, así empecé yo, por eso conozco esta historia, y por eso puedo dar a conocer los pensamientos y sentimientos privados de las personas y los acontecimientos que sucedieron tanto tiempo atrás. Porque mi madre me contó estas cosas. Pues el estadounidense llamado Richard no sólo dejó a Mei-ling una carta y un anillo, también le dejó otro regalo: yo, su hija. Nací ocho meses más tarde y mi madre me puso el nombre de Armonía Perfecta, para asegurarse de que tendría buena salud y larga vida.

Aquí es donde la historia de nuestra familia da comienzo.

3

19,00. Palm Springs, California

—¿Qué demonios está pasando?

Charlotte se giró en redondo, sobresaltada. Desde el lugar en que se encontraba, junto a una de las vitrinas del museo, donde estaba examinando antiguas fotografías, veía a Jonathan en el despacho de su abuela, atento a la pantalla del sistema de seguridad del complejo. No era Jonathan quien había hablado, sino alguien en la pantalla.

—¿Por qué la policía no ha hecho nada? —resonó la voz familiar.

Charlotte llegó junto a Jonathan a tiempo de ver a Adrian Barclay salir de una limusina blanca, bajo el paraguas que le sostenía el chófer. Cuando una pierna larga y bien formada apareció por la portezuela posterior de la limusina, el chófer abandonó a Adrian Barclay y se precipitó a cobijar a la mujer delgada y bronceada que se entregó a la lluvia.

Jonathan dejó escapar un silbido en voz baja.

—Vaya, vaya. Veo que Margo se conserva bastante bien.

Cuando los Barclay salieron del alcance de la cámara, Jonathan tocó unas teclas de la consola y atrapó a marido y mujer de nuevo mientras cruzaban el vestíbulo del edificio principal. Vestidos con pantalones blancos y camisas en tonos pastel, bronceados y en buena forma física, tenían el aspecto exacto de lo que eran: ricos miembros de la buena sociedad de Palm Springs que jugaban al golf con presidentes estadounidenses retirados. Adrian Barclay, de baja estatura y complexión robusta, con el pelo gris, hablaba por un teléfono móvil, mientras su esposa Margo, más alta, con el cabello rubio ceniza apartado de su rostro maquillado, espetaba a los guardias de seguridad que reforzaran la vigilancia en la entrada principal.

—¿Conocen la existencia de este sistema privado de control? —preguntó Jonathan mientras oprimía otro botón y la cámara de seguridad de la zona de recepción de la tercera planta aparecía a la vista.

—No lo creo. Estoy segura de haberlo mencionado, pero dudo que me escucharan. Como era para la abuela, no les importaba. Ahí no se perdía nada de amor.

Jonathan asintió.

—Una relación curiosa, según recuerdo. —Subió el volumen cuando las puertas del ascensor se abrieron y salieron los Barclay—. Recuerdo cómo era hace veinticinco años. Muy extraña.

—Empeoró —dijo Charlotte con voz suave, como si las personas que aparecían en la pantalla pudieran oírla— después de que el señor Sung leyera el testamento de mi abuela.

—¿Dónde demonios está Charlotte? —preguntó Adrian con aspereza cuando Desmond se reunió con ellos en los ascensores.

Charlotte observó a su primo, aún vestido con el abrigo de cuero negro sobre un jersey negro y pantalones de nailon, que se quitaba las gafas de sol tras las cuales se ocultaba siempre.

—Ha dicho que iba a revisar los expedientes de los empleados...

Pero Adrian pasó de largo y por un instante Charlotte sintió una punzada de lástima por su primo. Adrian era el padre de Desmond. Trataba mejor a su chófer. Pero Margo dedicó algo de atención a su hijo, besándole en la mejilla y alisándole el pelo hacia atrás con los dedos. Esta vez fue Desmond quien no respondió.

De repente apareció la secretaria de Margo, una mujer menuda que tuvo que seguir apresurada a su jefa, quien siguió avanzando por el pasillo con grandes pasos, dando órdenes por encima del hombro, la mayoría de las cuales pudieron oír Charlotte y Jonathan:

—Ponme con Schaeffer y Schaeffer. Utiliza su línea privada. Dile a Tom Schaeffer que se ocupe de esto personalmente. Luego llama al juez Batchelor, dile que es personal. Llama a Aphrodite, averigua si Simone está disponible. Si no, a ver si pueden enviar a Jason o a Nikki. Y tráeme algo de la cafetería. Que no sea chino. Una ensalada verde con zumo de limón, té negro, y algo de fruta fresca, lo que haya. Busca a Charlotte. Dile que quiero verla enseguida.

Jonathan volvía a estar ante el escritorio del ordenador, sacando cosas de su bolsa negra.

—¿Margo te hace ir a su despacho? ¿No sabe que eres la directora general de la empresa?

Charlotte murmuró.

—Siempre ha sido un misterio para mí por qué mi abuela se vinculó con esa familia, en especial después de las cosas horribles que le hicieron.

Jonathan dejó lo que estaba haciendo y miró el perfil de Charlotte, la mandíbula tensa, el labio inferior tembloroso, y le sorprendió por primera vez ver cuánto se parecía a su abuela, Armonía Perfecta. Hay bellezas que se llevan en la sangre, pensó, y entonces quiso preguntarle si había recibido las flores que le había enviado para el funeral. Se había quedado tan consternado cuando leyó la noticia de la muerte de Armonía, en particular por la forma espantosa en que había muerto, que había estado a punto de coger un avión desde Johanesburgo aquel mismo día. Pero debido al encargo secreto del gobierno en el que estaba trabajando le había sido imposible hacerlo; por eso había enviado flores y un telegrama. Charlotte nunca le dijo que lo hubiera recibido.

Cuando Adrian desapareció por el pasillo con el teléfono móvil pegado a la oreja y su secretaria detrás de él a toda prisa, Charlotte y Jonathan vieron a Margo pasar de largo de su despacho e ir hacia el agente Valerius Knight, quien inmediatamente se levantó de la silla, ajustándose el nudo de la corbata y los puños de la camisa. Cuando Margo saludó a Knight ofreciéndole ambas manos y una sonrisa afectuosa, Jonathan preguntó:

—¿Le conoce?

—No lo sabía —respondió Charlotte—. Esto es muy extraño.

Jonathan reanudó su tarea de sacar objetos de su bolsa: una cámara, guantes, una bolsita de piel negra con cremallera.

—Has dicho que no confías en Knight. ¿Por qué?

—No es un investigador imparcial —dijo Charlotte, los ojos fijos en la pareja que aparecía en la pantalla. El agente Knight, mucho más alto que Margo, su cabeza rapada brillante como ébano encerado bajo las luces del techo, se inclinó hacia la señora Barclay, un poquitín demasiado, pensó Charlotte—. Hace dos años, una mujer de Kansas City se puso muy enferma y estuvo a punto de morir después de utilizar una crema facial que estaba adulterada con mercurio. Knight persiguió al fabricante con saña. Aunque al final se demostró que no había sido culpa suya, y aunque un ex novio se presentó y admitió haber adulterado la crema, la empresa se arruinó. Knight se considera a sí mismo sheriff, juez y verdugo. Dicta sentencia y después pregunta. —Añadió—: Daría cualquier cosa por saber de qué están hablando ahora él y Margo.

—Pronto lo sabremos —dijo Jonathan con decisión—. Charlie, quiero que convoques una reunión.

Ella se volvió a él.

—¿Ahora? —Entonces vio la bolsa que él se había colgado del cinturón—. ¿Para qué?

—Necesito entrar en sus despachos y no puedo arriesgarme a que me vean. Ha pasado mucho tiempo, pero alguno de los Barclay podría reconocerme.

—¿Quieres que convoque a todo el mundo?

—A las secretarias no. No me conocen.

—Pero si una de ellas te pilla en un despacho, se preguntará qué estás haciendo.

Él se metió la mano en el bolsillo trasero y sacó una cartera con una identificación. La abrió: Charlotte vio una tarjeta y un distintivo.

—Un recuerdo de mis días con la ASN —dijo él con una sonrisa.

Charlotte vaciló. Había algo raro en su sonrisa, y su voz tenía un rastro de amargura que ya había percibido antes, en el invernadero, cuando le había dicho que ya no participaba en el juego del espionaje. ¿Se había separado de la Agencia de un modo no amistoso?

—De acuerdo —accedió, dejando la fotografía que tenía en las manos—. Se me ocurren algunas cosas que decir.

—Toma —dijo él, tendiéndole la mano.

Ella vio un pequeño botón metálico en la palma de su mano.

—¿Qué es?

—Con esto nos comunicaremos tú y yo. Póntelo en la oreja; es un transmisor y receptor al mismo tiempo. Y una conexión abierta, o sea que podré oír todo lo que digas. Sin embargo, no podré oír a los demás ya que sólo transmite la voz de quien lo lleva puesto. —Tras insertarse un botón idéntico en su oreja, susurró—. ¿Me oyes?

Charlotte le miró sobresaltada. Era casi como si tuviera a Jonathan dentro de su cabeza.

—Sí, te oigo muy bien. ¿Qué vas a hacer?

—Instalar dispositivos de escucha en las oficinas principales para que podamos oír lo que sucede. —Alargó el brazo y desabrochó el pasador dorado de Charlotte para que el pelo el cayera suelto por encima de la oreja—. Es mejor que lo escondas, por si acaso —dijo.

Charlotte dio un respingo. El roce de Jonathan seguía siendo electrizante.

Cuando salían del despacho, Jonathan echó una mirada a la consola y vio la antigua fotografía que Charlotte había dejado allí. La reconoció de mucho tiempo atrás: era un retrato de la abuela de Charlotte cuando era una niña en Singapur, una bonita chiquilla vestida de uniforme escolar, sonriendo con timidez a la cámara, el rostro enmarcado por dos largas trenzas negras. En la parte inferior estaba escrito, en caracteres chinos y en inglés: *Armonía Perfecta, 10 años, 1918. Escuela Misionera de Santa Inés.*

Cuando él y Charlotte se detuvieron en la entrada para asegurarse de que el camino estaba despejado, Jonathan pensó en la primera vez que vio a la abuela de Charlotte. Él y Charlotte tenían trece años y sólo hacía unas semanas que se conocían. Charlotte le había presentado como: «Mi amigo de Escocia».

«*Aii-yah*, vienes de muy lejos —había dicho la abuela—, tu familia está muy lejos»; continuó en tono suave y triste, como si en aquel instante hubiera captado el dolor del muchacho y lo hubiera comprendido.

Charlotte le había dicho que su abuela era propietaria de una empresa que fabricaba medicinas.

—La empresa se llama como mi abuela. Su nombre es Armonía Perfecta.

Por la compasión que percibió en la voz de la anciana —como si supiera exactamente cómo se sentía él— no le habría sorprendido que aquella mujer tuviera una medicina para curar la nostalgia del hogar.

Y en cierto modo así era, aunque el Johnny de trece años no lo sabía entonces. Ella le invitó a quedarse a cenar con ella y Charlotte aquella noche y, mientras la niebla se extendía por la bahía de San Francisco, Jonathan probó la comida china y la compasión china por vez primera.

La abuela de Charlotte le hizo preguntas sobre su persona, sonsacándole con dulzura mientras colocaba ante él tazones de fideos y masa hervida. Satisfizo su curiosidad por la vida del muchacho mientras servía tacitas de té verde. Le sondeó delicadamente acerca de su familia mientras hurgaba en una fuente de gambas fritas para elegir las más gordas y más sabrosas y ofrecérselas a él. Y antes de darse cuenta, mientras tomaba los platos curativos de la abuela para tener equilibrio, armonía y suerte, se estaba liberando de su desdicha, resentimiento y pesar.

También fue ese día cuando Charlotte le dijo su verdadero nombre, el que constaba en su certificado de nacimiento, y Jonathan, a quien en secreto le gustaba el nombre pero no quería herirla en sus sentimientos, había convenido con ella que Charlotte era un nombre mucho más bonito, aunque procediera de un libro de cuentos.

Tras una carrera bajo la lluvia llegaron al edificio principal y subieron apresuradamente la escalera de emergencia. En la tercera planta atisbaron la zona de recepción, donde sólo vieron a Margo.

Jonathan estaba admirado: Margo Barclay no aparentaba la edad que tenía. El sello invisible de una costosa cirugía plástica se cernía sobre su tez lisa y bronceada. Jonathan calculaba que debía de rayar la setentena. Recordó los rumores que corrían muchos años atrás de su voraz apetito sexual. Se preguntó si aún era verdad. ¿Pensaba alguna vez en aquel día, durante la última primavera que él pasó en Estados Unidos, cuando tenía diecinueve años y nadaba en la piscina de la casa de Charlotte? Charlotte había entrado a por limonada y la señora Barclay, una mujer de casi treinta años más que él, apareció en un exiguo bikini rosa. Una suave y silenciosa zambullida en el agua la trasladó al lugar exacto donde Jonathan estaba sentado en los escalones del extremo poco profundo. Ella se abalanzó sobre el muchacho, tirando de él. Jonathan apenas tuvo tiempo de salir de la piscina.

Nunca le contó a Charlotte ese incidente. Cuando ella salió de la casa con una bandeja con limonada, la señora Barclay se hallaba en una tumbona, encendiendo con calma un cigarrillo, mientras Jonathan ardía al recordar la boca rapaz de aquella mujer en su entrepierna.

Ahora apartó ese recuerdo de su mente y se volvió a Charlotte.

—Esperaré hasta que los hayas reunido a todos en la sala de juntas. Dame la señal pidiendo a uno de ellos que cierre la puerta. Entonces pondré manos a la obra. Necesito unos diez minutos. No les dejes salir hasta que yo te lo indique.

Charlotte sintió la mano de Jonathan en su brazo, el apretón en su carne. Le miró a los ojos y vio un coraje y una intensidad que le resultaban familiares.

—Sí —respondió en un susurro, pensando en un móvil de campanillas hecho añicos envuelto en una bufanda azul marino y verde. Jonathan había acudido a ella cuando creía que no lo haría jamás.

Mientras Charlotte se acercaba a Margo, reconoció su perfume: Tuscany, de Estee Lauder. Carlotte sabía que Margo nunca utilizaba productos Armonía. Sus cuartos de baño en casa y en el baño privado anexo a su despacho estaban llenos de Clairol, Lancôme, Elizabeth Arden, como para demostrar cuánto despreciaba la compañía que deseaba fuera de su propiedad.

Cuando Margo se dio la vuelta, Charlotte vio las líneas de la furia alrededor de sus ojos. La sonrisa estaba allí para consumo público; Margo era una maestra consumada en el arte de adoptar una buena apariencia, lo cual era la razón por la que era vicepresidenta de relaciones públicas. Pero bajo la superficie había ira.

Cuando Charlotte vio que Margo bajaba la vista, supo exactamente adónde miraba. Charlotte no llevaba siempre el relicario de la dinastía Chang; sólo los días en que precisaba fuerza espiritual. Sabía que, igual que su hijo Desmond, Margo se moría de ganas de preguntar qué había sucedido el verano que Charlotte desapareció; también sabía que, a diferencia de Desmond, Margo callaría.

Sólo había preguntado una vez.

Charlotte nunca olvidaría la invitación por sorpresa de Margo para ir de compras, la única vez que recordaba que Margo se había mostrado amable con ella. Charlotte, que a la sazón sólo tenía quince años, se había sentido halagada y no sospechó nada. Pero a la hora del almuerzo, cuando Margo se las había apañado para llevar la conversación hacia la curiosa ausencia de Charlotte durante tres días, se dio cuenta del motivo por el que la había invitado.

—Charlotte, querida, ¿adónde fuisteis tú y tu tío?

Charlotte no conocía entonces la horrible palabra que se pronunciaba entre susurros: incesto. Hasta años más tarde, cuando Desmond, en uno de sus momentos mordaces, le preguntó: «Ya sabes lo que la familia cree que sucedió entre tú y mi abuelo, ¿verdad?», no lo entendió. Ella no le dijo lo que quería saber, como tampoco se lo dijo a Margo en aquel almuerzo, ni a tía Olivia ni a nadie. La única persona a quien se lo había confiado era Jonathan.

—No vamos a pagar el pato por esto, Charlotte —dijo ahora Margo, volviendo a mirar a Charlotte a la cara.

—¿A qué te refieres?

Margo hablaba con voz baja.

—Las familias de las víctimas van a demandar a Armonía Biotec. Adrian y yo tenemos intención de protegernos.

—Estamos todos metidos en ello, Margo.

—No, no lo estamos. Tú eres la directora de esta empresa, es responsabilidad tuya.

Charlotte la miró unos instantes y pensó: «Aún no me ha perdonado por no contarle ese secreto».

—Margo, voy a convocar una reunión.

—¡Una reunión! ¿Cuándo?

—Ahora mismo. Tú, Adrian, Desmond y el señor Sung. En la sala de juntas.

Margo exhaló un suspiro.

—Supongo que no puede esperar.

—No, no puede. ¿Harás el favor de decírselo a Adrian?

Antes de que Margo pudiera seguir protestando, Charlotte siguió su camino por el pasillo para convocar a los demás. Encontró al agente Knight en la sala de descanso de los empleados, sirviéndose café de la máquina. Cuando le invitó a asistir a la reunión, él aceptó de un modo que le dio a entender que de todos modos habría asistido, invitado o no.

Cuando por fin se reunieron en un extremo de la larga mesa pulida en la sala de juntas, Charlotte se aclaró la garganta y, llevándose la mano al oído para ajustarse el dispositivo electrónico, dijo:

—Desmond, por favor, ¿quieres cerrar la puerta?

Cuando empezó a dirigirse al pequeño grupo, rezando para que Jonathan trabajara con rapidez y sin obstáculos, los pensamientos de Charlotte regresaron a la fotografía de su abuela cuando era una niña y vivía en Singapur. Se preguntó si Jonathan recordaba el día en que le presentó a su abuela y se quedó a cenar, engullendo con voracidad lo que su abuela había preparado como si hiciera siglos que no comía, hablando de sí mismo bajo el hábil interrogatorio de la anciana. Fue entonces cuando Charlotte se enteró de su historia, la cual ella creía tan maravillosamente trágica y romántica.

Aunque Jonathan había nacido en Estados Unidos, se había criado en Escocia, en el borde oriental de las Highlands, en una pequeña aldea al norte de Dundee. Su padre era un rico hombre de negocios que había viajado por toda Escocia por capricho, en busca de las raíces de su clan. Durante ese idílico verano Robert Sutherland había conocido a la hermosa Mary Sutherland y se había enamorado de ella; no guardaban ningún parentesco, salvo quizá siglos atrás. La luna de miel en la pintoresca Inverness fue un buen augurio para el matrimonio: al cabo de dos meses Mary estaba embarazada. Y entonces Robert llevó a su esposa embarazada a Estados Unidos, a su ático de Manhattan, a sus cenas de empresa y a los abonos de la ópera, y Mary duró hasta que el bebé tuvo seis meses. Cuando anunció que quería irse a casa, Robert no discutió porque su amor se había extinguido en algún lugar entre el brezo y la «línea del cielo» neoyorkina.

El divorcio fue tranquilo y amistoso, y a Mary se le permitió llevarse «al niño». A partir de entonces Jonathan sólo veía a su padre en vacaciones, cuando un avión privado iba a buscarle y pasaba dos semanas en San Francisco, o Honolulú o Chicago, normalmente en compañía de criados y guardaespaldas, tras lo cual era enviado de nuevo a casa con maletas llenas de inútiles regalos, costosísimos para las sencillas gentes de las Highlands. Cuando tenía doce años rehusó la invitación de pasar las Navidades con su padre. Robert Sutherland no le presionó. Cuando Jonathan cumplió trece años, su madre enfermó y murió de una dolencia cardiaca congénita no diagnosticada y el padre reclamó a su hijo, llevándoselo «a casa», a San Francisco, donde el tosco muchacho escocés fue matriculado en una cara academia en Pacific Heights para convertirle en un estadounidense «como era debido». Fue entonces cuando Charlotte le encontró, llorando en el parque porque se sentía desplazado. Y le había consolado diciéndole que ella también porque no sabía si debía ser china o norteamericana.

Charlotte se lo imaginó ahora tal como le había visto cuando había llegado una hora antes. Su traje gris de tres piezas, con detalles que indicaban que estaba hecho a medida como ojales en las mangas —signo discreto del buen gusto y la riqueza del que lo lleva— le recordaron a Charlotte cenas con el padre de Jonathan, cuando Robert Sutherland invitaba a los dos adolescentes a los restaurantes más caros de la zona de la bahía. Ante caviar y huevo rayado, *châteaubriand* con salsa bearnesa y postres siempre flambeados, el señor Sutherland se aclaraba la garganta y decía: «Charlotte es un nombre abundante en la historia literaria. Me viene a la memoria Charlotte Brönte». O: «Los chinos tienen una cultura rica y antigua. Nos dieron los espaguetis, sí, es cierto, Marco Polo...» Y les daba una apacible conferencia para llenar el espacio que le separaba de los dos adolescentes que le dejaban perplejo.

Robert Sutherland tenía cuarenta años cuando fue a Escocia, recordó ahora Charlotte. Era un millonario que se había hecho a sí mismo, sin hijos y soltero, que había decidido indagar para hallar sus raíces. No las encontró, pero en cambio plantó una semilla. Charlotte ahora se sorprendía de lo mucho que Jonathan se parecía a su padre. No quedaba ni rastro del rebelde de cabello largo que estaba contra el sistema político y que había sido buscado por el FBI por «pinchar teléfonos». Ahora trabajaba con ellos, les enseñaba a atrapar *hackers* internacionales.

«Este año cumples cuarenta, Johnny —tuvo ganas de decir—. ¿En qué te afectará la crisis de la edad madura? ¿En brazos de quién te encontrará?».

Cuando vio ante ella los rostros impacientes se dio cuenta de que empezaba a dar la impresión de que se entretenía adrede, llenándoles de detalles que ya conocían. Charlotte consultó el reloj de pared. ¿Cuánto tiempo había transcurrido? ¿Diez minutos eran suficientes para que Jonathan pusiera micrófonos en los despachos? Pero también se había llevado una cámara. ¿Con qué fin?

—De acuerdo —dijo—, hemos de pasar a la acción. Desmond, quiero que te pongas en contacto con todos nuestros representantes y les digas a todos ellos que visiten personalmente a cada uno de nuestros distribuidores de su zona. Que pregunten si han observado algo sospechoso, si algún cliente se ha quejado de Armonía...

—Charlotte —dijo con el entrecejo fruncido detrás de sus gafas de sol—, eso es tarea de la FDA, no nuestra.

—Quiero que llevemos a cabo nuestra propia investigación, Des. Es posible que alguien viera algo, un cliente manipulando los envases.

Se volvió a Margo y se interrumpió, esperando oír el claro susurro de Jonathan en su oído.

—Margo, haré una declaración de prensa a primera hora de la mañana. Quiero que me consigas la máxima cobertura que puedas.

Margo no respondió. Margo no aceptaba órdenes, al menos desde que Charlotte, una mujer casi treinta años más joven que ella, se había convertido en directora general.

Charlotte volvió a consultar el reloj. Vio que el agente Knight también lo hacía. No oía ninguna señal de Jonathan.

Desmond se puso en pie.

—Si no te importa...

—Adrian, quiero que te cerciores de que se pagan las primas. Los empleados lo interpretarán como una señal de que la compañía no está en ningún peligro.

—Sí —respondió él—, pero existe, ¿no es cierto?

«Date prisa, Jonathan», pensó al ver a Desmond dirigirse hacia la puerta.

—Desmond, no hemos terminado. Adrian, es importante que nos esforcemos para demostrar a nuestros empleados y a nuestros inversores privados que Armonía es una compañía sana y que controlamos la situación.

Murmurando algo sobre importantes llamadas telefónicas que tenía que hacer, Adrian hizo ademán de levantarse. Margo le siguió.

Charlotte buscó algo más que decir.

—Creía que tendrías algo que aportar... —empezó a decir.

Desmond tenía una mano en el pomo de la puerta.

—Lo único que me interesa en estos momentos es meterme un buen bistec en el cuerpo, jugoso y poco hecho, inundado en ketchup.

El agente Knigh se apartó de la pared en la que se había estado recostado y dijo:

—Apoyo la propuesta del bistec.

Desmond abrió la puerta de par en par, dejando a la vista la zona de recepción, los pasillos y las puertas que daban a los despachos.

Charlotte sintió un vuelco en el corazón.

Y entonces...

Eh, Charlie. ¿Dónde estás? Yo estoy a medio camino de China.

Percibió la sonrisa en la voz de Jonathan.

Cuando volvieron al museo, Charlotte desenrolló rápidamente los planos que había cogido de su oficina y sujetó las esquinas con una grapadora y tazones de café. Temblaba de rabia.

—¡Deberías haberles visto, Jonathan! ¡Cómo me han tratado! Jamás se habrían atrevido a marcharse de una reunión de la abuela.

—No dejes que eso te afecte, cariño —murmuró Jonathan mientras examinaba los planos de las instalaciones. Dio unos golpecitos a una esquina del dibujo—. ¡Aquí está! No es fácil llegar hasta allí.

Charlotte miró hacia donde señalaba, un complejo diagrama del sistema de comunicaciones de la planta.

—Tendré que entrar ahí —dijo él—, pero antes... —Fue al escritorio donde antes había instalado su ordenador portátil y enseguida se puso a trabajar instalando una cajita negra con un visualizador digital verde—. Es el receptor para los transmisores que he colocado en los despachos. Y con la ayuda de eso —señaló la pantalla de seguridad— podremos escuchar cualquier conversación que se desarrolle. Y esto —añadió con una sonrisa, sosteniendo un pequeño aparato del que salía un cable por un extremo— es mi regalo de Navidad de este año. ¡Agente Knight! —exclamó con aire trinfal mientras conectaba la caja a la parte posterior de su ordenador—. Observa. —Señaló el monitor de seguridad donde vieron a Valerius Knight sentarse ante su escritorio y empezar a mecanografiar en su teclado. Al instante oyeron teclear el ordenador de Jonathan y en la pantalla apareció una serie de letras.

Charlotte abrió los ojos de par en par.

Jonathan sonrió con orgullo.

—Un pequeño software que yo mismo he creado. He metido un transmisor en el ordenador portátil de Knight. Este receptor capta la señal y la sigue hasta mi ordenador donde mi programa convierte los golpes dados a las teclas en letras.

—Johnny, te has llevado una cámara. ¿Para qué era?

—Esto te gustará. —Sentado ante el ordenador de la abuela de Charlotte, se sacó la pequeña cámara de la bolsita que llevaba colgada del cinturón—. Antes he instalado el software —dijo enchufando la cámara a un conector. Un momento más tarde, aparecieron en la pantalla fotos en blanco y negro de una rubia, desnuda, en seductoras poses.

—¿Qué es eso? —preguntó Charlotte.

—Eso, Charlie, es lo que Desmond estaba haciendo cuando le has llamado para la reunión. Cuando he colocado los micrófonos, también he tomado fotografías de todas las pantallas que estaban en funcionamiento. Ahora podemos echar un vistazo a lo que hacía cada uno en sus ordenadores respectivos.

Cuando Charlotte vio la expresión de Jonathan, una mezcla de victoria y regocijo, oyó de pronto otra voz, perteneciente a un Johnny más joven, que decía con pasión:

—Son los mejores *hackers* del planeta, Charlie, y yo tengo intención de ser uno de ellos.

Era la primavera de 1980 y se refería al Laboratorio de Ciencias Informáticas del MIT. Mientras Jonathan seguía cantando las alabanzas del Massachusetts Institute of Technology, Charlotte, de veintitrés años, sostenía su taza de café caliente entre las manos, ajena a la lluvia que caía a raudales en las calles de Boston tras el escaparate de la cafetería, porque lo único en lo que podía pensar era: ¡Vuelve a Estados Unidos!

Cuatro años antes, después de graduarse en el instituto, Johnny le había dicho que su padre quería que asistiera a la universidad de Cambridge, en Inglaterra. Tras varios años de intentar convertir a su hijo en un estadounidense, Robert Sutherland de pronto quería que estudiara matemáticas en Inglaterra.

—Va a abrir una nueva oficina en Londres —dijo Johnny con tristeza—. Yo no quiero ir, pero creo que se siente solo. No sé.

—Ve con él, Johnny —le animó ella. Fue la frase más dolorosa que jamás había pronunciado para él—. Podremos seguir viéndonos los veranos, como hasta ahora.

De modo que había ido a Cambridge y aunque se escribían y de vez en cuando se telefoneaban, se habían visto únicamente dos veces en cuatro años. Cuando ella recibió la carta, pidiéndole que fuera a Boston a verle, no tenía ni idea de lo que él iba a decirle. Ella había supuesto que realizaría sus estudios de doctorado en Inglaterra.

En cambio le dijo:

—He elegido el MIT.

Estaría en el mismo continente, ya no les separaría un océano.

Ahora, mientras le observaba trabajar veloz y enérgicamente con artilugios, cables y teclados, escribiendo en el ordenador de la abuela primero, pasando después con rapidez al suyo, sus palabras de aquel lluvioso día de 1980 acudieron a su mente de nuevo, trayendo consigo su juvenil pasión y celo.

—¡Estos *hackers* son los mejores, Charlie! He conocido a un tipo que me ha dicho que no había un solo sistema en el que no pudiera entrar. —Johnny hablaba entre bocados de hamburguesa, pasándose de vez en cuando el dorso de la mano por la barbilla—. Este tipo estaba sentado en el bar, hablándome con la misma tranquilidad con que hubiéramos comentado los resultados del fútbol. Me citó todas las empresas en que había entrado: Teradyne, Fermilab, Union Carbide. Yo le dije: ¡no me jodas! Y él entonces me contó que había ido a Berlín Oriental y había vendido cuentas individuales de estos sitios, contraseñas y accesos. Alardeó de que había obtenido más de cien mil marcos alemanes por una contraseña y por el acceso al Laboratorio Jet Propulsion en Pasadena.

Y entonces Charlotte tuvo miedo:

—Johnny, tú no vas a hacer esas cosas, ¿verdad?

—No te preocupes, cielo. —Tomó un largo trago de su cerveza—. No puedo arriesgarme, ¿no?

Charlotte conocía sus dos últimos tropiezos con la ley, cuando había entrado en el sistema del University College de Londres y por casualidad encontró una salida a un enlace que le había conducido, de un modo asombroso, a una base de datos militar secreta de Estados Unidos en el Depósito de Armas de Anniston. Johnny había logrado salir del asunto declarándose inocente. El buen nombre de su padre le ayudó. El segundo arresto fue por entrar en un sistema de correo electrónico privado en la universidad rival de Oxford, donde había elegido a un profesor que le caía especialmente mal, atrapando al vuelo sus mensajes para cambiar el texto y reenviarlos. Las cartas falsificadas habían ido a parar a Aministía Internacional, ofreciendo generosas donaciones. Cuando fueron a recogerlas, el desconcertado profesor se quedó tan turbado que les entregó el dinero; luego se sintió tan avergonzado por haberse visto obligado a efectuar una donación que había echado tierra sobre el asunto.

Charlotte se preguntaba si Johnny realmente sería capaz de no meterse en problemas durante su estancia en el MIT. Daba la impresión de que no podía evitarlos. Si había un ordenador y un sistema en el que no estaba permitido entrar, Johnny tenía que intentarlo por todos los medios.

Saboreando el recuerdo que, debido a los acontecimientos que siguieron, ella había tenido que esforzarse por olvidar, Charlotte se acordó ahora de algo que había olvidado... el agente federal sentado al otro lado de la mesa en el café.

—Johnny —había susurrado ella, acercándosele—, sé que es mi imaginación, pero juraría que ese hombre nos está escuchando.

Johnny se giró en redondo y saludó al hombre.

—No es tu imaginación, cariño. Es del FBI. Creen que estoy robando secretos del gobierno.

—¿Qué?

—No te preocupes, cielo, mi forma de robar no perjudica a nadie. En todo caso, les estoy haciendo un favor. —En los ojos castaños de Johnny había asomado un destello de alegría—. El universo electrónico crece, Charlie, y está lleno de vacíos. Las bromas que yo gasto alertan a estos tipos de los puntos débiles de sus redes. En realidad deberían darme las gracias. —Se rió y rebañó el plato con el último pedazo de su hamburguesa—. Ya se ha puesto en contacto conmigo un ruso para ofrecerme enormes sumas de dinero por software estadounidense. Rechacé la oferta.

Luego alzó los ojos hacia los de Charlie y ella tuvo la sensación de que se le clavaban en el cerebro.

—Pero sobre todo —dijo con voz suave—, he elegido el MIT porque quería estar más cerca de ti.

Ahora Charlotte se dio cuenta de que ese era el día. Sentados en aquel café lleno de humo separados tan sólo por una mesa rayada, fue el día más perfecto que ella y Johnny habían pasado juntos. Aún más que todos los otoños y primaveras en San Francisco, las noches de besos y sexo, mejor que todos esos momentos juntos, este día, este momento, en que Johnny por fin se abrió y reveló sus sentimientos, fue el cenit de su relación.

Porque después todo se desmoronó y, como el muñeco de la canción, no pudo volver a levantarse.

—Eso es —dijo Jonathan ahora, poniéndose de pie de pronto. Empezó a desabrocharse el chaleco—. He comprobado la seguridad de tu sistema; es excelente. Tu sistema telefónico interno no está conectado a la red de tu ordenador y no utilizas las especificaciones de seguridad por defecto que venían con el software. Tampoco tienes acceso al material sensible de cualquier parte de la red, ni siquiera de la estación de tu abuela. Quienquiera que instaló tu seguridad hizo un trabajo de primera. Yo no lo habría hecho mejor.

Después de doblar con pulcritud su chaleco sobre el respaldo de la silla, donde ya había colgado la americana, buscó en su bolsa negra y sacó una bola de nailon negro que, cuando la sacudió, resultó ser una cazadora—. He comprobado los registros de correo electrónico de los empleados. Los mensajes de nuestro chantajista no se han enviado desde dentro; a menos que lo haya hecho desde un módem escondido. Y he comparado las fórmulas de la base de datos con los registros de reserva, y todo parece normal, intacto. O sea que si la falsificación se hizo aquí, en la fábrica, fue durante otra fase del proceso.

Mientras le observaba ponerse la cazadora negra, un millón de preguntas se agolparon en la mente de Charlotte. Quería saber qué había hecho cada día de los últimos diez años; qué había tomado para desayunar, qué películas había visto, ¿aún le gustaban los *scones* con mermelada? Pero ¿cómo iba a preguntárselo? ¿Por dónde empezar?

—¿Adónde vas? —preguntó por fin.

—Tengo que instalar un monitor de pulso electromagnético en tu tabla de comunicaciones. —Metió la mano en la bolsa y sacó guantes, linterna y cortacables—. Lo unes a un circuito y recoge los diferentes tipos de señales que salen; en este caso, pulsaciones de las teclas en un espectro de banda específico. Si alguien está realizando algún trabajo secreto en Internet, lo sabremos.

Esbozó una sonrisa confiada, pero sus ojos siguieron serios, con lo que ella se preguntó si también a él se le agolpaban las preguntas en la mente.

—Parece que estás poniendo trampas en todas partes, Jonathan —dijo ella.

—A continuación viene el queso y la ratonera apoyada en una ramita —dijo él con un guiño—. Cierra con llave cuando yo me haya marchado.

De pronto sonó la señal de correo en el ordenador.

> Una pregunta, Charlotte: en las noticias de esta noche no se ha hecho mención de cuántas cápsulas de Dicha ingirió la víctima. Pero fueron más de dos, ¿verdad, Charlie? Porque dos sólo le habrían provocado mareo. Tuvo que tomarse tres o más para que resultara una dosis letal. ¿Tengo razón?

Jonathan miró a Charlotte.

—¿Es eso cierto?

—El agente Knight ha dicho que faltaban cuatro cápsulas del frasco.

—¿Cuál es la dosis recomendada de Dicha?

—Dos cápsulas.

—¿O sea que sólo tenía intención de que se mareara?

—Quizá, no lo sé. Como los productos a base de hierbas no están regulados federalmente, la gente cree que no pasa nada si doblan o triplican la dosis, pensando que obtendrán mejores resultados.

La expresión de Jonathan se ensombreció.

—Nuestro amigo lo sabía y contaba con que alguien haría eso exactamente. Esto significa que la mujer muerta no era el objetivo sino una víctima al azar. Y Armonía, o tú, sois el blanco.

—¡Si supiera quién lo hace!

—Ése será nuestro próximo paso, Charlie. Cuando vuelva, quiero que me muestres los laboratorios y la planta.

—De acuerdo. Haré una pausa cuando no haya probabilidades de que alguien me vea. Si conozco a Margo, irá directa a su despacho y a su cuarto de baño privado, donde se bañará, se peinará y maquillará de nuevo antes de hacer frente a más gente. También le ha dicho a su secretaria que llame a Aphrodite para que envíen a una masajista. En cuanto a Adrian, podemos confiar en que hablará con cinco teléfonos a la vez, lo que dejará a Desmond solo con todo el jaleo. Eso nos dará el respiro que necesitamos para ir a los laboratorios.

—Entretanto —dijo Jonahtahn mientras se colocaba bobinas de cable rojo y azul en el cinturón—. Quiero que intentes averiguar el denominador común entre estos productos que se han manipulado, ya sea un producto químico o el día en que fueron envasados, o quizá que todos fueron transportados en el mismo camión. ¿Está todo esto en tu base de datos?

—Todo lo que ocurre en Armonía Biotec está en el sistema informático.

—¿Sabes ya qué es lo que mató a esas mujeres?

—El agente Knight me ha dicho que me lo comunicaría en cuanto llegaran los resultados de los análisis. Pero no creo que podamos confiar en que se dé prisa en hacerlo.

—¿No tienes muestras de esos lotes de productos?

—La FDA se ha llevado todas las botellas y paquetes. Incluso he intentado comprar uno en una tienda, pero no he podido encontrar ninguno. Distribuimos en todo el país... en todo el mundo.

—Lo sé —dijo Jonathan, rememorando un doloroso recuerdo de dos años atrás, cuando había realizado un viaje a París para unos asuntos de asesoría sobre seguridad. Sabía que los productos Armonía se distribuían en todo el mundo, que incluso publicaban un catálogo y tenían una cadena de pequeñas tiendas selectas. Pero no estaba preparado para ver, en la esquina de la Rue d'Odéon y Boulevard St. Germain, una tiendecita con un cartel que decía: *Parapharmacie et Herboristerie*. Y en el escaparate, un amplio muestrario de productos de hierbas Armonía.

—De acuerdo —dijo, dirigiéndose hacia la puerta—. Disponemos de menos de once horas. —Se detuvo y se volvió, acercándose a Charlotte para bucear unos instantes en sus claros ojos verdes. Vio que sus pupilas se dilataban, oyó que el aliento se le quedaba bloqueado en la garganta, y supo que el antiguo apetito seguía allí, pues era el mismo que el suyo—. Charlie —dijo con repentina pasión—, lamento haber vuelto de esta manera, lamento que haya sido necesaria una tragedia para volver a vernos. Pero por Dios que me alegro de estar aquí, y te juro por todo lo que considero sagrado que me quedaré contigo hasta que todo este lamentable asunto se haya resuelto.

Vio que los labios de Charlotte se separaban levemente, húmedos y rosados, como las exuberantes peonías donde él había enterrado su pistola, y pensó en cómo años atrás, cuando eran muy jóvenes, besaba a Charlotte en sus fantasías. Hubo ocasiones, hubo momentos en que había creído que ella estaba invitando a su boca a acercarse a la suya, cuando se perseguían en el parque del Golden Gate; él la atrapaba y ella giraba en redondo de modo que su rostro quedaba frente a él, ofreciendo su boca como la peonía exótica. A los quince años Jonathan no había tenido el valor de dar ese paso. Pero un año más tarde sí, cuando ella le abrazó porque estaba llorando y él había sentido su cuerpo suave contra el suyo, su cálido aliento en las mejillas cuando le susurró:

—No llores, Johnny, todo irá bien.

De pronto se sintió sacudido por una inesperada ola de deseo y se apartó de Charlotte, pasándose la mano por los ojos para romper el hechizo.

—No tardaré mucho —dijo, y se marchó.

Ella le observó marcharse y cuando la puerta se cerró tras él, se quedó un largo momento de pie, embelesada.

Menos de dos horas atrás se sentía sola en un mundo que rápidamente se estaba desmoronando. Incluso la voz de Forest al teléfono, que normalmente le resultaba un consuelo, la había dejado con una sensación de extraño vacío.

—¿Quieres que vaya para estar contigo? —le había preguntado él.

Jonathan no había preguntado. Simplemente, había ido.

El silencio del museo la envolvió, haciendo resonar otro silencio de mucho tiempo atrás, cuando ella regresaba de la escuela a la gran mansión que olía a madera pulida y a perfección, con la doncella que le decía: «Buenas tardes, señorita», y la cocinera que le enseñaba con orgullo los pastelillos que había preparado para ella. Charlotte se sentaba a la mesa de la cocina y leía la nota de su abuela en la que se disculpaba por no estar allí porque había llegado un envío de hierbas raras que precisaba su inspección personal. Charlotte escuchaba las sirenas de niebla procedentes de la bahía y contemplaba su plato de pastelillos, hechos especialmente para ella porque eran sus favoritos y porque a la cocinera le daba lástima, y la soledad atenazaba la garganta de Charlotte y le impedía comer.

Pocas de sus compañeras de colegio volvían una segunda vez —encontraban su casa demasiado extraña, y su abuela aparecía ataviada con uno de su *cheongsams*, el pelo peinado al estilo chino con peinetas y horquillas de marfil—, bueno, las niñas habían visto la película *El mundo de Suzie Wong* y todas veían las viejas películas de Charlie Chan en la televisión.

—¿Tu abuela fuma opio? —le había preguntado con inocencia una niña.

Charlotte no había sabido encontrar el puente que uniera sus amigas estadounidenses y el mundo chino de su abuela. Ellas siempre parecían hallarse incómodas en aquella gran casa, como si esperaran que el malo de Fu Manchú fuera a surgir repentinamente de detrás de una cortina. Sólo Johnny había hecho la transición con comodidad, ya que estaba habituado a moverse entre dos mundos.

Johnny había hecho desaparecer la soledad de Charlotte. Johnny, con su impulsividad y naturaleza bromista, llamándola de pronto para decirle: «¡Eh, tengo una idea fantástica!». Podían pasarse el día subiendo sin pagar a cuantos tranvías podían, saltando antes de que el conductor les atrapara, y subiendo al siguiente, por ninguna otra razón que «vencer al sistema». O podían pasarse el día llamando por teléfono ilegalmente a El Cairo o Atenas utilizando el silbato de una caja de cereales Cap'n Crunch, que tenía un tono de 2600 mhz, el mismo que activaba los interruptores de larga distancia de AT&T.

Johnny no sólo había hecho desaparecer la soledad de Charlotte, sino que había vuelto su vida excitante y espontánea; sin duda alguna, le había hecho sentir que merecía la pena vivirla.

Ahora había vuelto, trayendo consigo toda su pasión y prisa, llenándola de una curiosidad que la consumía por saber cómo había sido su vida los últimos diez años. Pero no preguntaría. Charlotte sabía que él tendría que marcharse, regresar a su esposa y a su vida en otro mundo.

Controlando su dolor y sus temores, se adentró en el museo, donde volvió a colocar en la vitrina la fotografía de su abuela en 1918. Luego se acercó a la siguiente, en la que una pequeña tarjeta rezaba: *La diosa Kwan Yin, circa 1924. Singapur*. Sabía que su abuela le había contado la historia de la pequeña estatua de porcelana que permanecía sola en la vitrina de cristal, pero la había olvidado mucho tiempo atrás.

Ahora, sin embargo, cuando sus dedos se cerraron en torno a la delicada figurita, sintió que la historia acudía de nuevo a ella, el extraño destino de una diosa que ni siquiera un ladrón osaría quitarle...

4

Singapur, 1924

Vimos el último barco entrar en el puerto, observamos a los pasajeros bajar por la pasarela, cruzar la aduana y dispersarse. Mi madre se volvió hacia mí y me dijo:

—Es la última vez que vengo al puerto, Armonía. No vendré más.

Mi madre había visitado el puerto cada día durante diecisiete años. Después de nacer yo, acudía conmigo en brazos; miraba los barcos que entraban en el puerto mientras aguardaba el regreso de su amado Richard. Él le había prometido que regresaría. Ella jamás perdió la esperanza de que algún día lo hiciera.

Cuando supe andar, me cogía de la mano y me llevaba allí para ver los veleros con sus imponentes velas y mástiles, los barcos con las humeantes chimeneas y ensordededoras sirenas. Ocupábamos el lugar de costumbre en el muelle, donde resultábamos una imagen familiar a los pescadores y trabajadores de los muelles, ejercitábamos nuestros ojos mirando hacia el horizonte, como dos faros gemelos, observando los buques de carga, transatlánticos, yates privados, barcos de guerra, juncos y remolcadores abrirse paso en las verdes aguas. Llevábamos humildes comidas a base de gachas de arroz y cabezas de pescado y examinábamos el rostro de todos los pasajeros que descendían al muelle; escudriñábamos las caras de los que se quedaban junto a las barandillas, si el barco se dirigía a otro puerto. Mi madre preguntaba a los que pasaban por su lado si conocían a un viajero estadounidense llamado Richard que regresaba a Singapur. Iba a la aduana, la oficina de pasaportes, al despacho del director del puerto y les preguntaba. Todos se mostraban muy amables, pero respondían: «No».

Ella jamás perdió la esperanza. Incluso cuando sus pies empezaron a deteriorarse por tanto andar y estar de pie, pues no podíamos pagarnos un carro de culí, mi madre efectuaba su viaje al puerto. Yo me convertí en su bastón, su mano se apoyaba sobre mi hombro a medida que yo crecía y me hacía más fuerte y ella empequeñecía y se encorvaba, aunque no era anciana. Por la noche le cambiaba los vendajes, le quitaba la piel podrida y le bañaba los pies en aceites de dulce perfume.

Ese día, pocas semanas después de mi decimosexto cumpleaños, habíamos ido al puerto por última vez porque mi madre ya no podía efectuar el viaje.

Dijo:

—La diosa me visitó anoche en mis sueños, Armonía, y me dijo que pronto moriré. Es hora de que abandones Singapur, hija mía, y vayas en busca de tu nueva vida.

Yo sabía que este día llegaría. Sabía que mi destino era abandonar mi lugar de nacimiento. Pero aun así protesté.

Ella replicó:

—Aquí no hay futuro para ti. Una vez yo haya muerto te quedarás sola, la hija ilegítima de una proscrita. Ya sabes lo que eres aquí, Armonía —añadió con gran desdicha.

Yo conocía la despreciable palabra que me describía: *stengah*, que en malayo significaba «pequeño whisky». Literalmente significaba «mitad», pues era euroasiática, la más inferior de las castas sociales.

—En América será diferente —me dijo mi madre—. Allí te aceptarán. —Singapur es como China, explicó, donde nacer niña ya es una penalidad. Pero si nace de una proscrita, una chica no tiene ningún futuro—. En América puedes cambiar tu suerte. En América el hijo de un granjero puede llegar a ser rey. Y una hija ilegítima puede ser respetada.

Yo no podía imaginar cómo sería eso.

Había crecido invisible. Éramos «no personas», la mujer proscrita que en otro tiempo había sido la amada primogénita de un erudito y su Primera Esposa; y su hija ilegítima, concebida por un extranjero. No pertenecíamos a ninguna parte, no teníamos familia, ni clan, ni antepasados. Ninguna casta nos aceptaría, y como todo el mundo tiene que mirar por encima a alguien, nosotras éramos el nivel social más bajo, justo por encima de los mendigos y los leprosos.

Por fin mi madre dio la espalda al puerto y a sus barcos y dijo:

—Iremos a casa a hacer los preparativos.

Mi madre y yo vivíamos en Malay Street, apodada el Callejón de la Sangre de Singapur. Aquí, entre las tiendas al aire libre, los puestos de bebidas, las galerías de tiro y burdeles, se hallaba lo peor del crimen de la isla, y también lo mejor de sus diversiones. Aquí se podían encontrar teatros chinos llenos de vendedoras y muchachos que se ganaban la vida trabajando de culís, o artistas de la pantomima actuando en la calle, o bien encantadores de serpientes indios haciendo salir una cobra de una cesta al son de su flauta.

En una pequeña habitación encima del burdel de Abdul Salah, mi madre y yo preparábamos las medicinas que administrábamos o vendíamos. Aprendí de mi madre el secreto del tónico Loto Dorado, llamado así por la dama Loto Dorado, una poetisa que vivió en el siglo XI. Se decía que había recibido la receta de un espíritu del agua: ella lo bebía cada día y vivió ciento veinte años; tuvo su último hijo cuando tenía más de sesenta. El tónico, una mezcla mágica de las hierbas adecuadas recogidas durante las fases correctas de la luna y año, actuaba sobre el sistema reproductor, además de aportar vitalidad al corazón, hígado, cabello y estado mental. Las ventas de nuestras botellitas de Loto Dorado nos procuraban un techo sobre nuestras cabezas y arroz para nuestros tazones.

Las principales clientas de mi madre eran las prostitutas, que acudían a ella en busca de cremas anticonceptivas, infusiones para restaurar la menstruación, hechizos contra las enfermedades de los marineros, afrodisíacos para ellas y sus clientes, tabletas para gozar de resistencia, cera para el pene. Mi madre también les adivinaba el futuro, les decía cuándo estaban embarazadas y las escuchaba, además de proporcionarles hierbas y consejos.

Pero también tenía otros pacientes. Como ya no era la hija de un noble, mi madre no se veía limitada a efectuar vendajes de pies y labores de comadrona. Ahora también trataba a tenderos y a sus esposas, a pescadores, a trabajadores del puerto, herreros, prestamistas, vendedores de opio, balseros del puerto, albañiles y tejedores de cestas, así como a mendigos, vagabundos y ladrones. De vez en cuando algún blanco buscaba en secreto los servicios de mi madre; refinadas damas de clase alta acudían a ella en busca de los mismos consejos, curas y compasión que las prostitutas de casta inferior.

Al convertirse en una proscrita, mi madre también había abandonado las reglas que antes regían todos sus actos. Desafió a la tradición y las leyes de nuestros antepasados y no me vendó los pies. Cuando yo tenía dieciséis años, vendar los pies estaba fuera de la ley, y por eso ahora sólo las mujeres más ancianas avanzaban con diminutos pasos por las calles de Singapur, como mi madre hacía, apoyando las manos sobre mi hombro, caminando como si cruzara un río pisando inseguras piedras.

Me envió a la Escuela Misionera Cristiana, donde aprendí inglés y modales occidentales. Cada noche regresaba a casa, a nuestra habitación sobre el burdel; le hablaba a mi madre en inglés y le enseñaba a beber té con leche. Mi madre me hablaba en chino y me enseñaba *feng shui*. En la misión las damas inglesas me enseñaron a jugar al fútbol; en casa, mi madre me enseñó a comportarme con recato. Aprendía a comer helado durante el día y pastelillos chinos por la noche. Rezaba a Jesús los domingos y a Kwan Yin los demás días. Celebraba la Navidad y el Festival de los Fantasmas. Aprendí a bajar los ojos al modo chino y a alzar la barbilla al modo estadounidense.

Pero, sobre todo, mi madre me transmitió el antiguo arte de la curación. Me enseñó a anotar cuidadosamente en un libro la fórmula de cada medicina, en caracteres chinos y en inglés: «Para el vacío de yin: una parte de raíz de *sha shen*, tres partes de fruto de *Symphoricarpos occidentalis*, dos partes de concha de tortuga en polvo. Hervir a fuego lento, no dejar que el vapor suba demasiado deprisa».

También me hablaba de la armonía del yin y el yang.

—El yin es oscuro, húmedo, está simbolizado por el agua y la luna. El yang es brillante, cálido, está simbolizado por el fuego y el sol.

Cuando yo le señalé que el yang era superior, mi madre me dijo:

—¿Alguna vez has visto que el fuego extinga el agua? Con el tiempo, el agua desgasta la más dura de las rocas. ¿Podrías decirme cuál es superior?

Y ahora, en este día que iba a ser nuestra última visita al puerto, mi madre dijo:

—Tu educación es completa. Ahora puedes salir al mundo.

Llegamos a Malay Street y nos detuvimos en un puesto de comida donde mi madre gastó preciadas monedas en tazones de arroz con gambas al curry, que comimos de pie en el puesto mientras los trabajadores del puerto y culís se acuclillaban en el bordillo, metiendo deprisa fideos y bolitas de masa hervida en sus hambrientas bocas. Mi madre lo hizo como algo especial, pues era un lujo que apenas podíamos permitirnos. Y cuando hubo comido un poco, se quejó de que estaba llena, incluso se quejó a la vendedora de que nos había dado demasiada comida, y entonces mi madre vació su tazón en el mío, dándome su gruesa gamba intacta y la parte más húmeda de su arroz.

—Necesitas fuerzas, Armonía —dijo—, pues te espera un largo viaje.

Cuando terminé de comer, disfrutando de la rara invitación, la vendedora me dio una papaya grande diciendo:

—¡Sin pagar, sin pagar! Regalo para ti. *Aii-yah!* —declaró la mujer a mi madre—. ¡Tu medicina hizo milagros! Mis dos bebés, no más tos, duermen toda la noche! ¡Ven a ver!

Nos mostró la cuna para mellizos. Se hallaba vacía porque sus bebés habían muerto veinte años atrás durante una epidemia de gripe. Sus vecinos y clientes creían que era más bondadoso seguirle el juego que obligarla a ver la verdad, y por eso una vez a la semana mi madre le daba una botella de tónico para que lo mezclara en el biberón de los bebés.

—Recuerda esto, Armonía —me dijo mi madre, y comprendí que me estaba enseñando una última lección.

Pero antes de llegar a casa, este último día que fuimos al puerto, mi madre me dijo:

—*Aii-yah* —con voz suave, apoyándose en mí—. No puedo más, me duelen mucho los pies.

La conduje a la sombra, para que pudiera descansar recostándose en una pared.

Mientras esperábamos, mientras yo observaba a los peatones que pasaban por delante de nosotras —mujeres chinas que realizaban sus compras, mujeres malayas que reían, hombres árabes que paseaban, ingleses apresurados— un caballero alto y de porte digno se detuvo ante nosotras.

Aunque era chino, llevaba la americana blanca y los pantalones tropicales blancos de un inglés respetable, con unas pequeñas gafas redondas sobre unos ojos que parecían inteligentes, y en la cabeza el tipo de sombrero que el reverendo Peterson, de la Misión, llevaba para proteger su blanca piel del sol. El caballero nos contempló unos instantes, y luego hundió la mano en el bolsillo y sacó una moneda.

Para mi gran vergüenza comprendí que nos tomaba por mendigas.

Pero cuando miró a mi madre se detuvo. Sostuvo la mirada un largo momento y después, con una expresión en los ojos que yo al principio no comprendí, guardó la moneda en el bolsillo y prosiguió su camino.

—¿Por qué no te ha dado la moneda? —pregunté, aunque sabía que mi madre de todos modos la habría rechazado.

—Para preservar mi dignidad —respondió ella, siguiendo con los ojos la alta figura del hombre hasta que desapareció en la multitud—. Ser mendigo, Armonía, cuando has sido la hija de un noble, es una pérdida peor que la muerte.

—Pero ¿por qué se ha parado?

—Ha reconocido que mi necesidad de honor era más grande que mi necesidad de dinero.

—¿Cómo ha podido saberlo?

—Porque, Armonía, ese hombre era tu abuelo... mi padre.

Fue entonces cuando conocí la verdadera historia del sacrificio de mi madre. Me la contó entonces, mientras lentamente nos encaminábamos hacia nuestra pequeña habitación de encima del burdel de Malay Street.

Diecisiete años atrás, cuando Mei-ling volvió a la habitación sobre la tienda de sedas de la señora Wah y descubrió que el extranjero se había ido y ella llevaba una vida en su vientre, sabía que podía ir a casa a suplicar misericordia a su padre. Quizá su corazón se hubiera conmovido y le habría permitido esconderse; mi madre habría podido seguir viviendo en la casa que tanto amaba y quedarse allí hasta que su estadounidense regresara por ella. Pero Mei-ling no podía llevar la deshonra a su padre.

En cambio presenció su propio funeral.

Envió a su vieja criada a la casa de Peacock Lane a comunicar que su joven ama había caído a la bahía mientras trataba de rescatar a un niño que se ahogaba. La criada había sobornado a trabajadores del puerto y culís para que declararan que también ellos habían presenciado el heroico acto. El padre, según contó a Mei-ling la criada cuando regresó, se había sumido en un estado de profunda tristeza, pues quería a su hija, y había celebrado un gran funeral por ella, aunque el cuerpo jamás se recuperó. Mei-ling lamentaba causar semejante dolor, pero sabía que sería menor que el que le causaría la verdad: una hija muerta con honor era mejor que una hija viva sin honor.

Entonces comprendí la expresión en los ojos del caballero cuando miró a mi madre, al principio con vaga confusión, después con asombro, y después con admiración, pues cuando me vio y reconoció mis facciones —al fin y al cabo, yo era su nieta— cayó en la cuenta de lo que había hecho Mei-ling y de su sacrificio para salvar el honor de la familia.

Cuando hubo terminado de contarme esta historia asombrosa, habíamos llegado a nuestra habitación de Malay Street. Un hombre nos estaba esperando. Le reconocí de la Misión. Traía un paquete del reverendo Peterson: los papeles que tenían que llevarme a Estados Unidos, todos ellos sellados oficialmente por el cónsul estadounidense en Singapur. Incluso tenía un certificado de nacimiento como era debido, en el que se indicaba que mi padre era ciudadano estadounidense. Esto era así porque mi madre se había enterado por el reverendo Peterson de que existe una ley en aquel país que decía que los hijos de estadounidenses, sin importar en qué parte del mundo hayan nacido, eran ciudadanos de Estados Unidos. Cuando vi el certificado de matrimonio de Mei-ling y Richard, mi madre dijo:

—Tu padre y yo estábamos casados, Armonía. En nuestros corazones estábamos casados. El reverendo Peterson es un hombre bueno que comprende la difícil situación de las mujeres. Con estos papeles, que he tardado muchos años en obtener y me han costado muchos favores, Armonía, y dinero, las puertas de la Montaña de Oro se te abrirán.

La Montaña de Oro... el nombre de la tierra situada en la orilla oriental del océano.

Pero mi madre exclamó cuando examinó los papeles:

—*Aii-yah!* ¡Hay un error! Han cambiado el año de tu nacimiento.

Miré los papeles y vi que tenía razón. Todos decían que había nacido en 1906 en lugar de 1908.

—¡Tú eres Dragón! ¡Te han hecho Tigre! ¡Esto trae mala suerte! Avanzarás confundida, yendo de acá para allá. El Dragón es feliz y afortunado y encuentra un buen marido. El Tigre carece de precaución y no tiene paciencia, jamás encontrará marido. —Meneó la cabeza con aire triste—. No se puede hacer nada. Es demasiado tarde para pedir papeles nuevos. Ahora tienes dos años más. Deberás recordarlo el resto de tu vida.

Y así, por un extraño giro del destino, iba a vivir para siempre dos años en el futuro.

—Tráeme la diosa, Armonía —dijo por fin cuando el último resplandor del sol desapareció de nuestra ventana cerrada con persiana y el humo de las cocinas ascendía y nos recordaba una vez más el hambre. Le llevé la diosa y también un cuchillo, pues disfrutaríamos de la papaya que nos había regalado la madre de los gemelos fantasma.

Cuando yo era muy niña mi madre me había enseñado a hablar con Kwan Yin, la Diosa de la Misericordia, y a encender palitos de incienso para que el humo transportara nuestras plegarias al cielo. Pero esa noche no rezamos a Kwan Yin. En cambio, cuando saqué la pequeña estatua de su altar, donde había estado siempre, que yo recordara, mi madre cogió la figurita de porcelana y me dijo:

—Ahora voy a contarte un secreto.

Mi madre repartía secretos como el reverendo Peterson repartía caramelos. Así que escuché con ambos oídos, igual que solía recibir los caramelos con ambas manos.

—La diosa nos ha protegido bien, Armonía. Cuando tu padre se marchó, me dejó sin dinero, sólo su anillo. No podía regresar a la casa de tu abuelo chino. ¿Qué iba a hacer? Una semana después de que tu padre me abandonara, recibí una visita en aquella pequeña habitación sobre la casa de la señora Wah. Era del Banco de Londres, de Orchard Road. Me pidió que me identificara, y cuando lo hice, me entregó un sobre. En él había dos cartas. La primera estaba sellada. Contenía una nota de tu padre y estaba escrita en papel del banco. Escribía deprisa, decía, porque tenía que subir al barco. Había abierto una cuenta bancaria para mí. Me decía que lo había hecho en secreto, por razones que me explicaría cuando regresara para casarse conmigo. Pero dijo que la cuenta era mía y que hiciera lo que quisiera con el dinero. La otra carta era del director del banco y en ella me indicaba el número de mi cuenta y la suma de dinero que había sido depositado. Se trataba de una cantidad elevada.

»Aquel mismo día fui al banco, cuando tú sólo tenías seis semanas en mi vientre, y retiré todos los billetes y los cambié por dinero que no se quema. Mira. —Dio la vuelta a la estatua y me enseñó un agujero en la base que había sido tapado con cera—. Ábrelo —me dijo.

Lo hice, y salió una lluvia de relucientes piedras verdes.

—Esmeraldas —declaró mi madre—. Las más finas.

Así me enteré de que en realidad mi madre y yo éramos ricas y habríamos podido vivir bien todos aquellos años.

—Pero estas piedras eran tu herencia. Para tu futuro. Llévatelas —me dijo—. Vete a América y busca a tu padre.

Yo no podía apartar los ojos de aquellas hermosas gemas ni dejar de maravillarme por la habilidad de mi madre. Pese a que en el transcurso de los años nos habían robado en muchas ocasiones en aquella pequeña habitación, a nadie se le había ocurrido llevarse la humilde figura de una diosa.

5

20,00. Palm Springs, California

¿Me estás tomando en serio, Charlotte? ¿Estás preparando esa declaración pública? ¿O estás perdiendo el tiempo buscándome? Abandona. Jamás me encontrarás. Convoca la rueda de prensa, Charlotte. De lo contrario, tendré que hacerte una demostración de mis poderes.

Charlotte se acercó a la consola de seguridad y oprimió botones que hicieron aparecer diferentes vistas en la pantalla. Despachos y pasillos, paseos exteriores, aparcamientos, laboratorios, salas de fabricación y envío fueron apareciendo una tras otra, revelando en una área a un nervioso Adrian Barclay paseando arriba y abajo con dos teléfonos móviles al oído; en otra, Margo haciendo entrar en su despacho a una mujer que llevaba una bolsa y una mesa de masajes plegada; en una tercera, Desmond señalaba algo al agente Valerius Knight en el muelle de envíos. Esos dos llevaban allí media hora. Charlotte se preguntó qué habría llamado tanto la atención de Knight. Lamentablemente, Jonathan no había instalado ningún micrófono en el muelle de envíos.

Echando un vistazo en dirección a la puerta del museo, Charlotte se preguntó qué le estaba entreteniendo. Hacía media hora que Jonathan se había marchado a instalar un monitor de pulso electromagnético en la matriz de comunicaciones. Ya debería haber regresado.

Oprimió una tecla de la consola y apareció a la vista la entrada lateral a las oficinas principales, donde vio que una figura salía a la lluvia y luego se apresuraba a buscar refugio. El señor Sung.

Charlotte se preguntó adónde iba con tanta prisa. Parecía preocupado. Algo muy poco corriente en él.

Charlotte volvió a mirar hacia la puerta del museo. Ésta era la oportunidad de oro que esperaba, mientras todo el mundo estaba ocupado en algo ella podía llevar a Jonathan a los laboratorios y áreas de fabricación. Pero no sabía nada de él.

Contempló los dos ordenadores que asemejaban extrañas bestias sobre el escritorio. Uno exhibía la última pantalla que Jonathan había fotografiado, la de Margo: mostraba su relación de mensajes del correo electrónico. ¿Había estado a punto de enviar uno? El otro ordenador mostraba texto en su pantalla cuando un programa de búsqueda pasó por la base de datos de la compañía; una IA, había explicado Jonathan, Inteligencia Artificial, que él mismo había creado, un programa que aprendía a medida que funcionaba.

De pronto se abrió la puerta principal y entró Jonathan. Dijo, mientras se sacudía las gotas de lluvia:

—Bueno, ya está. Cualquier cosa que entre en Internet la sabremos. ¿Has tenido noticias de nuestro anónimo amigo?

Charlotte vio que el pelo se le rizaba un poco con la humedad. Eso le hizo recordar su tacto, cuando años atrás ella le pasaba los dedos por esos rizos. Pero ahora ese privilegio pertenecía a otra mujer.

—Nada. Johnny, ahora es un buen momento para ir a los laboratorios.

—Bien —dijo él recogiendo con rapidez su equipo; cerró la bolsa y se colgó el asa al hombro—. Recuerda: hemos de tener mucho cuidado de que no nos pillen. Estas instalaciones están bajo investigación oficial de los federales y podrían acusarnos de cualquier cosa, desde obstrucción a manipulación de pruebas.

Al recoger los planos en su despacho Charlotte también había sacado un impermeable de su armario. Ahora se lo puso y con paso rápido siguió a Jonathan.

Cuando llegaron a la entrada del museo, oyeron el retumbar de un trueno distante; un momento más tarde el edificio se estremeció. Jonathan abrió unos centímetros la puerta. Fuera estaba oscuro, iluminada la lluvia por el resplandor de las luces de los senderos. Cuando volvió a oírse un trueno, más fuerte y cercano, Jonathan miró atrás hacia el despacho y preguntó:

—¿Ese ordenador tiene algún sistema de seguridad por si se va la luz?

—Lo hay en todo nuestro equipo. Dos horas, creo.

—No es mucho tiempo si falla la electricidad. ¿Estás lista?

Se precipitaron hacia la lluvia a lo largo de los senderos cubiertos, vigilando que no hubiera nadie bajo la tormenta. Pero los jardines estaban desiertos; en ellos se formaban charcos a medida que la lluvia arreciaba y el agua caía ruidosamente por desagües invisibles.

—Por aquí —indicó Charlotte, conduciendo a Jonathan a la entrada del edificio principal, donde se agacharon para pasar por debajo de la cinta amarilla de la policía que impedía el paso.

Recorrieron un silencioso corredor hasta que llegaron a la zona exterior del laboratorio principal, donde rápidamente se pusieron una bata blanca desechable, fundas de papel en los zapatos y un gorro en la cabeza.

—Mantén esto a mano, por si acaso —dijo Charlotte, entregando a Jonathan una mascarilla quirúrgica—. Si alguien apareciera de pronto, tápate la cara.

Charlotte cruzó primero las puertas de cristal en las que se indicaba: SÓLO PERSONAL AUTORIZADO. Se detuvo y aguzó el oído. El laboratorio parecía estar vacío. Avanzó y Jonathan la siguió entre bancos de trabajo cromados, frigoríficos, incubadoras, equipo para esterilización.

—Impresionante —observó Jonathan mientras contemplaba los espectómetros de masas, osciloscopios, microscopios electrónicos, aparatos de lo más moderno—. No es exactamente como en los viejos tiempos, cuando tu abuela tenía a mujeres chinas sentadas ante mesas de madera clasificando a mano raíces y bayas.

Se detuvo en una estación de trabajo repleta de tubos de ensayo, platos de Petri y frascos, y cogió una bolsa de plástico transparente que contenía hojas de color verde oscuro.

—Quizá debería llevarme esto.

—Eso es nuestro último éxito —explicó Charlotte, vigilando que no entrara nadie de repente—. Hierba de san Juan. Durante años Armonía ha ofrecido productos que contenían esta hierba, pero eran para el tratamiento externo de cortes y quemaduras. Sin embargo, la planta también contiene hipericina, que es un antidepresivo. Cuando leí en *The British Medical Journal* que las empresas farmacéuticas estaban estudiando esta hierba para emplearla en los trastornos depresivos, vi un gran mercado abierto para una preparación no medicamentosa. Así que el año pasado sacamos un nuevo producto: hierba de san Juan en forma de pastillas, útil para la ansiedad, la tensión y el insomnio.

Jonathan dejó la bolsa.

—¿Una especie de Prozac de hierbas?

—Recibimos una respuesta espectacular, mayor de la que esperábamos. No dábamos abasto a servir los pedidos. Teníamos la fábrica funcionando día y noche para satisfacer la demanda.

—Qué bien para vosotros —dijo él con voz suave, al estilo del antiguo Johnny, sus ojos oscuros irradiando admiración y elogio.

—Des también tiene mérito —dijo ella—. Lanzó una brillante campaña de marketing.

—Apuesto a que se puso insoportable. No ha cambiado. He estado observando a tu querido primo en la pantalla de seguridad.

—Desmond no puede evitar ser como es —declaró Charlotte parándose de pronto al oír un ruido—. Chist. ¿Qué ha sido eso?

Jonathan aguzó el oído.

—Ha sido un trueno —dijo. Bajó la mirada a la mano de Charlotte que se había posado en su brazo. Notó la suave presión de sus dedos a través de la manga de papel de su bata. Mientras observaba cómo sus ojos verdes recorrían lentamente el laboratorio, Jonathan dijo con suavidad—: ¿Sigues defendiendo al pobre Des, después de tantos años?

Pero ella no respondió.

Prosiguieron hasta que llegaron a una habitación de cristal protegida por una serie de puertas con carteles de peligro.

—¿Qué hay ahí dentro? —preguntó Jonathan.

—Es una de nuestras cámaras de ambiente controlado. Una zona de alta seguridad.

—¿Acceso limitado?

—Extremadamente. Además de tarjetas de identificación y un teclado que exige un código de entrada, instalamos identificación biométrica.

Jonathan se inclinó para examinar el panel de seguridad.

—Formación de imágenes infrarrojas faciales. Seguridad también hizo aquí un buen trabajo. ¿Aquí se desarrolló el GB4204?

—Y otros productos que están en diferentes fases de investigación y desarrollo.

Él hizo un gesto de asentimiento.

—Aquí hay mucho dinero invertido, y también mucho dinero futuro.

—Invitamos a algunos inversores privados.

Jonathan se volvió a ella con expresión asombrada.

—¿No es sólo dinero de Armonía?

—Necesitábamos capital.

—¿Y quién se encargó de buscar este capital?

—Adrian.

—Entonces se juega más de lo que yo creía.

—O sea que sospechas de los Barclay.

—Charlie, he sospechado de esa gente desde el día en que Adrian entró en casa de tu abuela sin llamar a la puerta siquiera y quiso saber qué diablos hacía manteniendo en nómina a empleados que no trabajaban.

—Recuerdo ese día. Adrian quería reducir el personal de la fábrica pero la abuela no quería despedir a ninguno de sus trabajadores. Algunos hacía más de treinta años que estaban con ella... ¡Espera! ¿Has oído eso?

Los dos aguzaron el oído y oyeron ruido de pasos en el corredor exterior.

—¡Por aquí! —dijo Charlotte—. ¡Date prisa! —Condujo a Jonathan hasta una puerta de metal que ostentaba el cartel de PROHIBIDO EL PASO y la abrió—. Por aquí llegaremos a la planta de fabricación.

—Lo que no entendí —dijo Jonathan mientras entraban con sigilo en un pasillo escasamente iluminado; la puerta se cerró tras ellos con un susurro— fue el modo en que Adrian irrumpió, sin anunciarse, como si fuera el dueño de la casa. Prácticamente me dio un empujón para que me apartara... pero entonces yo sólo tenía trece años.

—No te ofendas, trataba así a su propio hijo.

—Sí, y convirtió a ese pobre chico en un clon de sí mismo.

Jonathan decidió que dos décadas no habían servido para modificar la arrogancia que Desmond parecía ostentar, como su espléndido abrigo de cuero y gafas de sol. Quizá no podía por menos que imitar a su padre adoptivo, concedió Jonathan; al fin y al cabo, el ADN del propio Desmond era un misterio para sí mismo. El primo de Charlotte parecía un hombre absolutamente inventado por sí mismo, como Frankenstein, pensó Jonathan, una reunión de trozos y piezas que había encontrado en las revistas y películas.

Jonathan se guardó su opinión y no dijo nada a Charlotte, la cual, sospechaba, se apresuraría a defender a Desmond. Lo que realmente deseaba preguntar era: ¿Desmond sigue enamorado de ti? ¿Llegasteis a ser amantes? No era ningún secreto, después de todo, que Desmond no era primo auténtico de Charlotte, que ni siquiera era un Barclay. Jonathan se preguntaba a menudo si el tratamiento que Adrian daba a Desmond brotaba de un resentimiento oculto por su incapacidad de tener un hijo propio.

Llegaron a otra puerta, donde Charlotte se detuvo a escuchar.

—Ésta es la zona de visitantes —dijo con voz suave—. A veces dejamos que la visiten grupos o inversores particulares. —Empujó la puerta para abrirla y atisbó dentro—. No hay moros en la costa —dijo.

La zona de recepción de vistantes era un escaparate de los productos Armonía Biotec, con vitrinas de cristal en las que se exhibían botellas y envases, elixires, tónicos, pociones y píldoras. Jonathan dijo:

—Recuerdo cuando todo esto te avergonzaba.

—Más que avergonzarme creía que todo esto era inútil y desesperadamente anticuado —declaró Charlotte cuando llegó a la puerta de enfrente. Sacó de su bolsillo una tarjeta magnética de seguridad y se detuvo antes de introducirla en la ranura—. Dios mío, Johnny, qué arrogante era en aquella época. Recuerdo cuando volví del campamento de verano. Tenía once años y una infección en la vejiga. El médico del campamento me había dado antibióticos, pero la abuela empezó a hacerme tomar infusiones amargas para recuperar mi *chi*. Dijo que sufría un estancamiento en el hígado, que descendía como calor húmedo. Yo le dije que el médico me había dicho que eran bacterias. Y ella me contestó: «Tal vez, Charlotte, pero en tu cuerpo tiene que haber algo que está desequilibrado y permite que esas bacterias crezcan».

Jonathan sonrió levemente.

—¿Sabes lo que pienso? Que tú crees en todo esto.

—Claro que sí. ¡Cinco mil años de chinos sanos y longevos demuestran algo! Mi abuela era una prueba. No habría muerto a la edad de noventa y uno si no hubiera sido por accidente. Tenía más de noventa años y sin embargo se habría dicho que era veinte años más joven. Venía cada día a la fábrica, igual que sesenta años atrás. Conocía a la mayoría de empleados, sus nombres, sus familias. Por eso no utilizaba ese sistema de pantallas que le hice instalar.

—¿Sabes? —dijo Jonathan mientras observaba a Charlotte pegar la oreja a la puerta—. Nunca llegué a saber cómo murió tu abuela. Leí su necrológica, pero en ella no se daban detalles.

—Fue un accidente. Se hallaba en el Caribe siguiendo la pista de una rara hierba africana supuestamente traída por esclavos y de la que se decía poseía grandes poderes curativos.

—¿Qué sucedió?

—Viajaba a una de las islas exteriores. El barco zozobró. El señor Sung se encontraba con ella. Él fue quien trajo su cadáver a casa. —Charlotte desvió los ojos—. A su funeral asistió muchísima gente. Cientos de personas...

Demasiadas flores, pensó Jonathan. Cientos de coronas de condolencia, demasiadas para contestar dando las gracias. Pero ¿había recibido el telegrama? ¿No podía, al menos, haber contestado éste?

—¿Sabías que la abuela me dejó todas sus acciones de la empresa? Todo el mundo esperaba que las distribuyera equitativamente, sin dar a nadie el control. Sin embargo me las dejó todas a mí.

—¿Cómo reaccionaron los demás?

—Creía que Adrian iba a tener una apoplejía, allí mismo, en el despacho del señor Sung. Y Margo... bueno, la mirada que me lanzó habría congelado el infierno.

Charlotte introdujo su tarjeta en la cerradura de seguridad.

—Aquí es donde controlamos los muchos parámetros diferentes de producción utilizando sistemas de control basados en microprocesadores. Antes de instalar este sistema, nuestro control de calidad estaba sujeto a error humano. Aquí no habrá nadie. El agente Knight ha hecho despejar todos los edificios y los ha hecho sellar antes incluso de que yo llegara.

Pero ambos recibieron una gran sorpresa. Había alguien. Jonathan se colocó rápidamente la mascarilla quirúrgica.

El señor Sung se giró en redondo en el escritorio, sobresaltado.

—¡Charlotte! —Por un momento pareció nervioso. Y luego dio la impresión de que se cerraba una persiana y adoptó su actitud serena de costumbre—. Necesitaba acceder a cierta información y ese agente federal, el señor Knight, rondaba fuera de mi despacho. Tenía la sensación de que leería lo que aparecía en la pantalla de mi ordenador.

Charlotte desvió la mirada hacia el escritorio.

—¿Ha encontrado lo que necesitaba?

—Sí, Charlotte —respondió el hombre con voz suave—. Sí. —Miró al compañero enmascarado de Charlotte.

—Estoy comprobando el sistema de seguridad —explicó ella—. Me preocupaba el laboratorio de aislamiento.

—Sí, debemos protegernos —convino él. Luego inclinó levemente la cabeza e hizo ademán de marcharse.

—Señor Sung —le llamó Charlotte cuando se iba.

—¿Sí?

—¿Por qué me ha dado la caja rompecabezas?

—Era de tu madre. Ahora es tuya.

—Pero...

El hombre se marchó.

En cuanto se oyó el chasquido de la puerta al cerrarse, Charlotte se volvió a Jonathan y dijo:

—¡Me ha mentido! ¡Valerius Knight no estaba frente a la puerta de su despacho! ¡Cuando le he visto salir del edificio principal, Knight estaba hablando con Desmond en el muelle de envíos!

Charlotte miró la puerta cerrada y recordó la carta que el señor Sung había exhibido con orgullo en su despacho, enmarcada e iluminada. Estaba fechada en 1918 e iba dirigida al padre del señor Sung; en ella se le alababa por su patriotismo y americanismo. Asimismo, en el marco había un artículo de periódico amarillento de ese mismo año que informaba de que un inmigrante chino de San Francisco había puesto a su hijo el nombre del presidente estadounidense. La carta iba firmada por el presidente Wilson. El recién nacido objeto de la noticia era Woodrow Sung.

—¿Confías en él? —preguntó Jonathan.

—Era el amigo íntimo de mi abuela y fue su asesor durante muchos años. Sí, confío en él. Pero hay algo...

—¿Qué?

—No lo sé. Sólo es una sensación. Jonathan, el año pasado fui a Europa en un viaje de fabricantes farmacéuticos. Estuve un mes fuera, y cuando regresé... —meneó la cabeza—, no sabía por qué, ni lo sé todavía, pero tuve la extraña sensación de que la actitud del señor Sung hacia mí había cambiado. Le conozco de toda la vida, pero juraría que cuando regresé era diferente.

—¿En qué sentido? ¿Para bien o para mal?

—Simplemente... era diferente.

Jonathan consultó su reloj.

—Será mejor que nos demos prisa.

Atravesaron el pequeño despacho hasta el gran ventanal que daba a una amplia planta de fabricación, embotellado y envasado, los enormes tanques de acero, tuberías de metal, cintas transportadoras, carretillas elevadoras, paredes y suelos inmaculadamente limpios y brillantes. Reinaba en el lugar un silencio fantasmal, aunque todas las luces estaban encendidas y las botellas esperaban en sus tanques.

—¿El proceso de fabricación está muy automatizado? —preguntó Jonathan mientras dejaba su bolsa negra sobre el escritorio.

—Hay un panel de hardware especializado que lee la base de datos; esto es lo que controla la maquinaria.

Jonathan se puso manos a la obra abriendo compartimentos de la bolsa y sacó varios discos blandos.

—¿Y quién lo hace funcionar?

—El técnico principal. Lo primero que hace es entrar en el ordenador y leer la orden de producción del día. Después programa por ejemplo doscientas botellas de Loto Dorado. Luego o él o su ayudante bajan a la maquinaria donde hay paneles con controles sensibles al tacto. Teclea el número de orden del lote para que quede impreso en las etiquetas y luego oprime el botón «Adelante». La cinta transportadora se pone en marcha y el producto es introducido en cada botella, en este caso, vino Loto Dorado, que ya estaría en las cubas de arriba. Después se tapan y etiquetan automáticamente. Y por fin se llevan a Envíos, donde se meten a mano en cajas y se envían.

—Supongo que hay puntos de comprobación de vez en cuando.

—Sí, la primera botella de Loto Dorado se saca y se lleva al laboratorio para ser analizada por espectrometría de masas que produce una signatura de la estructura molecular. Esto se compara con la base de datos principal para ver si hay alguna irregularidad. Si hay alguna anomalía, el lote se detiene y el sistema se apaga.

—¿Y este análisis queda grabado?

—Cada fase de la fabricación se graba y se comprueba. Así que, ya ves, sería bastante difícil manipular el producto en esta etapa. Esas cintas transportadoras se mueven deprisa, y como puedes ver desde aquí, las botellas no están al alcance de la mano. Aunque alguien lograra acercarse lo suficiente para echar algún producto químico, los demás le verían. Y de todos modos, el dedo le quedaría machacado, sin duda.

Jonathan miró el reluciente metal sobre las cubas situadas a considerable altura.

—¿Qué es lo que precede a todo esto, antes de que empiece el embotellamiento? Supongo que hay algún equipo nocturno que efectúa alguna clase de limpieza y preparación para la mañana, ¿no?

—Todas las cubas y tuberías se limpian cada mañana. Se toma nota de la cantidad de producto que ha quedado en ellas. Esto se hace para volver a llenarlas. Los niveles de rellenado se basan en los factores a granel, no en lo que ha entrado en las botellas.

Jonathan se sentó ante el escritorio, puso el ordenador en marcha y conectó la pantalla.

—¿Quién efectúa el rellenado? ¿El técnico principal?

—No, de eso se ocupa otro.

—¿Y la entrada y salida de todos los suministros se controlan y registran?

—Hasta la última gota. En el caso del Loto Dorado, por ejemplo, encargamos tintura de valeriana a una empresa de suministros médicos. Pongamos por ejemplo que recibimos setenta y cinco litros, que van a la cuba para ser mezclados con otros compuestos de hierbas. Calculamos qué cantidad se embotelló, lo sumamos a lo que queda en la cuba y lo que se derrama y salen setenta y cinco litros. Desde que tuvimos problemas de robo unos años atrás, instalamos un procedimiento doble de comprobación. Da cuenta de cada gota.

Cuando de pronto retumbó un trueno, lo que hizo que las luces parpadearan, Jonathan dijo:

—Será mejor que copie estos archivos mientras aún tenemos luz. ¿Quieres entrar en el sistema, por favor?

Se levantó y le ofreció la silla.

Charlotte se sentó ante el ordenador y, utilizando su identificación y contraseña, accedió a los ficheros de producción. Se puso en pie y Jonathan ocupó su lugar. Entonces emitió un silbido.

—Armonía produce muchos productos: Dicha, vino Loto Dorado y ¿cuál era el otro?

—Bálsamo Inteligencia Hermosa.

Introdujo un disco en el *drive a* y mecanografió las órdenes que empezarían a cargar los datos.

—Vigila —dijo mientras escribía—. Si nos pillan pasaremos apuros para explicarnos.

Mientras Jonathan consultaba su reloj para poner la hora, vio la hoja de papel que colgaba junto al escritorio, en el que aparecía la anotación de la producción del día: *Fórmula 8, Las ocho hierbas celestiales.* Y eso le hizo recordar que Charlotte le había explicado mucho tiempo atrás, mientras se hallaban sentados en su salón de té favorito en Chinatown y devoraban cerdo con setas, que el ocho era el número chino de la suerte.

—A los chinos les encantan los hómonimos —había explicado ella, y Jonathan sonrió ahora al recordarlo porque él le había preguntado qué clase de comida era aquello y ella se había echado hacia atrás su largo cabello y había prorrumpido en risas, de modo que los demás clientes levantaron la mirada de su arroz con fideos y pusieron ceño—. Un homónimo es una palabra que suena igual que otra, Johnny. Y si una palabra suena igual que otra, y es una palabra de la suerte, entonces la otra palabra también lo es.

—Parece una tontería —había bromeado él.

—En cantonés, «ocho» es *baat* y en mandarín es *pa*. Las dos suenan como *faat*, que significa prosperidad. Así que si tu dirección o número de teléfono tiene un ocho, eso da buena suerte. Aún más si hay dos ochos, porque entonces es como si dijeras «prosperidad y más prosperidad». ¿Lo entiendes?

—Tú ya no eres china —dijo ahora en voz alta.

Charlotte le miró sorprendida.

—¿A qué viene eso?

Él meneó la cabeza.

—Sólo estaba pensando.

—Bueno, nunca he sido china.

—Sí, lo eras. Cuando eras joven, cuando éramos amigos en San Francisco, tú eras china, Charlotte. Recuerdo que cuando veías alguna acción que no te gustaba, soltabas: «*¡Chow mah!*» ¿Eso no significa «positivamente vergonzoso» o algo así? Y cuando te llevé a mi casa y viste mi habitación, me hiciste cambiar la cama de sitio porque dijiste que estaba en la posición «de la muerte». Y me hiciste cubrir el televisor con una tela negra porque dijiste que de lo contrario perturabaría mi espíritu mientras durmiera.

Ella se paseaba por la pequeña habitación de control, vigilando la puerta y la pantalla de seguridad instalada encima.

—Era por influencia de mi abuela. Ya lo he superado.

—Y ahora eres ciento por ciento estadounidense —dijo él con voz suave y tono irónico.

Jonathan mantuvo los ojos sobre Charlotte un momento más y luego desvió la mirada. Los recuerdos se agolpaban en su mente a velocidad vertiginosa. No esperaba este torrente del pasado. Cuando había oído la noticia, a través de sus fuentes internas, de la tercera víctima de un producto Armonía, no se lo había pensado dos veces; preparó una bolsa de viaje, recogió el equipo informático que siempre tenía preparado para las emergencias e informó a su casera y a su secretaria de que iba a estar fuera unos días. A Adele, su esposa, la telefoneó desde el avión, dándole el mismo mensaje sin entrar en detalles. Ella había acogido la noticia con el mismo aplomo que su casera y su secretaria. En otro tiempo había sido motivo de disputas en su matrimonio, las partidas súbitas de Jonathan por asuntos secretos. Pero Adele se había acostumbrado a ello.

—Avísame cuando estés de vuelta —se había limitado a decir.

Durante el vuelo Jonathan había repasado lo que sabía de las empresas farmacéuticas y sus necesidades especiales en cuanto a seguridad informática, esbozando un análisis del perfil de seguridad hecho a medida por si acaso el sistema de Armonía hubiera sido invadido. Pero no se había permitido pensar en Charlotte, no había dejado que los recuerdos se infiltraran entre los pensamientos de espionaje industrial y algoritmos de codificación. Al concentrarse en la lista de comprobación que había hecho aparecer en la pantalla de su ordenador portátil, había sido capaz de mantener a Charlotte lejos de su mente. Incluso cuando por fin se habían encontrado cara a cara, dos horas antes, había logrado mantener levantadas las barreras. Se encontraba allí para realizar un trabajo. De acuerdo, no le habían contratado, no le pagaban, en realidad se trataba más bien de un favor... pero en lo general no había nada más que el hecho de que él y Charlotte en otra época habían sido amigos.

«¡La abuela está taaaaaaaan preocupada!»

La voz, de veinte años atrás, le pareció tan nítida y fresca como si la Charlotte de dieciséis años estuviera allí de pie en la cabina de control con él. Tuvo ganas de decirle al fantasma: «Déjame en paz». En cambio oyó su propia voz a los dieciséis años diciendo: «¿Qué ocurre, pues?». con el acento de las Highlands que aún no se había quitado de encima.

—¡Son estos nuevos códigos de área! La abuela acaba de descubrir que el de San Francisco es el 415.

Se encontraban en el santuario secreto de Charlotte, uno de los lugares a los que iban cuando necesitaban escapar del mundo. Ella le había llevado allí por primera vez cuando tenían trece años, cuando él había visto a unos muchachos siguiendo a Charlotte por la calle gritando: «¡China, china, mandarina!» y arrojándole piedras y excrementos de gato con honda. Charlotte mantenía su dignidad, caminando con la cabeza alta, las lágrimas resbalándole por las mejillas, pero Jonathan corrió para vérselas con los tres, allí mismo; derribó a dos e hizo huir al tercero. Él recibió un corte en una ceja y Charlotte le llevó a su casa, tal como había hecho unas semanas antes, cuando le había dado limonada y le había dicho que su madre también había muerto. Le llevó a la cocina y le lavó la herida y luego le mostró su santuario privado, donde sólo ella entraba.

Así pues allí estaban, tres años más tarde, aquel día de 1973 cuando tenían dieciséis años y Charlotte contaba cuán preocupaba estaba su abuela porque el código de zona de San Francisco era el 415.

—El cuatro es el número más desafortunado para los chinos. Suena como la palabra que indica «muerte», por eso los chinos nunca, nunca, utilizan el número cuatro. *Aii-yah*, ¡está escribiendo cartas a los congresistas y a los senadores y al presidente Nixon!

Mientras ella hablaba él se había sentado; observaba como un bobo el modo en que el viento le alborotaba el cabello, cómo el sol se derramaba sobre su suave piel. El lugar secreto de Charlotte era un jardincito en el tejado de la mansión de su abuela, donde alguien había construido, mucho tiempo atrás, un frágil mirador. Ahora estaba repleto de plantas en macetas y diminutos árboles e incluso una fuente para pájaros que Charlotte mantenía llena de agua: desde allí se veía el puente del Golden Gate, la bahía, la ciudad y el límite del mundo.

Después de la primera vez, cuando tenían trece años y Charlotte le había preguntado tímidamente: «¿Quieres ver mi lugar secreto?», Jonathan le había devuelto la deferencia mostrándole su santuario particular; ella era la única persona que había ido allí, y jamás olvidaría la expresión de asombro en el rostro de Charlotte cuando lo vio por primera vez.

Igual que, pensó ahora oscuramente, jamás olvidaría otra expresión de asombro en su rostro dieciséis años más tarde, la última vez que se habían visto, cuando él se encontraba en San Francisco para realizar un trabajo secreto para la Agencia de Seguridad Nacional. Se había marchado esperando reparar la ruptura que se había producido entre ellos seis años antes, después de que él hubiera pasado un año —1981— en el MIT, el año en que su mundo se había hecho añicos.

—Necesito mi libertad —le había dicho ella por teléfono.

Él creía que se casarían, aquel nefasto año de 1981. En cambio, ella necesitaba ir a su aire. Y así, seis años más tarde, cuando él había montado a propósito una operación para poder estar en San Francisco —la excusa que precisaba para verla a ella— esperaba que hubiera cambiado de opinión, que quisiera estar con él.

Pero ella le abandonó.

—¿Johnny?

Parpadeó. El restaurante italiano y la expresión de asombro de Charlotte se desvanecieron. Ella le estaba mirando con el entrecejo levemente fruncido; aún llevaba la bata de papel y el gorro también de papel en la cabeza.

—¿Cómo va eso? —preguntó, como si hubiera tenido que repetirlo.

—La información va a su propio ritmo —dijo él con dificultad, la garganta atenazada por los recuerdos. Aquel día había estado a punto de correr tras ella. Había estado a punto de gritarle: «Dime que no me case con ella, Charlie. Dime que eres tú con quien debería casarme». Pero se había quedado sentado, desconcertado, dolido, sin darse cuenta de la gran traición que estaba a punto de tener lugar.

—He dejado el juego del espionaje —le había dicho antes, cuando se hallaban en el invernadero, enterrando el arma. Ella había parecido perpleja. ¿Cómo podía no saber cuáles habían sido las consecuencias de su traición?

Charlotte tenía la vista fija en la pantalla de seguridad cuando de pronto apareció una figura y entró en el laboratorio. Era Knight.

—¡Oh, Dios mío! —exclamó Charlotte—. ¡Y viene hacia aquí!

Jonathan se apresuró a apagar la pantalla y se puso en pie.

—¡Por aquí! —indicó ella, y rápidamente se metieron en un armario de limpieza donde las escobas, fregonas y cubos dejaban poco espacio.

—Reza para que el sistema no decida hacer ninguna desfragmentación —susurró Jonathan vigilando la puerta.

—¿Por qué?

—Knight lo oiría y sabría que el ordenador está funcionado.

A través de la rendija de la puerta vieron que Knight entraba, con el impermeable goteando, reluciente su cabeza desnuda. Miró alrededor, deteniendo los ojos en la pantalla oscura.

Charlotte sintió latir su corazón en los oídos. ¿Oiría él el zumbido del ordenador debajo de la mesa?

Jonathan también vigilaba ansioso a Knight, pero sus pensamientos se hallaban en otra parte. Charlotte estaba muy cerca de él, casi tocándole, inundándole con el perfume de su champú y crema corporal, el sutil y delicado perfume de la Colección de Primavera Armonía.

—¡Jonathan! —susurró ella de pronto. E hizo una seña con la cabeza en dirección al escritorio, donde en el suelo, junto a la silla, se encontraba el estuche negro del ordenador de Jonathan.

—¡Por Dios! —exclamó él. Su mente no estaba por lo que hacía. Jamás habría cometido semejante error.

—Si lo ve...

Ambos contuvieron el aliento, Charlotte muy cerca de Jonathan. Él le rodeó la cintura con el brazo mientras observaban a Knight que examinaba lentamente la sala de control, recorriendo con la mirada los escritorios, las pantallas, los paneles de control. Cuando se acercó al gran ventanal de vidrio para supervisar la planta de fabricación, su pie izquierdo por poco no golpeó el estuche del ordenador.

Charlotte procuró mantener la calma, diciéndose que ella era la propietaria de esa empresa, que tenía derecho de estar allí, que también tenía derecho a contratar a un asesor externo. ¿Por qué se sentía como una delincuente? Era Knight. Si hubiera sido cualquier otra persona, quizá le diría lo que sabía. Pero no confiaba en ese hombre. En especial después de que él y Margo aparecieran juntos en actitud tan amistosa.

Sintió el brazo de Jonathan en torno a su cintura, sintió el calor de su cuerpo que le traspasaba la bata, la falda y la blusa. Tenía ganas de apoyarse en él, descansar unos momentos en su fuerza. Pero en una ocasión lo había hecho y él se había apartado para dejarla caer.

Charlotte volvió la cabeza levemente, para mirar a Jonathan y casi por instinto él se volvió para mirarla a ella; sus rostros estaban a pocos centímetros de distancia, cada uno de ellos capaz de ahondar en los ojos del otro. De pronto la pequeña habitación se convirtió en un vórtice de ardientes pasiones y vehementes recuerdos. El brazo de Jonathan se apretó en torno a la cintura de Charlotte; ésta contuvo el aliento. Olvidaron a Valerius Knight, a la bolsa negra en el suelo, al ordenador, a la planta embotelladora, al mundo entero... todo se desvaneció cuando Jonathan y Charlotte conectaron por un fugaz y electrizante momento.

Él inclinó la cabeza, ella alzó los labios.

Y entonces oyeron que la puerta exterior se cerraba. El momento se quebró, se separaron.

—Se ha ido —dijo Jonathan, y se apartó de ella para regresar junto al ordenador.

Mientras Jonathan rescataba su disco y desconectaba el ordenador, Charlotte logró recuperar el aliento. De pronto sintió necesidad de decir algo, de llenar el silencio creado por sus antiguas pasiones, de devolver a ambos a la realidad.

—Has hecho un largo viaje —dijo—. ¿Estás cansado o tienes hambre?

Él levantó la vista hacia ella. Abrió la boca, vaciló, y dijo:

—No es nada que el café directo a la vena no pueda curar.

—Iré a la cafetería. Todavía quedan muchos empleados allí, al menos para cenar antes de ir a su casa bajo la tormenta. Esta noche hay sopa de salmón ahumado —añadió con una débil sonrisa—. Mejora las funciones nerviosas.

Jonathan la miró a los ojos y ella le sostuvo la mirada, y de pronto fue la antigua Charlotte, hablando como su abuela.

Se apresuraron a regresar al museo, corriendo bajo la lluvia, agachándose en un punto para cruzar una puerta cuando de pronto apareció un policía con un impermeable amarillo. En el despacho de la abuela de Charlotte les esperaba un mensaje electrónico:

> Miles de personas, Charlotte. Miles de personas van a morir. Anuncia esa rueda de prensa. Hablo en serio.

—Pero ¿cómo? —exclamó Charlotte—. ¿Cómo lo hará?

—Nos lo hará saber cuando sea oportuno. Esta clase de tipos jamás se resisten a fanfarronear.

Cuando Jonathan volvió a estar situado ante el ordenador, Charlotte se quedó con los brazos en jarras.

—¡No puedo creer que estemos a merced de este maníaco! He trabajado mucho para sacar adelante esta empresa. ¡Maldita sea! ¡Encuéntrale!

—Lo haré, no te preocupes —dijo Jonathan mientras sus dedos volaban sobre el teclado—. Estos registros de producción irán muy bien.

Charlotte contempló la ancha espalda de Jonathan mientras trabajaba, el modo en que su cabello se le rizaba sobre el cuello de la camisa. Casi percibía la energía de su cuerpo, como si irradiara y llenara la habitación. Y se dio cuenta de que en la larga y apasionada historia que habían vivido juntos, sus altibajos, sus alegrías y tristezas compartidas —incluso su separación, que se hizo mil añicos como el móvil de campanillas— había exsitido una constante: que la mera presencia de Jonathan siempre le hacía sentirse mejor.

Había acudido en su ayuda sin que siquiera se lo hubiera pedido.

Tratando de no hacer hincapié en el hecho de que, aunque ella había telefoneado a Forest casi tres horas atrás para darle la espantosa noticia, él aún tenía que llamar para saber cómo le iba a Charlotte, se acercó a la puerta y miró hacia el interior del museo.

—No sabía que los padres de mi abuela no llegaron a casarse —dijo en un murmullo—. Ni que mi abuela y su madre habían sido proscritas, ni que mi bisabuelo jamás regresó a Singapur. Johnny, mi abuela vino a Estados Unidos sola, cuando tenía dieciséis años. En busca de su padre.

Jonathan mantenía la vista fija en el teclado.

—¿Le encontró?

Charlotte desvió la mirada hacia las vitrinas de cristal, que alojaban polvorientos recuerdos de una historia olvidada, yendo a descansar su mirada en un maniquí vestido con un *cheongsam* de seda de color espliego, un ajustado vestido, largo hasta la rodilla con cuello mandarín y falda con abertura.

—No lo sé. Me pregunto si lo logró...

6

San Francisco, California, 1924

Nos llevaron a una isla llamada «ángel» aunque estaba gobernada por demonios. Allí fue donde oí hablar de la Ley de Exclusión, un muro invisible para mantener fuera a los chinos. Pero yo era afortunada. Mi padre era estadounidense. Sólo el año anterior, a las esposas e hijos de chinos que vivían en Estados Unidos se les permitió quedarse. Pero había una nueva ley llamada Ley de Inmigración de 1924 que prohibía incluso a las familias de inmigrantes legales que vivían en América que se reunieran con ellos. Estas mujeres y bebés que hicieron el largo viaje conmigo fueron enviados de nuevo a China, de nuevo a la pobreza y la enfermedad, sin poder ver jamás a sus esposos. Una mujer joven se colgó con su vestido de novia porque el hombre al que amaba obtuvo permiso para entrar mientras ella fue devuelta.

Los barracones de la isla Ángel eran horribles construcciones de madera desde cuyas ventanas con barrotes se veía la ciudad de San Francisco. Nos mantenían encerrados día y noche, y las mujeres escribían angustiosos poemas en las paredes. No sé por qué nos tenían presos. Nos habían hecho salir del barco y nos trasnportaron en *ferry* hasta la isla donde esperamos, nosotros, chinos no deseados que teníamos los documentos necesarios y que ansiábamos estar en la ciudad, al otro lado del agua.

Esperé cuarenta y dos días. Cada día, mujeres con las que había entablado amistad abandonaban los barracones. Algunas regresaban para contarnos al resto cómo había sido el interrogatorio, otras jamás volvían. No sé si fueron a la ciudad o si las enviaron de vuelta a China. Cuando me llegó el turno, sólo me preguntaron una cosa: cómo se llamaba mi padre, qué ocupación tenía y dónde vivía. Como mi madre no conocía estos datos, se los inventó con la ayuda del reverendo Peterson.

Cuando los carceleros de la isla Ángel no encontraron a un tal Richard Smith que residía en Powell Street y trabajaba de contable, expliqué que mi padre se había marchado de Singapur dieciséis años atrás y que habíamos perdido el contacto con él. Quizá esté en Nueva York, dije, o en New Hampshire, o en Nueva Orleans. Elegí estos nombres porque la palabra «Nueva» sonaba a suerte. Al final me dejaron entrar porque mis documentos llevaban el sello del cónsul estadounidense en Singapur. Ni siquiera los diablos de la isla Ángel podían pasar eso por alto.

Por fin puse los pies en la ciudad donde vivía mi padre, y me avergüenza decir que me sentí inundada de alegría. Mi madre había muerto, y yo no estaba allí para enterrarla y llorarla. Había hablado con el reverendo Peterson para que se ocupara de mi madre cuando ella muriera. Le dejé mucho dinero espiritual para que fuera quemado en su funeral, y le pedí por favor que contratara a las mejores plañideras de la ciudad. Aunque mi madre estaba viva cuando me despedí de ella y subí al barco, vi los nubarrones de la muerte en su rostro.

Lloré por ella mientras surcaba el océano Pacífico en un abarrotado barco donde las mujeres memorizaban frenéticas la información que necesitarían en el interrogatorio, y luego arrojaban las hojas por la borda antes de que los oficiales las vieran. Yo escudriñaba el horizonte cada día y me preguntaba si sería aquel el día en que ella moriría, sola, una proscrita. Mientras el barco navegaba hacia el este, yo miraba hacia el oeste y pensaba en mi madre, en la vida que habíamos llevado juntas, en todo lo que ella me había enseñado. Pero cuando por fin puse los pies en tierra americana, volví los ojos al este, hacia mi nuevo comienzo.

El reverendo Peterson me había hablado de Chinatown, que es donde me dijo que debería buscar alojamiento.

—No intentes encontrar habitación en ninguna otra parte de la ciudad —me advirtió—. Porque no se la alquilarán a una china.

A la sazón sus palabras fueron como plumas al viento. América era la tierra de la igualdad. Yo podría vivir en cualquier sitio.

No obstante, busqué habitación en Chinatown porque quería estar entre gente que me resultara familiar. Mientras buscaba un lugar para vivir, pensaba en cómo mi vida entera había sido una saga de falta de hogar, mi madre y yo siempre de un lado a otro mientras me contaba historias de la gran casa de Peacock Lane donde ella se había criado, donde generaciones de nuestra familia habían nacido, vivido y muerto. Yo anhelaba vivir en una casi así. Quizá cuando encontrara a mi padre, pensaba, me invitaría a quedarme con él. Imaginaba una gran casa sobre una de las colinas de San Francisco, que daban al agua y al cielo. Iría allí a vivir el resto de mi vida.

Me enteré de que Chinatown había ardido dieciocho años antes, tras un gran terremoto. La había reconstruido alguien cuya idea de la arquitectura china no era en absoluto china. ¡Pero la gente lo era! Apretadas en estos pocos bloques vivían personas que procedían de Cantón y Pekín, de todas las provincias, con muchos diferentes dialectos transportados por la brisa como las serpentinas de Año Nuevo. Mis ojos se desorbitaban ante la vista de las tiendas, en cuyas ventanas colgaban patos asados y cajas repletas de cebollas, y berenjenas y naranjas tentaban al comprador. Para los hambrientos estaban los salones de té y puestos de comida, que exhibían sus ofrendas de pasteles de sésamo, bolas de masa hervida y panecillos de pollo. Yo percibía olores conocidos, veía y oía los sonidos de mi hogar. Había creído que América sería un lugar extraño y que me sentiría muy nostálgica. Pero en las aceras me tropezaba con personas que me sonreían con mi sonrisa y me miraban con mis ojos. Todos procedíamos de Asia, éramos «celestiales» como nos denominaban los estadounidenses (algunos nos llamaban incluso «peligro amarillo»), pero éramos como una gran familia, que compartíamos la cultura, los dioses y los fideos.

Sabía que allí sería muy feliz.

Caminando con mi maleta, regalo del reverendo Peterson, y el cofre de medicinas de laca negra de mi madre, miraba los letreros de «Se alquila» en las calles. Los letreros estaban escritos en chino y colocados en los escaparates de la Lavandería Feliz, el Salón de Té Yin-Fei, la Compañía Comercial Ping Huang, pero las calles se llamaban Grant, Stockton y Jackson. Examiné los números de las direcciones, buscando números de la buena suerte. Encontré un edificio en Grant Street. El número ochenta y nueve. Una dirección afortunada.

La casera era la señora Po, que era propietaria de la Lavandería Feliz. Tenía un diente delantero de oro y hablaba un dialecto de chino que no me resultaba familiar, por eso me preguntó en inglés:

—¿Vienes sola? ¿No tienes familia?

Le mostré mis documentos y ella me miró con atención.

—Aparentas menos de dieciocho años. —Meneó la cabeza—. Chica sola no está bien. Hombres se acercan, dan mal nombre a mi casa.

Pero yo quería vivir allí. Ella me había dicho que el apartamento que alquilaba era el de enfrente, en el tercer piso, y vi que el sol de mañana se derramaba por la ventana abierta. Eso era bueno para el *chi*. Y la puerta de la calle estaba pintada en rojo, para alejar la mala suerte. Así que le ofrecí el doble del alquiler y entonces se volvió muy amable: cogió mi maleta y dijo que yo parecía una chica muy respetable.

—Nada de hombres —me advirtió no obstante, cuando llegamos a mi apartamento—. Muchas prostitutas en Chinatown, pero no en mi casa.

En cuanto el apartamento fue mío, cambié el número de mi puerta por el ocho, hasta que vi que otros tres inquilinos habían hecho lo mismo. ¡No podíamos tener todos el número ocho! Así que lo cambié por el dos, que significa abundancia.

Era un agradable apartamento con una pequeñísima cocina y cuarto de baño, suficiente para mí, y pronto lo decoré con cortinas y una alfombra nueva. Compré plantas y un acuario, porque el agua trae prosperidad y un pez hace compañía. Aparté la cama de la ventana, porque de lo contrario todas mis esperanzas se habrían escurrido por ella. Situé la cabecera hacia el este, de donde procede la suerte, y los pies hacia el oeste, para no errar mi destino. Compré una lámpara y coloquéla a la izquierda de mi cámara para que las cámaras que se encuentran a la izquierda de mi corazón reciban el primer calor por la mañana. Y coloqué un recipiente con agua debajo de la cama, para ahogar las pesadillas.

En la cocina, donde tenía intención de pasarme los días cocinando mis comidas y las noches preparando hierbas medicinales, limpié la pequeña cocina a gas porque los quemadores atascados obstruyen los ingresos de la familia. Y cuando vi que la cocina estaba junto al fregadero, lo que situaba de lado dos elementos en conflicto —el fuego es yang y el agua es yin— lo remedié colocando una tabla de cortar de madera entre ambos. Luego compré dos teteras Yixing, una para el té de la mañana, «para tener suerte», y otra para el té de la noche, «para tener buenos sueños». Por último colgué un móvil de campanillas de cristal junto a la ventana abierta para que el buen *chi* se arremolinara.

Comparada con nuestra humilde habitación encima del burdel de Malay Street, ésta era un palacio. Había alquilado un lugar en el que podría honrar a mi padre cuando le llevara allí.

Vendí una de mis esmeraldas y me compré preciosos vestidos nuevos —un *cheongsam* de seda taiwanés con bordados hechos a mano—

y elegantes zapatos con bolsos de piel a juego. Quería tener buen aspecto cuando me reuniera con mi padre.

Y después empecé a buscarle.

Su anillo era lo que me conduciría a él, pues en una ciudad tan grande, ¿de qué otro modo podría encontrarle?

El anillo había sido hecho a medida, eso estaba claro, y las iniciales «RB» entrelazadas las había grabado la mano de un artista. Así que preguntaría entre los joyeros para ver quién recordaba haber creado semejante pieza única.

A bordo del barco había aprendido a guardar mis posesiones más preciadas sobre mi persona, así que llevaba el anillo de mi padre colgado de una larga cadena al cuello, escondido debajo del vestido. Cuando visitaba a un joyero tras otro, sacaba el anillo y lo mostraba, pero nunca abandonó mi cuello.

Empecé a rondar por Chinatown y conocí a mis nuevos vecinos. A los tenderos ya les caía bien porque nunca discutía el precio, siempre compraba la mejor calidad, nunca contaba el cambio cuando me lo entregaban.

—Una chica muy agradable —decía la señora Po a los vecinos—. De Singapur. Familia muy rica. En mi casa sólo tengo los mejores inquilinos.

Cuando los joyeros de Chinatown no reconocieron el anillo, fui más lejos, tomando el tranvía hasta sentirme mareada, consciente de que la gente me miraba como si nunca hubieran visto a una china. Cuando iba a un restaurante para almorzar y no me daban mesa, aunque había muchas que estaban vacías, empecé a comprender lo que me había advertido el reverendo Peterson de que permaneciera cerca de Chinatown. Y cuanto más me alejaba de mi mundo, más hostiles se volvían los demás.

Adondequiera que fuera los agentes de policía decían: «Vamos, no te pares». O me detenían y hacían preguntas, me pedían los documentos, me preguntaban si era prostituta. Aprendí lo que era el odio racial. Aprendí que los chinos eran la única raza que no estaba permitida en Estados Unidos. Aprendí que había leyes que decían: «Basta de chinos». No nos estaba permitido tener propiedades, casarnos con blancos ni entrar en los hospitales de los blancos. Y cuando un chino osaba entrar en un barrio de blancos y era golpeado y robado, la policía decía: «¿Por qué ibas allí?» Pero yo era estadounidense. Sin embargo, cuando intentaba explicarlo, lo único que hacían era mirarme de arriba abajo, y cuando veían el *cheongsam* que vestía, me daba cuenta de que veían a las malvadas damas chinas que aparecían en las películas americanas.

Pero yo no cejé. El anillo era mi única conexión con mi padre. No sabía su apellido, ni cómo se ganaba la vida, ni dónde estaba su familia. El anillo me llevaría a él, y para identificarlo tenía que adentrarme en una ciudad que no me quería.

Finalmente, tras muchos días de mala suerte, con los pies doloridos y llenos de ampollas de tanto caminar, desanimada, hambrienta, la policía vigilándome, la buena suerte me salió al encuentro. Acudí a Sadler & Sons de Market Street —me hallaba lejos de casa— y vi enseguida un destello de reconocimiento en los ojos del joyero cuando vio el anillo.

—Déjame verlo más de cerca —me dijo, acercándoseme.

Pero yo me aparté.

—Por favor —le dije—. Necesito saber qué significan estas letras.

—No lo sé —respondió él, y desvió la mirada—. Déjame que se lo enseñe a mis colegas.

Le dije que volvería, y excitada reparé en que incluso era posible que aquel hombre se pusiera en contacto con mi padre, que tal vez podría conocerle allí mismo, en la tienda.

Al día siguiente volví con mi mejor vestido, de seda de color espliego, el pelo largo peinado hacia arriba y sujeto con caras peinetas de marfil. El corazón me latía aceleradamente, pero me acerqué a la tienda con reservas.

¿Cómo saludaría a mi padre? ¿Cómo debía dirigirme a él? ¿Me recibiría con alegría y se admiraría de cuánto me parecía a mi madre? Un millar de dudas me asaltaron de pronto. Él nunca había regresado a Singapur. ¿Habría olvidado a la mujer que le salvó la vida? Cuando recuperó la memoria, ¿sus recuerdos de Singapur se habían borrado? ¿Me miraría y preguntaría: «¿Quién eres?»?

Antes de entrar en la tienda atisbé por el gran escaparate para ver si mi padre había llegado. Pero vi a un hombre joven, apuesto, y con él una muchacha joven, quizá de mi edad, con el pelo rubio y la piel blanca. Pero fue el hombre joven, que era unos años mayor que yo, quien me llamó la atención. Estaba recostado con informalidad en el mostrador, hablando con el joyero, riendo. Oí su voz de rico, vi el asombroso perfil que podía haberle convertido en estrella de cine. Y cuando de pronto se volvió, como si hubiera percibido que le estaba observando, nuestros ojos se encontraron.

En ese momento mi vida cambió para siempre.

Yo había visto en obras de teatro y películas de cine que el héroe y la heroína se enamoran a primera vista, y ¿no se había enamorado mi madre de mi padre cuando le vio por primera vez? Pero realmente no lo entendí hasta ese instante, cuando atisbé por el escaparate de la joyería y fijé mi vista en los brillantes ojos grises del apuesto joven que se hallaba junto al mostrador.

Hice acopio de todo mi coraje, tragué saliva y entré, esperando que el joyero tuviera noticias para mí.

El joven, cuya sonrisa pareció congelarse en su rostro, no dejó de mirarme cuando entré. Procuré desviar la mirada, pero no lo logré. Titubeé justo después de entrar, con la sensación de que me envolvía un encantamiento. La tienda, creo, estaba llena de plata y oro y brillo y resplandor, relucientes vitrinas y lámparas de cristal. Pero yo sólo veía dos penetrantes ojos del color de la neblina matinal y una sonrisa que parecía querer decir más cosas.

—¡Es ella! ¡Es la ladrona!

Miré al joyero. El hombre me estaba señalando. Y de pronto apareció un policía desde la trastienda. Cuando me volví para echar a correr, oí la voz del joven apuesto que decía:

—¡Espere! ¡Déjeme hablar con ella primero! A lo mejor sólo ha encontrado el anillo de mi padre.

—¡Todos son unos ladrones, señor Barclay!—gritó el joyero—. ¡Todos!

Eché a correr y no paré hasta llegar a casa, por una calle y un callejón, por otra y otra, hasta el trolebús, desde el trolebús, hasta que por fin me hallé a salvo entre gente a la que reconocía, gente con la chaqueta acolchada azul y pantalones de seda negros, gente que leía periódicos chinos pegados a las paredes, gente que elegía un pato para cenar o que discutía por el precio de un melón. Me encontraba en casa entre los de mi especie; el policía no me siguió.

Mis pensamientos eran un torbellino confuso. «Señor Barclay», había llamado el joyero al joven. «El anillo de su padre», había dicho. Esto significaba que era mi hermanastro. Yo ya sabía que mi padre tenía una Primera Esposa porque lo escribió en la carta que dejó para mi madre. La carta iba firmada sólo con el nombre, Richard, y la promesa de regresar.

¿Por qué no regresó? ¿Su Primera Esposa le convenció de que olvidara a su concubina china?

Sentía una opresión en el pecho cuando subía la escalera hacia mi apartamento. ¿Cómo iba a encontrar a mi padre si tras cada esquina acechaba un policía?

Cuando vi que la puerta de mi apartamento estaba abierta, pensé que la señora Po había ido a visitarme. Y entonces vi mis muebles en desorden.

Me había visitado un ladrón.

Había desaparecido la caja de medicinas de laca negra de mi madre. El colchón de mi cama estaba desgarrado y destripado, y mis dólares americanos, que había metido entre el relleno, habían desaparecido. Mi acuario estaba destrozado en el suelo, mi pez muerto. Esto fue lo peor, la pecera destrozada y la fina arena blanca esparcida por el suelo.

Mis ojos se dirigieron hacia la humilde estatua de Kwan Yin, que mi madre había dicho que ningún ladrón robaría. Aún estaba allí. Pero como yo había pensado que Kwan Yin había llevado la carga de las esmeraldas de mi madre durante demasiados años, le había dado un descanso quitándolas de su cuerpo y escondiéndolas en otro sitio.

Había pensado: ¿Qué mejor lugar que debajo de la arena de la pecera?

En aquellos momentos habría llorado por todo lo que había perdido. Pero entonces pensé en las ironías del destino porque, mientras me lo estaban robando todo, estaba recibiendo dos regalos, regalos que jamás me podrían robar. El primero era que me había enterado del apellido de mi padre: Barclay. Ahora podría encontrarle.

El segundo era un amor que acababa de nacer. Pero era un amor equivocado, porque el apuesto joven del que me acababa de enamorar era mi hermano.

7

21,00. Palm Springs, California

Hola, Charlotte. ¿Quieres ver algo interesante?

—¡Charlie! —llamó Jonathan—. Será mejor que vengas. Acabas de recibir otro mensaje.

Colocando de nuevo el anillo de Richard Barclay en su vitrina, Charlotte se apresuró a volver al despacho de su abuela, donde otro mensaje parecía burlarse de ella desde la pantalla del ordenador.

—¿Qué diablos es todo esto? —dijo cuando se acercó para leer el resto del mensaje. Sus ojos se dilataron al ver la lista de números que aparecía en la pantalla—. ¡Ése es el número de mi cuenta corriente! ¡Y el de mi tarjeta American Express! ¡Mi número de la Seguridad Social, mi número de identificación personal, el nombre de soltera de mi madre...

Jonathan ya estaba tecleando, haciendo bajar los encabezamientos y examinando la ruta del mensaje.

Charlotte se envolvió con sus brazos.

—¿Sabes lo que puede hacer con esa información? Podría anular mis cuentas bancarias, arruinar mi crédito, causarme problemas con Hacienda.

Jonathan copió la dirección del reexpedidor, lo pegó a un nuevo mensaje, lo dirigió al administrador del correo anfitrión y mecanografió: «Estamos siendo acosados y amenazados por el anexo. ¿Puedes proporcionarnos la fuente del mensaje?». Ya había enviado la petición a los anteriores reexpedidores, sin haber obtenido resultados de momento.

Luego comprobó el receptor del monitor de pulso electrónico. Nada. El transmisor que había colocado en el ordenador portátil de Knight también permanecía en silencio.

—Bien, eso nos indica algo —dijo mientras recogía las piezas del teléfono móvil desmontado en el que estaba trabajando cuando había llegado el mensaje—. Le cogeremos, Charlie, no te preocupes. ¡Bien! —dijo, cerrando el estuche del móvil con un chasquido. Se giró en redondo en la silla y seguidamente enchufó el teléfono en su ordenador de sobremesa—. Observa esto —dijo cuando de pronto apareció un mapa en la pantalla.

Charlotte se inclinó hacia adelante para verlo, su larga melena acariciando la nuca de Jonathan.

—¿Qué es?

—Este aparatito seguirá la pista de todas las llamadas telefónicas que se hagan desde este edificio. Mira. —Utilizando su teléfono móvil marcó un número y al instante en la pantalla empezaron a aparecer líneas azules; los nombres y localizaciones de conmutadores y nudos brotaban como puntos rojos—. Lamentablemente, esto no funciona al revés, pero si nuestro anónimo trabaja con un cómplice dentro, le pillaremos cuando haga una llamada.

—¡Es tan frustrante! —exclamó Charlotte—. Estás montando esta compleja red, todas estas trampas, y él sigue esquivándonos.

—En el juego del ratón y el gato, cariño, gana el que tiene más paciencia.

Sonó la alerta del correo electrónico y apareció un nuevo mensaje:

> Eso sólo ha sido una demostración de mi poder. Anuncia esa rueda de prensa, Charlotte, para dentro de nueve horas. Si no, arruinaré algo más que tu crédito.

Charlotte se volvió con brusquedad, cogió su impermeable y se dirigió hacia la puerta.

—Voy a ver al agente Knight. Él sabe algo y voy a sacárselo.

—Sonsácale a fondo, Charlie. Aquí hay miles de registros de producción —dijo Jonathan dando unos golpecitos en la pantalla con los dedos—. No hay tiempo para comprobarlos todos. Necesitamos conocer el común denominador. Algo a partir de lo cual podamos trabajar. Necesitamos conocer el ingrediente letal.

—Exprimiré a Knight si es necesario.

—Procura que no te arresten —dijo él con una sonrisa, y cuando le miró a los ojos, Charlotte supo que Jonathan estaba recordando algo agradable, la ocasión en que ambos había sido arrestados y encarcelados.

Y entonces vio una expresión de expectación en sus ojos, como si tuviera preguntas que hacer y quisiera que empezara ella. Pero ella no sabía cómo hacerlo.

—Ten cuidado —dijo por fin Jonathan, volviéndose para que Charlotte se marchara antes de que el momento de silencio y espera se prolongara demasiado.

Jonathan se levantó, se acercó a la pantalla de seguridad, oprimió una tecla de la consola y el pasillo cubierto que conducía al edificio principal apareció a la vista. Al principio lo único que vio fue el aguacero que no cesaba, y luego divisó una figura que emergía por el lado derecho de la pantalla: Charlotte, apresurándose bajo la lluvia. Desde atrás, con su largo cabello negro aplastado sobre la espalda, casi parecía una adolescente.

—Juro que a mi abuela no le gusto —dijo Charlotte con su voz aguda y cantarina, que a veces Jonathan creía era una manera inconsciente de imitar el modo en que hablaba su abuela. Charlotte, a los dieciséis años, se esforzaba por ser estadounidense, pero la influencia china de su abuela era fuerte—. Cuando era pequeña siempre estaba intentando provocarme pesadillas. Como la historia que me contó de la niña mala que dio una patada tan fuerte en el suelo que éste se abrió y la niña cayó en el agujero y éste se cerró sobre ella. Me produjo pesadillas durante años.

—Ella sólo pretendía que fueras una niña buena —dijo Jonathan mientras se concentraba en la soldadura de un componente al circuito que tenía en el regazo.

Jonathan estaba sentado en el suelo con las piernas cruzadas, rodeado de artilugios electrónicos y ejemplares desparramados de *Popular Electronics*, mientras Charlotte estaba sentada en su cama, vestida con una enorme camiseta de Greenpeace, con las rodillas pegadas al pecho, rodeando sus piernas con los brazos. Cuando él la llevó allí por primera vez, cuando tenían trece años, no había pensado nada del hecho de que Charlotte se sentara en su cama. Pero ahora, a los dieciséis, era lo único en lo que podía pensar. No podía concentrarse en su nuevo proyecto. Su mente se centraba en Charlotte sentada en su cama, pensando cuánto le gustaría besarla y preguntándose si iba a tener valor para dar el paso siguiente.

—La abuela solía decirme que en realidad yo no era una niña, que en un principio yo era un pato, que me desplumaron y me cocinaron y me colgaron en el mercado de Ah Fong de Stockton, pero valía tan poco que nadie me compraba y ella me cambió por un melón y me crió como a un ser humano. De veras que me contó eso, Johnny. Ella cree que no valgo nada.

Jonathan cogió expertamente las microtenazas, con los ojos fijos en su delicada tarea.

—Ella cree que vales más que su propia vida. No quiere que te arrebaten de su lado.

Charlotte esbozó una sonrisa irónica.

—¿Cómo lo sabes?

—Porque las abuelas chinas no tienen el monopolio de pretender mantener alejados los espíritus del mal, ¿sabes?

Ella contempló el aparato que Jonathan tenían en las manos.

—¿Qué haces?

—Un ordenador.

—¿Para qué servirá?

—Para mantener alejados los espíritus del mal —respondió él con toda seriedad.

No había sido capaz de decirle cuánto le envidiaba el tener una abuela que la quisiera tanto como para ahuyentar el mal de ojo. Su abuela de Escocia hacía lo mismo cuando le decía que lo había cambiado por una col a una gitana que pasaba por la calle. Era una manera de decir a las hadas que no valía la pena que lo robaran.

Pero ya no se encontraba en Escocia, sino en Estados Unidos, y al parecer su padre no sabía nada del mal de ojo ni de las hadas. Al parecer tampoco sabía nada del amor, ni de cómo ser padre. Jonathan en realidad no se lo reprochaba. El hombre lo intentaba; a Jonathan no le faltaba nada de lo que pedía o necesitaba, su santuario privado estaba repleto de cosas. Cuando aparecieron en el mercado las primeras calculadoras manuales, demasiado caras para la mayoría de la gente, Jonathan, con catorce años, ya tenía varias para jugar.

—Algún día, Charlie —dijo mientras se apartaba la larga cabellera de los hombros—, todos los hogares tendrán su ordenador personal.

Ella se echó a reír.

—¡Mi casa no! La abuela ni siquiera permite que tengamos mando a distancia de la televisión, porque dice que cualquier cosa que pueda cambiar un canal de televisión puede cambiar el *chi* de una persona.

La abuela ni siquiera confía en los relojes eléctricos porque dice que cómo sabes a qué velocidad va la electricidad. «A lo mejor el reloj se atrasa, o se adelanta.»

Charlotte había cambiado de postura sobre la cama y sacado una barra de Snickers de la enorme bolsa de lona que llevaba a todas partes. La desenvolvió, partió la barra por la mitad y le dio, como hacía siempre, la porción más grande a Jonathan. Luego se deslizó hasta el suelo para sentarse a su lado y mordisqueó la barra de cacahuetes y caramelo mientras le observaba conectar el circuito a un teletipo con un lector de cinta de papel. Estaba sentada tan cerca de él que las palmas de Jonathan estaban empapadas de sudor. Para su tortura, también tenía una sana erección.

Pero eso no fue la noche en que habían pasado al siguiente nivel. Habían necesitado lágrimas y la presencia de la soledad desnuda de un hombre para llegar hasta el borde.

Charlotte encontró al agente Knight en la estación de trabajo que él había montado en un escritorio vacío. Observó que ahora tenía no sólo un ordenador de sobremesa en marcha sino también una impresora. Asimismo tenía dos teléfonos junto a la pantalla. Charlotte se preguntó qué pensaría Knight si descubría que un ex espía de la Agencia de Seguridad Nacional estaba controlando en secreto lo que él tecleaba.

El hombre estaba comiendo un burrito de queso, con extrema delicadeza, pensó Charlotte, dándose meticulosos golpecitos en el espeso bigote negro entre mordisco y mordisco, procurando utilizar la servilleta que tenía extendida sobre su muslo. Se había quitado la americana y aflojado la corbata.

Charlotte reparó en la pistolera de hombro y pistola que llevaba. Se preguntó de dónde habría sacado el burrito.

—¡Ah, señorita Lee, está usted aquí! —exclamó con gran cordialidad, dejando su burrito y sacudiéndose los dedos con delicadeza—. Estaba a punto de ir a buscarla. —Cortó una hoja de la impresora y se la entregó—. El análisis final —dijo con una sonrisa—. El culpable se llama efedrina.

—Efedrina —repitió ella en voz alta. Y al instante, a través del dispositivo electrónico que llevaba al oído, oyó que Jonathan decía: «¡Efedrina! ¡Entendido!»

Mientras Charlotte examinaba el informe, Knight dijo:

—Estamos familiarizados con las fórmulas del Yang Diez Mil y el Bálsamo Inteligencia Brillante, y ninguno de los dos lleva efedrina. ¿Puedo suponer lo mismo del Dicha?

—Exacto — murmuró ella, frunciendo el entrecejo—. La fórmula del Dicha no lleva efedrina.

—¿Pero su empresa la usa?

Ella levantó la vista hacia él. Knight era mucho más alto que ella.

—Bastantes productos contienen efedrina. Se utiliza para las dolencias de pecho. También es estimulante.

—Bueno, me pregunto cómo llegó la efedrina a estos tres productos. Y observará usted que se añadió en cantidades muy precisas. No fue un trabajo apresurado. Y a juzgar por esas mediciones exactas tampoco se hizo después de salir de esta fábrica. ¿Está de acuerdo?

Charlotte volvió a leer los resultados. Cada cápsula de Dicha contenía exactamente la misma cantidad de efedrina. Cada muestra de Bálsamo Inteligencia Brillante, de diferentes zonas del bote, contenía la misma cantidad mínima de efedrina. Resultaba más difícil de precisar en el caso del tónico Yang, ya que era líquido, pero el informe señalaba que la botella era nueva y parte del sello de seguridad seguía en el tapón.

El agente Knight estaba en lo cierto. Lo más probable era que la manipulación no se hubiera hecho fuera de la fábrica. Entonces Jonathan tenía razón. La clave se hallaba en los registros de producción.

—Ahora bien, se trata de pura negligencia —prosiguió Knight después de tomar un sorbo de café y volver a dejar la taza sobre el escritorio con gran cuidado— o de una acción deliberada. Y me parece que lo ha hecho alguien que sabe lo que está haciendo. —Se interrumpió, se dio unos golpecitos en los labios con la servilleta—. El bálsamo, ¿no lo encuentra extraño?

—¿A qué se refiere?

—Bueno, el Dicha y el tónico Yang son productos que se ingieren. El bálsamo es un producto tópico.

Eso ya se le había ocurrido a Charlotte: era extraño que hubieran manipulado el bálsamo. El hecho de que hubieran falsificado productos que se ingieren como un tónico o una infusión tenía sentido, porque era garantía de un resultado. Pero añadir efedrina a un agente tópico en general era inútil, a menos que el producto se aplicara a una herida abierta, en cuyo caso la efedrina sería absorbida por la corriente sanguínea y causaría reacciones adversas.

—Esta mujer empleaba el bálsamo para curar úlceras en la pierna

—murmuró Charlotte pensativa—. Agente Knight, ¿podría haber sido ella el objetivo?

—Esa posibilidad ya está siendo investigada, pero si lo fuera, tendría que haber alguna relación con las otras dos mujeres, ¿no cree?

Charlotte de pronto encontró molesta la actitud condescendiente de Valerius Knight.

—¿Así que usted cree que mi empresa es el objetivo de quienquiera que haya manipulado los productos y esas mujeres son víctimas fortuitas?

—Su empresa —dijo él— o usted misma.

Ella le mostró el informe.

—¿Puedo quedármelo?

—Claro. Quizá, cuando tenga tiempo, pueda revisarlo y se le ocurra alguna teoría.

—Gracias —dijo ella con sequedad, y se marchó.

Él volvió a sentarse, extendió la servilleta sobre su muslo y cogió el burrito de queso. Cuando estaba a punto de darle un bocado, dijo:

—Ah, ¿y dónde estará usted por si la necesito?

Ella le miró.

—Voy a la cafetería, agente Knight. Si me necesita, no le resultará difícil encontrarme.

Knight le ofreció una sonrisa educada.

—Ya lo supongo.

Charlotte volvió a detenerse y se sintió inundada de ira.

—Agente Knight —dijo—, ¿sería tan amable de darme el nombre de su superior?

—¿Puedo preguntarle para qué lo quiere?

—Creo que tiene usted prejuicios contra mi empresa. No creo que esté actuando en beneficio general, sino más bien en interés propio.

La expresión de Knight se ensombreció.

—En eso, señorita Lee, tiene toda la razón. Tengo un interés personal, y tengo intención de protegernos a mí y a la gente de toda clase de charlatanerías.

Ella se serenó un poco.

—Agente Knight, sé lo de su hijo y lamento...

Él alzó una mano grande y espatulada.

—Mi hijo está con el Señor. Haga el favor de no evocar su recuerdo en este lugar.

Ella iba a decir algo pero, con un rápido gesto de asentimiento, se dio la vuelta y se marchó.

«¡Mi hijo! —pensó él mientras observaba a Charlotte desaparecer por el pasillo. ¿Qué sabe usted de mi hijo? —tuvo ganas de gritar—. ¿Qué sabe usted de los médicos que dicen que no se puede hacer nada, que es una forma rara de cáncer que de algún modo extraño ha empezado a formarse en un niño de seis años?»

Valerius Knight cerró los ojos y luchó contra los recuerdos que le acosaban en cada instante de su vida: los largos viajes en coche a la clínica de México, los envíos a Suecia, Taiwan y Pekín para someterse a «curas milagrosas», el alejamiento de Dios y las plegarias a la naturaleza.

¡Remedios de hierbas! Su desesperada búsqueda de una cura había convertido una mujer cristiana creyente en una pagana que adoraba a las plantas. Las falsas esperanzas eran peores que la desesperación porque te despojaba el alma de la verdadera fe y te alejaba del Señor.

La noche en que el muchacho por fin murió, Valerius no había sido capaz de arrebatar el cuerpo del pequeño de los brazos de su esposa; en cambio había saqueado su hogar de Santa Mónica recogiendo todas las botellas, frascos, paquetes y agujas de falsa esperanza, había limpiado todos los estantes, cajones y armarios de los remedios demoníacos, recogiendo cada píldora, hoja y raíz de falsa curación y lo quemó todo en la barbacoa del jardín trasero, salpicando el fuego con lágrimas mientras el personal médico intentaba convencer a su esposa de que les entregara el cuerpo rígido de su hijo.

Ella después no volvió a Dios. Las falsas esperanzas en elixires celestiales le habían vaciado el alma de la fe en el Señor y en cambio le habían dejado la oscuridad del diablo. ¿Tengo un interés personal por este caso?, tenía ganas de gritarle a Charlotte Lee. Será mejor que creas que sí. Por cada una de estas ciudadelas del mal que derribo, mi hijo enciende una nueva vela en el cielo.

Con el informe de toxicología metido en la cintura de los tejanos, Charlotte se dirigió apresuradamente hacia su despacho, donde encontró la taza de té que había dejado abandonada. Recogió la caja de bolsitas de té, se la metió en el bolsillo del impermeable y se marchó.

En lugar de ir directamente a los ascensores, pasó por el corredor donde se encontraban los despachos de los directivos. Se detuvo para escuchar ante la puerta del de Margo. Oyó música suave y voces apagadas. En el despacho de Adrian, le oyó decir:

—No te preocupes por tu maldita inversión. Tendrás tu dinero, confía en mí.

La puerta del despacho del señor Sung se hallaba abierta y no había señales del anciano abogado. La del extremo, la de Desmond, también estaba abierta. Pero las luces estaban apagadas, y Charlotte creyó que se había marchado.

—Qué asunto tan espantoso, ¿verdad? —dijo él desde la oscuridad, sobresaltándola.

—¿Tratas de dormir? —preguntó ella. Cuando sus ojos se adaptaron a la penumbra, le vio sentado en su sillón de ejecutivo, contemplando la lluvia.

—No. Sólo estoy aquí sentado deseando beber.

Desmond no sabía controlar el alcohol. Charlotte nunca olvidaría la noche de Fin de Año en que él había tomado un poco de champán y le había dicho, con lengua de trapo:

—Becky me abandona. ¿Puedes creerlo? Será mi tercer divorcio y aún no he cumplido treinta y cinco años.

—No se lo reprocho —había dicho Charlotte—, tal como la tratas. ¿Por qué lo haces, Des? ¿Por qué eres tan agradable al principio y luego te vuelves desagradable?

—Querida prima, lo hago porque —le había respondido él— no puedo respetar a alguien que se haya enamorado de mí.

En cuanto el viento y la lluvia devolvieron a Charlotte al museo, se aseguró de que la puerta estaba cerrada con llave y lo atravesó apresurada para ir al despacho, sosteniendo con los brazos tazones y platos calientes.

—¿Ya sabes algo de la efedrina? —preguntó mientras lo depositaba todo sobre el mostrador de la cocina.

—La investigación está en marcha —dijo Jonathan mientras escribía en su ordenador portátil. Cuando Charlotte oyó que marcaba el módem, le miró con sorpresa.

—¿Vas a meterte en Internet?

Él dijo que no con la cabeza.

—Voy a hacer una llamada telefónica. —Consultó su reloj—. Malas noticias, Charlie. Mientras estabas en la cafetería he captado una transmisión de Knight. Ha pedido un equipo de respuesta de emergencia. Van a intervenir tu red informática.

—Dios mío, me lo temía. ¿Cuánto tiempo tenemos?

—Depende. Si Knight ha llamado a Washington, sus hombres no

llegarán hasta mañana. Pero si el equipo de respuesta viene de Los Ángeles...

De pronto apareció un rostro en la pantalla del ordenador de Jonathan, un hombre calvo con gafas de montura metálica. Su expresión no era de felicidad.

—Larry —dijo Jonathan—, necesito saber algo del equipo de respuesta de emergencia de la FDA. ¿Qué puedes decirme?

—Aquí tenemos problemas, John. Un intruso ha derribado la entrada del MCI en Dayton, Ohio.

—¡Dios mío!

—Sí. El muy hijo de puta ha bloqueado con eficacia el veinticinco por ciento de todo el correo electrónico que va a Europa.

Jonathan se quedó pensativo un momento.

—Me suena a la banda del Jaguar.

—Es lo que nosotros pensamos también. Oye, lamento lo de ese perfil, John. No he tenido tiempo de pasarlo por nuestros ordenadores. Aquí nos estamos volviendo locos.

—¿Pogo sigue en prisión?

—Fue el primero al que comprobamos. Está haciendo tareas de cuarto de baño en una prisión de máxima seguridad. Pero les atraparemos —añadió Thorne con una sonrisa triste—. Siempre intentan algo y siempre logramos atraparles.

—Buena suerte —dijo Jonathan, y dio fin a la conexión y cogió su teléfono móvil.

Charlotte retiró la tapa a los humeantes platos.

—Espero que todavía te guste el *chow-mein* frito y las bolitas de cerdo.

—No tengo tiempo para comer, cielo. En cuanto los agentes de Knight lleguen quedaremos bloqueados fuera del sistema.

Marcó un número en su teléfono y lo sujetó entre el hombro y la oreja mientras seguía escribiendo en su ordenador.

Ella le miró. Igual que en los viejos tiempos, Jonathan estaba en constante movimiento, sus manos siempre ocupadas, su cuerpo moviéndose con inagotable energía.

—Tienes que comer, Johnny.

Él sonrió.

—Hablas como tu abuela.

—Hablo como cualquier abuela. ¿La tuya no te hacía comer mucho? ¿No estaba siempre forzándote a comer sopa?

—¡Mi abuela nunca tuvo que obligarme a comer su sopa! —exclamó él con una carcajada—. El agente especial Varner, por favor —dijo al teléfono.

—Cada septiembre, cuando regresabas, no sabías hablar más que de la comida escocesa.

Él tapó el auricular con la mano.

—No hablaba sólo de eso.

—¡Y de pescar truchas y subir montañas! Te lo pasabas tan bien en verano, mientras yo me quedaba en casa y aprendía a ser una buena y respetable china.

—Hasta que yo volvía con mi falda escocesa y te corrompía de nuevo.

—Nunca te vi con falda escocesa —replicó ella, dándose la vuelta. ¿Sabía lo muy dolorosas que le resultaban a ella esas ausencias? ¿Realmente comprendía qué le ocurría a ella cada verano cuando tenía quince años y él la dejaba... sola y vulnerable?

Mientras Jonathan sostenía una breve conversación con el agente especial, Charlotte sirvió humeante arroz en un tazón de porcelana azul.

—Toma —dijo cuando él hubo colgado—. No es bacalao finlandés, pero tendremos que conformarnos.

—Ni una palabra del equipo de la FDA —dijo él frunciendo el entrecejo.

Mientras Charlotte cogía la botella de salsa de soja, levantó la mirada hacia la pantalla de seguridad y vio al señor Sung en la zona de recepción de las oficinas, hablando con Adrian. El padre de Desmond parecía agitado, moviendo los brazos arriba y abajo, mientras el señor Sung le miraba con placidez.

—Me pregunto qué estaba haciendo en la sala de control —murmuró Charlotte.

—Jonathan levantó la vista.

—¿El señor Sung?

—No es propio de él andar con secretos.

—Has dicho que el año pasado, cuando volviste de Europa, había cambiado.

—Creí que era mi imaginación. Pero ahora hay algo diferente en él...

Charlotte abrió un cajón, miró dentro, lo cerró y abrió otro.

—Charlie, él y tu abuela eran amigos íntimos. ¿Crees que podía haber algo más?

Ella se volvió, arqueando las cejas.

—¿Quieres decir si eran amantes? No lo creo. La abuela tenía diez años más que el señor Sung.

«Además —quería añadir Charlotte—, las mujeres de mi familia han sido notoriamente desafortunadas en el amor: mi bisabuela, cuyo guapo estadounidense jamás regresó; mi abuela, que se enamoró de su hermanastro; mi madre, viuda antes de que yo naciera; y yo, desesperadamente enamorada de un muchacho que sólo iba a pasar de un modo fugaz por mi vida.»

—No hay tenedores —dijo mientras abría el último cajón y sacaba un par de palillos—. ¿Te las arreglarás con esto?

—Debería hacerlo —respondió él con una expresión llena de recuerdos y dolorosa nostalgia—. Tuve la mejor profesora.

Mientras Charlotte colocaba rollitos de huevo en el impecable horno microondas, vio una imagen de sus suaves manos sobre otras torpes y llenas de callos; lecciones para utilizar los palillos chinos muchos años atrás, cuando tocar a Johnny la enardecía.

—¿Sabes una cosa? —dijo, utilizando las palabras para apartar de su mente los recuerdos—, mi abuela trabajó en este despacho casi un año y ni una sola vez utilizó este microondas. Desconfiaba de la tecnología. Le dije que la comida hecha en el microondas no le haría daño, es cómoda porque es más rápida. Ella decía que la comida cocinada demasiado deprisa se digiere demasiado deprisa y trastorna el equilibrio del cuerpo.

—Puede que tuviera razón.

Charlotte observó que Jonathan abordaba su cena de buey y vainas de guisantes chinos con tanta educación y delicadeza como si fuera a cenar con la reina. Eso le hizo recordar los días que ella había pasado en el rincón privado de Jonathan, en la mansión de su padre en Jackson Street. Para Charlotte resultaba muy exótico pasar del mundo anticuado y tecnofóbico de su abuela al mundo de la electrónica avanzada de Jonathan, donde el suelo, la cama y todas las superficies se hallaban llenas de envoltorios de galletas, botellas de coca-cola, triángulos de pizza endurecidos. Recordaba el día en que Jonathan la llamó y le dijo que fuera a verle enseguida. Fue el año en que ambos iban a cumplir dieciocho, el año en que ambos afrontaban la graduación del instituto y su desconocido futuro. Charlotte había corrido los metros que la separaban de su casa y cuando llegó, la doncella la hizo entrar y la acompañó por la escalera hasta el sótano que Jonathan había convertido en su rincón secreto: un mundo atestado de radios, equipos de alta fidelidad desmontados, piezas de televisor, cables, artilugios electrónicos. Había instalado una cama y un calientaplatos, un pequeño frigorífico y un aparato de televisión en color que siempre estaba conectado, sin sonido. Charlotte recordaba los tres rostros familiares en la pantalla —Haldeman, Erlichman y Mitchell— que acababan de ser condenados a prisión por su papel de cómplices en el caso Watergate. Cuando llegó encontró a un Jonathan extremadamente excitado que tenía todo el aspecto de haber dormido con los tejanos y la camiseta, con el pelo largo despeinado cayéndole sobre los hombros.

—¡Mira, Charlie! —dijo, cogiéndola de la mano y acercándola a un banco de trabajo repleto de componentes de radio y televisión, cajas vacías de Coco Puffs y Fruit Loops.

Ella miró.

—¿Qué es?

Él sonrió.

—¡Es el primer ordenador del mundo basado en un micropocesador! ¿Ves? Entras programas en puro código binario con estos interruptores de aquí delante. Mira...

Ella miró.

—¿Qué significan esas luces parpadeantes?

—¡El programa está funcionando! ¡Un programa que yo he introducido! ¡Doscientos cincuenta y seis bytes de memoria, Charlie! ¡Imagínate! ¡Piensa en lo que eso significa!

Ella le vio sonreír, orgulloso de sí mismo, apuesto en su alegría, y pensó en el secreto que le había ocultado acerca de su fiesta de cumpleaños cuando tenía quince años, cuando invitó a sus amigas y éstas dijeron: «Iremos si no invitas al asqueroso de Jonathan Sutherland». De modo que les dijo que no asistieran y sólo estuvieron ella y Jonathan, montando en tranvía, recogiendo flores en el parque del Golden Gate y engullendo *wonton* al vapor y rollitos de primavera en Ross Alley.

Sin embargo se había vuelto muy educado, pensó ahora. ¿Era la misma persona que en una ocasión declaró que «comer debería ser una experiencia corporal total?» Solía hacer cosas horribles, como comer espaguetis o huevos fritos con los dedos. Los cubiertos permanecían intactos sobre la mesa. Incluso en época tan próxima como diez años atrás, aún empleaba la mano como plato para untar el pan con mantequilla, aunque, por entonces, ya empezaba a dar muestras de retinamiento. Charlotte se preguntaba si su forma de hacer el amor también habría cambiado. Jonathan no conocía limitaciones, el sexo con él era una «experiencia corporal total». Esto le hizo preguntarse ahora si se habría vuelto más educado también en la cama, como Forest, el novio de ella, quien siempre se excusaba modestamente después de tener relaciones sexuales para ir a lavarse al cuarto de baño.

—¿Sabías —dijo Charlotte procurando apartar de su mente estos pensamientos— que mi abuela nunca comía nada que fuera americano?

—No es cierto. Le encantaban las palomitas, si no recuerdo mal. Y el algodón de azúcar.

—Bueno, algunas cosas ni las probó. Como las alcachofas. El caviar. O el *fudge sundae*. Yo solía rogarle y rogarle... sólo es helado y salsa de chocolate, por el amor de Dios, pero ella apretaba los labios y desviaba la mirada. Ni siquiera decía por qué no quería probarlo. Era así de terca. ¡Y la tecnología! La abuela creía que cuantas menos palabras se dijeran al teléfono, más barata sería la factura. Sin embargo en otros aspectos era muy sabia. Mi abuela podía colocar las manos sobre una frente febril y describir la naturaleza exacta de la enfermedad, cuál era su causa, qué la curaría.

Jonathan dejó a un lado su tazón y dedicó su atención al ordenador más grande donde estaba funcionando la búsqueda de la base de datos.

—Yo creía que tu abuela viviría eternamente.

—Todos lo creíamos.

Él se quedó unos instantes pensativo y luego preguntó:

—¿Dónde has dicho que había oído hablar de esa hierba rara del Caribe?

—No lo he dicho. No lo sé, ¿por qué?

Él no respondió y siguió mirando el ordenador con ceño.

—Charlie, ¿tienes por aquí un bote de ese bálsamo? ¿El Inteligencia Brillante?

—Debería haber alguno por aquí.

Abrió un cajón del escritorio y sacó un pequeño bote de bálsamo Mei-ling, así como una botella de tónico Loto Dorado, un paquete de Dicha y una caja de té de *keemoon*.

Mientras Jonathan destapaba el bote y olisqueaba el aromático contenido, de nuevo con gesto refinado, Charlotte se preguntó qué más habría cambiado en él en los diez años que no se habían visto. De pronto, sintiendo ganas de llenar los espacios en blanco, preguntó:

—¿Cómo está tu padre, Johnny?

—Bien. Ahora viven en Hawai.

—¿«Viven»?

—Ah, claro. No lo sabes. Se casó.

—Bromeas.

—A mí también me sorprendió.

Jonathan se puso de pie y se sacó la cartera del bolsillo. Le mostró una fotografía en color de dos sonrientes personas bajo una palmera.

—¡Ésa es la señorita O'Rourke!

—La fiel secretaria de mi padre. La recuerdas.

—¿Cómo iba a olvidarla? ¡Pasaba más tiempo en tu casa que tu padre! ¿Qué sucedió? ¿De pronto se enamoraron después de... cuántos años?

—Bueno, para papá fue algo repentino. Según cuenta él, acababan de llegar al aeropuerto en la limusina, como de costumbre, y papá estaba a punto de subir al avión de la empresa para ir a quién sabe dónde, dejando todos los asuntos en manos de la eficiente señorita O'Rourke, como había hecho durante veinte años, cuando de repente ella le entregó la cartera como siempre, y le dijo con su extraño acento irlandés: «Señor Sutherland, cuando regrese me marcharé. Le he servido fielmente las últimas dos décadas, siempre a su servicio, entregando mi vida personal por la suya, pero estoy perdiendo la juventud y es hora de que tenga una vida propia mientras aún me quede tiempo». Entonces, según mi padre, ella prorrumpió en llanto, delante del chófer y el piloto, sollozando sin parar hasta que a mi padre no se le ocurrió otra cosa que hacer que estrecharla entre sus brazos y consolarla.

—Bromeas.

—¿Y sabes qué más contó? Dijo que nunca se había dado cuenta del hermoso cabello rojizo que tenía. —Jonathan volvió a guardar la fotografía en la cartera—. Una semana después se casaron y de pronto hubo cenas de Navidad, y afectuosas palmaditas en la espalda y «¡hola, Johnny, muchacho!» Veinte años después de que naciera su hijo, Robert Sutherland se convirtió en padre.

¡Robert Sutherland consolando a alguien! Charlotte pensó con una punzada de nostalgia: me he perdido muchas cosas.

Contra su voluntad, su mente voló al día en que había comenzado la Edad de Hielo personal de ambos, cuando se reunió con Jonathan en el restaurante italiano de San Francisco, los dos educadamente protegidos después de seis años de escasa comunicación. El libro de poesía se había quedado entre ellos, el *Coronas de Laurel de Plata de 1981* que él le había enviado seis años antes y que había arrancado el corazón de Charlotte de su pecho. ¿Por qué de pronto le había escrito, pidiéndole este encuentro? «Debemos seguir nuestros caminos separados», decía el poema. Y Charlotte, que creía que Jonathan la amaba y quería casarse con ella, captó el mensaje. ¿Había cambiado de opinión? ¿Había decidido que, después de todo, quería vivir su vida con ella?

Se reunieron en el Roma Garden de Polk Street, donde los manteles a cuadros rojos y blancos creaban un terreno neutral amistoso para los dos que en otra época habían sido amantes y ahora eran casi extraños. El aspecto de Jonathan le había sorprendido. La última vez que le había visto, en Boston en 1980, llevaba el pelo largo, estaba delgado, y vestía una ajada camiseta y unos tejanos descoloridos. El hombre que se había levantado de la mesa cuando ella entró en el restaurante italiano parecía un modelo de Brooks Brothers. Por supuesto, ella había sabido por su escasa correspondencia —casi toda en forma de educadas tarjetas de Navidad— que después de graduarse del MIT había obtenido un trabajo para el gobierno: «especialista informático», fuera lo que fuese eso. ¿Esto era lo que seis años de trabajar en una oficina habían hecho?

Se sentaron y hablaron del tiempo, el menú, libros y películas, efectuando lentas incursiones en los temas más personales: el trabajo de Charlotte con la investigación bioquímica en la empresa de remedios herbales de su abuela, el tiempo que Jonathan dividía entre la residencia en Londres y su trabajo para el gobierno de Estados Unidos. Pero fue una charla nerviosa, una conversación punteada por carraspeos y tirones de los puños franceses. Ambos empezaban a hablar al unísono, se callaban, se reían, decían:

—No, tú primero.

Encargaron una ensalada y tallarines con salsa de almejas, regados con el chianti de la casa. Charlotte observó que Jonathan sabía cuál era el tenedor de la ensalada. También olió y cató el vino antes de aceptarlo.

Había transcurrido media comida cuando él la sorprendió dándole un regalo. Ella no le había traído nada. Y cuando vio la preciosa bufanda de seda y el móvil de campanillas de cristal, sintió una punzada de esperanza: quizá hubiera venido para decirle que quería que volviera a formar parte de su vida.

—Entonces, ¿qué es lo que haces exactamente para el gobierno?

—le preguntó, inapetente de pronto, sintiéndose ligera como el aire. ¡Qué regalo tan bonito! Y aún más maravilloso era el hecho de que a medida que se iba relajando iba pareciéndose más al antiguo Johnny. Recuerdos de su adolescencia en San Francisco la impulsaban sobre una alfombra mágica de esperanzas y amor reavivado.

—Soy espía —confesó él.

Ella le miró con asombro.

—Lo siento —dijo él con una tímida carcajada—. Pero eso es lo que realmente soy.

Ella se inclinó hacia adelante y, tarareando el tema musical de *Misión imposible*, dijo:

—Su misión, señor Phelps, en caso de que acepte...

Él se echó a reír.

—Bueno, no estoy seguro de que sea tan bonito.

—¿El FBI? ¿La CIA?

—Agencia de Seguridad Nacional. Protegemos las comunicaciones de nuestro gobierno.

Su acento escocés hacía tiempo que había desaparecido; en el MIT Jonathan hablaba con un fuerte acento inglés, consecuencia de cuatro años pasados en Cambridge. Pero Charlotte observó que ese acento ahora se había suavizado, era más estadounidense, después de seis años de espiar para el gobierno, supuso. Era un acento que le recordaba que Johnny aún se movía entre dos mundos. Se preguntó si finalmente había decidido elegir uno y asentarse en él.

—¿Cómo diablos te las arreglaste para acabar trabajando para ellos? —«¡Qué típico de Johnny —pensó, con súbita felicidad—. ¡Ninguna tarea corriente para él!»

—Me reclutaron. —Se echó a reír—. En realidad, me arrestaron. Nos acorrarlaron a unos cuantos. Echaron el guante a un par de compañeros míos por falsificar títulos y alterar grados. Con las habilidades que teníamos, podíamos vender a cualquiera un doctorado legítimo del MIT por cincuenta mil dólares.

—¿Eso hacías?

Él meneó al cabeza.

—Demasiado fácil. Lo que yo hacía era perseguir a la Administración Federal de Aviación. Inventé la manera de entrar en su sistema, conseguí entrar hasta la torre de control del JFK.

—¿Y? —Charlotte se inclinó hacia adelante apoyada en los codos, acortando la distancia entre ella y Johnny.

—No interferí, aunque habría podido hacerlo. Sólo estuve un tiempo observando: vi un avión de la TWA efectuar un giro brusco en el camino de un avión brasileño. Al parecer allá arriba a veces se salvan por un pelo.

—¿Te pescaron metiendo las narices?

—No, nunca me cogieron. Escribí una carta anónima a la AAF, describiendo los vacíos de seguridad que tenían sus sistemas de control del tráfico aéreo. —Se sonrojó—. Olvidé mis huellas digitales en el papel de carta.

—¿Y por ese motivo te ofrecieron un trabajo?

—Me dieron a escoger entre trabajar para ellos o ir a la cárcel.

Esto se estaba poniendo interesante por momentos. De pronto a Charlotte se le ocurrió que aquella tarde harían el amor. Irían a recorrer la ciudad y visitarían sus antiguas guaridas, y luego regresarían al apartamento de ella y harían el amor de un modo maravilloso.

—El Valle de la Silicona realmente está plagado de agentes del KGB —prosiguó él, dando vueltas a su copa de vino, con lo que el chianti relucía como un rubí de múltiples facetas—. Es de conocimiento público que el consulado soviético en San Francisco canaliza tecnología estadounidense hacia Rusia. Incluso tienen antenas y otros aparatos de vigilancia en el tejado para captar llamadas telefónicas confidenciales del Valle de la Silicona. Tienen agentes establecidos en empresas fantasma, adquieren informática avanzada y luego, sin hacer ruido, desmontan todo y se van a casa, llevándose el software. —Meneó la cabeza—. Es triste, realmente. El software que han robado es una colección de compiladores y sistemas operativos reutilizados, transcrito todo al cirílico. Hay un tipo en particular al que he estado siguiendo. He tardado meses, pero por fin he establecido un lazo de comunicaciones con él. Me he ganado su confianza y espero hacerle una venta esta tarde. —Jonathan se sacó un carrete de cinta magnética del bolsillo interior de la americana—. Está en blanco, por supuesto. Pero en cuanto él ponga las manos en los cien mil dólares estadounidenses, ya le habremos cazado.

—¿Él no sabe que trabajas para la ASN?

—¡Cielos, no! Si lo supiera no podría ni acercarme a él.

Jonathan entonces se disculpó y Charlotte le observó efectuar una llamada desde el teléfono público del fondo del restaurante. Cuando regresó, dijo:

—¡Bien! Ya está. Lo tengo todo arreglado. Dentro de una hora efectuamos el intercambio en el Centro de Visitantes del puente del Golden Gate.

—Johnny —preguntó ella—. ¿Es peligroso?, ¿pueden herirte?

—Sólo si él se entera de mi verdadera identidad. Pero me he esforzado para mantener muy en secreto esta misión. Sólo la conoce mi compañero de equipo, y no me cabe la menor duda de que él no dirá nada.

Jonathan se detuvo para examinar la jarrita de vidrio con palitos de pan sobre la mesa.

—Charlotte —dijo poniéndose serio de pronto—. Tengo que decirte una cosa.

Ella esperó. Contuvo el aliento, contuvo su corazón, y esperó.

—Voy a casarme.

Charlotte le miró.

Él dijo:

—Se trata de alguien a quien conocí el año pasado...

El pequeño restaurante, sus manteles a cuadros, los palitos de pan de pronto desaparecieron de la vista de Charlotte, como si hubiera explotado una bomba.

Jonathan la observaba con ojos expectantes.

Ella le miró como si tratara de asimilar la noticia junto con los tallarines no digeridos aún.

Cuando por fin la noticia empezó a golpearla con toda su fuerza, la mente de Charlotte exclamó: «¿Qué ha pasado con aquello de que tengo que ir a la mía, recorrer mi camino solo?» Le entraron ganas de gritar: ¿Cómo te atreves a casarte con alguien sin darme una oportunidad a mí? Somos almas gemelas, Johnny, gemelos siameses unidos por el corazón. Acordamos, ¿no te acuerdas?, en un contrato escrito en el idioma del pulso que compartíamos, que o estaríamos juntos o estaríamos solos.

—¿De dónde ha salido esta tercera persona?

Tuvo ganas de arrojarle el vino a la cara.

—Se llama Adele —dijo él.

Charlotte se puso de pie, haciendo chirriar la silla sobre el suelo de madera.

—Enhorabuena.

—Charlie. —En tono de súplica.

—Gracias por el almuerzo.

Charlotte cogió la caja que contenía la bufanda de seda y el móvil de campanillas de cristal y de alguna manera encontró la salida, la acera, una huida a ciegas por la calle.

No volvió a verle.

Dos años más tarde llegó Forest, catedrático de matemáticas de la UCLA, un hombre robusto que no tenía ningún secreto ni sorpresa en su cuerpo. Un hombre que nunca le causaría dolor.

Ahora, mientras observaba a Jonathan coger su teléfono móvil y volver a marcar, preguntando con voz segura y tono autoritario por otro agente especial, Charlotte pensó: Johnny, has dicho que leíste lo de la muerte de la abuela. ¿Por qué no me escribiste? ¿O me enviaste siquiera un telegrama? ¿Su defunción significó tan poco para ti? ¿O fue porque aquel día, hace diez años, yo te dejé?

Palpó el colgante de la dinastía Chang que colgaba sobre su pecho, pensó en su poderoso significado, se imaginó su contenido. ¿Ponerse el colgante en el último minuto, cuando se vistió apresurada tras recibir la llamada de Desmond, había sido una simple coincidencia? Charlotte no se había puesto ese colgante en meses.

«No es coincidencia. Es una señal...»

—Será mejor que vuelva al trabajo —dijo por fin, secándose las manos en una servilleta como para limpiar el doloroso recuerdo.

Una señal, pensó, que apartaba San Francisco y aquel día de 1987 y lo guardaba en su oscuro rincón, a salvo.

Se volvió y contempló la puerta que daba al museo. ¿Más señales? ¿Más secretos? ¿Por qué el señor Sung le había entregado la caja rompecabezas? ¿Y quién se había metido dentro del mensaje de advertencia?

Mientras oía la voz de Jonathan que hablaba por teléfono mezclarse con el ocasional retumbar de un trueno, Charlotte miró dentro del museo y examinó los objetos que se exhibían.

¿Qué mirar a continuación?

Sus ojos se posaron en una reproducción de una tienda de hierbas de Chinatown, completa con mostrador y estantes, balanzas y ábaco, y todas las variedades de ingredientes y materiales que entraban en la composición de los remedios: botellas de anguilas en conserva; barriles de raíces; hojas, juncos y flores secas; sacos de corteza, especias, arroz; jarras de escorpiones, serpientes y escarabajos secos. Una cornucopia de bálsamos, elixires, curativos, reconstituyentes. Y en uno de los estantes superiores, un enorme gato persa de color blanco, dormido...

Cuando Charlotte se dirigía hacia la «tienda», sonó la alerta de correo en el ordenador. Se volvió en redondo y vio el nuevo mensaje que aparecía en la pantalla:

> Te quedan menos de nueve horas.

Al mismo tiempo, el teléfono del escritorio, que hacía seis meses que permanecía mudo, sonó.

8

San Francisco, California, 1925

¿Creía aquel ladrón que me había dejado sin nada?

Se llevó mis esmeraldas y mis dólares americanos, las hierbas, ceras y aceites que yo necesitaba para las medicinas, una botella del vino tónico de mi madre, un frasco de su bálsamo secreto y mis dos teteras Yinxing. ¿Creía el muy necio que las esmeraldas eran más valiosas que las medicinas?

El día que fui a la joyería llevé conmigo todos mis documentos, creyendo que tal vez los necesitara para demostrar quién era; por eso, aunque no tenía ni un centavo, conservaba mi identidad, una fotografía mía en la escuela de la Misión y la carta que mi padre había dejado a mi madre.

Informé a la señora Po del robo. Me preguntó si aun así podría pagarle el alquiler. Respondí que sí, pero ¿no iba a denunciar el robo?

—¿A quién? —preguntó.

El ladrón también había dejado mis vestidos de seda y caros zapatos y bolsos, los cuales vendí, y con el dinero compré más hierbas, minerales, compuestos, una vaporera, un colador, botes, balanzas, estopilla, piedra para picar, frascos, papel y cuerda. El necio ladrón había dejado lo más valioso de todo: el librito en el que mi madre había anotado todos sus remedios.

Los prepararía y los vendería a los habitantes de Chinatown.

Para ahorrar dinero, me mudé a un apartamento más pequeño del edificio de la señora Po, en el piso de abajo, sólo una habitación, con un calientaplatos eléctrico en lugar de cocina. Pero tenía fregadero, o sea que disponía de todo lo que necesitaba para empezar mi trabajo.

La señora Po volvió a advertirme: «Nada de hombres», pues parecía creer que todas las chicas que vivían solas eran prostitutas.

Busqué a mi padre.

Primero tuve que saber cómo se escribía su apellido. Sólo se lo había oído pronunciar al joyero. ¿Era Barklay, Barklie, Barclay? Había tantas posibilidades... ¿Y dónde le encontraría? No podía volver a la joyería, no podía preguntar a la policía. Mi padre me parecía tan inalcanzable como la luna y las estrellas.

Y también el amor que había brotado en mi corazón aquel día en la joyería.

En los días y semanas que transcurrieron, no pude olvidar los ojos color ahumado y la sonrisa curvada y el modo en que el joven me había mirado con fijeza cuando entré en la tienda, como él también hubiera sentido el rayo. Mi amor por él se convirtió en un amor prohibido, terrible, pues él era mi hermano. Cada noche me quedaba dormida con la visión de su bello rostro ante mí, pero luego se entrometía la voz del joyero, para burlarse de mí y recordarme mi pecado: «Ahí está, señor Barclay. La chica que robó el anillo de su padre».

O sea que creían que era una ladrona. Tenía que encontrar la manera de llegar hasta mi padre.

Había otro inquilino en el edificio de la señora Po, un joven de hablar suave llamado señor Lee, un artista que hacía pinturas chinas al pincel para turistas. Cuando robaron en mi apartamento, él me ofreció ayuda. Pero no quise aceptar su dinero. Cuando me mudé a una habitación más pequeña, volvió a ofrecérmela con su timidez característica. Pero no podía aceptar su caridad. Sin embargo una noche, cuando yo subía la escalera cargada con la cesta de medicinas que intentaba vender por las calles de Chinatown, el señor Lee me cogió la cesta y la subió el resto del camino. Me invitó a pasar a su casa a tomar el té. Me habló de él: era de Hawai y esperaba traer a su familia a California, y yo le hablé de mí y de mi búsqueda de cierta persona.

Fue entonces cuando me enteré de que las personas que tenían teléfono aparecían en un libro de la ciudad. El señor Lee, que tenía teléfono en su estudio de Stockton, me enseñó este libro y yo leí con gran excitación los nombres que allí aparecían; no había ningún Barklay ni Barklie, ¡pero sí Barclay!

No encontré a ningún Richard, pero anoté de todos modos las direcciones; quizá estos Barclay estaban emparentados y me indicarían dónde se hallaba mi padre. Y entonces me atreví de nuevo a salir de Chinatown.

La primera casa a la que fui era de un hombre rico, una mansión sobre una colina, y cuando vi las ventanas saledizas y las columnas, los céspedes y jardines, la vista de la bahía, pensé: mi padre viviría en una casa como ésta.

Cuando me encontraba en la acera, mirando a través de la valla de hierro forjado, se me aproximó un policía y me preguntó qué hacía. No le dije la verdad —¿me habría creído?— sino que declaré que sólo estaba admirando la casa. Él me instó a que me marchara.

Viajé por la ciudad, en tranvías y trolebuses, pero sobre todo andando kilómetros y kilómetros, entrando en barrios extraños donde las amas de casa me miraban con recelo. Una y otra vez volvía a la gran casa de la colina, cada vez estaba más segura de que era la casa de mi padre.

Y entonces un día, mientras me encontraba en la esquina preguntándome cómo podría acercarme a la puerta, vi que un automóvil emergía del garaje situado detrás de la mansión; lentamente avanzó por el largo sendero hasta llegar a la calle, y allí el vehículo se detuvo y me ofreció una clara visión del conductor.

Era el joven de la joyería. El joven que había robado mi corazón. Mi hermano.

O sea que, efectivamente, era la casa de mi padre. Él era uno de los hombres más ricos de San Francisco.

Yo no podía acudir a la puerta de una casa tan elegante, pero había otro modo de ponerme en contacto con mi padre. El señor Lee amablemente me permitió utilizar su teléfono, enseñándome a hablar y oír por él, a pedir a la operadora el número que aparecía en el libro.

La primera vez que oí la voz de la dama al otro extremo de la línea decir: «Residencia Barclay» me quedé muda. «¿Quién es, por favor?», dijo la voz. Escuché atemorizada. Y entonces volví a dejar el auricular en su sitio.

La tercera vez que telefoneé respondió una dama diferente, y cuando me quedé callada preguntó:

—¿Eres la muchacha que robó el anillo de mi esposo?

Su voz era fría y dura. Colgué el auricular.

El señor Lee, siempre tranquilo y de hablar suave, sugirió que probara a llamar a otra hora del día, cuando las damas no se hallaban en casa solas. Así que aquella tarde volví a su taller, y esta vez respondió un hombre.

—Gideon Barclay —dijo.

Yo permanecí en silencio.

—¿Diga? ¿Hay alguien ahí? —Hizo una pausa. Y luego dijo en un tono más amable—. ¿Eres la chica de la joyería?

Quise hablar. Tenía la boca abierta pero no me salió la voz. Sólo era capaz de pensar en los policías que me habían acosado, y en las doncellas y amas de casa que me habían mirado con desprecio, y todos los prejuicios que había encontrado en esta gran ciudad. Me llevé la mano al pecho y pensé que el anillo de mi padre estaba allí, pesado y tranquilizador, lo único suyo que yo poseía. «Me lo quitarán.»

—¿Te has enterado de algo? —me preguntó el señor Lee al verme colgar sin decir nada.

Sí, me había enterado de algo. Gideon. Mi hermano se llamaba Gideon.

Escribí al reverendo Peterson y le dije que me encontraba a salvo y que había localizado a la familia de mi padre. Le pregunté si mi madre había muerto y cuándo había sucedido y si había tenido un funeral respetable, pues el miedo de que no hubiera muerto empezaba a acosarme, ¿qué hija abandona a su madre cuando ésta se halla tan enferma?

La carta me fue devuelta con una nota explicativa de una de las señoras de la escuela de la misión: el reverendo Peterson había sido trasladado a una misión en el interior de China. Así que no supe si mi madre había muerto. O si vivía en alguna parte, sola y enferma.

Yo no lograba vender mis medicinas.

Cada día salía con mi cesta de mimbre y anunciaba a voces:

—¡Se vende buena salud! ¡Larga vida por veinticinco centavos! ¡Té de la suerte, sólo un centavo!

Pero me di cuenta de que muchos de los remedios de mi madre ya eran conocidos por los chinos, y la gente se los preparaba en su casa y decían:

—¿Para qué voy a pagar por ellos?

También caí en la cuenta de que la gente no compraría lo que no conocía, cuando estaba acostumbrada a comprar lo que conocía. Entré en las herboristerías y vi los paquetes rojos y dorados de la Compañía de Salud Dragón Rojo. Todos los habitantes de Chinatown compraban medicinas e infusiones Dragón Rojo. No había espacio para alguien nuevo.

Con el tiempo tuve que buscar trabajo para ganar dinero: planchar la ropa de la señora Po, barrer el salón de té del señor Chin, llevar paquetes para compradores demasiado cargados. Empleaba el dinero en comprar más ingredientes para mis remedios, los cuales preparaba hasta entrada la noche en el único quemador eléctrico: triturar, mezclar, agitar, hervir, mezclar. Creía tanto en las medicinas de mi madre, que sabía que mi racha de mala suerte no duraría mucho.

Cuando ya no pude pagar la habitación planchando ropa, me mudé al sótano donde no tenía ninguna ventana y el espacio donde vivir no ocupaba más que cinco de mis pies, de la punta al talón, en una dirección, y seis en la otra. Mi cama era un colchón de paja en el suelo. A medida que mis circunstancias empeoraban, también mi ánimo se iba hundiendo. Los vecinos más ancianos, que también vivían en apretadas habitaciones de sótano, decían que a continuación sólo se podía ir a la tumba.

Pero yo no quería perder la esperanza.

Conservé mi pequeña cocina y logré encontrar los ingredientes que necesitaba para las medicinas de mi madre. No quería ir a la iglesia local a recibir limosna, no quería mendigar dinero, pues mi madre me había enseñado que era preferible la tumba que el tazón de mendigo. Había sociedades benéficas en Chinatown que ayudaban a las personas necesitadas, pero estaban formadas por clanes. Los inmigrantes de Hong Kong y Shanghai, Cantón y Pekín, y pequeñas aldeas de las provincias interiores de China, encontraban la sociedad que estaba formada por su clan y allí se ocupaban de ellos. Pero yo era de Singapur, y no era totalmente china, así que era una extranjera incluso en Chinatown.

Cuando no me quedaba dinero para comida, iba a la parte trasera del restaurante de Wong Lo con cuyo cocinero había entablado amistad. Él me daba las sobras de lo que había preparado aquella noche: huesos de pollo con cartílagos, piel de pescado, los tallos cortados de las verduras, la piel exterior de la cebolla, el corazón de una col. Yo hervía todo esto en mi pequeña cocina y me preparaba una sopa.

Cuando la gente en las calles se volvió sorda a mis gritos, me pregunté si la señora Po podría ser mi primera clienta, pues sus manos siempre estaban muy agrietadas debido a la lejía de la lavandería. Sabía que si lograba convencerla de que probara mis remedios, le gustarían y se lo contaría a sus amigas y clientas. Así que un día le di un pequeño tarro de cristal del bálsamo de mi madre. Ella me preguntó:

—¿Cómo se llama?

En secreto yo lo llamaba la medicina que curaba las heridas de una americana que no sabía quién era.

—No tiene nombre —respondí.

—¿Para que sirve?

«Para calmar los pies ennegrecidos de mi madre cuando ya no podía caminar sobre sus "lirios de oro".»

—Cura la piel —dije.

—¿Y qué más?

—Eso es todo.

—¡Bah! ¿Me gastaré dinero en una medicina que sólo cura una cosa? —Me mostró un frasco de ungüento Celestial Dragón Rojo—. Lee la etiqueta —dijo con orgullo.

La leí y no pude creer que aquel ungüento curara tantas cosas, desde dolor de garganta hasta hemorroides.

—Claro que no siempre va bien —añadió—. Mi esposo aún tiene fuertes dolores de cabeza. Yo le digo, usa más ungüento, usa todo el tarro, entonces el dolor de cabeza te pasará.

Yo le ofrecí la fea botella en la que guardaba el vino tónico de mi madre.

—Por favor, pruebe esto —dije.

—¡Bah! Tengo un tónico mejor. —Lo sacó de detrás del mostrador. Era una bonita botella roja con letras doradas. Lo probé. Cuando vio la mueca que hacía, dijo—: Lo amargo cura mejor. Si no sabes esto tus medicinas no son buenas.

Pero mi madre siempre decía: «Complace a las papilas gustativas y el estómago las seguirá».

Empezaba a sentirme desanimada. La señora Po era Chinatown; ella representaba a toda la gente a la que yo quería vender mis medicinas. Si no la convencía a ella, ¿qué esperanza tenía de convencer a miles de personas?

Así que empleé mi preciado dinero y compré productos Dragón Rojo para probarlos yo misma. Descubrí que las infusiones eran amargas, los bálsamos olían mal, las hierbas eran de mala calidad. Al parecer la gente las compraba simplemente porque todo el mundo lo hacía. También observé que cada remedio Dragón Rojo curaba más de una dolencia. Para la mentalidad ahorrativa y pragmática de los chinos, la medicina que curaba más males era la más popular. ¿Por qué comprar seis medicinas si se podían curar seis males por el precio de una?

Me senté en el suelo para comparar. En primer lugar, separé los remedios que había preparado yo misma en mi cocina. Tenía doce remedios para doce dolencias. Luego separé el ungüento Dragón Rojo que «eleva el vigor, expele los gusanos, enfría el hígado caliente, calienta el bazo y disuelve las verrugas», y el Té Dragón Rojo que «previene las paperas, alivia el dolor de muelas, cura las irregularidades menstruales, repone la deficiencia de yin».

Me pregunté cómo era posible que un remedio operara tantas maravillas. Los paquetes no indicaban qué hierbas contenían. Pero no importaba. Los chinos pensaban: Todo esto en un frasco. Una compra muy sensata.

Pensé en el bálsamo de mi madre que la señora Po había rechazado. Era una sencilla receta a base de mentol, cera, eucalipto, petrolato y alcanfor para curar la piel magullada o herida o dañada. Era eficaz y rápido. Pero no era suficiente. ¿Sería posible añadirle ingredientes para que el bálsamo sirviera también para otros males?

Mientras reflexionaba sobre este misterio, fregaba suelos para el señor Chin y cacerolas para Wong Lo hasta tener las manos en carne viva, planchaba para la señora Po y hacía recados para los compradores hasta agotar mi cuerpo; con el dinero compraba más hierbas y las mezclaba con mi bálsamo: aceite de almendras para nutrir la piel, y cigarra en polvo para las alergias de la piel; flores de crisantemo para reducir los abscesos y raíz de *kudzu* para aliviar los dolores musculares; ruibarbo para reducir la hinchazón y yeso para combatir el sarpullido. Trabajaba día y noche ante mi calientaplatos, tratando de encontrar el equilibrio correcto de los ingredientes; ni demasiada cantidad, que haría tóxico mi ungüento, ni tan poca como para que no sirviera de nada. Compré un pequeño despertador con una fuerte alarma para dormir mientras los frutos de gardenia hervían a fuego lento y despertar a tiempo para colar el caldo, añadir más agua, dejarlo hervir a fuego lento y dormir un poco más.

Cuando me faltaba dinero para comprar una hierba, trabajaba en la Compañía Comercial del señor Huang para ganarlo. Me quedaba junto a su puerta trasera a medianoche para recibir un envío importado de hierbas de China, luego trabajaba toda la noche clasificándolas e inspeccionándolas, eliminando el polvo y las impurezas y las partes no medicinales de las plantas. Luego separaba con cuidado las flores, los tallos y las raíces, las lavaba y secaba, y las dejaba expuestas para que el señor Huang por la mañana las examinara. Por este trabajo recibía una medida de *Yunnan bai yao*, que se llama «barniz de la montaña», una fuerte droga que detiene la hemorragia y cura rápidamente las heridas.

Añadí al bálsamo de mi madre muchos ingredientes nuevos. Pero ¿serían eficaces todos juntos? ¿Y cómo lo averiguaría?

Necesitaba un paciente. La señora Po no quería darme sus manos agrietadas, su esposo prefería continuar con sus migrañas, el señor Huang declinó educadamente la oportunidad de curar su eczema y el señor Lee no padecía ninguna dolencia física.

Al final, sólo existía una manera verdaderamente digna de confianza de probar mi ungüento.

Me quemé yo misma. Dormí con una almohada hasta que me dolió el cuello. Fui al parque del Golden Gate y dejé que los mosquitos me picaran. Me aplicaba mi bálsamo y determinaba qué iba bien y qué no, aumentando las medidas de un ingrediente, disminuyendo las de otro. Cuando me salió un sarpullido, preparé un nuevo bote de bálsamo, suprimiendo el estramonio, que es bueno como anestesia tópica. La siguiente vez no tuve sarpullido. Por fin, tras mucho experimentar conmigo misma, mi nuevo bálsamo aliviaba las quemaduras, calmaba los picores, aliviaba mis dolores. Me parecía que había preparado la medicina perfecta.

Y entonces la señora Po vino y me dijo que había alguien que necesitaba mi habitación, alguien que tenía dinero. Me dijo que me marchara. Le supliqué. Le dije que tenía una nueva medicina que vendería en las calles.

—Dos días —dijo, mostrándome dos dedos.

Nunca había conocido tanta hambre.

Ni siquiera durante algunos de nuestros peores días en Singapur, cuando mi madre no tenía pacientes ni vino para vender, ni dinero para comprar los ingredientes para preparar el vino; ni siquiera durante esos períodos había yo conocido tanta hambre como conocí esos sombríos días en Chinatown.

Mientras me abría paso a través de la multitud en Grant Avenue, con la cesta a cuestas y anunciando a voces mi mercancía, procuraba no mirar la comida que se exhibía en los escaparates, pues la boca se me hacía agua al ver el suculento pato de Pekín y pescado entero al vapor. Respiraba por la boca para no inhalar los aromas de las gambas fritas y del crujiente pollo relleno de arroz. Trataba de no mirar a un niño que hundía sus dientes en una roja porción de sandía fresca, a una anciana que se metía semillas de girasol en la boca, escupiendo las cáscaras con modestia, a un hombre trajeado de pie junto a un puesto de comida metiéndose humeantes fideos en la boca.

No debía pensar en la comida...

Un día, cuando por fin tuve que detenerme en la esquina, pues mi cesta pesaba cada vez más y me sentía mareada, de pronto noté una mano en mi brazo y solté un grito.

Y cuando me volví dos ojos grises que me habían acosado durante un año me miraban.

—Espera —dijo Gideon Barclay—. No corras, por favor. No voy a hacerte daño.

Yo no habría podido correr aunque hubiera querido, porque me hallaba bajo un encantamiento. Él iba vestido con un elegante blazer azul marino y pantalones blancos, y cuando se quitó el sombrero, el sol de inmediato se reflejó en su cabello castaño, besándolo en diferentes puntos con tonos amarronados y dorados.

—Te he estado buscando desde aquel día en la joyería. ¿Eres tú quien ha estado llamando a nuestra casa?

Hice un gesto de asentimiento.

—¿Por qué?

—Estoy buscando a mi padre.

—Ah —exclamó él—. Bueno, eso es fácil. Dime cómo se llama y preguntaré entre el personal de mi casa. Aunque no recuerdo que tengamos empleados a muchos chinos...

—Richard Barclay —dije mientras la gente pasaba por nuestro lado como un río fluyendo alrededor de una isla.

Gideon se me quedó mirando con fijeza.

—¿Qué has dicho?

—Mi padre es Richard Barclay. Tengo su anillo para poder demostrarlo.

—Bueno, el joyero reconoció el anillo. No podía confundirse puesto que mi madre se lo había encargado especialmente para él. Pero... ¿cómo ha llegado a tus manos? Mi padre lo llevaba cuando murió.

—¿Murió? ¿Richard Barclay está muerto?

—Murió en alta mar hace diecisiete años. Regresaba de Singapur...

—*Aii-yah!* —exclamé, y Gideon tuvo que sujetarme y ayudarme a salir de entre la multitud—. ¡Muerto! —grité en chino—. ¡Después de tantos años! ¡Mi padre está muerto!

Me llevó a un portal que quedaba retirado entre dos tiendas. Desde allí, una escalera conducía a despachos y apartamentos situados en los pisos superiores. El portal era un refugio oscuro y tranquilo. Un buen lugar para llorar.

—Bueno, ¿qué es todo eso? —me preguntó Gideon al cabo de unos minutos, observando cómo me secaba los ojos con el pañuelo que él me había dado.

Le conté mi historia, y cuando terminé él meneó la cabeza, estupefacto.

—Perdimos el contacto con mi padre durante un tiempo. Había ido a Singapur en viaje de negocios y durante varias semanas no recibimos ninguna comunicación suya. Y de pronto, mi madre recibió un telegrama en el que le decía que zarpaba aquella noche para San Francisco. Pero el barco se hundió durante una tormenta en el Pacífico, murieron todos los pasajeros y la tripulación. Creíamos que llevaba puesto su anillo. Pero ¿dices que se lo dio a tu madre?

Escruté el rostro de Gideon para ver si me creía, y vi que no era así. No aceptaba mi historia. «Cree que le robé el anillo a su padre. Llamará a la policía.» Yo poseía la prueba que le haría cambiar de idea: la carta que su padre había dejado a mi madre. Pero no había sido escrita para que otros ojos la leyeran, esta carta entre dos amantes. Había prometido a mi madre que sólo se la mostraría a Richard, para probarle quién era yo. Ni siquiera su hijo tenía que verla, aunque entonces sabría que yo decía la verdad.

Pero había otra razón por la que no podía mostrarle la carta a Gideon. Era por lo que estaba escrito en ella, lo que su padre había dicho a mi madre, algo que heriría a Gideon y le causaría dolor. Y eso era algo que yo no podía hacer.

—¿Cómo te llamas? —preguntó con amabilidad.

Se lo dije.

—Armonía Perfecta —dijo él— para una muchacha perfectamente bella.

Y de pronto me ofreció un regalo de lo más extraordinario. ¡Dijo que quería invitarme a un día!

Él se rió al ver mi confusión, echando la cabeza hacia atrás y mostrando sus blanquísimos dientes.

—No —explicó—, no el día que viene antes del lunes.* Un *sundae* es un postre helado. Apuesto a que nunca has tomado ninguno. Un helado con chocolate caliente y nueces y nata y una cereza encima. Hay un *drugstore* aquí al lado.

Me sorprendió cogiéndome la cesta y colgándosela al hombro, *aiiya!* un hombre llevando la carga de una mujer! La gente nos miraba, pero a mi hermano no parecía importarle.

Pregunté para qué servía el *sundae* y él me dijo que servía para comerlo. Yo pregunté:

—¿Qué es lo que cura? ¿El exceso de yang? ¿El exceso de calor en el hígado?

—No cura nada. Sólo tiene buen sabor.

—Entonces, ¿por qué lo compramos en un *drugstore*?**

Él volvió a reírse y me sorprendió una vez más tomándome del brazo. Pero entonces recordé que era mi hermano y por lo tanto le estaba permitido tocarme. Pero su roce me resultaba perturbador. Yo llevaba un jersey de manga larga pero notaba el calor de sus dedos en mi carne. Sentía la leve presión de su apretón, un gesto posesivo que me agradaba y asustaba. Mis pies le siguieron por educación, pero mi corazón le siguió por voluntad propia.

El *drugstore* no se parecía a las herboristerías chinas. Aquí las paredes estaban muy separadas y el techo era alto, y las medicinas se guardaban bajo cristal o en estantes detrás del mostrador. No vi barriles ni sacos que contuvieran hierbas, ni balanzas para pesar y medir, ni carteles que mostraran los meridianos del cuerpo humano. Todo estaba escrupulosamente limpio y ordenado.

Me acerqué al mostrador de cristal porque la medicina occidental despertaba mi curiosidad, y mientras observaba con desconcierto lo que allí se exponía, Gideon dijo:

—Ya que estoy aquí, aprovecharé para comprar algo para mi garganta.

Mientras él elegía unas pastillas para la garganta entre la gran variedad que se ofrecía en diversos sabores y cajas, recorrí con la vista la exposi-

*La chica confunde sundae, un postre, con *Sunday*, domingo, que se pronuncia igual. *(N. de la T.)*

**Nueva confusión de palabras: *drugstore* literalmente es la tienda donde se venden medicinas, farmacia, pero en EE.UU. también se venden artículos variados y a menudo dispone de lo que aquí llamaríamos cafetería. *(N. de la T.)*

ción de remedios exhibidos bajo el cristal, asombrándome sus curiosos nombres: Anti-catar, Gas-Ex, Dis-pepso. Nombres muy desagradables. Quizá el nombre feo era lo que eliminaba las enfermedades.

Gideon pagó su caja de pastillas y luego me llevó a la parte donde se encontraban unas mesitas junto a una «fuente de soda». Yo me daba perfecta cuenta de cómo nos miraban los otros clientes, pero Gideon o era ajeno a ellas o no le importaban. Yo había vivido lo suficiente en San Francisco para interpretar esas miradas. Decían: hombre blanco con mujer china.

Gideon apartó una silla para mí y luego se sentó él, descolgándose mi cesta del hombro y colocándola en el suelo. La mesa era pequeña, hecha de mármol con delgadas patas de metal, y las sillas no resultaban muy cómodas. Quizá no se esperaba que nos quedáramos mucho rato, sino que comiéramos nuestro helado y dejáramos sitio para los siguientes clientes.

Él miró mi cesta.

—¿Cómo va el negocio?

—La suerte me favorece —respondí, tirando con timidez de mis puños gastados.

Él examinó mi modesta mercancía: feas botellas entre paquetes envueltos en papel marrón y atados con cordel, y los frascos de mermelada desparejados que utilizaba para mi nuevo bálsamo. Gideon sonrió y dijo en tono de broma:

—Necesitas un buen hombre anuncio.

No entendí a qué se refería, pero lo dijo de una manera divertida. De aquella manera en que su voz se quebraba a veces y la risita que añadía de vez en cuando. Me reí, y rápidamente me tapé la boca con la mano.

—Tienes una risa muy bonita, Armonía. No la escondas.

Entonces vi que miraba mi vestido, la seda deshilachada en algunos sitios, los cierres remendados con diferentes hilos de color, el cuello de mandarín gastado. Y mi jersey de manga larga con agujeros en los codos.

—Estás muy pálida —dijo—. ¿Comes lo suficiente?

—Más de lo que puedo comer —dije yo, aunque no había comido nada desde el día anterior—. Tengo que tirar las sobras.

Él hizo una señal al camarero.

—Bueno, espera a probar la salsa de chocolate caliente que hacen aquí. Añaden pasas, eso es lo que la hace tan especial.

De pronto mi estómago emitió un ruido, y yo puse allí mi mano en gesto de vergüenza. Gideon se rió. Y entonces me vio la mano y su sonrisa se esfumó. También yo bajé la mirada y vi para mi tortura que se me había subido la manga del jersey y se veía la muñeca vendada.

—¿Te has hecho daño?

—No es nada.

Él alargó el brazo.

—Déjame verlo —dijo.

Deslicé mi mano hacia él, consciente de que el corazón me latía con fuerza y el rostro me ardía. Cuando sus dedos tocaron los míos, sentí que el calor penetraba en mi sangre y corría por mis venas. «Es mi hermano —me dije—. Tenemos el mismo padre.» Me subió la manga un poco más y cuando vio las heridas recientes de picaduras y quemaduras, frunció el entrecejo y preguntó:

—¿Qué es todo esto?

Le conté lo de mi bálsamo y cómo había descubierto lo que era eficaz y lo que no.

—Dios mío —exclamó—, ¿estás experimentando contigo misma?

—¿Con quién iba a hacerlo si no?

—¿Por un maldito ungüento?

Miré a Gideon Barclay a los ojos y de pronto sentí deseos de descargar mi corazón.

—Chinatown está llena de medicinas. La gente compra muchos remedios cada día. Pagan por los que más prometen. Pero estos remedios se anuncian con falsas afirmaciones. No cumplen lo que sus etiquetas prometen. La gente gasta su dinero, se va a casa y no se cura. Las medicinas de mi madre alivian muchos males, pero ¿cómo voy a convencer a la gente, si utilizan los remedios Dragón Rojo y yo soy nueva en Chinatown y sólo una muchacha?

Me interrumpí porque aun cuando él era mi hermano seguía siendo un extraño, y un hombre, y yo no estaba habituada a efectuar largos discursos a un hombre extraño.

—Quiero —añadí más modestamente— preparar una medicina que pueda comprarla todo el mundo, que resulte útil a todo el mundo.

—¡Suena ambicioso! —bajó la mirada a mi vendaje y puso ceño—. Pero hay una manera mejor que experimentar contigo misma. ¿Cómo te lo permite tu familia?

—No tengo familia.

Me miró lleno de asombro.

—Dios mío, ¿quieres decir que vives sola? Pero si no puedes tener más de... bueno, ¿cuántos años tienes?

¿Le decía la verdad, que tenía diecisiete años? ¿O lo que indicaban mis papeles, diecinueve?

—Lo siento —dijo él antes de que pudiera responder—. No tengo derecho a preguntarte eso.

Se quedó callado y me contempló un largo momento, primero con seriedad y después su expresión pasó a ser de leve perplejidad. Sentí que mi rostro también pasaba de la timidez al desconcierto. Y cuando Gideon sonrió, yo también lo hice, como si hubiéramos llegado a un acuerdo tácito. Eso me hizo pensar en algo que mi madre me había dicho en una ocasión respecto a ella y a mi padre, cuando le cuidaba en la habitación de encima de la tienda de sedas de la señora Wah: «Nos comunicamos con los ojos», dijo mi madre.

A la sazón no entendí a qué se refería. Pero ahora, sosteniendo la mirada a Gideon, lo comprendí.

—¿Puedes hablarme de mi padre? —pedí—. No llegué a conocerle.

—Yo tampoco le conocí apenas. Tenía cinco años cuando se marchó a Singapur.

Había algo que yo tenía que saber.

—En la joyería...

—¡Ah, eso! Lamento lo del policía. ¡No sabía que estaba allí!

—Había una chica contigo... rubia, muy guapa.

—Sí, Olivia.

—¿Es... tu hermana? ¿Tengo una hermanastra con el pelo amarillo y la piel blanca?

—Oh, no, su familia y la mía son amigas. Conozco a Olivia desde... bueno, a ver: vino a mi fiesta cuando cumplí trece años. Olivia tiene seis años menos que yo, o sea que diría que hace diez años que la conozco. Claro que en esa época la diferencia entre un niño de trece años y una niña de siete es mucho mayor que entre un joven de veintitrés y una chica de diecisiete. Somos amigos desde entonces —dijo con una sonrisa.

¿Buenos amigos?, tuve ganas de preguntar.

—¿Puedo ver el anillo de mi padre?

Al verme titubear añadió:

—No te preocupes, no voy a quitártelo.

Retiré la cadena de debajo de mi vestido y Gideon se inclinó para examinar el anillo.

—Es el de mi padre. Exactamente tal como lo recuerdo.

Me apresuré a guardarlo de nuevo. Mientras lo hacía, Gideon me miró de un modo extraño.

—Perdona que te diga una cosa, pero no parece que nades en la abundancia. Quiero decir, tu aspecto es bastante pobre.

Sus palabras me dolieron, pero no creo que él se diera cuenta. Hablaba con la franqueza estadounidense que un chino jamás emplearía.

—Podrías vender ese anillo por mucho dinero —dijo.

Yo le miré pasmada.

—¿Venderías tú lo único que tuvieras de su padre? —pregunté.

Y entonces vi algo en sus ojos: la respuesta a una pregunta que le había preocupado. En aquel instante supe que Gideon Barclay me había buscado porque creía que yo era una ladrona que había robado el anillo de su padre. Me había llevado a la tienda de helados para hallar la manera de recuperarlo. Y también supe, en aquel mismo instante, que creía mi historia.

—Eres de verdad hija de mi padre, ¿no es así? —preguntó con incredulidad en la voz.

—¿Por qué ahora me crees y antes no?

—Perdona lo que voy a decirte, pero tienes aspecto de no haber tomado una comida decente en semanas. Y ese vestido ha conocido días mejores. Y estas medicinas... —señaló mi humilde cesta—. No creo que el negocio vaya muy boyante precisamente. Y apostaría a que vives en el Mark Hopkins. ¿Me equivoco?

—No puedo pedir más de lo que tengo —repliqué, tratando de imaginar cómo actuaría mi madre en aquella vergonzosa situación.

Él se inclinó hacia adelante y me tocó el brazo, sonriendo de nuevo con sus ojos.

—Si hubieras robado ese anillo, ya lo habrías vendido. El hecho de que conservar el anillo signifique para ti más que la vida misma me indica que dices la verdad.

Y una sensación maravillosa me embargó. El hijo de Richard Barclay, mi hermano, me había aceptado.

—Tienes que venir a casa conmigo —dijo con repentina excitación—. ¡Debes vivir con nosotros!

Por un instante me sentí inundada de extraña alegría y felicidad. Sí sí sí, tenía ganas de gritar. ¡Iré a vivir contigo a la casa de mi padre!

Pero al instante siguiente recordé una voz fría y dura al teléfono diciendo: «¿Eres la muchacha que robó el anillo de mi marido?», acusándome antes de darme oportunidad de defenderme siquiera. ¿Cómo iba a decirle a Gideon que no creía que a su madre le gustara la idea de aceptar a la hija de la concubina china de su esposo?

Al ver la expresión confusa, y posiblemente temerosa, en mi rostro, dijo:

—Tienes mucho tiempo para pensarlo —como para que me tranquilizara.

—¿Tienes alguna foto de mi padre? —le pregunté.

—En realidad sí.

Se metió la mano en el bolsillo y sacó una cartera. Mientras pasaba pequeñas fotografías en fundas de plástico, vi una de la chica rubia, Olivia. «Sólo es una amiga», había dicho él. Pero ¿era algo más? ¿Alguien llevaba la fotografía de «sólo una amiga» en el bolsillo?

—Aquí está —dijo él, inclinándose sobre la mesa para mostrármela—. Aquí estamos los tres en la playa.

Yo también me incliné hacia adelante, acercándome a Gideon, y contemplé la fotografía con reverencia. Mi padre lucía un sombrero y el rostro le quedaba en sombras. Gideon era muy pequeño, quizá no tenía más de dos años. Pero lo que me llamó la atención fue la expresión de la mujer: no sonreía, era como si a través de los años me estuviera diciendo: «Tú y tu madre no podéis tener a mi esposo».

Gideon me examinó un largo momento y luego dijo:

—Guárdate el anillo, Armonía. Inventaré una historia para mamá. Le diré que no te he encontrado.

E hizo ademán de sacar unos dólares de su cartera.

—*Aii-yah!* —exclamé. No aceptaría su caridad, ni siquiera de mi propio hermano.

—Oh, vamos —dijo él, tratando de hacerme coger los billetes.

Yo me quedé muda de vergüenza. Cuando él se dio cuenta guardó el dinero y se quedó en silencio contemplándome una vez más.

—Nunca había conocido a nadie como tú —dijo con voz suave—. Si te pareces a tu madre, entiendo por qué mi padre...

Enrojeció y de pronto se irguió.

—¿Por qué no nos sirven? —Hizo señas al camarero—. Me muero de ganas de tomarme ese *sundae*. Ah, ahí viene. —Volvió a mirarme, ofreciéndome su sonrisa que alegraba mi corazón y me lo partía al mismo tiempo. Qué cruel era el destino, dejar que me enamorara y después prohibírmelo—. Armonía Perfecta —dijo él pensativo—. ¿Cómo se llamaba tu madre?

—Mei-ling, que significa Inteligencia Hermosa.

—Los chinos son únicos poniendo nombres bonitos a las cosas. La última vez que estuve en Hong Kong... trabajaba en un puente, eso es lo que hago, soy ingeniero... bueno —rió y se sonrojó—, ¡Todavía estoy aprendiendo!

—¿En un tren?

—¿Qué? ¡Oh, no! Construyo cosas: carreteras, puentes, presas. Voy a lugares donde las grandes compañías tienen intereses, sobre todo el sudeste asiático: minas de estaño, plantaciones de caucho, cosas así. Bueno, cené en un restaurante llamado la Pagoda de la Montaña que se Fue Volando. ¡En Occidente se habría llamado Casa Harry!

Por fin vino el camarero a nuestra mesa y por su expresión vi enseguida que ocurría algo. La tienda no estaba llena y sin embargo había tardado mucho en venir a nuestra mesa, y ahora lo hacía a desgana. Yo sabía por qué. Y me di cuenta de que Gideon también.

Él dijo al camarero:

—Querríamos pedir.

Como el hombre no respondía, no nos preguntaba qué queríamos ni nos recomendaba algo, Gideon preguntó:

—¿Ocurre algo?

El camarero me miró y carrasepó.

—Si hay algún problema —dijo Gideon despacio—, me gustaría saberlo.

Él seguía sonriendo, pero vi que se trataba de una máscara para esconder la rabia que se iba formando tras sus ojos grises.

—La dirección tiene algunas normas, señor —dijo el hombre—. Lo siento, no puedo hacer...

—Tráiganos dos *sundaes* de chocolate y dos granizados de limón. —pidió Gideon con voz neutra.

El camarero volvió a carraspear.

—Oiga, no queremos tener problemas...

—Y no tendrán ninguno si usted nos trae lo que le pido: dos *sundaes* de chocolate y dos granizados de limón.

Dije:

—Por favor, Gideon, no quiero ningún *sundae*.

Pero él estaba furioso.

—Armonía, es por principios. Estos cabrones se comportan así porque nadie hace nada al respecto.

Cuando el camarero se encogió de hombros y se alejó, Gideon hizo ademán de seguirle. Pero yo le cogí el brazo y dije:

—Está bien que un hermano defienda el honor de su hermana, pero yo no soy de aquí.

Antes de que él pudiera responder, cogí mi cesta y me marché a toda prisa de la mesa, mientras Gideon me llamaba, diciéndome que esperara, que regresara. Oí que su voz me seguía afuera y hasta el callejón. Pero allí eché a correr y di la vuelta a un camión aparcado detrás del restaurante de Wong Lo y me metí en la floristería de la señora Wu y salí por delante y me mezclé entre la multitud impersonal hasta que la voz de Gideon dejó de llamarme.

Aquella noche juré que olvidaría a mi hermano y mi amor prohibido. Me concentraría en la tarea de mejorar mi nueva medicina. Llenaría mi mente de recetas y fórmulas, nombres de hierbas y minerales; llenaría mis pensamientos con fechas propicias y fases de la luna; memorizaría pesos correctos y temperaturas adecuadas. Dedicaría mis días a la tarea de elaborar una medicina y atestaría mis noches de sueño desesperado. Y procuraría con todas mis fuerzas no pensar en él, porque sabía que él permanecería allí para siempre y yo siempre estaría pensando en él.

A la mañana siguiente, tras un escaso desayuno a base de pastelillos de arroz y té que me había dado el compasivo cocinero del restaurante de Wong Lo, me llevé mi remedio, al que había decidido llamar «Curalotodo», a la calle. Pero aunque ahora mi bálsamo curaba más cosas: manos agrietadas, quemaduras y picaduras y mordeduras; aliviaba el estómago, calmaba el dolor de cabeza, proporcionaba bienestar a la piel, disolvía los dolores de toda clase en articulaciones y músculos, seguía sin venderlo. Aumenté las curas: mi bálsamo contenía más ingredientes que el Bálsamo de Tigre. Y todo el mundo en Chinatown estaba comprando el Bálsamo de Tigre. ¿Por qué no compraban el mío?

Me di cuenta de que había tocado fondo. No me quedaban medicinas. No tenía comida, ni dinero. Mi casera me dijo que debía marcharme por la mañana ya que tenía a un inquilino de pago esperando. Mi vida se hacía pedazos, se deshilachaba como las nubes en una tormenta. ¿Cuál era la causa de tanta mala suerte? ¿Era porque el reverendo Peterson había cometido un error en mis documentos y me había cambiado de Dragón a Tigre?

Me tumbé en el suelo y lloré. Lloré por mi madre, que había muerto ya, me estaba observando desde el cielo y veía cuán bajo había caído su hija, cuán desgraciada era.

Desesperada me entregué a la misericordia de Kwan Yin. Encendí las velas y los pebetes, y me arrodillé ante la pequeña estatua de porcelana que había sido mi compañera durante la larga travesía en barco desde Singapur. Mientras me humillaba ante la diosa, apretando la frente al suelo, rezaba con tanto fervor que no me di cuenta de que había dejado de rezar a la diosa y empezado a rezar a mi madre.

«Perdóname —gritaba mi corazón—. ¡Yo no quería dejarte! No quería abandonarte para que murieras sola! ¡Jamás debería haber venido! ¡Aquí no tengo padre! ¡No tengo madre!»

De pronto oí que llamaban a la puerta.

—¿Estás ahí? —preguntó la señora Po—. ¡Abre la puerta!

Pero yo no deseaba enfrentarme a mi casera en aquellos momentos. Tendría mucho tiempo por la mañana para afrontar mi negro futuro.

—¡*Chow ma!* ¡Irrespetuosa! ¡Puta!

Y le oí subir la escalera pisando fuerte.

Yo estaba débil a causa del hambre y la fatiga, pero no cesé mi vigilancia ante el altar de Kwan Yin. Estaba mareada, tenía la sensación de que el alma se me escapaba por las orejas y la boca. Me zumbaban los oídos. Tras mis ojos cerrados veía visiones. Y entonces oí la voz de mi madre: «Escucha, Armonía. Pero no me escuches con los oídos o la mente. Escucha con el corazón. La respuesta está ahí».

Emití un jadeo, sobresaltada. Miré alrededor mi humilde cuarto. ¿Estaba ella allí conmigo? ¿Por qué no veía su fantasma?

—¿Qué respuesta, mamá? —pregunté en voz alta.

«Escucha con tus sentidos. Escucha con tus recuerdos...»

Agucé el oído. Oí los ruidos de la lavandería y la voz airada de la señora Po, y gritos procedentes del callejón, y música de jazz a lo lejos, y el rumor de pisadas y el tráfico de la calle que parecía no cesar jamás. ¿Qué era lo que tenía que oír?

Me eché a llorar. No era capaz de oír lo que mi madre quería que oyera.

«Escucha con los sentidos que complacen...»

Y lo intenté, y al cabo de unos minutos reparé en que el agua que goteaba por las cañerías que discurrían por dentro de las paredes sonaba como el agua de un límpido arroyuelo en el bosque. El olor a humedad y podredumbre de mi habitación en el sótano se convirtió en el olor a tierra fértil y a marga. Los palitos de sándalo desprendían un acre perfume, como un bosque en un caluroso día de verano. Y después, de repente, con la misma claridad que la voz de mi madre, como si se encontrara en la habitación conmigo, oí otra voz, la de mi hermano Gideon que decía: «Los chinos son únicos poniendo nombres bonitos a las cosas».

Y entonces, mentalmente, le vi cogiendo la caja de pastillas para la garganta en la farmacia, y vi lo que en la realidad no había visto: que había examinado toda la selección que se le ofrecía y había elegido, de toda aquella variedad, la caja más bonita con el nombre que mejor sonaba.

De repente recordé los otros remedios que se ofrecían en la tienda, los que tenían nombres desagradables y los que iban en envases feos o carentes de armonía. Esos parecían descoloridos o amarillentos o polvorientos, como si hubieran estado en la caja durante mucho tiempo. Pero había otros, con nombres que sonaban de un modo agradable al oído —Jabón de Marfil, Bouquet de Cachemira— y estos se hallaban en la parte superior del mostrador y daban la impresión de ser frescos, como si el surtido fuera nuevo porque se vendía bien.

Pidiendo el perdón de la diosa, me puse en pie de un salto y me acerqué a mis medicinas, vaciando los frascos de balsamo de nuevo en la olla sobre el calientaplatos. Añadí una pizca de aceite de rosas hasta que el perfume celestial disimuló el de alcanfor y cera de abeja, y después jugo de grosellas para cambiar el color blanco por un tono rosa pálido. Cuando la mezcla estuvo fría, contemplé los frascos de mermelada que había utilizado como envases del ungüento. Eran caseros y usados, pues los había encontrado en cubos de basura.

¿Cómo podía poner mi bálsamo de dulce olor y agradable vista en aquellos envases? Miré alrededor. Y entonces vi el tarro de cerámica que el señor Lee me había regalado por mi cumpleaños.

—Los pinto para los turistas —había dicho él con su voz que era suave como la seda en la que pintaba—. Éste no lo vendí. ¿Lo quieres, Armonía?

Y me lo había ofrecido de un modo tal, que hizo que me diera cuenta de que era el más bonito de sus tarros —decorado con flores y pájaros— y que se lo había guardado para no venderlo. Yo había jurado que jamás lo vendería. Era el receptáculo perfecto para mi nuevo ungüento.

Ahora tenía que pensar en un nombre. «Algo chino, algo bonito», me imaginé que decía Gideon.

No tuve que buscar mucho. Le pondría el nombre de mi madre, en su honor. Bálsamo Mei-ling. Lo hice porque sabía que había muerto, pues de lo contrario ¿habría oído yo su voz desde el cielo? Rogué para que no hubiera muerto sola, ni con dolor.

Mientras llenaba el nuevo bálsamo de dulce olor en mi precioso tarro, me sobresalté al oír que llamaban a la puerta, y caí en la cuenta, por los ruidos de la calle que penetraban por las paredes, de que ya era de mañana. No había dormido, y sin embargo me sentía fresca y rejuvenecida.

La señora Po me miró con furia.

—¡Te vas hoy mismo! —gritó—. ¡Ese hombre! Vino varias veces. Le hice marchar. ¡Tú te vas! Aquí no queremos prostitutas. ¡Vete ahora!

—Esto es para usted —le ofrecí el tarro.

Ella la miró con recelo.

—Ábralo, por favor —le dije.

La mujer destapó el tarro y miró en su interior. Entonces se lo llevó a la nariz. Una expresión de placer le cruzó fugazmente el semblante.

—¿Para qué sirve?

—Frótese donde tenga dolor, escozor, picaduras de insecto, quemaduras, abscesos, piel agrietada.

—¡Oh! ¿Qué más?

—Inhálelo cuando tenga la nariz tapada, los pulmones congestionados, la garganta seca, dolor de cabeza.

Su sonrisa se ensanchó.

—Hágase masajes con él en el estómago para digerir mejor, y en la parte baja para mejorar el vigor femenino y la fertilidad.

—¿Ah?

—Frótele el ombligo a su esposo, aumentará su virilidad.

La señora Po rió tan fuerte que le vi el resto de sus dientes de oro.

—¡Empezaré con el señor Po! —dijo, dándose una palmada en el costado—. Le curaré el dolor de cabeza y después le haré que me escuche. —Contempló el tarro—. Mmm... ¿cuánto?

No había pensado en el precio. Si era demasiado elevado, lo rechazaría. Y si era demasiado bajo, pensaría que el bálsamo no valía nada. Y el tarro mismo, ¿qué precio podía ponerle a la exquisita obra de arte del señor Lee?

—Veinticinco centavos.

Ella frunció los labios.

—Y puede quedarse con el tarro.

La señora Po sonrió.

—Eres buena chica, respetable. Siempre me has gustado.

Ya fuera debido al hambre o a la alegría, de pronto me sentí mareada y más nombres acudían a mi mente. Pondría nombre a todos mis remedios: al vino tónico lo llamaría Loto Dorado por la poetisa que lo había inventado, y las hierbas calmantes serían Dicha, pues eso era lo que proporcionaban. Los vendería a mis vecinas y a la gente de la calle, ganaría dinero y recuperaría el respeto de mí misma, y entonces telefonearía a Gideon Barclay y le diría que su hermana se sentiría honrada de volver a verle...

—Tú buena chica, respetable, siempre me has gustado. O sea que de acuerdo, ese hombre puede venir a visitarte.

—¿Qué hombre?

Entonces recordé lo que la señora Po me había dicho al abrirle la puerta, que había venido un hombre y ella lo había echado.

—*Aii-yah!*, lo olvidaba. Anoche dejó esto. —Hurgó en el bolsillo de su jersey y sacó un sobre—. Vino buscándote. Le dije que no estabas en casa.

Vi el anagrama en el sobre: GB.

—¡Pero si estaba aquí!

Ella se encogió de hombros.

—No quería que trajeras clientes a mi sótano.

«Me ha costado mucho encontrar dónde vives —había escrito en la nota—. La Lavandería Feliz. Suena agradable.» Le imaginé sonriendo mientras escribía esto. Pero luego decía que se marchaba, palabras que yo no comprendí del todo, algo de un contrato de ingeniería en el extranjero. Pero lo que sí entendí fue que su barco zarpaba a las ocho de aquella mañana y que permanecería fuera un año. Me pedía que acudiera al muelle a despedirle y que esperaría hasta que le fuera posible. Escribió:

> No quisiste que te diera dinero, pero sé que lo necesitas, Armonía, o sea que aquí te dejo algo para ayudarte.

En el sobre había mil dólares en efectivo. Una fortuna.

Los ojos de la señora Po por poco no se salieron de sus órbitas.

—*Aii-yah!* —exclamó—. ¡Qué buena suerte tiene mi inquilina favorita!

Al final de la nota, Gideon había escrito: «Al parecer ha habido cierta confusión. Dijiste que eras mi hermana. No soy tu hermano, Armonía. Mi madre era viuda y yo un bebé cuando Richard Barclay se casó con ella. Tú y yo no estamos emparentados. Por favor, ve al muelle a despedirme. No puedo dejar de pensar en ti».

Eché a correr escaleras abajo, donde el sol se derramaba por la puerta abierta. Me detuve.

—Señora Po, por favor —le dije—, ¿qué hora es?

La mujer consultó su reloj. Eran más de las doce.

El barco de Gideon ya se hallaba lejos, en alta mar.

9

22,00. Palm Springs, California

Ella percibió su presencia.

Aun antes de volver la espalda a los tazones mezcladores y utensilios de cocina chinos exhibidos —*La elaboración de un compuesto de hierbas, circa 1925*— y mirar hacia al otro lado del museo levemente iluminado para ver a Jonathan de pie en el umbral de la puerta, los brazos cruzados, la mirada siniestra, sintió sus ojos en ella, como una caricia.

Trató de interpretar su mirada, discernir las emociones que se hallaban debajo, del modo en que tantas veces había tenido que hacerlo porque él no sabía expresar sus sentimientos con palabras. Incluso un paso tan monumental como decirle que necesitaba espacio, que necesitaba estar solo, Jonathan no había sido capaz de decírselo a la cara, ni siquiera por teléfono, ni siquiera en una carta. Le había enviado un libro de poesía, los ganadores de un premio de 1981, con una notita en la página del título: «Así es como me siento. Página 197». Había dejado que el poema de otro hablara por él. Pero ahora no supo descifrar el mensaje en sus ojos castaño oscuro. Estaba demasiado lejos, en distancia y en años.

—¡Quiero hablar con ella —retumbó de pronto una voz—, y quiero hacerlo ahora!

Jonathan se giró en redondo.

—¿Quiere hacer el favor de buscarla? —bramó el agente Knight—. Y dígale que quiero hablar con ella.

Charlotte se apresuró a entrar en el despacho donde vio al agente federal en la pantalla de seguridad, de pie en la zona de recepción de las oficinas, con los brazos en jarras, la barbilla echada hacia adelante, hacia Desmond.

Y Desmond, con aspecto nervioso y agitado, diciendo:

—Señor Knight, ya se lo he dicho, no tengo ni idea de dónde está mi prima.

—Bien —dijo Knight—, no está en su despacho y su secretaria se ha ido a casa. Al parecer se ha esfumado, ¿no?

—Será mejor que vaya —dijo Charlotte cogiendo su impermeable.

Echó un vistazo al ordenador donde una barra horizontal iba llenando lentamente toda la pantalla, indicando qué cantidad de la producción de datos había buscado hasta el momento. En una pequeña ventana superior aparecía un número que iba cambiando, era la cantidad de referencias de la palabra clave que había encontrado.

—Utilizáis efedrina en trece productos —había explicado Jonathan—. Y son productos muy populares, en especial el vino Loto Dorado. Es el segundo después del Dicha, en cuanto a ventas. ¿Sabes cuánto Loto Dorado produces en un año? Tardaremos un poco en encontrar el lote.

Jonathan estaba seguro de que la efedrina se había cogido «prestada» de uno de los otros productos y de alguna manera se había añadido a la fórmula del Dicha, el Yang Diez Mil y el Bálsamo Mei-ling. Lo que había que hacer era encontrar de qué lotes se había cogido y compararlo con los registros de producción de los productos contaminados. Desde allí comprobaría la documentación del usuario, descubriría quién tenía acceso a la base de datos de producción en aquellas fechas. Aunque Armonía Biotec tenía casi un millar de empleados en nómina, limitar su número a los que tenían ocasión y capacidad de manipular los productos no debería resultar demasiado difícil.

—El autor ha de tener derechos de servidor —había dicho Jonathan—. Tiene que ser alguien con acceso a la función «escribe nueva fórmula». O al menos alguien con acceso a esas contraseñas. El sistema registra la documentación del usuario y eso nos conducirá al culpable. Le atraparemos.

Charlotte no estaba tan segura. El tiempo se estaba agotando. No sólo les quedaban únicamente ocho horas para que el chantajista llevara a cabo su amenaza de «matar a miles de personas», sino que el equipo de respuesta del agente Knight se hallaba en camino. Y una vez ellos se hicieran cargo del asunto, no habría forma de que ella y Jonathan pudieran entrar en el sistema.

—Efectuaré una aparición —dijo poniéndose el impermeable— antes de que decida venir a buscarme. —Se interrumpió—. Le he dicho a Des que iba a revisar los apuntes financieros para ver si había alguna discrepancia que señalara a algún empleado disgustado. Será mejor que me lleve alguna prueba. ¿Puedo acceder a la contabilidad mientras esa búsqueda está en marcha?

—Abre una nueva ventana.

Charlotte se sentó y, cuando hubo accedido a los ficheros financieros, mecanografió su nombre de usuaria, frase para pasar y contraseña.

Entrada no válida. Introduzca contraseña, por favor.

—He escrito demasiado deprisa —murmuró, y reintrodujo su identificación de usuario y contraseña, tecleando con más atención.

Entrada no válida. Introduzca contraseña, por favor.

—¿Por qué no puedo entrar?

—Déjame probarlo. ¿Utilizas la misma identificación y contraseña para estos ficheros que para el sistema en general?

—No. Mi frase para pasar es «mejor salud».

Entrada no válida. Introduzca contraseña, por favor.

—Déjame probar otra cosa —dijo Jonathan cerrando la ventana y yendo directamente al sistema operativo.

—¿Esto es obra de un intruso?

—No —respondió él mientras escribía órdenes en la pantalla—. Tu contraseña está en sombras. ¿Lo ves ahí? —dijo, señalando los datos que aparecían en la pantalla—. Un pirata buscará el fichero de contraseñas. Pero un buen sistema de seguridad esconde el fichero en otro fichero y luego pone un indicador en el directorio raíz. Estoy comprobando si... mmm.

—¿Qué?

—Creía que te habían cambiado la contraseña. No es así... mira.

Charlotte se inclinó hacia adelante y observó la pantalla.

—¿Qué significa eso?

Volviendo al subdirectorio financiero, Jonathan intentó abrirlo de nuevo.

Entrada incorrecta. Introduzca contraseña, por favor.

—Te han bloqueado el acceso.

—¡Bloqueado el acceso! ¿Quieres decir que lo ha hecho el intruso?

—Si es así —dijo Jonathan—, es posible que tengamos entre manos un problema mayor que simples fórmulas falsificadas.

—¿Por qué? No puede robarnos. Tenemos copias de seguridad de los programas de contabilidad.

—¿Alguna vez has oído hablar del salami?

—¿Quieres hacerte el gracioso?

—Es un tipo de ataque a la integridad de los datos almacenados en los sistemas. Lo típico es que se introduzca un ataque salami en un caballo de Troya, normalmente un programa autorizado que contiene un software de ataque.

—¿Como qué?

—Bueno, como por ejemplo —dijo él, hablando con rapidez en tono sincopado mientras abría y cerraba programas, sus dedos más rápidos que sus palabras—, instalas un nuevo software para evaluar la eficiencia horas-empleado, ¿de acuerdo? Un programita inocente. Pero lo que no sabes es que dentro de ese software hay instrucciones que realizan funciones no autorizadas. ¿Has oído hablar de los virus informáticos? Pues un ataque salami es algo parecido, salvo que en lugar de degradar o destrozar un sistema elimina datos, poquitos cada vez para que no se note, de ahí que se le llame «salami». Suele utilizarse para datos financieros.

—Pero disponemos de un programa de seguridad que nos alerta cuando se han modificado los datos.

—¿A la décima de centavo? Estás utilizando software Dianuba, Charlie. Redondea tres decimales, y como se supone que lo hace, tu sistema de seguridad no detectará nada insólito. Un intruso que empleara un ataque salami podría canalizar esas décimas de centavo a una cuenta específica. Charlotte, las ganancias anuales de tu compañía ascienden a millones. Todos esos centavos que no se detectan y van a una cuenta privada se sumarán y tú nunca te enterarás. —Giró en redondo en la silla—. Charlotte, ¿a quién has dicho que ibas a revisar los ficheros de contabilidad?

—A Desmond —respondió—. Y a Adrian y a Margo. Oh, Dios mío...

Jonathan se puso en pie; era mucho más alto que ella y la miró con expresión turbulenta.

—Ahora escúchame. Estamos acorralando a ese hijo de puta. Le atraparemos, Charlie. Confía en mí, ¿de acuerdo?

La cogió por los brazos. Charlotte sintió la presión de sus manos, como si tratara de introducirle la fuerza a través de ellas. Ella hizo un gesto de asentimiento. Y realmente confiaba en él. Pese a lo que había causado su ruptura diez años atrás, Charlotte seguía confiando en Jonathan.

Cuando ella se hubo ido, Jonathan volvió a la pantalla de seguridad que mostraba a Valerius Knight y Desmond Barclay enzarzados en un intercambio poco amistoso.

Jonathan examinó al primo de Charlotte. Físicamente, Desmond había cambiado desde la última vez que Jonathan le había visto, veinte años atrás. La espesa cabellera negra de su juventud se le había aclarado considerablemente mientras su cuerpo, antes atlético y musculoso, había engordado. Jonathan se preguntó por qué llevaría gafas de sol. Era de noche y llovía, ¿por qué Desmond lucía lentes oscuras?

Mientras observaba a Desmond que se paseaba por la zona de recepción metido en su largo abrigo de cuero negro, que llevaba puesto desde hacía cuatro horas, como si estuviera perpetuamente a punto de salir al exterior, Jonathan decidió que aunque con el paso del tiempo Desmond había cambiado físicamente, su personalidad parecía ser la misma. La cadena de oro y anillo rosado, y el modo en que parecía pavonearse frente a Valerius Knight, completaban el cuadro de un hombre inseguro que constantemente tenía necesidad de demostrarse algo a sí mismo.

Jonathan recordó una de las últimas veces que se había encontrado con Desmond; había sido en la sala de estar de Charlotte, esperando a que ella bajara. Iban a ir a Menlo Park donde el «Club Informático Casero» celebraba un encuentro para intercambiar componentes informáticos. Desmond había aparecido vestido con un chándal de la universidad de Stanford, aunque se acababa de graduar del instituto y aún no había empezado a ir a la universidad. Se había puesto aquel atuendo, sospechó Jonathan, para encubrir un complejo de inferioridad inhibidor. Desmond no dejaba pasar ninguna oportunidad de que Jonathan se enterara de que él era «mejor», aunque el padre de Jonathan probablemente era más rico que el de Desmond.

—Eso es porque es adoptado —había dicho Charlotte en una ocasión en defensa de Desmond, cuando Jonathan había estado a punto de llegar a las manos con el otro muchacho debido a un comentario sarcástico que había hecho referente a que los escoceses sólo eran buenos para el whisky y la camorra. Sólo tenían dieciséis años y Jonathan aún no había aprendido a controlar su genio; Charlotte había tenido que intervenir en más de una ocasión—. Desmond es muy inseguro. Intenta compensar lo que él cree que son insuficiencias humillando a los demás. No lo hace con mala intención.

Jonathan por fin se calmó, decidiendo que no debía de ser demasiado divertido tener a Adrian y Margo Barclay por padres; Adrian era un pesado fanfarrón y Margo una barracuda en la piscina. ¿Qué diría Desmond, había pensado Jonathan a menudo, si supiera que su madre se había acercado a su rival?

Porque habían sido rivales, y Charlotte era el premio.

Aquel día en la sala de estar de Charlotte, cuando Desmond había aparecido de pronto, como siempre hacían sus padres, como si fueran los dueños de la casa, había mirado a Jonathan de arriba abajo, fijándose en aquel desgarbado cuerpo, el pelo largo y lacio, la tez pálida del pirata informático antisistema, y había dicho: «Jamás la tendrás».

Irónicamente, con el tiempo resultó que Desmond tuvo razón.

Jonathan volvió al escritorio, consultó su reloj y se sentó ante su ordenador portátil. Marcó el módem y un momento después un mensaje en la pantalla le informó de que la conexión estaba «esperando respuesta».

Varias veces en las últimas cuatro horas había intentado ponerse en contacto con su compañero. Al parecer Quentin no había pasado la noche en su cama.

Seguía sin responder. Ni su contestador. Ni el desvío de llamada. No era propio de Quentin estar ilocalizable.

El icono *Mensajes* destellaba. Quentin. Pero cuando Jonathan abrió el fichero, no apareció en la pantalla el rostro juvenil de su socio sino las facciones aristocráticas de su esposa. Pulsó *Play* y el rostro cobró vida, moviéndose los labios de Adele en perfecta sincronía con la voz grabada: «No podía dormir. Necesitaba saber cuándo regresarás. ¿O tendré que volver a dar una excusa?».

Jonathan se quedó helado y maravillado, como siempre, ante la belleza y perfección de Adele, incluso después de pasar una noche de insomnio. Pero no cabía confundir el significado que se escondía tras el labio inferior fruncido. Tenían previsto ir a pasar el fin de semana en la finca rural de uno de los amigos de Adele, un lord o una lady, donde beberían champán en el desayuno e irían a montar a caballo, a cazar o a hacer apuestas, según el grupo que se encontrara allí, quizá con esmoquin y vestido de cóctel en una pradera bajo la luz de la luna, mesas en la húmeda hierba, mayordomos sirviendo en vajilla de porcelana y copas de cristal.

Hubo un tiempo en que a Adele le encantaba dar excusas por Jonathan, informando al grupo de que él no podía asistir porque había sido requerido para una misión secreta urgente. El trabajo de Jonathan en proyectos confidenciales para empresas internacionales y gobiernos extranjeros había añadido cierta vivacidad a la vida siempre correcta de Adele.

Pero ahora ya no le gustaba excusar sus ausencias.

Jonathan cogió su teléfono móvil, marcó el número de su casa y escuchó sonar el aparato al otro extremo de la línea. Adele había enviado su mensaje a las cinco y veinte de la madrugada, hora de Londres. Ahora eran las seis.

No obtuvo respuesta.

Mientras Charlotte se apresuraba bajo la lluvia, tapándose los ojos con la mano cuando relampagueaba, se preguntó si las cosas podrían empeorar. La llamada que había recibido antes, cuando había sonado el teléfono del escritorio de su abuela, era de un miembro del grupo asesor de la FDA en Washington DC, alguien «amigo» de Armonía Biotec que estaba en favor de aprobar el GB4204. «Han dejado tu caso pendiente, Charlotte —había dicho la mujer—, en espera de los resultados de la investigación de las tres muertes debidas a productos Armonía.»

—¿Y si encuentran que mi empresa es responsable?

—Entonces tendrás que conformarte; tardarán años en aprobar la fórmula. Pero la noticia es peor, Charlotte. No debería decírtelo, pero personalmente estoy a favor de los productos a base de hierbas. Me gusta tu empresa y me gusta lo que siempre has defendido. Tienes que saber, Charlotte, que Synatech ha presentado su propia fórmula contra el cáncer. Eso es todo lo que puedo decirte, salvo advertirte que si tu caso quedara pendiente demasiado tiempo, Synatech se te adelantará.

«No —pensó mientras avanzaba bajo la lluvia con la mano sobre el pecho para notar la tranquilizadora presencia del relicario de la dinastía Chang—. Nuestra fórmula tiene que salir primero. Prometí...»

—¡Charlotte! —oyó que Desmond gritaba cuando bajó del ascensor. ¡Gracias a Dios que estás aquí!

Ella se quitó el impermeable y lo sacudió.

—¿Qué ocurre?

—Creía que quizá te habías marchado a casa.

—Mi coche aún está en el aparcamiento, Des. Y no me iría sin decírtelo.

Se volvió a Valerius Knight, quien la miraba con aire pensativo.

—Posee el don de aparecer en el momento oportuno —dijo el hombre—. ¿Tiene una bola de cristal?

—¿Me necesitaba para algo, agente Knight?

—Tengo malas noticias. Ha habido una cuarta víctima, en Chicago.

Charlotte se llevó la mano a la boca.

—Oh, Dios mío, no.

—Un anciano. No ha muerto, pero está muy grave. Le han llevado al hospital. Se había tomado unas dosis de lo que ustedes llaman cura para la impotencia...

—Yang Diez Mil.

—Todavía no disponemos de los análisis finales de sangre, pero sus síntomas coinciden con los de la toxicidad de la efedrina.

Consultó su reloj y luego comprobó la hora en el reloj de pared; un hombre ansioso por la hora, pensó Charlotte. O que espera a alguien.

—Desmond —dijo, volviéndose a su primo—. Ocúpate de averiguar todo lo que puedas de la última víctima, su familia...

—Lo haré. Oye, Charlotte.

—¿Sí?

—¿Has encontrado algo ya? ¿En los archivos financieros?

Ella miró las lentes negras de sus Ray-Ban y pensó en el mensaje de *Entrada no válida* que le había aparecido en la pantalla al tratar de acceder a la base de datos financieros. ¿Sabía Desmond que los ficheros estaban bloqueados? ¿Los había bloqueado él, para averiguar qué tramaba ella realmente?

Meneó la cabeza.

—Todavía no he encontrado nada, Des. Pero estoy en ello. ¿Dónde está Margo?

Él se metió las manos en los bolsillos.

—Madre todavía se está pintando los labios, supongo.

Charlotte echó a Desmond una mirada escrutadora. Había un tono nuevo en su voz, una capa añadida de amargura cada vez que hablaba de su madre. Charlotte lo había observado por primera vez el año anterior, cuando regresó del viaje que había realizado a Europa para examinar plantas de uso farmacéutico, el mismo viaje a cuya vuelta encontró cambiado al señor Sung. A la sazón había creído que debía de ser cosa de su imaginación el que el señor Sung le pareciera diferente, porque no le era posible señalar nada específico. Pero Desmond también parecía algo cambiado. Siempre había estado orgulloso de su madre, jactándose de los muchos logros de Margo y de cuán joven y hermosa se conservaba. Pero ahora Charlotte había percibido algo distinto en su tono de voz y una actitud algo alterada.

¿Qué había ocurrido mientras ella se hallaba fuera?

—Cuando veas a Margo —dijo Charlotte, dejando a un lado este nuevo misterio para pensar en él más tarde—, dile que quiero hablar de mi declaración de prensa televisada.

—Claro. ¿Qué vas a declarar?

«Con suerte, el nombre de un asesino.»

—Si no me necesita más, agente Knight...

Él volvió a consultar su reloj y le ofreció una sonrisa educada.

—Sólo estoy esperando... cierta información. ¿Me lo comunicará si se va de las instalaciones?

Charlotte se fue por el pasillo hacia el despacho de Adrian, donde encontró al director financiero de la empresa hablando con dos teléfonos móviles a la vez. A diferencia de Margo, que podía estarse seguro de que saldría de su despacho lozana, maquillada y controlada, Adrian no tenía buen aspecto. Charlotte pensó que por primera vez parecía tener todos y cada uno de sus sesenta y ocho años.

—Tengo que hablar contigo —dijo ella.

Él alzó la mano con los dedos extendidos.

—Ahora —insistió Charlotte.

Él terminó las dos llamadas y prestó toda su atención a Charlotte.

—Bien, ¿qué ocurre?

Como siempre, los ojos de Adrian sorprendieron a Charlotte. Ella se había preguntado con frecuencia si él era consciente del efecto que producía en la gente. Impresionante combinación de iris de color gris humo enmarcados por espesas pestañas negras, parecían poseer misterio y poder al mismo tiempo. Charlotte pensó que eran los ojos de los que Armonía Perfecta se había enamorado cuando atisbó por la ventana de la joyería. Eran los ojos de Gideon Barclay, porque Adrian era el hijo de Gideon Barclay.

Charlotte recordó ahora que aquellos ojos penetrantes la habían observado aquel verano cuando tenía quince años. Los Barclay se hallaban en la casa por algún asunto de la empresa, los adultos reunidos en la biblioteca: Gideon, Margo, Adrian, Olivia y la abuela de Charlotte, con el señor Sung repartiendo contratos que había que aprobar. Charlotte estaba sentada en el asiento de la ventana, observando la calle, imaginando a Johnny corriendo hacia ella por la acera, como haría al cabo de un par de semanas cuando regresara de Escocia. Percibió que alguien la observaba y se volvió, para ver los ojos grises de Adrian fijos en ella. Conocía los pensamientos alojados tras aquellos ojos: Adrian quería saber, como todos los demás, dónde había estado cuando había permanecido tres semanas desaparecida. Sin embargo, a diferencia de los demás, Adrian no se lo había preguntado.

—¿Me has bloqueado los archivos financieros? —preguntó ahora sin ambages.

Él suspiró y se frotó la nuca.

—Sí, lo siento, debería habértelo dicho. Los he bloqueado a todo el mundo hasta que esto se haya aclarado.

—No tenías derecho a hacerlo sin consultarme.

—Sí, me doy cuenta —dijo él frotándose la barba que asomaba en su mentón—. Pero...

Uno de los teléfonos sonó y cuando él fue a cogerlo, Charlotte le puso la mano encima y dijo:

—Adrian, ¿qué está pasando? ¿Con quién has hablado durante las últimas tres horas?

—¿Con quién crees? Con nuestros inversores, por supuesto.

—¿Para tranquilizarles diciendo que todo irá bien?

Gracias al micrófono que Jonathan había instalado en el despacho de Adrian, Charlotte había escuchado algunas de sus conversaciones, pero aún no había podido reunir las piezas del rompecabezas. Adrian parecía estar metido en problemas.

—Charlotte, ¿cómo demonios quieres que haga eso si no sé que todo irá bien? Además —prosiguió, cansado—, eso pertenece al ámbito de mi mujer... ella es la portavoz. ¡Margo podría hacer que Exxon pareciera Greenpeace!

El teléfono dejó de sonar y al instante empezó a hacerlo el otro.

—No te preocupes por los inversores, Adrian —dijo Charlotte—. Si llega el caso, les devolveremos su dinero.

Él se volvió, pasándose los gruesos dedos por el pelo gris.

—No podemos hacer eso —dijo con voz suave.

—¿Por qué no?

Adrian se acercó a la ventana y, separando las cortinas, miró hacia la tormenta. Normalmente el panorama que se veía desde el despacho ejecutivo de Adrian era una impresionante vista del monte San Jacinto con su cumbre nevada y campos de golf verde esmeralda. Ahora era un lodazal de viento, lluvia y relámpagos.

—Porque no lo tenemos —respondió con voz suave.

—¿Que no tenemos qué?

Adrian se volvió y miró a Charlotte con expresión vacía, sus ojos grises como una fría neblina.

—El dinero de los inversores, Charlotte —dijo—. No lo tenemos.

Jonathan mantenía la vista fija en la pantalla del ordenador. La barra horizontal casi estaba llena; la búsqueda casi había terminado.

Por fin:

> Búsqueda finalizada. Encontrados sesenta y ocho pares.

Jonathan escribió deprisa: «escasez de efedrina».

Esperó con impaciencia mientras observaba el icono de la pequeña lupa moverse en círculos junto a la palabra: «Buscando...»

Y entonces:

> 0 pares encontrados.

Jonathan volvió a intentarlo: «escasez de lote de efedrina».

> 0 pares encontrados.

—Maldita sea —exclamó en un susurro. Tamborileó con los dedos sobre el teclado.

Probó: «efedrina extra».

> 0 pares encontrados.

«Exceso de efedrina.»

> 0 pares encontrados.

Volvió a pensar, observando el cursor que parpadeaba constante en la pantalla. Entonces escribió: «Busca por fecha» e introdujo el mes y los días dentro de los cuales se habían fabricado las fórmulas falsificadas.

> Dos pares encontrados.

Hizo aparecer los dos pares y comparó las fechas. Las dos fórmulas que contenían efedrina se habían producido el mismo día que el Dicha y el bálsamo Mei-ling habían sido alterados. Y no se registraba que faltara esa sustancia.

Hizo aparecer entonces los registros de actividad de toda la semana y revisó la lista de productos fabricados. Cuando llegó al último, volvió al primero y los repasó de nuevo lentamente, leyendo la fecha y hora de cada producto registrado.

Faltaban tres fechas. Los ficheros habían sido borrados.

Jonathan se apartó del ordenador y miró la pantalla de seguridad. Charlotte se encontraba en el despacho de Adrian con expresión muy furiosa.

—Mantén la calma, Charlie —murmuró Jonathan—. Estamos cerca. No lo estropees ahora.

Y de pronto recordó otra noche, mucho tiempo atrás, cuando él y Charlotte habían transgredido la ley, qué fría había permanecido ella en los momentos de más presión. Fue la noche en que él le mostró su primera «caja azul», un dispositivo que imitaba los tonos de marcar, permitiendo efectuar llamadas telefónicas gratis. Era ilegal, lo que confirió emoción cuando los dos jóvenes de quince años se escabulleron por la noche y se metieron en una cabina telefónica de la esquina de Geary y Van Ness donde Jonathan enseñó a Charlotte a colocar la caja azul en el aparato y luego marcar y oír sonar el teléfono al otro extremo sin haber puesto un solo centavo. Era plena noche y Charlotte se apretaba a él mientras él le sostenía el teléfono pegado a la oreja.

La diversión terminó aquella misma noche cuando él estaba hurgando en un cubo de basura colocado detrás de la compañía telefónica, sacando viejos manuales y papeles impresos mientras Charlotte esperaba, temblando en la oscuridad, una compañera de delito friolera pero leal. Cuando media hora más tarde se hallaban en la comisaría de policía, esperando a que llegaran el padre de Jonathan y la abuela de Charlotte para llevárselos, Jonathan admiró la valentía de Charlotte. Ambos sabían que el castigo sería severo: lo más probable era que les prohibiera verse otra vez.

Eso era lo que más le asustaba, recordó ahora. Más que cualquier castigo policial, más que cualquier cosa que su padre pudiera hacerle: el hecho de que le arrebataran a Charlotte.

—¿Has jugado con el dinero de los inversores? —preguntó Charlotte alzando la voz.

—No era un juego, Charlotte —se defendió Adrian—. Era una cosa segura. Podemos llegar a convertir esos millones en cientos de millones.

—¡Adrian, no tenías ningún derecho! Dios mío, ¿qué has hecho? ¡Esto podría destruir la compañía! ¡Te das cuenta? ¡Y no puedo creer que fueras tan ambicioso! ¡Maldita sea, Adrian!

Él le tendió los brazos.

—Oye, no se ha perdido nada todavía. Nadie ha pedido nada. En cuanto este asunto de la falsificación se aclare...

—Ya estamos teniendo una publicidad lo bastante devastadora, Adrian. ¡Las ventas están bajando! ¡Y ahora ha habido una cuarta víctima!

—¿Qué?

—Ponte al teléfono y diles a tus inversores que les devolverás personalmente su dinero.

—¡No puedo hacerlo! —exclamó él—. ¿De dónde voy a sacarlo!

—No me importa de dónde lo saques —dijo ella sin inflexión en la voz—. ¡Pero no vas a tocar la prima de los empleados! Ese dinero se lo prometió la empresa a ellos. Si intentas siquiera utilizarlo...

—No estás siendo razonable, Charlotte.

Ella le miró furiosa, el rostro enrojecido de ira.

—Hazlo —dijo, y salió del despacho con grandes pasos.

Adrian se quedó de pie un largo momento, mirando fijamente la puerta de madera de teca tallada a mano que Charlotte había cerrado al salir —una puerta que indicaba a los demás que éste era el despacho de un hombre muy poderoso— y luego se volvió hacia el ventanal y, apoyando las manos en el frío cristal, contempló la tormenta.

Jamás se había sentido tan viejo, tan indefenso, tan inútil.

¿Charlotte creía realmente que había empleado ese dinero por ambición? ¿Que tenía ansia de más dinero?

Descansó la frente sobre el cristal y cerró los ojos.

No tenía nada que ver con querer ser más rico de lo que ya era. No tenía nada que ver con el dinero. Era una cuestión sencilla. Lo único que Adrian Barclay quería era hacer algo totalmente por sí solo. Quería tener el mérito de haber realizado algo más que el simple hecho de heredar un apellido, quería algo de su absoluta creación, sin haberlo heredado ni haberlo recibido en bandeja de plata.

Dejó escapar un rápido y seco sollozo. ¡Dios, qué lío! Y había estado tan seguro de haber encontrado por fin su respuesta.

La respuesta a cómo seguir a un padre que llega a casa procedente de la guerra cargado de medallas, que construye puentes monumentales, que parece marchar a través de las junglas riéndose de los tigres. Que Adrian recordara, siempre le decían: «Ah, ¿eres el hijo de Gideon Barclay?» Y entonces las puertas se le abrían, las invitaciones le llegaban, las mujeres le decían que sí. No por él, sino por quién le había engendrado.

El asunto en el que estaba trabajando en secreto con el dinero de los inversores le habría proporcionado algo propio, una creación enteramente suya, desde el primer concepto hasta el resultado final: una aldea modelo en el tercer mundo, independiente, autosuficiente, con recursos propios, el invento de Adrian Barclay, concebido en su mente, esbozado en su ordenador, financiado con sus propias hábiles inversiones, y que algún día funcionaría con eficacia en algún punto de África y América Latina, los aldeanos felices, bien alimentados, viviendo en hogares limpios y asistiendo a escuelas, iglesias y hospitales limpios y modernos.

Una idea brillante que sería aplaudida y reconocida en todo el mundo, y el mérito sería suyo.

Adrian levantó la cabeza y vio su fantasmal reflejo en el cristal. y detrás de él, otra figura. Se volvió. Margo se hallaba de pie junto a la puerta de teca, como si hubiera atravesado la madera como un espíritu. Su hermosa Margo que, después de todos esos años, aún quería que se enorgulleciera de él. No había sido capaz de darle un hijo; quizá la fama y el reconocimiento fueran el mejor sustituto.

Margo contemplaba a su esposo sobre el fondo de la tormenta. Había oído el intercambio que había mantenido con Charlotte. Había sentido deseos de ir tras Charlotte como una tigresa, arañarla y efectuar un ofrecimiento a Adrian de los huesos de aquella zorra.

Sería capaz de matar por él.

Adrian, su salvador —quien se ocupó de ella y la protegió de tener que llevar una vida de hombres y sexo—; Adrian, quien comprendía todo lo que había detrás de sus insinuaciones sexuales, quien sabía por qué coqueteaba y seducía, como había hecho con el agente Knight, fingiendo que le encontraba deseable, enviándole señales de que le interesaba.

Lo hacía porque eso siempre les alejaba. Se acercaban con ímpetu, con dientes y uñas afilados, y corrían, como hacía Valerius Knight, cogiéndole simpatía y luego poniéndose tensos, aclarándose la garganta y asegurándose de que ella veía el anillo de casado en su mano izquierda. Rechazada de este modo, Margo quedaba entonces libre de tener que preocuparse por si algún hombre se le insinuaba a ella, quedaba libre de la política del sexo, libre del período del sexo.

También entonces llovía, aquella noche años atrás en que Margo, con siete años, despertó de una pesadilla. Había recorrido todo el largo y temible pasillo, pasando por delante de la habitación de «tío» Gideon hasta la de Adrian. Había tirado de la manga de su pijama y dicho: «Tengo miedo». Los dos niños no se conocían muy bien, Margo acababa de llegar a casa de los Barclay, con Gideon a quien llamaba «tío» y la mujer mayor, Fiona, a quien llamaba «tiíta». Sólo iba a quedarse unos días, hasta que su madre regresara a por ella. Pero tenía pesadillas, incluso aquí, a muchos kilómetros de distancia de su casa, y le daba miedo dormir sola.

Si dormía sola vendrían el alcohol... y el dolor.

Sin decir una palabra Adrian, de siete años, había levantado su manta y Margo se había metido en la cama junto a él. Había dormido sin hacer ruido, y sin soñar.

Margo recordaba muy poco de su infancia en Filadelfia; recordaba los elegantes muebles de una gran casa, candelabros, mujeres elegantes vestidas de blanco. Pero ese recuerdo quedaba difuminado en los bordes; quedaba el olor a alcohol seguido de dolor. Y en la estación de tren, mamá diciendo: «Deprisa, Margo. No mires atrás. Hagas lo que hagas, no mires atrás».

Y Margo no lo había hecho. En sesenta y dos años, nunca había mirado atrás.

Hasta esta noche.

Ahora los recuerdos acudían a ella atropelladamente —no recuerdos de antes, de cuando yacía en la cama y se preguntaba si iba a oler el alcohol y a sentir el dolor— sino recuerdos de la gran casa de San Francisco, donde había crecido descubriendo que la envidia de los demás —de tu casa, de tu ropa, de tu éxito— te ayudaba a olvidar la sensación de suciedad que te provocaban las manos de los hombres en tu cuerpo y la vista de los dólares pasando de la mano de un extraño a la de tu padre.

«La Depresión nos ha dejado en una situación muy mala», recordaba Margo haber oído que su madre decía a la de Gideon, Fiona, muchos años atrás, para explicar por qué le gustaría que su hija permaneciera con los Barclay «un poco más de tiempo, para dar a mi hija todas las ventajas». La madre de Margo, una vieja amiga del colegio de Fiona, tenía que ir a recogerla al cabo de un tiempo. Pero nunca fue. Unos meses después de que el padre de Margo muriera bajo las ruedas de un tren suburbano —«Ha tropezado», dijeron los testigos—, la madre de Margo se fue de este mundo a base de ginebra y píldoras para dormir. Después de ese suceso no se podía consentir que Margo dejara la casa de los Barclay, que dejara la cama de Adrian.

De la misma manera que no se había ni dudado de que se casaría con Adrian. Él era el único que conocía su secreto, que su padre la había vendido a otros hombres para el sexo. Adrian era el único que la había visto llorar en sueños, él era la única persona que sabía que para Margo las relaciones sexuales serían imposibles, y que él la amaba y quería casarse con ella de todos modos. Eso era porque ella comprendía el secreto de él: el dolor secreto de creerse inferior.

Todos esos años se había portado muy bien con ella, amándola y respetándola, procurando mantener sus propias aventuras discretas y breves. Y ella había sido buena con él, formándole mientras él se iba debilitando poco a poco a la sombra de su padre, adorando a Adrian mientras todos los demás adoraban a Gideon.

Al observarle ahora, allí de pie con aire más indefenso de lo que jamás le había visto, Margo se sorprendió pensando en otra noche, treinta y ocho años atrás, cuando la niebla nocturna había traído a la abuela de Charlotte, Armonía Perfecta, al umbral de su puerta con un bebé en brazos. Qué hermosa visión, aquellos puños en miniatura, aquella sonrosada tez... ¡un bebé! ¡Un regalo de Dios!

—Me ocuparé de él —había dicho Margo, sin preguntar de dónde había salido el niño ni por qué Armonía lo había traído en secreto y sin importarle lo que los demás iban a decir. Ella y Adrian lo llamaron Desmond, nombre sacado de una novela romántica.

—¿Nos has oído? —dijo ahora Adrian—. ¿Nos has oído a Charlotte y a mí?

Había tanto miedo en su voz, que parecía un niño pequeño otra vez. También daba la impresión de ser más bajito, como si estuviera volviendo a ser el jovencito que sabía que nunca podría compararse con su padre. Margo no estaba asustada por lo que estaba pasando, no tenía miedo de Charlotte ni de nadie. Pero sabía que Adrian sí, y por eso había venido a tranquilizarle, a tomarle en sus brazos y decirle: «No tengas miedo, todo irá bien».

—Adrian, tengo miedo —dijo en cambio.

Él abrió sus brazos y ella se dejó abrazar. Y mientras él la abrazaba, Margo sintió que los brazos de Adrian aumentaban su presión, oyó su voz hacerse más potente, la voz de un hombre que recuperaba el control.

—No te preocupes, cariño —dijo—. Todo irá bien.

Tras entrar precipitadamente en el museo, Charlotte cerró la puerta con llave y se apresuró a cruzar la habitación hasta el despacho donde Jonathan arrancaba una hoja de la impresora.

—Creía que me seguían —dijo, dirigiéndose directamente hacia la pantalla de seguridad y pulsando teclas para ver diferentes localizaciones en una secuencia rápida.

—¿Quién?

—No lo sé —respondió con los ojos fijos en la pantalla.

Pero todo el recinto de la fábrica, interior y exterior, parecía desierto; los edificios tenían casi el aspecto de estar abandonados a la implacable lluvia.

—He oído tu conversación con Adrian.

—¡Me han entrado ganas de estrangularle! —dijo Charlotte, pulsando las teclas de la consola, con lágrimas en los ojos—. ¡Y Desmond! —Se giró en redondo, una columna de ira—. ¿Sabes lo que me ha dicho? Quiere que venda la empresa. ¿Puedes creerlo? Hemos recibido algunas ofertas. Desmond dice que si aceptamos una oferta ahora, aún podemos sacar beneficios. ¡Dios mío! ¡Des ha mantenido conversaciones particulares con Synatech durante semanas! Le he preguntado claramente si ha hablado con ellos de nuestra fórmula del GB4204. Él jura que no. ¡Pero yo no le creo! ¡Qué familia! —exclamó. Se volvió y se quedó con los brazos en jarras, mirando a Jonathan furiosa como si estuviera delante de los tres Barclay—. Me guardan rencor porque heredé la casa. ¿Sabías que la abuela me la dejó a mí? Margo creía que se la dejaría a ella y Adrian. Le ofrecí vendérsela a un precio muy razonable. Margo se indignó. Dijo que la casa le perteneceía a ella y no estaba dispuesta a comprar lo que ya era suyo. Entonces le dije al señor Sung que encontrara comprador, ¡y lo encontró!

A través de las lágrimas que no lograba reprimir, Charlotte pasó la mirada del gran ordenador al más pequeño que estaba conectado con la impresora, y por fin volvió a mirar a Jonathan—. ¡Dime que tienes buenas noticias! ¡Dime que esta pesadilla acabará pronto!

Con dos zancadas Jonathan se plantó a su lado y la atrajo hacia sí con tanta rapidez que ella ahogó un grito. Sus bocas se encontraron con una urgencia que dejó a Charlotte sin aliento. Y cuando Jonathan se apartó ella vio un rostro lleno de furia y pasión como el de ella.

Jonathan le mostró una hoja impresa en el ordenador.

—Tres lotes de Loto Dorado que no llevaban efedrina.

Charlotte le miró fijamente, los labios aún ardientes a causa del beso. Se sentía extraviada, como si el mundo hubiera desaparecido bajo sus pies. Bajó la mirada hacia la impresora, sin saber por un instante qué era o dónde se encontraba ella... Charlotte ni siquiera estaba segura de quién era ella.

—En los registros de las fechas hay un vacío —dijo Jonathan con voz torpe, como si también él estuviera haciendo esfuerzos por recuperar el equilibrio—. Alguien ha borrado tres registros de producción.

Ella seguía mirándole fijamente. Johnny acababa de besarla por primera vez en diecisiete años, y ahora hablaba de registros borrados.

—¿Cómo lo has descubierto? —se sorprendió preguntando.

—Cuando he visto que no encontraba ficheros que indicaran escasez de efedrina, me he dado cuenta de que no los habrían dejado en el sistema, el culpable no habría sido tan estúpido. He supuesto que los habría borrado. Al parecer lo hizo.

Charlotte sintió chasquear y resquebrajarse el aire alrededor de ella, a causa de la tormenta, sin duda, se dijo para sus adentros. No podía proceder de Johnny. La corriente eléctrica que sentía inundarle el cuerpo no podía ser su deseo mutuo. La empresa, pensó. Concéntrate en la empresa.

—Pero ¿has podido recuperarlos?

—No sólo recuperarlos, sino que he aprendido algo acerca del saboteador —explicó Jonathan, mientras Charlotte se preguntaba cómo podía hablar de aquel modo tan práctico cuando ambos estaban a punto de arder debido a la energía que estaban generando. ¿Él también la sentía? ¿O era sólo producto de su imaginación? Pero entonces vio las pupilas dilatadas de Jonathan, la conocida palpitación en su cuello, y Charlotte comprendió que también él hacía esfuerzos por controlarse.

—La mayoría de la gente cree que cuando se borra un fichero, éste realmente desaparece —explicó— dejando un espacio en el disco duro. No es así. Cuando borras un fichero se sube una bandera, lo que alerta al sistema de que hay espacio disponible para nuevos datos. El fichero borrado aún está allí, y sigue allí hasta que se escriben nuevos datos encima. Lo único que he tenido que hacer ha sido aplicar una utilidad y allí estaban, recuperables.

La tierra volvió a colocarse en su lugar, con un chasquido; los pensamientos de Charlotte se fundieron y se centraron en el asunto que les ocupaba. Salvar la empresa era lo primero, pensaría más tarde en el beso de Jonathan.

—Jonathan, ¿qué has querido decir con lo de que te has enterado de algo del saboteador?

—Eso me indica que quienquiera que está implicado no es un auténtico as de la informática.

Ella leyó la hoja impresa.

—Tres lotes de Loto Dorado no llevaban efedrina. Esto significa que tres lotes de otro producto, o un lote de otros tres productos sí la llevaban.

Charlotte arrojó la hoja de papel.

—He dedicado mi vida al GB4204. No puedo perderlo todo ahora. Por eso persuadí a la abuela de que comprase una empresa de biotecnología. Para poder efectuar ensayos bioquímicos de nuestros extractos de hierbas. Sabía que había algo en los remedios de mi bisabuela que me permitiría encontrar una cura para el cáncer.

Charlotte no tuvo que convencer a Jonathan de cómo se había entregado a la fórmula GB4204. Era un monumento personal a la memoria de un hombre al que ella había adorado. Jonathan conocía la historia de la trágica muerte de su madre a causa de una caída por las escaleras, una joven viuda cuyo esposo había muerto en un accidente de buceo antes de que naciera su bebé, dejando a Charlotte a cargo de su abuela en una casa enorme llena de oscuro mobiliario y silenciosa servidumbre. Gideon Barclay había sido más que un tío para Charlotte.

Jonathan recordaba que Gideon había acudido a la comisaría de policía aquella noche en lugar de la abuela de Charlotte, había sonreído y gastado bromas a los dos jóvenes pillos mientras esperaban a que viniera el mayordomo y recogiera a Jonathan porque Robert Sutherland se hallaba fuera de la ciudad. Los dos jovenzuelos acabaron sin castigo por su robo en el cubo de basura de la compañía telefónica; el tío de Charlotte se los había llevado a tomar unas Zimburgers en Powell Street y había escuchado con interés el apasionado discurso de Jonathan sobre electrónica y comunicaciones. Gideon incluso había prometido no contarle el incidente a la abuela de Charlotte, y por lo que Jonathan sabía, había cumplido su palabra.

De pronto sonó la alerta de correo.

> Cuéntame tus planes, Charlotte. Sólo te quedan ocho horas. Escríbeme a RB@outlaw.com.

Jonathan se sentó de inmediato, cerró la ventana de búsqueda de la base de datos y fue al icono de salida de la red.

—¿Qué haces? —preguntó Charlotte.

—Introducir una identificación en este sitio. Espera...

—RB —musitó Charlotte—. ¿Se trata de una broma?

—¿Qué quieres decir?

—¿RB significa Richard Barclay?

Unos instantes después, Internic presentó la dirección de Outlaw.com.

—Es un cibercafé situado en West Hollywood.

—¡Entonces está ahí! ¡Podemos hacer que le cojan!

—Podría estar allí, o quizá no es tan estúpido. Podría estar accediendo a su correo desde esa cuenta. —Jonathan volvió a teclear, cortando y uniendo la dirección del administrador de correo a partir del encabezamiento, y luego escribió:

> Este individuo nos está amenazando y acosando. ¿Puedes proporcionar su identidad?

—Bien —dijo, poniéndose de pie—. Este tal «RB» está esperando noticias tuyas, Charlie.

—Le he dicho a Margo que prepare una rueda de prensa. Con eso supongo que ese tipo se calmará.

—Charlie —dijo Jonathan.

—¿Qué quieres?

—La muerte de tu abuela...

—¿Qué pasa?

—¿Estás segura de que fue un accidente?

10

San Francisco, California, 1927

—Necesitas un nombre, Armonía —anunció inesperadamente el señor Lee una bochornosa tarde mientras trabajaba en una de sus pinturas.

Sus palabras me sobresaltaron porque creí que se refería a mi apellido, aquel en el que yo también había estado pensando. Y entonces me di cuenta de que le había entendido mal, porque nunca le había revelado mi búsqueda secreta al señor Lee.

Cuando he dicho que el ladrón que me había robado en el apartamento me había dejado mi identidad, no era del todo cierto. Sólo tenía media identidad. Era Armonía Perfecta. Pero no tenía apellido.

—Cuando encuentres a tu padre —me había dicho mi madre el último día que pasé en Singapur—, él te reconocerá como hija suya. Te dará un certificado de nacimiento como es debido y entonces llevarás su apellido.

No llevaba el apellido de la familia de mi madre porque ella les había deshonrado y se había convertido en proscrita. Había eliminado el apellido de su padre de modo que era simplemente Mei-ling. Yo había ido a América a reclamar mi apellido, pero me había encontrado con que mi padre había muerto en alta mar y lo único que me unía a él era su anillo y la carta que había dejado a mi madre.

Poco era para llevarlo ante un tribunal. Eso es lo que los abogados me dijeron, todos a los que acudí, primero chinos, después estadounidenses. Me decían:

—Esto no se sostiene.

Yo solía ir en trolebús hasta California Street y contemplar la gran casa que se erguía detrás de la alta verja: la mansión de los Barclay. Era de mi padre. Debería ser mía. Porque esto es lo que un abogado descubrió: que Richard Barclay no dejó herederos de sangre, sólo un hijo adoptivo. Por lo tanto yo era su única hija. El abogado dijo que podía reclamar aquella casa, y aunque costaría mucho dinero y mucho tiempo, era posible que ganara.

Pero no quería aquella gran casa con tantas habitaciones y ventanas. Me alegraba de vivir sobre la Lavandería Feliz, pues ahora había vuelto a trasladarme al tercer piso, al espacioso apartamento en el que fluía buen *chi* y tenía una orientación este-oeste que daba buena suerte, ahora que mis medicinas se vendían bien.

Lo único que deseaba era un apellido.

«No puedes demostrar que esa carta le fuera entregada a tu madre», dijo un abogado. «No puedes demostrar que Richard Barclay le entregó el anillo a tu madre», dijo otro. El tercero declaró: «Fiona Barclay es una mujer muy rica y poderosa, no ganarías, jamás te permitiría llevar su apellido». Y el cuarto se quedó mi dinero y dijo: «¿Quieres un consejo? Regresa a China».

Yo tenía diecinueve años, pero mis documentos indicaban que tenía veintiuno. Era hora de tener un apellido.

Realmente no enseñé a ningún abogado la carta de mi madre, debido a la promesa que le había hecho a ella de mostrársela sólo a mi padre. Pero era la única prueba que tenía de que él era mi padre, y ahora estaba muerto. ¿Qué iba a hacer?

Se me ocurrió llevarle la carta a Gideon; tenía la sensación de que podía fiarme de él. Pero tampoco podía confiar en lo que sentía hacia él. Era más fácil cuando estaba confundida, cuando creía que estaba enamorada de mi hermano. Pero cuando me enteré de que no teníamos parentesco alguno, que simplemente estaba enamorada de un hombre, se convirtió en una carga insoportable. Porque eso planteaba la cuestión: ¿Algún día podríamos estar juntos?

Gideon regresó a San Francisco exactamente un año después de haber zarpado a las ocho de la mañana en aquel barco, llevándose consigo mi corazón. En aquellos doce meses me dediqué a mis medicinas, a elaborar mis remedios que ya eran conocidos en Chinatown, a mejorarlos y a difundirlos todo lo que podía. Incluso empecé a visitar pacientes; sobre todo a los ancianos que no podían pagarse a un practicante médico más experto, o a los que no podían pagar nada. Era un humilde comienzo y la gente me miraba con reserva debido a mi juventud, pero empezó a correrse la voz y mi reputación fue en aumento. O sea que en aquella época no estaba muy desanimada; los días ocupados y las noches llenas de sueño no dejaban espacio para la añoranza. Pero cuando leí en el periódico que había llegado un gran trasatlántico, y los apellidos de algunos pasajeros notables, y luego vi una fotografía de Gideon en una fiesta de bienvenida celebrada en la mansión de los Barclay a la que habían sido invitados incluso el alcalde de San Francisco y varias conocidas estrellas de cine y políticos, sentí que mi corazón volvía a latir con fuerza y me hacía sentir de nuevo un dulce pesar.

La chica rubia, Olivia, aparecía en la fotografía con Gideon, iban cogidos del brazo, y por la forma en que le miraba, su sonrisa tan radiante, el modo en que él sonreía mirando directamente a la cámara —esta «amiga de la familia» cuya foto él llevaba en la cartera— supe que mi amor secreto era vano.

O sea que cuando me envió una nota a través de un mensajero, en la que me preguntaba si podía venir a verme, no di respuesta. Cuando una semana más tarde recibí otro recado, envié de regreso al mensajero. La tercera nota me la entregó el propio Gideon.

Por entonces yo tenía alquilada una pequeña habitación en la parte trasera de la Compañía Comercial del señor Huang, de modo que las hierbas y minerales que le compraba no salían del recinto, sino que iban directamente a los bancos de trabajo y fregaderos y fogones donde mi pequeño personal formado por cuatro chicas me ayudaban a elaborar, empaquetar y entregar mis remedios.

Constituíamos una empresa humilde. Cada pequeño paquete, cada botellita, cada jarra de cerámica se llenaba a mano, se etiquetaba, se envolvía y se metía en cajas. Una de mis chicas se sentaba ante un atestado escritorio y escribía laboriosamente las etiquetas en chino y en inglés, la fecha de fabricación, las hierbas que contenía el envase. La mayoría de herbolarios no indicaban los ingredientes por miedo a que otros copiaran el producto. Pero hay personas alérgicas a ciertas hierbas, como yo lo soy al estramonio, y podían sufrir reacciones adversas graves.

Al principio los herbolarios locales eran reacios a adquirir mis remedios; decían: «Tenemos muchos de la marca Dragón Rojo. ¿Por qué comprar la tuya?». Así que los recorrí todos y entregué a cada uno tres botellas de Loto Dorado, tres paquetes de Dicha, tres frascos de bálsamo Mei-ling y les dije:

—Quédense con todo el dinero que saquen de esto. El siguiente lote que me encarguen, lo recibirán en depósito.

Yo tenía mucha fe en mis productos. Los herbolarios vendieron esos nueve y me llamaron pidiendo más. Entonces fue cuando empecé a tener beneficios.

Cuando vendía algo a un amigo o vecino, decía:

—Si esto no le cura, le devolveré el dinero.

Con la excepción de la señora Po, a todos les daba vergüenza devolverme el remedio; creo que quizá se curaban por vergüenza.

Y así pues, el día que se cumplía el aniversario de haber recibido respuesta a mis plegarias, cuando Kwan Yin habló con la voz de mi madre y me enseñó a escuchar con los ojos y los recuerdos en lugar de hacerlo con los oídos, Gideon Barclay volvió a entrar en mi vida.

Yo llevaba un delantal de carnicero, el pelo largo recogido en un gorro quirúrgico blanco, y removía el delicado bálsamo sobre el fuego, disolviendo la cera sólida hasta que adquiriera la consistencia adecuada antes de añadir el petrolato y la primera de las hierbas, cuando me di cuenta de que mis chicas habían dejado de chismorrear: mi pequeña fábrica nunca estaba en silencio. Me volví y vi lo que ocurría: había un estadounidense alto que llenaba todo el vano de la puerta, su rostro más moreno de lo que yo recordaba, con el cabello un poco más largo. Sonreía, aunque no con una expresión tan infantil como aquel día en el *drugstore*.

—Hola, Armonía —saludó.

Mis chicas ahogaron unas risitas y se pusieron a trabajar de nuevo. Yo dejé a Judy Wong a cargo del bálsamo mientras salía afuera con Gideon, sin siquiera quitarme el delantal y el gorro. Fue una breve conversación. Había venido para decirme que no permanecería mucho tiempo en casa, que ya tenía otro trabajo en Panamá. Pero ya tenía su título de ingeniero, podía construir puentes, presas, carreteras en cualquier parte del mundo. Y había mucha demanda.

¿Era eso lo que había venido a decirme? ¿Que su presencia nunca sería constante en mi vida? ¿Que nuestro destino era disfrutar tan sólo de encuentros robados entre un encargo y otro en países distantes?

Echó una mirada a las chicas que trabajaban y dijo:

—Parece que te van bien las cosas desde la última vez que nos vimos. ¿Eres feliz, Armonía?

—Estoy muy ocupada, tengo las horas llenas.

Él se había acercado más, aquella tarde más de un año antes, tanto que ella vio un pequeño defecto en su ojo derecho, una mancha dorada que flotaba en el iris gris ahumado.

—¿Eres feliz? —repitió con voz más suave.

Si Gideon me hubiera besado entonces, me habría rendido a él. Habría abandonado Chinatown y mis medicinas y le habría seguido a los confines de la Tierra.

Pero de pronto se apartó y su semblante se ensombreció.

—No vas a decírmelo, ¿verdad? ¿Por qué eres tan misteriosa, Armonía? ¿Por qué no puedo dejar de pensar en ti?

—No debes pensar en mí —dije.

—¿Por qué no?

«Porque quiero el apellido de tu padre. Quiero ser reconocida como su hija, su única hija. Te depondría, Gideon. Nos convertiríamos en rivales.»

—Porque yo soy china y tú estadounidense —fue lo que dije.

—Maldita sea, Armonía, ¿todavía piensas en aquel camarero del *drugstore*?

Cómo no iba a hacerlo. Ser tratada peor que un perro debido a la forma de mis ojos.

—Quiero hablar contigo. De acuerdo, si lo personal te molesta, llamémoslo una reunión de trabajo. Me interesa invertir en tus medicinas. No tienes por qué trabajar en una habitación trasera con cuatro chicas. Podrías comprar una fábrica y distribuir tus productos en todo Estados Unidos. ¿Te gustaría?

Sí, me gustaría, pero ¿con qué dinero iba a hacerlo? Y luego comprendí: él quería darme dinero.

Meneé la cabeza. Una cosa era cuando creía que era mi hermano, darme dinero. Pero ahora que ni siquiera éramos parientes, resultaba impensable.

Le dije que tenía que volver a mi trabajo. Él no quiso marcharse hasta que accediera a cenar con él la noche siguiente. Accedí. No aparecí. Y después de ese día no volví a tener noticias de él.

Una bochornosa tarde un año después, cuando el señor Lee estaba pintando laboriosamente anunció de pronto, y de forma inesperada, que yo necesitaba un apellido.

Disfrutaba viéndole trabajar, pues utilizaba sus cuadros para trasmitir la admiración taoísta por la belleza de la naturaleza. El señor Lee daba cada pincelada de la manera tradicional, precisa, besando con el pincel el papel de arroz y dejando el color detrás, la imagen de su visión interior. Pintaba tigres que saltaban fuera del papel y asombrosos paisajes suspendidos entre el cielo y la tierra. La gente lanzaba exclamaciones de admiración por el don que poseía, pues sus pinturas eran las que mejor imitaban la realidad de todos los artistas de Chinatown. Creo que el secreto de su habilidad procedía del hecho de que cada mañana, cuando preparaba sus piedras de tinta y pinceles de piel de cordero, el señor Lee rogaba en silencio para ser iluminado interiormente.

En esta tarde bochornosa, un año después de que Gideon entrara en mi vida y saliera de ella, el señor Lee alzó la mirada de lo que estaba pintando y me miró con ojos pálidos llenos de curiosidad. Ver a un chino con semejantes ojos era inusual. Pero todo en el señor Lee era inusual. Me dijo que aún no había cumplido los treinta, pero aparentaba más edad. El cabello empezaba a faltarle sobre la frente, y llevaba gafas muy gruesas. Tenía los hombros inclinados hacia adelante debido a tantos años de trabajar encorvado sobre sus pinturas, y también porque se sabía muy alto. Tímido, modesto y reservado, el señor Lee pertenecía a otra época, pensaba yo a menudo, una era distante de eruditos conventuales que vestían túnicas de susurrante seda y contemplaban la naturaleza de los ángeles.

En los últimos dos años literalmente había descendido en el mundo, pues ahora vivía debajo de mí, en la pequeña habitación que yo había ocupado durante un breve espacio de tiempo. Aunque era un artista excelente, el mejor de Chinatown, era terriblemente lento, demasiado lento para los turistas, que querían cuadros pintados deprisa aunque de menor calidad. Mientras otros artistas se cambiaban de casa y prosperaban, el señor Lee poco a poco perdía terreno. Ahora vendía pocos cuadros y temía que tendría que volver a su familia con gran pérdida de dignidad. Como en otra época yo había declinado su generosa caridad, ahora él declinaba la mía. Si no podía triunfar en California por mérito propio, se tragaría su orgullo y regresaría a Hawai.

—Necesitas un nombre —dijo ahora con una voz suave, dejando el pincel.

No se refería a Barclay, pues no había hablado con él de un problema tan personal. Hablaba de mis remedios.

Yo sabía que tenía razón. A medida que mi modesta reputación iba difundiéndose, la gente entraba en las herboristerías y pedía al propietario:

—Necesito un poco de ese bálsamo rosa que elabora la chica que vive encima de la Lavandería Feliz.

Muy incómodo y desagradable. Al cliente le resultaba más fácil decir: «Necesito bálsamo Dragón Rojo».

Pero ¿qué nombre iba a poner a mis medicinas? ¿Qué símbolo elegiría? La Compañía de Salud Dragón Rojo utilizaba el rojo y el oro, los colores de la buena suerte y, por supuesto, el símbolo del dragón, que todos los chinos reconocen como poderoso símbolo de buena suerte. Y aunque mis remedios resultaban atractivos en sus bonitas botellas y envoltorios, no destacaban en los estantes como los del Dragón Rojo.

No conocía al propietario de la Compañía de Salud Dragón Rojo, pero sí su reputación. Incluso creo que algunos tenderos temían no disponer de sus productos, que eran obligados con intimidaciones a poner a la venta su mercancía. Porque ¿de qué otro modo podría explicarse que medicinas de inferior calidad —en realidad algunas incluso peligrosas, creo— estuvieran siempre en los estantes de herboristerías de calidad?

—Necesitas un símbolo, Armonía —dijo el señor Lee—. Para que tus remedios destaquen y para que la gente los recuerde.

Pero ¿cuál?, me preguntaba yo. ¿Cómo iba a poder competir con un dragón?

La gran casa de la colina estaba decorada con robustos muebles victorianos, y mientras yo permanecía sentada entre el majestuoso mobiliario, plantas en macetas, relojes de suave tictac y delicioso aroma de aceite de limón en la madera, no pude por menos de preguntarme: si mi padre viviera, ¿nos habría traído a mi madre y a mí a vivir aquí? Pues con toda seguridad el curso de nuestras vidas habría resultado muy diferente dentro de esa casa.

Había acudido allí para hablar con Fiona Barclay. Había ido para pedirle el apellido de mi padre.

Cuando entró en la estancia, me puse respetuosamente en pie. Nunca había estado en un hogar occidental, y salvo por las damas de la escuela de la Misión de Singapur, adonde había asistido para aprender inglés, nunca había conocido a una mujer occidental. Me dijo:

—Entiendo que deseas...

Y entonces se interrumpió y me miró fijamente.

No sé qué se considera belleza entre las mujeres norteamericanas, pero a mí me pareció que Fiona Barclay era guapa. Tenía habilidad con los cosméticos y llevaba un peinado que yo había visto en una revista; su ropa era de seda y estaba bien confeccionada a medida. Y tenía una actitud elegante y digna, que iba con su papel de dueña de aquella casa. Le calculé unos cuarenta y cinco años, aunque detecté cierta dificultad respiratoria en el modo en que hablaba, como la suegra de la señora Po, una mujer de edad avanzada, cuando había pasado un día fumando su pipa.

—¿Eres la muchacha que tiene el anillo de mi esposo? —preguntó después de dejar de mirarme fijamente.

—Le presento mis respetos, Primera Esposa.

—Yo no soy ninguna Primera Esposa. Soy la «única» esposa y ese anillo me pertenece.

—Perdone, pero este anillo es lo único que tengo de mi padre.

No me invitó a sentarme ni me ofreció té. Quizá los estadounidenses tenían una manera diferente de honrar a los invitados.

—¿Tu padre? —exclamó.

Entró otra persona en la habitación; reconocí a la chica de la fotografía que Gideon llevaba en su cartera. Olivia, de quien Gideon había dicho era amiga suya. Ahora la vi más de cerca, observé lo bonita que era, lo brillante que era su pelo rubio como el de una estrella de cine. Recordé que dos años atrás, en el *drugstore*, Gideon había dicho que Olivia tenía diecisiete años, lo cual significaba que ahora tenía diecinueve, la misma edad que yo. Ella sonrió y me preguntó si me gustaría tomar un poco de té.

Pero la señora Barclay interpuso:

—Nada de té, Olivia. Esta persona no se quedará mucho rato. —Clavó su fría mirada en mí—. Afirmas que Richard era tu padre. ¿Tienes alguna prueba? ¿Tienes una licencia matrimonial?

La licencia era falsa; en ella aparecía el nombre Richard Smith para que yo pudiera entrar en Estados Unidos.

—¿Un certificado de nacimiento?

También eso había sido falsificado.

—Jovencita, no sé cuál es tu plan y no me impoorta. Pero ese anillo es mío y quiero que me lo devuelvas.

—No tengo ningún plan...

—¿Qué ocurre? ¿Quieres parte de su herencia? ¿Dinero? ¿Quieres acaso vivir en esta casa?

Negué con la cabeza.

—No quiero nada de todo esto.

—Algo debes de querer.

—Quiero su apellido.

La mujer me miró con fijeza mientras Olivia nos observaba con desconcierto.

—No hablarás en serio.

—Es mi apellido. Usted es la única que puede dármelo legalmente.

La viuda de Richard Barclay me contempló un largo momento mientras escuchábamos una tarde llena de ruidos como campanillas del trolebús y, a lo lejos, sirenas que alertaban de que había niebla en la bahía.

—No debería dedicarte ni un minuto más de mi tiempo —dijo por fin la señora Barclay—, pero confieso que siento curiosidad por la indignante historia que te has inventado. ¿Cómo conoció mi marido a tu madre?

Le conté que Richard había recibido una paliza y mi madre había cuidado de él. Le hablé de su amnesia y graves heridas. No le conté que todo esto había tenido lugar en secreto encima de la tienda de sedas de la señora Wah, ni que mi madre y Richard en realidad no estaban casados la primera vez que hicieron el amor.

—¿Amnesia? Entonces, ¿cómo sabes quién era él?

Le hablé del anillo y la joyería y le conté que oí al joyero dirigirse al joven llamándole señor Barclay; no le dije que Gideon me había llevado a un *drugstore* y había querido invitarme a tomar un *sundae* de chocolate caliente. Creo que Gideon cumplió su palabra de decirle a su madre que no me había encontrado.

—Pero hay más —añadí con esperanza—. Aunque mi padre no recordaba nada de sí mismo, recordaba San Francisco, y contó historias a mi madre...

Fiona alzó una mano para interrumpirle.

—Basta. Nada de lo que me has contado constituye ninguna prueba.

Pero yo tenía una prueba: la carta que Richard Barclay dejó a mi madre. La señora Barclay reconocería su letra, su firma. La llevaba en mi bolso y cuando hurgué en él la señora Barchay dijo:

—Esto me resulta demasiado doloroso. No debería haber accedido a verte. —Ahora respiraba con dificultad—. Dame el anillo de mi esposo y no llamaré a la policía.

—Pero tengo una prueba —dije mientras sacaba la carta. La señora Basrclay sólo tendría que leer una parte de ella para saber que yo era hija de Richard.

—No me interesa lo que tú llamas prueba —dijo, respirando cada vez con mayor dificultad.

—Fiona... —empezó a decir Olivia con expresión preocupada.

La señora Barclay le hizo una seña de que no interviniera. Llevándose una mano al pecho, dijo con voz tensa:

—No debería tener que explicártelo. Pero por si crees que se trata de un asunto frívolo, Richard Barclay era mi querido esposo. Me quería mucho, nos éramos fieles, y venir tú aquí con tus sucias historias... —De pronto empezó a jadear.

Oliva se precipitó a ayudarla a sentarse en una silla.

—El anillo... —susurró con voz ronca la señora Barclay—. Debo tener...

Olivia salió apresuradamente al pasillo y gritó:

—¡Llamen al doctor Hafner! ¡La señora Barclay tiene un ataque! ¡Deprisa!

Cuando regresó, precipitándose al lado de la señora Barclay, Olivia hurgó en el cuello del vestido de Fiona intentando desabrochárselo. Pero la señora Barclay ahora tenía grandes dificultades para respirar, apartó a Olivia y abrió la boca de par en par, tratando de inhalar grandes bocanadas de aire.

—¡Fiona, no te esfuerces! —dijo Olivia—. Oh, Dios mío...

Dejando mi bolso sobre una pulida mesa, volví a guardar la carta y saqué una botellita de vino Loto Dorado, que siempre llevaba conmigo como primer auxilio. Se lo tendí a Olivia.

—Dale esto.

—¿No ves que no puede respirar? ¡Se está ahogando!

Me acerqué a Fiona y le pasé un brazo sobre los hombros, apretándole la botella abierta a los labios.

—No se esfuerce. Tiene aire en los pulmones, es suficiente. Trague esto. Le calmará el espasmo.

El primer trago le hizo toser, escupir y ahogarse más aún. Pero yo insistí.

—Procure tragarlo.

Le eché un poco más, que acabó resbalándole por la barbilla.

—¿Qué estás haciendo? —gritó Olivia.

Los ojos de la señora Barclay estaban desorbitados de terror. Vi que los labios empezaban a amoratársele. Volvió a toser, escupiendo el vino.

—¡Vas a ahogarla! —gritó Olivia tratando de apartarme de la señora Barclay.

Ahora se precipitó más gente en la habitación. Alguien dijo:

—¡Abrid las ventanas, que entre un poco de aire!

Otro anunció:

—¡El doctor Hafner está en camino!

Yo les hice caso omiso e intenté de nuevo que Fiona tragara un poco de Loto Dorado. No lo hacía por amor a la señora Barclay; no me gustaba aquella mujer. Lo hacía por Gideon.

La cuarta vez tragó el vino. La señora Barclay tosió menos y su respiración trabajosa y ronca empezó a calmarse. Al llenarse sus pulmones, se desplomó en mis brazos. La dejé hundirse en la mullida silla tapizada y luego me retiré para que los demás se ocuparan de ella. Un hombre corpulento con un delantal de jardinero cogió en brazos a la mujer semiinconsciente y la sacó de la habitación.

Al cabo de unos minutos me quedé sola. Nadie me dijo nada, nadie me miró siquiera.

Mientras esperaba en aquel gran salón silencioso, saqué la carta de mi padre y la leí, aunque la había leído tantas veces que me la sabía de memoria:

> Te dejo de mala gana, mi preciosa Mei-ling. Pero antes de que podamos casarnos tengo que ocuparme de un asunto en casa, y debo hacerlo personalmente. Estoy atado a un matrimonio sin amor, cariño. Me casé con una mujer por piedad porque ella y su hijo habían sido abandonados por un sinvergüenza. No deseo seguir viviendo con Fiona. Les diré a mis abogados que redacten un acuerdo para proveer para ella y Gideon, y después regresaré a ti, mi amor, y después viviremos verdaderamente felices.

Doblé la carta con cuidado y volví a guardarla; levanté la vista al techo, como si pudiera ver a su través y saber lo que estaba sucediendo en las habitaciones del piso de arriba.

«Richard Barclay era mi querido esposo. Y nos éramos fieles.»

Esta carta demostraba que el anillo era mío y que tenía derecho al apellido Barclay. Pero si se la mostraba a Fiona, destrozaría con ello sus preciados recuerdos de Richard, y la ilusión de un amor que ella creía se dispensaban. Manteniendo la carta en secreto no tendría ninguna prueba para reclamar legalmente el anillo y ella podía hacerme arrestar.

Entonces, ¿qué iba a hacer?

Olivia entró en el salón.

—Fiona pregunta por ti —dijo—. ¿Quieres venir por aquí?

Al pie de la escalera, Olivia se volvió a mí y me dijo:

—Has sido muy valiente y amable. Especialmente después de que ella te tratara como lo ha hecho. No sé qué hay entre tú y la señora Barclay, pero creo que ella ha sido muy antipática contigo. Por cierto, gracias por lo que has hecho.

Cuando seguía a Olivia por la escalera que ascendía al piso de arriba, vi lo grande que era realmente la casa y lo llena que estaba de objetos lujosos y recuerdos de un glorioso pasado. En todas partes colgaban cuadros, de antepasados vestidos con trajes antiguos, una casa llena de generaciones de espíritus, muy parecida a la casa de mi madre en Singapur que ella se había visto obligada a abandonar. Fiona Barclay lo tenía todo, mientras yo no tenía nada.

Tomé una decisión. Le entregaría la carta y reclamaría mi apellido.

Sin embargo, cuando entré en el dormitorio y miré alrededor, vi fotografías por todas partes: pequeñas instantáneas, retratos pintados, fotos recortadas de los periódicos, un verdadero santuario a mi padre. Fiona había conservado vivo a su esposo y su amor por él en esta habitación. Y entonces vi otras fotografías: de un bebé, de un niño que empezaba a andar, un crío con pantalones cortos, un muchachito con equipo de tenis y un joven con pantalones largos y blazer, su hijo, mi querido Gideon.

«Mi madre era viuda y yo era un bebé cuando se casó con Richard Barclay», me había contado Gideon en el *drugstore*. Y sin embargo Richard había escrito en su carta que se había casado con Fiona por lástima, porque un sinvergüenza la había abandonado.

¡Gideon no sabía esto! Fiona debía de haberle contado alguna historia noble, diciéndole quizá que su padre había muerto en una guerra como un héroe, de la misma forma que mi madre había hecho comunicar a su padre que había muerto en la bahía cuando trataba de salvar a un niño que se ahogaba.

¡Qué estrecha de miras había sido yo! Sólo había pensado en mí y en Fiona Barclay. No había tenido en cuenta el corazón de otra persona, mi querido Gideon, a quien heriría lo que yo llevaba encima aquel día.

—Estoy respirando mejor de lo que he respirado en años —dijo la señora Barclay desde su cama con cuatro postes. Ahora iba vestida con satén y encaje, y estaba recostada sobre mullidas almohadas blancas—. Olivia me ha dicho que me has dado una medicina tuya.

Saqué la botella de Loto Dorado y se la ofrecí. Ella exmainó la etiqueta.

—Haré que mi farmacéutico la analice, por supuesto. Quizá pueda prepararme un poco para mí. —Dejó la botella a un lado—. Ahora, por favor, ¿quieres darme el anillo de mi esposo?

Fijé la mirada en la mano que me tendía. Pensé en por qué había acudido a aquella casa, pensé en lo que tenía en mi bolso. Miré a la mujer que era la madre de Gideon y luego miré la pequeña fotografía que estaba en un marco de plata junto a la cama: Gideon cuando era niño.

Por fin me quité la cadena que llevaba colgada al cuello y, por primera vez desde que mi madre me lo entregó, me separé del anillo de mi padre.

Cuando sus dedos lo envolvieron, Fiona Barclay cerró los ojos y se llevó la mano cerrada al pecho. En aquel momento, supe que estaba abrazando de nuevo a su amado Richard.

Por fin, con los ojos llorosos, dijo:

—Ahora estoy cansada. Olivia te acompañará a la puerta.

—Soy la hija de Richard Barclay —dije con voz suave. Quería que dijera que sí, delante de Olivia, delante de un testigo que se lo transmitiera a Gideon. No pedía nada más. Un simple sí.

Fiona meneó la cabeza.

—Tú no eres hija de mi marido.

Encargó al mozo de la casa que le trajera el almuerzo, y después pidió a Olivia que le ahuecara las almohadas, corriera las cortinas y le trajera una revista. Y mientras el mozo chino, a quien yo había visto de pie fuera de la habitación, le entregaba la bandeja del almuerzo a Olivia, quien a su vez se la puso sobre la falda a Fiona, me quedé clavada al suelo. ¿Qué esperaba? No lo sabía.

Fiona Barclay se puso a almorzar, comentando que a la sopa le faltaba sal, la cual se añadió.

—Señora Barclay —dije—. Antes, cuando ha entrado en el salón, se ha parado y me ha mirado fijamente. Mi aspecto le ha sorprendido. ¿Por qué? ¿Qué ha visto en él? ¿Mi parecido con su difunto esposo?

Sin levantar los ojos de la sopa ella dijo:

—Cuando la doncella me ha dicho que tenía una visita, no esperaba a una china. Gracias por devolverme el anillo. Ahora te puedes marchar.

Seguí esperando, pero finalmente Olivia se acercó a mí y dijo en tono amable:

—Ven, te acompañaré.

Pero yo aún conservaba mi dignidad. Sabía salir sola. Me volví y Fiona y dije:

—Ha sido un honor conocerte, Primera Esposa.

Bajé la escalera, cegada por el dolor y la desilusión. Y cuando llegué a la puerta principal, me pareció oír que alguien me llamaba suavemente. Vi al mozo chino salir de detrás de una cortina y hacerme señas de que me acercara a él.

—Está bien —dijo en inglés, sonriendo, cuando estuve junto a él—. Todo bien.

—¿Qué es lo que está bien?

—La señora no agradable contigo. Pero está bien. —Su sonrisa se ensanchó—. Yo meado en su sopa.

De vuelta en mi apartamento, encontré al señor Lee esperando pacientemente.

—Tengo algo para ti, Armonía —dijo, y con gesto tímido me entregó un trozo de papel.

Era la pintura en miniatura más bella que jamás había visto: un sauce llorón reflejado en un lago. Hábilmente entrelazados con las hojas y ramas había los caracteres chinos y letras inglesas que decían:

REMEDIOS CHINOS DE ARMONÍA PERFECTA

—He pensado —dijo con turbación— qué símbolo deberías usar. El Dragón Rojo es rojo y agresivo, demasiado calor, demasiado yang. Tus remedios son suaves, más yin. Esta imagen ha acudido a mí. Podemos ponerla en todos tus remedios.

—¿Puede reproducirla, señor Lee? —pregunté. Aunque hacía dos años que nos conocíamos, aún no me dirigía a él con su nombre de pila.

—Puedo llevársela a un hombre que lo hará. Y puede hacer otras: etiquetas para tus infusiones, tus píldoras.

Me di cuenta de que él veía la misma imagen que de repente veía yo: mi línea completa de remedios colocados en estantes, con sus bonitas etiquetas nuevas azules y plateadas para que todo el mundo las reconociera.

Él sonrió y dijo:

—Ya tienes un nombre.

Y cuando vio mis lágrimas, las tomó por lágrimas de felicidad.

11

23,00. Palm Springs, California

—¡Bien! ¡Aquí están!

Jonathan se acercó a la puerta y miró dentro del museo. Vio a Charlotte de pie ante una vitrina llena de cajas, botellas y frascos envueltos en etiquetas azules y plateadas. El letrero de la vitrina rezaba: *Productos Armonía, hacia 1927.*

—Charlie —dijo—. Los de Knight acaban de llegar.

Ella le miró.

—¿Qué?

Se reunió con él en el despacho y vio en la pantalla de seguridad los dos coches y la furgoneta que acababan de detenerse, los conductores y pasajeros que se apeaban bajo la lluvia.

—Lo primero que harán será sacar el servidor de la red. Hay que entretenerles. —Fue al ordenador y tecleó una orden para que apareciera el directorio de ficheros—. He copiado tu base de datos pero necesito más tiempo.

—¿Cuánto?

—Son nueve gigabytes. He tenido que descargarlo directorio por directorio. —Levantó la vista hacia ella—. Necesito al menos otros treinta minutos. Ponte el auricular y espera a que te dé la señal antes de dejar que se acerquen al servidor.

Ella miró de nuevo la pantalla de seguridad. Los agentes federales entraban apresuradamente en el edificio principal; daba la impresión de que iban en serio.

—Pensaré en algo. —Buscó alrededor, se palpó los bolsillos—. Me parece que he perdido el auricular. Debe de habérseme caído.

—No tengo otro. ¿Tienes un busca?

Ella hurgó en su bolsa de cuero, palpando con cuidado la bufanda de seda que contenía el móvil de campanillas de cristal roto. Cuando su mano rozó un borde afilado, experimentó una punzada de emoción: el desaliento que había sentido al ver el móvil hecho añicos. Otra emoción ahogó ésta: la sensación de absoluta indefensión y soledad, cuando cinco horas atrás había oído a Forest decirle: «Te quiero» antes de colgar.

¿No se suponía que semejantes palabras daban consuelo? Y sin embargo ahora se daba cuenta, al sacar su busca, de que sus palabras le habían hecho sentirse aún más sola.

Mientras se colocaba el busca en la cintura de los tejanos, tras indicar el número a Jonathan, dijo:

—Lo tengo puesto en vibración. En cuanto hayas terminado, avísame. Así sabré que puedo dejar que los hombres de Knight se acerquen a las máquinas.

—Sí, pero sobre todo espera a que yo te llame. Si entran en el sistema mientras estoy descargando, me descubrirán. Me acusarán de falsificar pruebas y eso significará arresto. Charlotte —añadió—, no pueden detenerme, ¿lo entiendes? Y menos por una acusación de delito informático.

—Lo entiendo, Johnny. No te preocupes. No permitiré que te cojan.

—Sobre todo, manténles lejos del servidor.

—Primero el servidor —dijo uno de los agentes a sus hombres cuando Charlotte salió del ascensor—. Eso es prioritario.

—Disculpe —dijo Charlotte—. Pero ¿quién es usted?

El hombre sacó una identificación y anunció:

—Tenemos una autorización, señora.

—Estoy segura de ello. —Charlotte miró alrededor la zona de recepción que, salvo por los recién llegados, estaba desierta. Vio despachos abiertos, también vacíos. Se preguntó si los Barclay se habrían ido a casa—. Me gustaría leer la autorización —dijo, tendiendo la mano.

El hombre rebuscó en los bolsillos interiores de su americana, echando un vistazo a su pistolera de hombro y pistola, y dijo:

—Vamos a llevarnos su sistema, señora.

—Tengo derecho a leer antes la autorización.

—Tiene ese derecho, sí, señora —dijo él.

Luego se volvió a los otros agentes y les repartió por toda la planta con instrucciones de ir primero a los despachos con ocupantes; recordó a sus hombres que se limitaran a etiquetar y fotografiar el equipo y a esperar a que llegara el asesor técnico antes de desconectar ningún aparato.

Cuando les vio dirigirse rápidos y decididos hacia los despachos, ajenos a su insistencia de leer antes la autorización, Charlotte dejó con brusquedad los papeles en el escritorio de recepción y salió apresurada tras los agentes, atisbando en los despachos para ver quién quedaba aún. También buscaba a Valerius Knight.

Le encontró fuera de la sala de fotocopias, mostrando al jefe del equipo un plano del recinto de Biotec, señalando edificios, la ubicación de los diversos departamentos.

—Ah, señorita Lee, veo que ha vuelto a aparecer.

—Conozco mis derechos, agente Knight. Sus agentes han de anunciar su identidad e intenciones antes de entrar en el recinto.

Él esbozó una rápida sonrisa.

—Salvo, claro está, en casos en que ese anuncio provocara la destrucción de pruebas.

—Oh, vamos. ¿Ha visto a alguien borrando ficheros como un loco?

—Eso es precisamente lo que mi equipo tiene que impedir.

Cuando Charlotte vio el mapa que el agente tenía entre las manos, en el que se indicaba la ubicación de cada terminal de ordenador de Armonía Biotec, se dio cuenta de que Valerius Knight no había permanecido ocioso las últimas cuatro horas. También reparó en que el museo no aparecía en su plano.

—¿Se llevan todos los ordenadores? —preguntó.

—El sistema completo y hasta el último disquete —dijo él—. Empezando por el servidor de la red. Por cierto, necesitaré que abra el armario de la instalación eléctrica, si no le importa.

Charlotte se dio unos golpecitos en la barbilla.

—Insisto en que sus hombres hagan una relación detallada de todo lo que se llevan.

—Claro. Es el procedimiento de costumbre.

—Y quiero que mi administrador del sistema esté cerca cuando lo hagan.

—Ya he hablado con él. Lamentablemente vive al otro lado del cañón Saguaro, que actualmente se encuentra inundado. Bueno, ¿abrimos el armario de la red?

Como Armonía era una empresa farmacéutica con fórmulas confidenciales en su base de datos, el armario de aire acondicionado donde estaba alojado el servidor de la red se guardaba bajo extremas medidas de seguridad. Mientras Charlotte acompañaba de mala gana al agente Knight por el corredor, tratando de pensar cómo iba a entretenerle, explicó que las medidas de seguridad eran tales que una sola persona no podía acceder al centro de la red; eran precisas dos personas para desbloquear la puerta.

—Normalmente somos mi administrador del sistema y yo.

—Estoy seguro de que encontraremos a alguien que tenga una tarjeta llave aparte de usted.

—No estoy tan segura. Al parecer todo el mundo se ha marchado...

—¿Qué demonios está sucediendo? —estalló Adrian saliendo de su despacho—. ¡Algún hijo de puta acaba de entrometerse y me ha dicho que no puedo usar mi ordenador! ¡Y ahora el muy cabrón lo está grabando en vídeo!

Margo también apareció.

—¿Qué van a buscar exactamente en nuestros ordenadores?

—Huellas digitales, señora Barclay. Creo que esos productos fueron alterados aquí, en Armonía Biotec. También creo que averiguaremos quién lo hizo buscando la evidencia en sus ficheros.

—¿Está sugiriendo que hubo sabotaje? ¿Quizá un empleado disgustado?

—Oh, el motivo podría ser cualquier cosa. —Sonrió—. Incluso podría ser algo como encubrir un desfalco en la empresa.

Ella le miró a los ojos con tanta dureza que incluso a Knight le costó sostenerle la mirada.

—¿Está sugiriendo que somos sospechosos?

—En estos momentos, señora, sospecho de todo el mundo.

—Nosotros somos unos Barclay —dijo ella con frialdad—. No malversamos fondos, ni estafamos ni cometemos delitos.

—Perdóneme, señora, pero ya he oído eso muchas veces.

Haciéndole caso omiso, Margo se volvió a Charlotte.

—He preparado esa rueda de prensa. A las nueve. Estarán las emisoras locales y la CNN.

El agente Knight miró a Charlotte.

—¿Y qué objetivo tiene esa rueda de prensa?

—Preservar el buen nombre de mi empresa —respondió ella, tirándose de los puños del jersey y mirando disimuladamente su reloj. Sólo habían transcurrido cinco minutos. ¿Cómo iba a entretenerles otros veinticinco?

—Agente Knight, he estado repasando los registros —dijo— y estoy segura de que puedo encontrar el origen de la manipulación si me da más tiempo.

Él alzó las cejas.

—¿Puedo preguntar dónde ha estado realizando esta búsqueda? No recuerdo haberla visto en su despacho.

—Este recinto es muy grande, agente Knight. Tenemos terminales en todas partes.

Él siguió mirándola mientras asentía con lentitud.

—Estoy seguro de ello. —La miró un largo momento más y luego dijo—: Abra este armario, por favor.

—¿Cuánto durará esto? —preguntó Adrian con impaciencia mirando con ceño la puerta abierta de su despacho, en cuyo interior podía ver al agente, debajo de un escritorio, poniendo etiquetas en cables y cordones—. Necesito acceder a mis ficheros.

Charlotte pensó que Adrian Barclay tenía mejor aspecto que hacía unos instantes. Había mejorado el color de su semblante, e incluso parecía un poco más alto. Miró a Margo, quien había salido del despacho de su esposo detrás de éste. También ella parecía mucho más segura de sí misma.

—Nos llevamos el sistema al laboratorio de delitos informáticos, señor Barclay —explicó Knight con paciencia—. A partir de este momento, nadie tiene permiso para acceder a esos ficheros.

—¡Pero no pueden hacer eso! —bramó Adrian.

Knight se puso en jarras y dijo con aire cansado:

—Bueno, ¿quién más tiene tarjeta llave de esta habitación?

—Yo no tengo ni idea de dónde está la mía —dijo Margo, observando su despacho en el que un agente acababa de entrar.

Por las demás puertas abiertas salían ruidos al ser retirado rápida y metódicamente todo el sistema. Pronto los agentes iban a bloquearlo por completo y a llevarse todo el equipo. Charlotte palpó el busca bajo su jersey y rogó que pudiera entretenerles el tiempo suficiente para que Jonathan terminara la descarga. Aún tenían que transcurrir veinte minutos.

—Nunca he necesitado abrir esa cosa —dijo Margo, señalando el armario de la red, y cuando Charlotte oyó el deje de desprecio en la voz de la mujer, recordó que, aparte del correo electrónico, Margo nunca había confiado mucho en los ordenadores. ¿Sabría que los ficheros borrados permanecían en el disco duro?

—Iré a buscar mi tarjeta —dijo Charlotte—. Y creo que Desmond tiene una, si aún no se ha marchado.

Yendo apresurada por el pasillo miró atrás y vio que Adrian se había retirado a un rincón, con el móvil pegado a la oreja. Margo volvía a estar de pie cerca del agente Knight y ambos parecían compartir un chiste. Los agentes federales trabajaban en silencio y con eficacia, etiquetando, fotografiando, desenchufando máquinas que ya estaban apagadas y envolviéndolas en plástico, cogiendo disquetes, metiéndolos en bolsas protectoras. Charlotte se preguntó dónde se encontraban Desmond y el señor Sung mientras se desarrollaban los hechos.

Cuando se aproximaba a su propio despacho, vio que la puerta estaba entreabierta. Recordaba claramente haberla cerrado con llave cuando había salido un rato antes. ¿Habría entrado algún agente ? No vio a nadie dentro. Y su ordenador estaba encendido. Cuando se acercó al escritorio, se dio cuenta de que había un nuevo mensaje en la pantalla y percibió en el aire una fragancia que le resultaba conocida pero no lograba identificar.

> Eres una chica lista, Charlotte —decía el mensaje—. No has dicho nada de mí a los federales. Ja ja. Pueden buscar todo lo que quieran en el sistema. Jamás me encontrarán en él. Sólo te quedan siete horas.

No mencionaba la rueda de prensa. El intruso le había dicho que le escribiera para comunicarle para cuándo estaba prevista, pero Charlotte no había tenido ocasión de hacerlo porque no sabía para cuándo la había preparado Margo. Y sin embargo no le preguntaba por ello, lo que resultaba extraño.

Era como si ya lo supiera.

También sabía lo de los agentes de la FDA. ¿Cómo era posible? Pero por alguna razón no parecía saber nada de Jonathan.

Charlotte abrió un cajón de su escritorio y sacó su tarjeta de seguridad y se la metió en el bolsillo. Consultó su reloj. Quedaban quince minutos. Consideró por un instante la posibilidad de decirle a Knight que no lograba encontrar su tarjeta, pero tenía la sensación de que no la creería. Decidió de todos modos que la mejor manera de entretenerle era mostrarse cooperativa.

Cuando salía de su despacho, cayó en la cuenta de que el perfume que se percibía en el aire era Organza, de Givenchy.

El favorito de Margo actualmente.

Antes de reunirse con Knight y los demás, Charlotte entró en la sala de descanso de los empleados, donde el frigorífico estaba cubierto de notas y memorandos sujetos por imanes. Eligió el imán más grande, lo pasó por encima de su tarjeta de seguridad, volvió a colocar el imán en su lugar y se apresuró a regresar junto a los demás.

Ahora el señor Sung se encontraba allí, vestido aún con el traje gris que llevaba cuando había llegado a la oficina, horas atrás. A diferencia del agente Knight, que ahora estaba en mangas de camisa, con la corbaja aflojada y el cuello de la camisa desabrochado, una sombra en la mandíbula, el señor Sung iba tan pulcro como si el día acabara de empezar.

Charlotte le oyó decir a Knight:

—Resultaría muy útil que pudieran dejar nuestro sistema intacto. Tenemos que efectuar modelos de fórmulas y hemos de procesar los cheques de los empleados con la prima. ¿No podría hacer que sus hombres examinaran el sistema aquí mismo?

Knight habló como si estuviera orando desde el púlpito:

—El protocolo, señor Sung, exige que nos llevemos el sistema de aquí y lo examinemos en el laboratorio del FBI. De ese modo nos aseguramos de que no se altera durante nuestra investigación. —Knight esbozó una amplia sonrisa—. Como abogado, señor, apreciará el hecho de que tenemos que ir con mucho cuidado para preservar la evidencia. Si examináramos el sistema aquí, dejaríamos abierta la posibilidad de que se manipulara, por ejemplo borrando o alterando ficheros.

—¿Qué evidencia es un maldito ordenador? —bramó Adrian reuniéndose con ellos, cerrando con un golpe airado el teléfono móvil.

—No es sólo evidencia, señor Barclay —dijo Knight sin alzar la voz—. Creo que las fórmulas fueron alteradas aquí, en Armonía Biotec, en su sistema. Por lo tanto su ordenador también es el instrumento del delito. Piense que es —dijo, ensanchando su sonrisa— como una pistola humeante. —Se volvió a Charlotte—. ¿Ha encontrado su tarjeta llave? El señor Sung ha ofrecido la suya.

Charlotte sacó su tarjeta y titubeó. Si el truco del imán no funcionaba, iban a pillar a Jonathan efectuando la descarga.

El señor Sung entró primero, introduciendo su tarjeta por la rendija de metal practicada en la jamba de la puerta. Un aviso digital confirmó la secuencia número uno y a continuación anunció: «Inserte segunda tarjeta por favor».

Cuando dio un paso al frente Charlotte sintió que el pulso se le aceleraba. ¿Qué le harían a Jonathan si le pillaban? Estaba manipulando las evidencias en un delito federal.

«Se está jugando su carrera para salvar mi empresa.»

La tarjeta se le cayó de los dedos y aterrizó suavemente sobre la alfombra.

—Lo siento —murmuró Charlotte recogiéndola.

«¡Vamos, Johnny! ¡Llámame!»

Respiró hondo y contuvo el aliento mientras pasaba su tarjeta por la ranura. Al ver que no sucedía nada, el agente Knight dijo con sequedad:

—Creo que la ha puesto al revés.

Charlotte dio la vuelta a la tarjeta y volvió a pasarla. Transcurrió una fracción de segundo antes de que apareciera la inscripción: «Tarjeta no válida. Inserte segunda tarjeta por favor».

—¿Me permite? —dijo Knight, tendiéndole la mano.

Ella le entregó la tarjeta y él la probó, pasándola más de una vez por una cara y por la otra. Nada.

—Nunca había ocurrido —dijo Charlotte, mirando a Knight y sosteniéndole su escrutadora mirada—. ¿Cree que es posible que hayan manipulado la cerradura?

Consultó el reloj de la pared. Habían transcurrido veinte minutos, faltaban diez.

—No se preocupe —dijo Kinght—. Venimos preparados. ¿Randall? —llamó—. Necesitamos el soplete. —Su sonrisa ahora se había transformado en un gesto ceñudo—. Tardaremos una hora, pero lo abriremos, puede estar segura de ello.

Charlotte sintió que se relajaba. Una hora era tiempo más que suficiente.

—¡Oh, por el amor de Dios! —exclamó de pronto Margo—. ¡Qué métodos tan brutales! —Giró sobre sus talones y volvió a entrar en su despacho con paso majestuoso, reapareciendo un momento más tarde con una tarjeta llave—. Tenga. No sé si funciona, nunca he tenido que utilizarla.

Antes de que Charlotte pudiera reaccionar, Knight deslizó la tarjeta por la ranura, apareció una luz verde en la visualización digital y la puerta se abrió.

Charlotte miró la hora en su reloj. Jonathan aún necesitaba ocho minutos.

—Agente Knight, ¿podrían esperar un momento sus hombres? —preguntó—. Los procesadores de datos del departamento de contabilidad llegarán dentro de unos minutos para empezar su turno y preparar los cheques con la prima...

—Señorita Lee, nos hallamos ante tres homicidios y un posible cuarto. No podemos perder tiempo. Podría haber más vidas en juego. Creo que los cheques puede esperar un día o dos, ¿no le parece? —Se alejó y preguntó—: ¿Dónde está O'Banyon? Decidle que tenemos el servidor.

Mientras esperaba, confiando en que el tal O'Banyon llegara tarde, Charlotte miró a Margo, Adrian y al señor Sung, y se preguntó si uno de ellos podía ser el culpable. «Nuestro amigo entiende lo suficiente de ordenadores para falsificar una fórmula —había dicho Jonathan—, pero no sabe que al borrar un fichero éste no se destruye.»

Charlotte sabía que los tres tenían cierta experiencia con ordenadores, pero no mucha. El señor Sung utilizaba su ordenador como procesador de textos y para realizar investigaciones legales sobre la Red; Adrian utilizaba el suyo para el mercado de valores y para leer el *Wall Street Journal*; Margo probablemente utilizaba el suyo en raras ocasiones.

Charlotte pensó en Desmond, cuya ausencia destacaba por el momento. Él despreciaba los ordenadores. Charlotte recordó que, cuando eran adolescentes, se burlaba de Jonathan y su electrónica. Cuando Jonathan dijo: «Algún día los ordenadores lo harán funcionar todo», Desmond respondió con malicia: «A mí no me harán funcionar».

Charlotte se dio cuenta ahora de que, irónicamente, sí lo hacían. Desmond era la persona más informatizada y aficionada a la alta tecnología que ella conocía, y se rodeaba de los artilugios electrónicos más caros y más de última hora. «Soy lo que se conoce como un buscador de calor», había declarado pretenciosamente un día cuando estaba mostrando una nueva máquina tragaperras informatizada en su casa. La abuela de Charlotte había afirmado una vez que la sala de juegos de la casa de la colina de Desmond semejaba una nave espacial, con tantas luces destellantes y visualizaciones digitales. Incluso la casa misma funcionaba mediante un ordenador central que regulaba la temperatura, la luz, la música, la seguridad. Sin embargo, aparte de jugar una o dos horas de vez en cuando con el «Myst» en el ordenador de su casa, Desmond no había demostrado pasión por los ordenadores ni habilidad alguna para ellos.

¿Podían ser sospechosos los Barclay, como pensaba Knight, y como Jonathan al parecer también creía? Los cuatro tenían privilegios de contraseña para acceder a ficheros confidenciales y experiencia suficiente para variar las fórmulas. Y sin embargo ninguno era lo bastante experto como para saber que los ficheros borrados seguían en el disco duro.

Pero ¿cuáles podían ser sus motivos?, se preguntó Charlotte mientras miraba alrededor y veía que las pantallas empezaban a amontonarse en el escritorio de la recepcionista, sus cables colgando, los módems encima. Los hombres de Knight trabajaban con increíble rapidez.

Charlotte volvió a consultar el reloj de la pared. Sólo quedaban cinco minutos. Recibiría la llamada de Jonathan en cualquier momento. «Deprisa, Johnny —urgió mentalmente—. Deprisa, deprisa...»

Pensó entonces en las dos personas con quienes estaba de un modo extraño inextricablemente unida. Había dejado de llamarles tía Margo y tío Adrian mucho tiempo atrás, cuando se había enterado por su abuela de que estaba emparentada con los Barclay sólo por matrimonio. También fue entonces cuando se enteró de por qué la madre de Adrian, Olivia, y luego la esposa de Adrian, Margo, habían guardado tanto rencor a Armonía durante tantos años. Era debido a que ellas, que consideraban el apellido Barclay muy importante entre la aristocracia estadounidense, sólo poseían el apellido, mientras que Armonía y Charlotte, que no lo poseían, llevaban su sangre.

Pero ¿era eso razón suficiente para destruir la empresa? ¿Y hacerlo ahora, después de tantos años?

Se apartó un poco del grupo y se abrió el jersey para ver la visualización digital en su busca. ¿Johnny ya la había llamado y ella no se había dado cuenta?

Entonces se quedó paralizada: *Batería agotándose*.

¡El busca no funcionaba! ¡No había forma de que Jonathan pudiera avisarla!

«¿Qué está pasando?»

Charlotte se giró en redondo y vio a Desmond avanzando con paso enérgico por el pasillo hacia ellos, un hombre nervioso vestido de negro, los ojos ocultos tras unas Ray-Ban oscuras. Al observarle, preguntándose de nuevo qué estaba pasando, Charlotte pensó: «Él no suele ser tan violento».

Volvió a tener aquella extraña sensación, la de que Desmond de algún modo había cambiado. Él y el señor Sung. Pero Adrian y Margo no le daban esa impresión. ¿Qué sucedió el año pasado, se preguntó, mientras ella se hallaba en Europa? ¿Ocurrió algo entre Desmond y el señor Sung?

«¿Estás segura de que la muerte de tu abuela fue un accidente?» Hasta que Jonathan pronunció estas palabras no se le había ocurrido a Charlotte pensar que hubiera podido tratarse de otra cosa. Y luego le había hecho más preguntas inquietantes: ¿Hubo una investigación policial? ¿Con quién se tenía que reunir supuestamente la abuela en aquella isla? ¿Cómo logró sobrevivir el señor Sung?

Cuando ella respondió: «Él no iba en el bote, presenció el accidente desde la orilla», y Jonathan preguntó: «¿Por qué no iba con ella?», un mar de dudas e interrogantes se apoderó de ella.

En primer lugar, había ido a Europa y cuando volvió, Desmond y el señor Sung parecían haber experimentado un cambio. Y luego de pronto, seis meses atrás, su abuela había muerto en un extraño accidente de barco. Mientras Charlotte observaba el féretro que era bajado al hoyo, lo único que pensaba era que había perdido la única familia que tenía en el mundo. No se le ocurrió preguntar por qué.

Ahora sí.

—Se estan llevando el sistema, querido —dijo Margo a Desmond. Alargó el brazo para apartarle un mechón de cabello de la frente, pero Desmond la esquivó.

Charlotte pensó que Desmond había cambiado en su relación con su madre.

Cuando eran niños, Charlotte había visto pocas veces a Desmond y a su madre separados. Siempre estaban juntos, como una sociedad de adoración mutua en la que Desmond alardeaba de su madre y Margo cantaba las alabanzas de su hijo. Pero Charlotte reparó ahora en que la nueva actitud de Desmond hacia su madre era casi de desprecio.

Por fin llegó O'Banyon, el técnico. Se quitó un impermeable mojado y soltó un comentario sobre a la tormenta. Entró de inmediato en la sala de ordenadores y echó un rápido vistazo al equipo.

Charlotte miró alrededor de la zona de oficinas, los cubículos donde trabajaban las secretarias. ¿Podría utilizar uno de los teléfonos para llamar al museo y avisar a Jonathan? Pero ¿lo cogería?

—¿Señorita Lee?

Ella se giró en redondo. El agente Knight la miraba con expresión burlona.

—Ha dicho que quería estar presente cuando desconectemos.

O'Banyon es nuestro asesor técnico. Él entiende de ordenadores —añadió con una sonrisa.

—Bueno, antes de desconectar —dijo O'Banyon contemplando el hardware y el cableado—, tengo que asegurarme de que nadie está utilizando el sistema. Si no es así, perderá todos los datos en los que esté trabajando.

—Pero también tenemos que interrumpir cualquier alteración que se esté realizando, señor O'Banyon —señaló Knight.

—Cierto... cierto —dijo el técnico mientras comprobaba las conexiones entre la pantalla, el teclado y la consola maestra—. Tenemos tres servidores —murmuró—. Bien, eso de ahí es el grupo servidor... veamos a cuál está conectada la pantalla en este momento...

Charlotte consultó la hora. Treinta y cinco minutos. ¿Habría terminado Johnny? ¿Habría intentado llamarla por el busca?

Familiarizado con la configuración informática, O'Banyon se sentó al teclado, pulsó la barra espaciadora y desapareció el texto de la pantalla, sustituido por la orden de introducir el nombre de la cuenta. Escribió el nombre del administrador del sistema, que le había dado Knight, y cuando apareció la petición de la contraseña, entró la que también Knight le había propoorcionado.

Pero en lugar de acceder al instante al sistema, apareció un nuevo mensaje en la pantalla:

> Entrada incorrecta. Introduzca contraseña por favor.

Con el entrecejo fruncido, O'Banyon se pasó los dedos por el pelo, que llevaba muy corto, y luego volvió a entrar la información.

> Entrada incorrecta. Introduzca contraseña por favor.

Cuando estaba a punto de volver a intentarlo, apareció otro mensaje en la pantalla:

> ¡Atención! Tres intentos de entrada incorrecta desconectarán el sistema y borrarán todos los ficheros!

—¿Qué demonios es eso? —ladró Knight.

—Maldito programa de seguridad —espetó O'Banyon, impresionado.

—Pero ¿qué significa?

—Se trata de una protección más contra los intrusos que van probando contraseñas hasta que dan con la correcta. Se denomina píldora venenosa.

—Pero ¿realmente borrará los ficheros?

O'Banyon se encogió de hombros.

—Claro, ¿por qué no? Seguro que la empresa tiene copias de todo. —Miró a Charlotte con una sonrisa de admiración en los labios—. Fue muy lista al instalar esto. Sólo he visto un sistema de seguridad parecido en instalaciones militares secretas. No voy a robarle ni falsificar sus fórmulas, puede estar segura.

Knight se volvió a uno de sus hombres.

—Que se ponga ese administrador del sistema al teléfono —gruñó—. Su número está junto a mi ordenador portátil. Pregúntale otra vez el nombre de su cuenta y su contraseña. Quizá antes se ha equivocado. Y si eso no funciona, desconectaremos de todos modos ese maldito sistema y nos lo llevaremos.

—Bueno, tal vez no sea una buena idea —dijo O'Banyon.

—¿Por qué no? —preguntó Knight con aspereza.

El técnico señaló la parte inferior de la pantalla donde aparecía un pequeño icono rojo destellante.

—Significa que el servidor tiene un suministro ininterrumpido de energía.

—Sí. Estamos en plena tormenta. Las luces han parpadeado, O'Banyon, ¿o no lo ha notado? El servidor está protegido con un dispositivo UPS.

El técnico miró a Charlotte.

—He visto un generador en un cobertizo detrás de la planta de fabricación. Supongo que sirve para todas las instalaciones en caso de un corte de suministro eléctrico.

—Sí.

Se volvió a Knight.

—En este caso, señor, ese UPS no es una protección de la corriente, es una alarma. Avisa al ordenador de un fallo eléctrico local, no general.

Knight puso ceño.

—¿Quiere decir si la electricidad se ha cortado aquí, en la máquina?

—Exacto. El fallo eléctrico en esta máquina significaría que era local, lo cual significa a su vez que se trata de un intruso. La máquina se protege entonces borrando datos. Impresionante. La empresa no pierde nada siempre que tenga copias, pero seguro que su intruso no llega tan lejos.

—Entonces —dijo Knight despacio, controlando visiblemente su paciencia—, ¿cómo entramos en el sistema?

—Supongo que eso sería tarea del administrador del sistema de la empresa. Él es el único que puede entrar en esta bestia.

Knight estaba reflexionando sobre ello cuando el otro agente volvió para decir que la residencia del administrador del sistema no contestaba.

—Está bien —espetó Knight—, sellen esta habitación y pongan vigilancia las veinticuatro horas del día hasta que el administrador del sistema llegue. No quiero que nadie tenga acceso a los ficheros, y quiero que sus hombres desconecten todas las máquinas, incluido ese maldito Nintendo de la sala de descanso de los empleados. No quiero nada enchufado a esta red hasta que tengamos su control, ¿entendido?

—Hola a todo el mundo.

Todas las cabezas se volvieron simultáneamente.

—¿Quién diablos es usted? —preguntó Adrian con aspereza.

Charlotte se volvió para ver a Jonathan allí de pie, sonriente.

—¡Jonathan! —exclamó Desmond con incredulidad.

Margo le examinó de arriba abajo.

—Vaya, vaya —dijo con sequedad.

Knight intervino.

—¿Y puedo saber quién es usted?

Jonathan le tendió la mano y dijo en tono amigable:

—Jonathan Sutherland, asesor técnico de seguridad.

Knight entrecerró los ojos.

—¿Técnico de seguridad? ¿Es el mismo Sutherland que localizó a los Ocho de Amsterdam?

—Mi compañero y yo.

Knight hizo un gesto de asentimiento.

—He oído hablar de usted.

—¿Y usted es...?

Le mostró su identificación.

—Valerius Knight, de la Food and Drug Administration.

—Lo siento, yo no he oído hablar de usted. —Jonathan se volvió a Charlotte y le tendió una hoja de papel—. He encontrado lo que estabas buscando.

—¿De qué se trata? —preguntó Knight.

—El culpable —respondió Jonathan con una sonrisa—. La persona que falsificó los tres productos.

12

San Francisco, California, 1928

Desperté al oír voces y gritos de: «¡Fuego!»

Corrí a mi ventana y vi las llamas sobre el cielo nocturno, el humo que se elevaba en amenazadoras nubes. Me puse la bata a toda prisa y bajé volando la escalera, donde me tropecé con el señor Lee, que también iba poniéndose un albornoz. Otros vecinos empezaron a salir de los edificios, abarrotando la calle. Oímos las campanas del coche de bomberos cerca, pero ¿cómo iban a llegar hasta el fuego?

Y entonces me di cuenta de lo que estaba ardiendo: el almacén del señor Huang.

Alguien ya había iniciado una cadena humana para arrojar cubos de agua. El señor Lee y yo nos pusimos a la cola y empezamos a pasar cubos frenéticamente, dejando caer tanta agua que los cubos llegaban al fuego medio vacíos. La gente gritaba:

—¡Dejen pasar a los bomberos! ¡Dejen pasar a los bomberos!

Y entonces oímos gritar a una mujer:

—¿Dónde está mi marido? ¿Dónde está el señor Huang! *Aii-yah!*

Sin pensárselo, el señor Lee se precipitó dentro. Vi las llamas y el humo tragárselo por entero. Corrí detrás de él, pero me apartaron de allí los bomberos que avanzaban con las mangueras.

—¡Tienen que sacarle de ahí! —grité—. ¡El señor Lee está ahí dentro!

El pavimento estaba mojado y resbaladizo. Perdí el equilibrio y caí al suelo, pero rápidamente unos brazos me cogieron. Me di la vuelta y vi un par de ojos con expresión preocupada.

—Gracias a Dios que estás bien —dijo Gideon.

—¡El señor Lee está ahí dentro! —exclamé.

Gideon se quitó la chaqueta sin vacilar y se abalanzó hacia el interior de la casa, protegiéndose la cara con los brazos. Yo me tapé la boca con las manos cuando me di cuenta de lo que estaba sucediendo: ahora había tres hombres en aquel infierno, tres hombres de los que dos me eran queridos como amigos y uno como mi amor.

—¡Socorro! —grité, corriendo de un bombero a otro—. ¡Tienen que salvarles! ¡Sáquenles de ahí!

Pero todo el mundo chillaba y llegaron más camiones y mangueras. Había tal confusión en el humo y el calor que no era capaz de indicar a los bomberos adónde habían ido el señor Lee y Gideon, por dónde habían entrado.

Los bomberos se abrieron paso con hachas, pero pronto las llamas los echaron fuera. Intenté entrar yo misma en el edificio, pero unas manos me agarraron y me lo impidieron.

—¡Gideon! —grité—. ¡Gideon!

Y entonces vi al señor Huan, sentado en el bordillo, acariciándose la cabeza chamuscada. Corrí hacia él. ¿Había visto al señor Lee? ¿Sabía dónde estaba Gideon?

Él negó con la cabeza, aturdido por la fuerte impresión recibida, mientras su esposa le abrazaba y gritaba su nombre una y otra vez.

Contemplé horrorizada las llamas que salían por las ventanas, lamiendo el negro firmamento, y el humo que se elevaba como fantasmas demoníacos, expandiéndose y derramándose por el aire ocultando las estrellas.

—Gideon —exclamé entre sollozos.

Y entonces la señora Po se colocó a mi lado, su pelo corto despeinado en todas direcciones. Me dijo:

—¡Vamos, vamos!

Tuve que alejarme a la fuerza del edificio en llamas, por la calle y el callejón, mientras yo tropezaba y miraba atrás a través de las lágrimas. Gideon...

Pero cuando di la vuelta a la esquina, donde había más coches de bomberos, largas mangueras, más gente y coches, sólo vi a un hombre: Gideon, apoyado en el poste de un farol y secándose la frente.

Me precipité hacia él. Me arrojé sobre sus brazos.

Su boca en la mía sabía a fuego y calor.

Y entonces pregunté:

—¿Dónde está el señor Lee?

—Él está bien. Los dos hemos logrado salir ilesos. Él ha vuelto para ayudar a ese otro caballero. Dios mío, aquello es un infierno.

Entonces vi que habían salido por la parte trasera, por donde los camiones entregaban las hierbas y donde yo tenía mi pequeña fábrica. El fuego no había llegado tan lejos.

Me puse a sollozar y Gideon me cogió el rostro entre sus manos.

—¡Creía que te había perdido! —exclamé.

¿O fue Gideon quien lo dijo? Sus labios buscaron los míos de nuevo, en medio de aquella concurrida calle, entre la multitud que iba de un lado a otro mientras yo iba en camisón, el pelo suelto hasta más abajo de la cintura, Gideon en un elegante esmoquin, el rostro negro de hollín, los brazos entrelazados con nuestros cuerpos mientras nos ahogábamos en el ruido y el humo y el calor.

Cuando mis ojos ya no estuvieron cegados por las lágrimas pude examinar el rostro de Gideon para ver si tenía alguna herida, pero al parecer sólo tenía las mejillas manchadas y el pelo chamuscado. Le cogí de la mano y le llevé a mi apartamento, donde insistí en que se tomara una infusión de hierbas que él a su vez insistía en rechazar.

El incendio estaba controlado y por fin quedó extinguido. Algunos vecinos regresaron a sus camas mientras otros se quedaban para inspeccionar los daños producidos, meneando la cabeza. La mayoría de los residentes recordaban el gran incendio de 1906, cuando Chinatown quedó totalmente destruida.

Me vestí en el dormitorio mientras Gideon se bebía su infusión en la sala de estar. Llevaba seis semanas en casa; no había tenido noticias suyas pero había visto su fotografía en la página de ecos de sociedad del periódico.

Cuando volví a la sala de estar, me miró fijamente:

—¿Cómo es —preguntó tras un momento en el que llenamos el silencio con los ojos y ese año de separación con un ansia palpable— que cada vez que te veo estás más guapa? Estaba en una fiesta en la colina. Cuando he visto el incendio no he podido más que pensar en ti. Me he ido de allí corriendo sin decirle nada a nadie.

—Hace seis semanas que estás en casa.

¿Por qué dije esto? Sonaba como una acusación. Sonaba como si él tuviera la obligación de verme, lo cual no era cierto.

—Lo sé. Quería verte, Armonía. Pero la última vez que lo intenté me dejaste plantado, ¿lo recuerdas? Aquel día te esperé. Esperé todo el día, Armonía, y ni siquiera telefoneaste. No quería volver a pasar por lo mismo. Pero maldita sea, Armonía, he vivido este año en una apestosa jungla pensando en ti. ¿Por qué no te puedo quitar de mi cabeza?

Nos quedamos en silencio y el ruido de la calle flotó entre nosotros. Los bomberos se marchaban, los vecinos se gritaban unos a otros. Alguien había puesto música en un tocadiscos.

No podía soportar más tiempo su mirada puesta en mí, por eso me acerqué a la ventana y contemplé las ventanas ennegrecidas sobre el almacén del señor Huang.

—Gideon, me siento muy incómoda con todo esto —dije, sin estar segura de a qué me refería, si al incendio o a su súbita aparición.

—¿Por qué? —preguntó él, reuniéndose conmigo junto a la ventana y ofreciéndome una sonrisa conciliadora—. ¿Has iniciado tú el fuego?

—Yo era el objetivo.

—¡Tú! ¿Por qué?

—Porque había decidido alquilar ese espacio para mi nueva fábrica. Pero, Gideon, era un secreto. Nadie lo sabía.

Se frotó la barbilla, que aún estaba manchada de tizne, y dijo:

—Vamos a dar un paseo.

—¡Un paseo! ¿A estas horas?

—Tenemos que alejarnos de ese humo. Y podrás contarme qué es todo eso.

Nos encaminamos por Columbus Avenue hacia el muelle de Pescadores. Me parecía extraño estar en un automóvil, tan pocas oportunidades tenía de hacerlo. Me resultaba aún extraño estar sentada al lado de Gideon, tan cerca, como si estuviéramos en un pequeño sofá, y sin embargo careciendo de intimidad, mientras el frío viento penetraba por las ventanillas abiertas y dábamos sacudidas cuando las ruedas chocaban con las vías de los trolebuses de la calle.

—O sea que crees que el incendio ha sido provocado para impedirte que montes allí tu fábrica. ¿Por qué?

Mientras observaba pasar por la ventanilla la ciudad dormida, la bahía se extendía al frente, acercándose como un muro negro. Informé a Gideon de lo que había sucedido durante el año anterior.

Mi empresa estaba creciendo. Mi nueva marca comercial —un sauce llorón en la orilla de una laguna— era conocida. Cuando veía esta imagen, la gente que no sabía leer podía estar segura de que el remedio que contenía el envase era de confianza. Pero aunque obtenía beneficios, mis pocos artículos en sus envases azules y plateados aún permanecían en los estantes entre montañas de productos Dragón Rojo, de color dorado y rojo, muchos de los cuales eran inútiles y algunos incluso peligrosos. ¿Cómo iba a escoger la gente? Mi sueño era ampliar mi pequeña fábrica, para hacer llegar mis remedios al máximo número de personas.

Una noche había hablado con el señor Lee hasta altas horas, mientras yo y mis trabajadoras tomábamos té después de una jornada de trabajo embotellando, etiquetando y envolviendo. El señor Lee sugirió que rebajara mis precios en un centavo, pues los chinos no dejan pasar una ganga. Pero cuando al día siguiente recorrí las tiendas, descubrí que todos los precios de la marca Dragón Rojo habían bajado un centavo.

Y entonces se me ocurrió la idea de vender mis productos fuera de las herboristerías, por ejemplo en tiendas de comestibles, puestos de cigarrillos, incluso en los talleres de reparación de bicicletas. Y pocos días después de discutir la idea con el señor Lee, los productos Dragón Rojo aparecieron en las tiendas de comestibles, cigarrillos y talleres de reparación de bicicletas.

Esta coincidencia me desconcertó hasta que inventé un nuevo tipo de pastilla para el mal aliento, una tableta cuadrada, plana y dura, compuesta principalmente por regaliz y mentol, y antes incluso de servirla a las tiendas Dragón Rojo ya tenía un nuevo producto similar, salvo que afirmaba que era eficaz contra el mal aliento y contra el dolor de garganta.

Por fin, cuando decidí añadir tinte rojo a mi tónico Loto Dorado, para recordar a la gente que se trataba de un tónico para la sangre y también porque pensé que era un color más adecuado que el ámbar original, Dragón Rojo añadió tinte rojo a su popular bálsamo para la piel, añadiendo la afirmación de que «fortalece la sangre».

Así que me di cuenta de que alguien estaba entregando mis secretos a la Compañía de Salud Dragón Rojo.

Gideon dijo:

—Diría que tienes un espía entre tus filas, Armonía. Alguien que informa a Dragón Rojo de lo que está pasando en tu casa.

—El señor Huang ha dicho que el incendio no ha sido accidental. Un bombero ha encontrado una lata de petróleo vacía y trapos. Mi empresa es muy pequeña, Gideon —dije—, y Dragón Rojo es muy grande. ¿Por qué lo harían?

El viento azotaba el hermoso cabello de mi apuesto Gideon mientras él hablaba por encima del rugido del motor de su automóvil.

—Sé lo grandes que son Armonía. En todas partes donde he estado trabajando he visto a los obreros usar productos Dragón Rojo. Personalmente creo que son de inferior calidad. —Me sonrió—. No son excelentes como los tuyos. Por desgracia, Dragón Rojo tiene contratos con todas las grandes empresas extranjeras. Como Explotaciones Mineras de Titanio, los que me han contratado. La empresa proporciona a sus trabajadores alojamiento, comida y medicinas como beneficios adicionales.

Nos detuvimos ante un semáforo y vimos pasar un camión. El semáforo cambió y nos pusimos en marcha de nuevo.

—Dragón Rojo se trasladó al sudeste asiático hace unos veinte años —explicó Gideon— y se vinculó con casi todas las empresas extranjeras. Los trabajadores nativos reciben productos Dragón Rojo en el trabajo, se los llevan a casa, sus esposas los usan, y cuando van al pueblo a comprar más medicinas, ven la conocida etiqueta roja y dorada y ya está. Todo el mundo compra Dragón Rojo simplemente porque está ahí, no porque sea bueno.

Puse una mano en el salpicadero, preguntándome cómo podía viajar la gente de aquella manera, a tanta velocidad.

—Dragón Rojo es muy grande, ¿por qué van tras una pequeña empresa como la mía?

Él me obsequió con una sonrisa maravillosa.

—Debes de resultar una buena competencia para ellos, si se toman la molestia de ponerte un espía. ¿Conoces al propietario de Dragón Rojo?

Había visto su fotografía en los periódicos. Se trataba de un chino al que le gustaba el jazz y acudía a tabernas clandestinas con mujeres blancas, un hombre al que no le importaba que sus medicinas fueran de inferior calidad, que incluso perjudicaran a quien las usara o que anunciaran falsas ventajas.

Me quedé en silencio mientras avanzábamos veloces por la autopista que se curvaba con la bahía, compitiendo con la luna como si también ella se moviera veloz junto al agua negra. Habíamos dejado muy atrás Chinatown, el Muelle de Pescadores y el puerto deportivo. Al frente se encontraba Fort Point y más allá el Golden Gate.

Por fin Gideon hizo salir su coche de la carretera y se metió en un pequeño camino de polvo hasta que llegamos a un acantilado cubierto de hierba; yo lancé un suspiro de alivio. Detuvo el coche y se apeó; luego dio la vuelta, abrió mi portezuela y me ofreció la mano para ayudarme a salir al aire nocturno.

Me llevó hasta el borde del acantilado donde el viento azotaba nuestra ropa y quería arrebatarnos el cabello.

—Mira eso, Armonía —dijo Gideon, señalando con el brazo—. ¿Qué ves?

Veía el cielo nocturno y un océano salpicado de estrellas y la eternidad.

Paseamos por la hierba, aspirando el olor salado del mar. Éramos las únicas personas en aquel promontorio verde, y eso me hizo sentir como si fuéramos las dos únicas personas que existieran en la Tierra.

—Van a construir un puente allí, Armonía, para unir esos dos puntos, San Francisco y el puerto deportivo.

—*Aïi-yah!* —exclamé en un susurro—. ¡Está demasiado lejos! El agua es demasiado profunda. ¡El puente caería!

Él se rió.

—No será un puente normal, Armonía, sino un puente suspendido. Estará sujeto. ¡Mira! —Metió la mano en el bolsillo interior de su chaqueta y sacó un pequeño bloc de notas. Pasó algunas páginas llenas de diagramas y números hasta que encontró una página en blanco. Hablaba mientras dibujaba a la luz de la luna—: Se me ocurrió esta idea una noche, en un sueño. Lo que tenemos que hacer es fabricar tres grandes bloques base de cemento preparados separadamente que encajen uno con otro mediante una configuración de escalera. ¿Lo ves?

Miré pero no vi nada. Mis ojos estaban fijos en su mano, no en lo que estaba dibujando. Gideon tenía una manos hermosas, delgadas, expresivas, manos de poeta, pensé, no de constructor.

—El objeto de este anclaje... —prosiguió, dibujando líneas por aquí y por allí, arcos y flechas, llenando espacios rápidamente con tinta, para formar un dibujo que para mí no significaba nada, pero que a todas luces era la imagen que él tenía en su mente— es resistir el tirón de los cables debido a su propio peso así como resistir la carga.

—¿Los cables sostienen el puente?

Me miró con una amplia sonrisa.

—¡Exactamente! Existe mucha oposición a la construcción de un puente sobre el Golden Gate. La gente dice que desfigurará el paisaje. ¡Pero no es así! Será un hermoso monumento a cómo el hombre y la naturaleza pueden trabajar juntos. ¡Con armonía! —añadió con una de sus alegres carcajadas que tanto me gustaban.

Hizo ademán de guardarse el cuaderno pero yo tímidamente le puse una mano en la muñeca y quise coger la página en la que él había escrito. Sin dejar de reír, la arrancó y me la dio. Mientras yo guardaba con esmero el boceto en el bolsillo de mi vestido, Gideon paseó la mirada por la bahía y dijo:

—Todo el mundo dice que no se puede realizar. Que los vientos, las nieblas y las mareas no lo permitirán. Pero puede hacerse, Armonía. Y yo soy el hombre que lo hará.

—Sí, lo eres. Sé que puedes hacerlo.

Se volvió a mí, taladrándome los ojos con su mirada mientras me cogía los brazos.

—Crees en mí, ¿verdad? Lo veo en tus ojos. ¿Sabías que me miras como no lo ha hecho jamás ninguna mujer? Y cuando yo te miro, me siento como nunca me he sentido.

Yo también. Y sabía a qué era debido. Nos comunicábamos mentalmente.

De pronto sus labios estaban sobre los míos. Mis brazos estaban en torno a su cuello. Esta vez no fue el beso frenético debido al pánico y a los edificios en llamas; estaba besando a mi amado Gideon como había soñado, tiernamente, con amor.

Él se apartó y me miró con sus ojos grises llenos de asombro.

—Cásate conmigo, Armonía —dijo sin rodeos. Y entonces me miró con sorpesa—. ¡Sí! —dijo, riendo—. ¡Eso es! ¡Nos casaremos!

Yo estaba demasiado desconcertada para responder.

Él confundió mi vacilación.

—Puedo ocuparme de ti, Armonía. Tengo veintiséis años y por fin me estoy creando un nombre en mi profesión. Contigo como esposa...

—Oh, Gideon —exclamé, viendo que hablaba realmente en serio—. ¡No podemos casarnos! ¿Has olvidado lo que ocurrió en el *drugstore*?

—¡No es posible que aún pienses en aquel hombre! Armonía, era un ignorante propietario de una pequeña tienda.

—Gideon, a mí se me considera una «mujer de color». La ley dice que no puedo casarme con un hombre blanco.

—Esa ley a nosotros no nos concierne. Armonía, eres estadounidense.

—Pero también soy china.

—Y resulta que yo estoy enamorado de las dos.

—Sí, y entras y sales de mi vida una y otra vez —exclamé—. ¡Como la lluvia, que no sabes nunca cuándo viene, cuándo se marchará, si será una lluvia suave o una tormenta! Quiero estabilidad, Gideon. Quiero un hogar...

—Pero si eso es lo que estoy diciendo. No volveré a marcharme.

Cuando haya finalizado este contrato, me quedaré en San Francisco. Ya me he ofrecido para trabajar en el proyecto. Me han dicho que tengo muchas posibilidades de conseguirlo. Di que te casarás conmigo, Armonía, di que harás completa mi vida.

Pero la escena de la tienda seguía acosándome: el camarero, los clientes que miraban y no decían nada, la ira de Gideon y su indefensión.

—¿Y Olivia? —pregunté.

—¿Olivia? —Puso ceño—. ¿Qué le ocurre? Ella y yo sólo somos amigos.

Pero yo había visto en las fotos del periódico cómo miraba a Gideon. No era una mirada de simples amigos.

—¿Y tu madre? —pregunté.

—Mamá lo entenderá cuando le diga cuánto te quiero. Tal vez parezca una mujer fría e insensible, Armonía, pero comprende el amor. Ella y Richard Barclay compartieron una pasión que pocos son lo bastante afortunados de conocer. Y quizá eso sea lo que la ha convertido en lo que es hoy: conoció a Richard cuando era viuda, cuando luchaba por seguir adelante sola con un hijo. El suyo fue un romance de libro de cuentos, y entonces le perdió. Ella entiende el amor, Armonía. Entenderá el nuestro.

Reprimí las lágrimas. La carta que había escrito Richard Barclay a mi madre... «Un matrimonio sin amor... me casé con Fiona por piedad... la habían abandonado...» Gideon jamás debería saberlo.

Me cogió las manos.

—Armonía, fuiste a ver a mi madre aquel día con la esperanza de que te reconociera como la hija de su marido. Querías el apellido de tu padre. Tenías derecho. No debería haberte tratado como lo hizo, no debería haberte quitado el anillo. Pero si te casas conmigo, Armonía, yo te daré el apellido de tu padre. Y te devolveré el anillo.

Hice un gesto de negación con la cabeza, incapaz de hablar, tan repleto sentía mi corazón. Luego dije:

—No me casaré contigo por esas razones, Gideon. Todo lo que ha ocurrido antes... el pasado, mi padre, nuestras madres... estas cosas ahora no significan nada para mí porque mi vida empieza ahora, en este momento, contigo. Sí, amor mío, me casaré contigo.

Él me atrajo hacia sí y murmuró:

—Me has hecho el hombre más feliz del mundo.

Y me besó de nuevo.

Hicimos el amor allí mismo, bajo las estrellas, sobre el Golden Gate, en el lugar donde el sueño de Gideon, y el mío, estaban a punto de comenzar.

Me enfrenté a las ocho muchachas que trabajaban para mí.

—Una de vosotras está revelando mis secretos a la empresa Dragón Rojo. ¿Quién es?

Por la forma en que se miraron entre sí, bajaron la mirada, y protestaron débilmente diciendo que no sabían de qué hablaba, supe que estaban encubriendo a la culpable.

¿Cómo resolver el problema? ¿Qué me aconsejaría Gideon?

Pese a la desagradable situación en que me encontraba, sonreí. ¿Cómo podía no sonreír cada vez que pensaba en mi amado Gideon? Llevaba ausente tan sólo cinco semanas y ya contaba los días que faltaban para su regreso. Diez meses parecían una eternidad. Pero una vez volviera a casa, se quedaría y no volvería a marcharse nunca.

—He sido buena con vosotras —dije a las chicas—. Esperaba un poco de lealtad a cambio. Lo que una de vosotras ha estado haciendo está perjudicando a esta empresa, y por lo tanto perjudicando a las demás trabajadoras. ¿Eso es lo que queréis?

Parecían avergonzadas y no se atrevían a mirarme a los ojos. ¿Qué podía hacer? Sin duda no era cuestión de despedirlas a todas por la traición de una sola.

Pensé en pedirle consejo al señor Lee, pero él tenía sus propios problemas, que le abrumaban. Los apuros económicos de su familia seguían cargando sus espaldas de modo que a los treinta años aparentaba tener sesenta. Le ofrecí un préstamo pero no quiso aceptarlo. Y como estaba preocupado, no se concentraba en el poco trabajo que se le presentaba. Ahora que mis etiquetas estaban diseñadas y las imprimía una empresa de Oakland, yo no tenía más trabajo para el señor Lee. De vez en cuando le decía que alguien había entrado en mi fábrica y preguntado por el hombre que había pintado mis etiquetas y si podría pensar en la posibilidad de efectuar una pintura más grande para un particular. El señor Lee se animaba un tiempo y se afanaba con sus tintas y pinceles, pero pronto perdía el entusiasmo y se censuraba diciendo que era un fracaso y no terminaba la pintura. Yo tenía que asegurarle que el cliente —que no existía más que en mi imaginación— lo comprendería y esperaría a que el cuadro estuviera terminado.

Por fin, mirando a las ocho chicas, decidí que no podía hacer nada. Antes de marcharse, Gideon me había hecho prometer que no haría nada para llamar la atención de la Compañía Dragón Rojo. Tenía que dejar mis planes en suspenso, no intentar siquiera expandirme un poco ni experimentar con nuevos remedios... simplemente suspender mi vida hasta que él regresara.

—El siguiente incendio podría ser de tu casa —dijo cuando acababa de romper el alba sobre la bahía y regresábamos al coche. Gideon sólo disponía de tres horas para preparar el equipaje e ir al muelle.

Volvió a coger mi rostro en sus manos y dijo:

—Prométemelo, amor mío. No harás nada. Ningún cambio, ningún despido ni nueva contratación. No confío en ese bastardo de Dragón Rojo. Déjale que crea que ha conseguido asustarte.

Así que dejé que las chicas volvieran al trabajo, y cuando me volví, vi a un hombre uniformado en el umbral de la puerta. Por un instante pensé que era un policía. Luego vi su piel oscura. Los africanos no vestían uniforme de la policía de San Francisco, como tampoco lo hacían los chinos. Me preguntó si yo era Armonía Perfecta y luego me dijo que la señora Barclay deseaba hablar conmigo.

Lo había estado esperando. Gideon me había prometido que le hablaría a su madre de nuestro compromiso antes de partir. Me pregunté cuál sería su reacción. Ahora iba a descubrirlo.

Había previsto muchas reacciones, desde ofrecerme dinero a amenazarme. Lo que no esperaba era encontrar a una sonriente y amable Fiona Barclay sentadada en la parte trasera de un largo y reluciente automóvil —el hombre uniformado era su chófer— invitándome a almorzar con ella en su club.

—Tenemos que dejar atrás el pasado —dijo con calidez en su voz—. Respeto los deseos de mi hijo. Serás un miembro de la familia. Es hora de que nos conozcamos tú y yo.

Fijamos una fecha para la semana siguiente, en que ella me recogería en aquel largo y reluciente coche.

Me preocupaba mi ropa y trataba de elegir el *chengsam* perfecto. Pero cada vestido que me probaba ante el espejo de cuerpo entero me daba la impresión de que sería un terrible error ponérmelo. ¡La señora Barclay no querría ir a almorzar con su nuera china! En esta ocasión yo debía ser estadounidense.

Dejé Chinatown y acudí a un salón de belleza de Clay Street donde me hice cortar el cabello, que me llegaba hasta la cintura, a lo *garçon* y luego rizármelo para imitar el aspecto de Clara Bow tal como aparecía en la portada de *Photoplay*. Compré los últimos cosméticos: pintalabios y pintauñas color «sangre de toro» de la marca Elizabeth Arden. Finalmente adquirí un vestido a la última moda: gasa de color zafiro con estampados en azul oscuro, adornado con abalorios, borlas y lazos. La vendedora me dijo que en París se denominaba «vestido de cóctel».

Cuando llegó el largo automóvil de la señora Barclay, mis vecinos de Chinatown se quedaron en la acera a admirar y efectuar comentarios, y para despedirme con la mano. La señora Barclay sonrió y me dijo que tenía un aspecto encantador y que estaba deseando presentarme a sus amigas.

El club estaba situado en el Palacio de las Bellas Artes. En otro tiempo había sido una residencia privada, según explicó la señora Barclay, pero ahora se había convertido en club social de señoras donde jugaban al tenis y celebraban fiestas benéficas para recaudar fondos. Yo estaba tan nerviosa y el corazón me latía con tanta fuerza que no oía nada de lo que ella me decía. Mis ojos se desorbitaron cuando el coche pasó entre las magníficas puertas de hierro forjado y un hombre uniformado nos abrió la puerta y nos escoltó al subir la escalinata hasta un elegante vestíbulo.

Dentro, nos encontramos en un magnífico salón, donde grupos de damas ataviadas con elegantes vestidos charlaban ociosas y tomaban té entre pequeñas palmeras plantadas en macetas de mimbre. El club era como un gran hotel; yo me sentía abrumada.

El comedor, llamado Salón del Jardín, tenía un alto techo de cristal que dejaba entrar la luz del sol difusa; la estancia estaba llena de plantas y flores, y unos músicos tocaban violines y arpas, llenado el aire de deliciosa música. Mientras seguíamos al *maître* hasta una mesa, yo me sentía tan llena de alegría por estar en semejante lugar y de ser tratada con tanta amabilidad por la madre de Gideon, que creía estar soñando.

Y entonces oí sin querer un susurro:

—Creía que este club tenía ciertas normas.

Entonces vi cómo me miraban todas las mujeres.

Pero la madre de Gideon parecía ajena a las miradas y susurros cuando finalmente llegamos a nuestra mesa. Allí se encontraba Olivia. Yo no esperaba que la señora Barclay también la hubiese invitado a ella. La boca de Olivia sonreía pero sus ojos indicaban: «Jamás te perdonaré».

Entonces fue cuando empecé a darme cuenta de que había cometido un terrible error.

Cuando vi cómo iban vestidas Fiona, Olivia y las demás mujeres, con sencillos jerseys y faldas plisadas en tonos beige, blanco y pastel, comprendí lo horrible que debía de ser mi apariencia con mi cabello rizado, mis labios y uñas encarnados y mi vestido de cóctel parisino.

Qué mal gusto tenía la prometida mestiza de Gideon.

La comida me resultó extraña. Empezamos con huevos de pescado —«caviar», dijo que era la señora Barclay— y cometí el error de tomar varias cucharadas enormes, lo cual sería un cumplido a la anfitriona en una comida china pero allí resultaba incorrecto, según me enteré más tarde. A continuación vino la «alcachofa», que yo no tenía ni idea de cómo se comía.

La señora que tenía a mi derecha se volvió a mí con una sonrisa y me dijo:

—Así que, señorita...

—Me llamo Armonía.

—¿Juega al bridge?

No supe qué responder. ¿A qué se refería?

—¿Juega al tenis? —preguntó.

Dije que no con la cabeza.

Hablaban de un lado a otro de la mesa, hablaban delante de mí y a mi alrededor, de otros miembros, de vacaciones, películas recientes y libros, temas de los que no me era posible hablar.

La señora que se sentaba a mi izquierda me preguntó:

—¿Dónde ha dicho que vivía, querida?

¿Cómo iba a decirle: «Encima de la Lavandería Feliz»? Ni siquiera podía mencionar Chinatown.

—En Jackson Street —respondí.

—¡Ah! ¿Está cerca de los Lovecraft? Ellos viven en Jackson, cerca de Borderick.

Y caí en la cuenta de que se refería a Jackson Street colina arriba, mientras que yo hablaba de Jackson Street colina abajo, en Chinatown.

—No les conozco —dije.

Otra señora observó:

—Tiene un acento delicioso, querida. ¿De dónde es usted, si me permite preguntarlo?

—De Singapur.

—Ah, mi esposo y yo estuvimos allí hace tres años. Tuvimos la agradable experiencia de conocer al señor Somerset Maugham en el Raffles Hotel. ¿Le conoce?

Yo no tenía ni idea de quién era.

Y entonces llegó por fin un momento que sabía desde el principio que llegaría.

En esta ocasión fue el *maître* en lugar de un simple camarero. Aquel camarero era joven, este hombre era mayor. Pero en aquel momento parecían exactamente iguales.

—Lo lamento, señora Barclay, los otros miembros me han pedido... —y murmuró el resto del recado en privado, fuera del alcance de nuestro oído.

Pero todas sabíamos qué estaba diciendo. Las otras señoras de nuestra mesa de pronto tenían otras cosas a las que mirar, doblaban y redoblaban la servilleta, hacían girar las copas de cristal sobre sus delicados pies. Sólo Olivia mantenía la vista fija en mí, como si esperara a ver mi reacción.

—Dígales a los otros miembros, Steven —dijo con voz suave la señora Barclay— que esta joven está comprometida con mi hijo y pronto será mi nuera. Y como ves tiene el mismo derecho que yo a estar aquí.

El hombre enrojeció de tal modo que sentí lástima por él.

Y entonces fue cuando me di cuenta de cómo sería mi vida con Gideon: llena de comida que yo no sabía cómo se debía comer, murmuraciones que no entendería, juegos llamados «bridge» y «polo» y gente mirándome fijamente, tosiendo con incomodidad, siempre encontrando la manera de invitarnos a marcharnos.

Me levanté de la silla y dije:

—Muchas gracias por invitarme a almorzar, señora Barclay. —Miré a las otras señoras—. Ha sido un placer conocerlas.

Me fui directamente del Country Club a Chinatown donde me lavé el cabello rizado, me froté el Elizabeth Arden de la cara y uñas, doblé mi vestido parisino y me puse el *cheongsam*. Luego me dirigí a mi pequeña fábrica situada detrás de la Compañía Comercial del señor Huang y despedí a las ocho muchachas, diciéndoles que se marcharan enseguida, y cerré con llave el local. Luego fui al apartamento del señor Lee donde le dije:

—Voy a buscar otro sitio para ampliar mi fábrica. Quiero que cree una campaña de publicidad para mí, con carteles, anuncios en revistas y vallas. Voy a presentar a Dragón Rojo una batalla que no olvidarán. —Y añadí—: También le daré dinero para que traiga a su familia de Hawai y les daré empleo en mi fábrica. No se trata de caridad ni de un préstamo. Le daré el dinero a cambio de un favor que le voy a pedir.

Por fin volví a mi apartamento donde me senté y escribí una carta a Gideon.

Cuando oí que llamaban a la puerta, pensé: «Ah, un invitado que llega tarde». Pero cuando abrí y vi a Gideon allí de pie, me quedé paralizada con la puerta abierta sólo unos centímetros.

—Sé que debería haberte avisado —se apresuró a decir—. Pero quería venir directamente aquí. —Se interrumpió y me miró—. Armonía, te has cortado el pelo.

Me llevé la mano a la melena lisa china que me llegaba justo debajo de las orejas.

—No te esperaba hasta dentro de ocho meses —dije.

La sorpresa me había inmovilizado. Creía estar viendo un fantasma.

—Cancelé mi contrato. Cuando recibí tu carta..

Vi el dolor y la confusión en sus ojos, vi mi carta en su mano, la que le había escrito diciéndole que no podía casarme con él.

—Armonía, ¿qué ha ocurrido? ¿Mi madre te ha dicho algo? ¿Qué te ha dicho? ¿Te ha convencido de que no te cases conmigo? Dios mío, Armonía, no pensarás que permitiré que algo me impida casarme contigo, ¿verdad?

—Tu madre ha sido muy amable conmigo. Me invitó a almorzar.

Él puso la mano en el pomo de la puerta.

—Por favor, déjame entrar. Tenemos que hablar.

Pero yo no quería dejarle pasar.

—Jamás encajaría en tu mundo, Gideon —dije, mi voz casi una súplica—. Y tú nunca encajarías en el mío.

—Entonces crearemos nuestro propio mundo, Armonía. Toma —dijo, sonriendo mientras me tendía un sobre—. Esto es para ti. Es mi regalo de boda. Iba a esperar hasta que nos casáramos, pero me parece que es mejor ahora.

—¿Qué es?

Abrió el sobre y desplegó varias hojas que estaban unidas.

—Es un contrato entre la empresa Explotaciones Mineras de Titanio y Remedios Chinos Armonía Perfecta, que declara que Armonía tiene derechos exclusivos para la distribución y suministro de sus productos al personal de Explotaciones Mineras de Titanio.

Yo le miré, confundida. Su sonrisa se ensanchó.

—Me costó un poco, Armonía, pero conseguí que accedieran a utilizar sólo tus productos. Eso significa miles de trabajadores en toda Asia, Armonía, todos ellos utilizando tus tónicos y ungüentos. ¡Es tu salida al mercado de exportación! Esos trabajadores llevarán tu tónico Loto Dorado a sus esposas e hijos y todos ellos volverán a comprarlo. Dragón Rojo ya no dominará el mercado. Bueno, ¿no vas a decir nada?

—No sabía que ibas a hacer esto.

—Quería darte una sorpresa. Tenía muchos planes para cuando regresara, pero, Dios mío, cuando recibí tu carta en la que decías que habías cambiado de opinión, por poco me vuelvo loco. Por eso me marché antes. Les dije que había surgido una emergencia en casa. Pero observarás que mi nombre también aparece en ese contrato —añadió con una sonrisa—. En tu carta no decías por qué habías cambiado de opinión, así que añadí una cláusula que haría que volvieras a cambiarla. Somos socios, Armonía. Este contrato es entre Explotaciones Mineras de Titanio y tú y yo.

Cogí los papeles y me quedé mirándolos.

—Eres mi vida, Armonía, mi alma —prosiguió él con pasión—. No puedo vivir sin ti. No me importa lo que piense mi madre. Si tengo que elegir entre ella y tú, te elijo a ti. Te lo estoy suplicando, Armonía. Di que te casarás conmigo.

Bajé la mirada al contrato que tenía en la mano, apenas capaz de leer a través de las lágrimas los términos que garantizaban que yo sería la única proveedora de productos medicinales y hierbas al personal de Explotaciones Mineras de Titanio, que tenía sucursales en países que reconocí enseguida como territorio único de la Compañía de Salud Dragón Rojo. Sentí que el corazón me subía a la garganta al comprender el terrible error que había cometido.

No me sentí capaz de mirar la expresión confundida de Gideon cuando retrocedí un paso, abriendo más la puerta para que viera a la gente que se hallaba reunida en mi apartamento, el pastel de boda cortado, el señor Lee vestido con esmoquin de novio.

—¿Quién acaba de casarse? —preguntó Gideon.

Con su regalo de boda en mi mano, y mi secreto de dos meses de edad agitándose en mi vientre, respondí:

—Yo.

13

Medianoche, Palm Springs, California

—Ya está —dijo Jonathan entrando en el museo—. Los sheriffs del Riverside County han arrestado a Brown hace media hora.

Charlotte levantó la vista de la fotografía que había estado examinando. Vio la bolsa de plástico en la mano de Jonathan; había estado en el invernadero para desenterrar su arma. Y luego vio su rostro, sombrío e inescrutable, como si estuviera combatiendo demonios interiores. También ella se hallaba atrapada en un torbellino de emociones en conflicto: abrumador alivio porque él hubiera encontrado al autor tan pronto, con lo que ella podría ponerse a trabajar para reparar el daño, pero también desesperación, porque eso significaba que Johnny se marcharía.

—Brown lo ha confesado todo —dijo Jonathan en tono monocorde, como si pronunciara unas frases ensayadas—. La policía incluso ha encontrado en su casa disquetes que son copias de los registros que manipuló. Al parecer planeaba utilizarlos de algún modo para que la compañía apareciera como culpable.

—¿Ha dicho por qué lo ha hecho? —preguntó Charlotte con voz suave, pronunciando palabras, como Jonathan, que no tenían nada que ver con lo que realmente quería decir.

—Ha dicho que la empresa había roto una promesa que le había hecho.

—Rusty Brown —murmuró ella, el hombre que había firmado la aprobación de tres lotes de vino Loto Dorado que se habían fabricado sin efedrina y un lote de bálsamo Mei-ling, uno de Yang Diez Mil y uno de Dicha que estaban elaborados con la efedrina. Brown había aprobado los seis lotes y luego había borrado los archivos del sistema, pensando que jamás le descubrirían—. RB —dijo Charlotte.

—¿RB?

Observó la expresión sombría que asomaba bajo las espesas cejas. Comprendió que ella y Jonathan estaban hablando de Rusty Brown porque tenían que hacerlo, porque ninguno de los dos sabía cómo expresar los pensamientos más profundos, más turbulentos que compartían.

—El RB de la dirección del correo electrónico del cibercafé —dijo, sintiendo que se aproximaba el dolor, como la ola de un océano que empieza muy lejos, que rueda implacable hacia la orilla, enorme a imparable. Charlotte sabía que esta vez jamás se recuperaría del dolor que le produciría la partida de Jonathan—. Creía que era como una broma: Richard Barclay. Creía que era alguien próximo a mí. Ni siquiera conozco personalmente a Rusty Brown.

—Según Knight, Brown tiene algo personal contra los fabricantes de medicamentos, algo relacionado con el pasado. Le detuvieron por algo en su último empleo. Estuvieron a punto de condenarle pero tuvo un buen abogado.

—¿O sea que trabajaba solo? ¿Brown no cobraba de alguien de aquí?

—Dijo que le debían un ascenso y no se lo habían dado.

Jonathan entonces se quedó callado, mientras retumbaba un trueno y las vitrinas de cristal temblaban y tintineaban. Charlotte vio que una sombra cruzaba el rostro de Jonathan y una tempestad acudía a sus ojos. Jonathan miró la fotografía que ella tenía en la mano.

Ella se la tendió.

—La tomaron en 1930, cuando mi madre tenía un año.

Se la entregó, observando su mano acercarse a ella, coger la foto, retirarse.

Examinó su rostro mientras contemplaba la instantánea en blanco y negro de dos personas frente a una puerta con un cartel que decía: *Armonía-Barclay Hong Kong Ltd.* Llenó sus ojos y su mente con todos los detalles de Jonathan —la larga nariz recta, la barba incipiente en la barbilla, el labio inferior, húmedo y tentador— capturándole como los que aparecían en la fotografía, para conservarle porque estaba a punto de desaparecer, y esta vez sabía que sería para siempre.

Observándole la boca recordó la primera vez que se habían besado, cuando tenían dieciséis años y se encontraban en el escondrijo del sótano de Johnny. Él estaba instalando unos cables cuando de pronto levantó la mirada y dijo:

—Anoche oí un ruido extraño. Venía de la habitación de mi padre.

Charlotte, sentándose en la cama:

—¿Qué clase de ruido?

—Mi padre lloraba. Escuché ante su puerta. Era terrible... un llanto angustiado.

—¿Por qué lloraba?

—Llamé a la puerta. No me dijo que entrara, ni que me marchara. Así que intenté abrir. La puerta no estaba cerrada con llave. La abrí y le vi junto a la ventana en pijama, de pie, sollozando. Le pregunté: «¿Papá? ¿Ocurre algo, papá?» Se volvió y me miró, sin dejar de llorar, resbalándole las lágrimas por las mejillas.

—¿Y?

—Eso fue todo. Simplemente... me miró.

Al ver las lágrimas que asomaban a los ojos de Johnny, ella bajó de la cama y se sentó junto a él en el suelo.

—¿Qué podría ocurrirle? ¿Qué le habría hecho llorar?

—Creo que lo sé.

—¿Qué?

—Creo que quería decirme que se sentía solo pero no sabía cómo hacerlo.

—¿Qué hiciste?

—Me marché. Cerré la puerta y me marché. Oh, Charlie, ¿por qué no me lo dijo? Se notaba en el aire, como si fuera humo. Mi rico e influyente padre de pie en pijama llorando porque se sentía solo. ¿Por qué no me dijo cómo se sentía? Quizá le hubiera podido ayudar.

¿Por qué no puedes tú decir cómo te sientes?, tuvo ganas de preguntarle ella. Pero eso habría sido cruel, decirle a Johnny que se había visto reflejado en un espejo. Así que en lugar de hacerlo le consoló, cogiéndole en brazos, el muchacho solitario que lloraba por su solitario padre, y entonces le consoló con sus labios.

Después de ese día se besaron mucho, en los meses que siguieron, y exploraron y experimentaron, complaciéndose en el placer que podían darse el uno al otro. Pero por un acuerdo tácito, nunca llegaron hasta el final. Los dos querían que la primera vez fuera especial, y los dos sabían que cuando llegara el momento, sería el momento oportuno.

Llegó un año después, cuando le tocó a Johnny el turno de consolarla a ella, envolviéndola en sus brazos y estrechándola contra sí mientras canturreaba algo triste en escocés. Ella hundió su rostro en la aspereza de su camisa y por fin cedió al llanto, sollozando con fuertes estremecimientos mientras Johnny la apretaba contra su pecho y la mecía porque comprendía lo que era perder a un ser querido, una madre o un tío que era como un padre. Pero esta vez, el consuelo no había terminado con un beso.

Charlotte regresó al presente.

—Siempre supe que tío Gideon y yo no éramos verdaderos parientes, que él era hijo adoptivo de mi bisabuelo. Pero ahora...

—¿Qué?

—Mira la fotografía. Esta mujer es mi abuela, Armonía Perfecta. Tenía veintidós años cuando tomaron esta foto.

—Era muy guapa —murmuró Jonathan.

—Ahora mira al hombre. Es tío Gideon.

—Lo sé. Le reconozco.

—Pero mírale bien, Johnny, observa el modo en que contempla a mi madre. Es una mirada de amor. ¿Y ves la expresión de mi abuela? Es una expresión triste. Johnny, esta fotografía fue tomada cuando abrieron su primera oficina en Hong Kong, cuando empezaron a suministrar remedios a base de hierbas a la compañía Explotaciones Mineras de Titanio. Se supone que era un acontecimiento feliz. Pero mi abuela tiene una expresión de tristeza. ¿Por qué?

—¿Tú que crees, Charlotte?

—La forma en que Gideon la mira, el amor que expresan sus ojos, y la infelicidad que asoma en los de ella... Johnny, mi madre nació siete meses después de que mi abuela se casara con el señor Lee. Me dijeron que había nacido dos meses antes de tiempo. Pero no lo creo. Creo que mi abuela ya estaba embarazada cuando se casó. Y creo que el señor Lee no era el padre de mi madre. Lo era Gideon Barclay. Tío Gideon en realidad era mi abuelo.

—Probablemente tengas razón —convino Jonathan devolviéndole la fotografía—. Era un buen hombre, ya sabes que yo siempre tuve una cierta admiración por él.

—Johnny, el agente Knight insiste en que Armonía Biotec es responsable de esas muertes. Nos perseguirá con cualquier cosa que tenga. Soy capaz de capear esa tormenta, Jonathan. Armonía Biotec sobrevivirá a la batalla. Pero ¿qué ocurrirá con el GB4204?

Jonathan sabía que Charlotte había puesto a su fórmula el nombre de GB4204 en memoria de Gideon Barclay. Él había lamentado sinceramente la muerte de Gideon Barclay, pero su tristeza no era tanto por él mismo como por Charlotte, quien se había quedado desconsolada.

Tenían diecisiete años y Jonathan había ido con ella cada día al hospital donde permanecía sentada junto a la cama de su tío en la unidad de cuidados intensivos, cogiéndole de la mano, hablándole con voz suave aunque él se hallaba en estado de coma y las enfermeras decían que no oía. Johnny jamás olvidaría la noche en que Gideon murió, porque también había señalado el comienzo de una nueva vida.

Charlotte tenía que ir a verle. Habían pensado ir al cine. Al ver que ella no aparecía, llamó a su casa. No obtuvo respuesta. Ni siquiera la doncella respondió. Con un terrible presentimiento, él cogió su chaqueta y corrió por las oscuras calles.

En la casa había luces encendidas, pero nadie abrió la puerta. Atisbó por las ventanas; era como mirar un museo: todas aquellas habitaciones amuebladas sin nadie en ellas. Fue a la parte trasera donde un jardín terraplenado se extendía hacia la bahía. La niebla devoraba la ciudad, mientras zarcillos de vapor serpenteaban sobre la reluciente hierba, entre setos, haciendo que la humedad goteara de los árboles de cítricos y las flores doblaran sus cabezas cubiertas de rocío.

—¿Charlotte? —llamó él con suavidad.

Cruzó un césped sembrado de hojas caídas.

—¿Charlie?

Ella estaba en algún lugar en la niebla, lo percibía.

Entonces la encontró, una forma espectral inclinada hacia la bahía, atisbando en la espesa niebla. Él no dijo una sola palabra. Cuando se aproximaba, ella se volvió y se fundieron en un abrazo que era más elocuente que todas las palabras que pudieran pronunciar. Él se quitó la chaqueta y la extendió sobre la hierba y cubrió el cuerpo de Charlotte con el suyo. Ella contuvo los sollozos hasta que por fin la forma suave de hacerle el amor de Johnny los liberó y ella se aferró a él y lloró hasta que el corazón se le partió en dos.

—Sé que el GB4204 no puede devolverme a mi tío —dijo ahora con voz suave, incapaz de apartar los ojos de la fotografía, pensando en Gideon y la noche en que murió, así como en el tacto del cuerpo de Johnny por primera vez—. Pero sufrió tanto al final que juré que encontraría la manera de impedir que otras personas tuvieran que sufrir igual. Sé que me oyó, Johnny. Estaba en coma, pero sé que me oyó. Y ahora siento que de algún modo le he decepcionado... —Alzó sus ojos húmedos—. Ahora entiendo otras cosas. El contrato original entre Armonía-Barclay y la compañía Explotaciones Mineras de Titanio que se exhibe en el museo. La placa indica que fue un regalo de boda de Gideon Barclay a Armonía Perfecta Lee. Es posible que ya lo supiera, pero lo había olvidado. Ahora sé por qué mi abuela estaba vinculada con una familia que la había tratado tan mal.

Él sonrió, con gentileza, una sonrisa que recordaba la que ella había visto en la neblina, cuando la había mirado con tanto amor y ternura.

—Puede que aquí no hayas encontrado a un saboteador —dijo Jonathan, refiriéndose al museo—. Pero al menos has encontrado las respuestas a algunas preguntas.

El momento se prolongó, la expresión de Jonathan se volvió sombría y reflexiva de nuevo y por un instante ella temió que fuera a besarla como había hecho un rato antes, en una explosión de furiosa pasión, un beso duro que había ocupado el lugar de un grito.

Pero dijo:

—Charlie, me quedo.

Ella le miró fijamente.

—¿Qué? ¡No!, no puedes. ¡No hay razón para que te quedes! Johnny —exclamó de pronto, apartándose de él—. Tienes que irte a casa. Y tienes que prometerme que nunca regresarás.

Él la miró con asombro.

—¿Por qué?

—Johnny, han sucedido muchas cosas desde aquel día en el restaurante italiano cuando te dejé. Tengo una vida organizada, y tú también. Pertenecemos a dos mundos diferentes.

—No me marcharé hasta que hayamos aclarado las cosas, Charlie —replicó él, enojado—. No voy a marcharme dejando las cosas como están entre nosotros.

—Las cosas entre nosotros están como deben estar, Johnny. No podemos volver atrás. Y no podemos avanzar. Somos como el móvil de campanillas de cristal que no puede repararse. Johnny —dijo—, has recibido dos llamadas mientras estabas fuera. Han entrado en tu ordenador. No he podido evitar oírlas.

Él la miró sin decir nada.

—Una era de tu compañero —prosiguió—. La otra de tu esposa. Las he oído las dos sin querer.

Charlotte inventó una excusa para ir a la cafetería y le dejó solo. Cuando regresó con agua caliente para el té, Jonathan se hallaba en plena conversación con Quentin. Ella no quería escuchar, pero cuando oyó una parte de lo que decían, se sintió impulsada a escuchar el resto.

Era un curioso intercambio, el acento británico de Johnny y el estadounidense de Quentin, pero Johnny estaba en América y Quentin en Londres.

—Bueno, John, te lo aseguro, no aceptarán a nadie más —decía su compañero con deje del Medio Oeste—. Insisten en que seas tú. Yo no soy suficiente. Tú eres el famoso.

—Por Dios, Quentin —dijo Jonathan—. No empieces con eso otra vez.

Del ordenador llegó una carcajada, pero sonaba amarga.

—John, sabes que me importa un comino. Y de todos modos eso fue una riña creada por los medios de comunicación. Pero el problema es que esa gente no lo sabe. Y necesitamos esa cuenta. La competencia está creciendo como loca en este campo. Ya sabes que si conseguimos este contrato dominaremos el terreno. Pero maldita sea, John, no se conformarán conmigo. Insisten en que asistas a la reunión o no celebrarán la maldita reunión. Bueno, me he tomado la libertad de reservarte un asiento en un vuelo desde Los Ángeles. Tienes que cogerlo, amigo mío, o ya podemos despedirnos de ese contrato.

—¿Lo ves? —dijo Charlotte con suavidad entrando en el despacho. Johnny había desconectado y estaba cerrando su ordenador portátil—. Dos mundos diferentes.

—No tan diferentes —murmuró él desenfuchando los periféricos y empezando a guardarlo todo en los muchos compartimentos de su bolsa negra.

Ella le observaba, reconociendo los movimientos rápidos y bruscos que siempre señalaban cuándo Johnny estaba enfadado o frustrado.

—¿Qué ha querido decir con eso de que eres el famoso?

—Quentin y yo buscamos y atrapamos a un grupo de piratas informáticos que estaban causando estragos en toda Europa. Los Ocho de Amsterdam.

—Sí, he oído hablar de ellos.

—Por alguna razón, yo acabé en el candelero y Quentin apenas fue mencionado. Por eso estos nuevos clientes creen que si sólo tratan con Quentin no están recibiendo el tratamiento completo.

—¿Cómo acabaste siendo socio de Quentin?

—Trabajábamos juntos para la ASN —respondió en tono neutro, sin mirar a Charlotte, moviendo sus manos con rapidez al recoger cables, tenazas y cajitas negras, al meterlos en los bolsillos de la bolsa y al cerrar las cremalleras—. No me marché de la agencia en términos amistosos, Charlie, como te dije; en realidad fue una ruptura muy desagradable.

Charlotte le miró fijamente, volviendo a oír la curiosa nota de amargura que parecía filtrarse en su voz cada vez que se planteaba el tema.

—¿Qué ocurrió? —preguntó.

Él por fin se volvió y la miró con una expresión franca.

—Por alguna razón —dijo, sosteniéndole la mirada—, los rusos se enteraron de mi reunión con su agente en el Centro de Visitantes en el puente del Golden Gate. Mi operación, en la que había trabajado durante meses, organizando, planeando, efectuando contactos... ¡Dios mío, era uno de los proyectos más duros en los que jamás había trabajado! ¡Fue como una maldita farsa! De pronto aparecieron agentes de todas partes, acusándose unos a otros. Una enorme vergüenza para ambos gobiernos. ¡Y entonces me dijeron que debía disculparme ante los soviéticos!

—¿Lo hiciste?

—Claro que no. Me dijeron que o lo hacía o me marchaba de la agencia. Alguien tenía que pagar el pato y ése iba a ser yo. Quentin protestó en mi nombre. Incluso amenazó con marcharse si me despedían, aunque estaba en lista para un buen ascenso. Cuando me despidieron, Quentin se marchó conmigo.

Se puso de nuevo a recoger su equipo y a meterlo en la bolsa.

—Así que decidimos trabajar juntos. A Quentin le gusta Londres, y yo ya tenía residencia allí, por eso elegimos Londres.

«Y a Londres debes regresar...»

—Quentin es mi mejor amigo —prosiguió Jonathan abrochándose el chaleco y poniéndose la americana—. Abandonó una prometedora carrera en la ASN por mí. Fui su padrino de boda. Soy padrino de su hija. Quent es más como un hermano que un amigo.

—¿Y por eso has decidido dejarlo todo?

Él consultó su reloj.

—Tengo reserva en el vuelo de las tres. Debería llegar a tiempo.

Se metió la mano en el bolsillo del impermeable y sacó unas llaves de coche con un llavero de Alpha Rents.

Se detuvo y contempló a Charlotte. Ella se había preparado una taza de té, abriendo con esfuerzo el paquete, sacando la bolsita, introduciéndola en el agua caliente, moviéndola arriba y abajo, arriba y abajo, para mantener de este modo las manos ocupadas, para mentener la mente cerrada, retirando la bolsita usada y colocándola en el fregadero, hasta observar cómo el té residual se escurría por el desagüe de aluminio.

—¿Vas a casarte con Foster? —preguntó Jonathan de pronto.

Ella se giró en redondo, mirándole con sobresalto.

—¿Sabes lo de Foster?

—He visto la fotografía que está en su escritorio. Está firmada: «Con todo mi amor».

—Te enviaré una participación cuando hayamos fijado la fecha.

Él hizo un gesto de asentimiento con lentitud, pensativo. Ella vio una oscura corriente oculta en sus ojos castaños y la tensión en su mandíbula. Los sentimientos de Johnny tratando de aflorar a la superficie. Él la miró a la cara.

—No, no me marcho por Quentin —dijo, respondiendo por fin a la pregunta de Charlotte—. He decidido marcharme porque tienes razón. No podemos volver atrás y no podemos ir hacia adelante. Los dos sabemos qué es lo que se interpone entre nosotros, lo que se interpondrá siempre entre nosotros. Un hombre puede perdonar muchas cosas, Charlie, pero no la traición. Eso nunca. No volveré, Charlie, te doy mi palabra.

Ella le vio recoger su impermeable y colgárselo al hombro, coger luego su bolsa negra y salir del despacho, cruzar el museo y, sin más, traspasar la puerta, dejando que ésta se cerrara con un susurro tras de él, mientras Charlotte permanecía con la mirada fija en la puerta cerrada, perpleja, preguntándose qué había ocurrido, esperando que la puerta de pronto se abriera y Jonathan volviera a entrar, diciendo que no hablaba en serio, que se quedaba. Pero al ver que la puerta seguía cerrada, se volvió a la pantalla de seguridad y le vio andar decidido bajo la lluvia, un hombre de paso airado y resuelto. No miró atrás, y cuando llegó al coche, subió, puso el motor en marcha y se alejó.

¿Qué había sucedido? Un minuto insistía en quedarse, y al siguiente hacía el equipaje y se marchaba. ¿Era la llamada de Quentin lo que le había hecho cambiar de idea? ¿La urgente reunión tan vital para su empresa? ¿O había ocurrido algo durante la otra llamada, la que había efectuado a su esposa mientras Charlotte se encontraba fuera del despacho?

¿Y qué había querido decir con lo de una traición imperdonable? ¿De quién?

El llanto que se había estado formando en su garganta, como aquella noche brumosa en que murió tío Gideon, por fin estalló. Charlotte se apretó los dedos a los ojos y se apoyó en el mostrador de la cocina mientras su llanto arreciaba y las lágrimas le resbalaban por las mejillas, y sintió una oleada inmensa de dolor que la golpeaba como una ola sísmica.

No podía quitarse una imagen de la cabeza.

Mientras Johnny se encontraba en el invernadero, desenterrando su arma, Charlotte había permanecido aquí, mirando la pantalla de su ordenador cuando llegó la vídeollamada de Londres. Apareció de pronto un rostro en la pantalla, que la sobresaltó y la dejó paralizada: Adele Sutherland miraba directamente a Charlotte —o eso parecía— y decía: «Hemos recibido una invitación para la apertura de la temporada de ópera, Jonathan. El palco real. Por favor, dime que estarás aquí. Significa mucho para mí».

Charlotte se había quedado inmovilizada. Estaba viendo y oyendo realmente, por primera vez, a la mujer que había logrado atrapar a Johnny después de que él hubiera dicho a Charlotte, a través de un poema, que necesitaba seguir solo su camino. Ella examinó el rostro, buscando pruebas de la perversa hechicera que ella había imaginado todos aquellos años. Charlotte sabía que Adele era hija de un lord, que poseía un título: «Honorable». Y por eso Charlotte había imaginado unas facciones marcadas: nariz aristocrática y cejas arqueadas. En cambio vio un rostro atractivo, redondo y afable, enmarcado por una nube de suave cabello castaño. La actitud de Adele también era suave, cuando dijo: «Hola, Johnny. Me pregunto dónde estás».

Eso era lo peor, que se hubiera casado con alguien agradable.

Y entonces pensó: Una invitación a la ópera. El palco real. Johnny asistía a la ópera con la realeza.

Realmente vivimos en dos mundos diferentes...

Cogió su taza de té y se obligó a inhalar la calmante fragancia, esforzándose por recuperar el equilibrio y la armonía y reprimir las lágrimas, tensándose su pecho a causa del llanto contenido. Se llevó una mano al pecho y palpó el colgante de ámbar y plata sobre su grueso jersey. Rememoró el día en que ella y Johnny habían ido a Wallgree en Powell y se habían sentado en la cabina fotográfica para tomarse pequeñas fotografías en blanco y negro, Charlotte en el regazo de Johnny y él rodeándole la cintura con los brazos. Más tarde, mientras ella yacía en su cama reviviendo la sensación que le había causado el roce del cuerpo de Jonathan bajo el suyo mientras se removía en su regazo hasta que notó una dureza que le hizo ahogar la risa y Johnny se sonrojó, eligió la mejor fotografía, separó los dos rostros y los colocó en las dos mitades del relicario, de cara, para que cuando lo cerrara, ella y Johnny se besaran eternamente.

«¡Oh, Johnny! —exclamó su corazón herido—. ¿Adele conoce tu época de pirata informático? ¿Sabe algo de las detenciones por ganar miles de dólares con llamadas telefónicas ilegales? ¿Le has hablado de los días y noches que pasamos juntos, cuando nos jurábamos devoción eterna? ¡Johnny! —tenía ganas de gritar—, ¡no es justo! Adele no tiene contigo la historia que tengo yo. ¿Por qué la elegiste a ella y no a mí?»

El vapor de su té seguía elevándose y penetrando en su cabeza, operando poco a poco su magia curativa. Charlotte se sentía acongojada. Necesitaba dormir. Mañana aclararía sus emociones e iniciaría el doloroso proceso de reconstruir las barreras en torno a su corazón y devolver a Johnny a la pequeña cámara donde le había mantenido los últimos diez años, guardándole a él y todos sus recuerdos y proseguir con la tarea de crearse una vida para sí. Telefonearía a Forest por la mañana y le pediría que se reuniera con ella. Ahora necesitaba su estabilidad y consistencia, un hombre tan previsible como la salida del sol e igual de reconfortante.

Se llevó la frágil taza de porcelana a los labios.

Y mañana empezaría el proceso de atender a la empresa. Se sentaría con Adrian, Margo y Desmond...

No bebas ese té.

Charlotte ahogó un grito. La taza se le escapó de los dedos y se estrelló sobre el mostrador.

Se giró en redondo:

—¡Quién está ahí!

Escuchó pero sólo oyó el rugido sordo de la lluvia tras las paredes.

El té está envenenado.

Alzó la vista hacia la pantalla de seguridad y vio tan sólo el aparcamiento mojado por la lluvia. Se precipitó al museo donde encendió todas las luces, pero lo único que vio fue las silenciosas vitrinas que alojaban sus polvorientos recuerdos.

¿Quién había hablado?

Volvió apresurada al despacho y, tras recoger la taza de té, se sentó ante el ordenador y accedió a los registros de producción del número de lote que figuraba en el envase. Sesenta segundos más tarde obtuvo la respuesta: Rusty Brown había aprobado ese lote.

—Oh, Dios mío —susurró.

¡El té era tóxico! ¿Cuántos productos más estaban contaminados? ¿Cómo había podido manipular tantos productos?

Con la mirada fija en la pantalla del ordenador, tratando de comprender cómo era posible que hubiera sucedido semejante calamidad, Charlotte empezó a darse cuenta de algo que había estado presente de un modo velado en su mente. Había evitado afrontarlo; no le quedaba energía. Pero ahora, con los dedos apoyados en el teclado, trató de dar forma a lo que le preocupaba.

Volvió a dirigir la mirada hacia la pantalla de seguridad, esta vez para ver al agente Knight, vestido con impermeable, dirigirse hacia la furgoneta camuflada en la que había llegado su equipo.

Era algo que Jonathan había dicho de Knight...

Cuando lo dijo le pareció extraño, pero no hizo caso, había otras muchas cosas en las que pensar. Pero ahora recordó sus palabras: «Knight ha dicho que Brown tiene algo personal contra los fabricantes de medicamentos, algo relacionado con su pasado. Le detuvieron por algo en su último empleo. Estuvieron a punto de condenarle pero tuvo un buen abogado».

Charlotte frunció el entrecejo. Armonía Biotec tenía unas normas estrictas en cuanto a contratación de personal que incluían la atenta investigación del pasado del candidato. ¿Cómo un hombre con esas características había conseguido que le contrataran?

Accedió rápidamente al directorio de personal e hizo aparecer el fichero de Rusty Brown. Éste contenía su historia personal, lugar y fecha de nacimiento, experiencia laboral. No mencionaba ninguna detención. Le habían contratado seis meses atrás, al día siguiente del funeral de la abuela.

Charlotte se sobresaltó al oír de pronto la alerta de correo. Antes de pulsar siquiera *Leer nuevo correo* ya sabía lo que vería.

> No anules la rueda de prensa, Charlotte. Han cogido a Rusty Brown pero no me han cogido a mí. Él no es tu hombre. Haz lo que te digo o morirán miles de personas.

—Oh, Dios mío —exclamó Charlotte en un murmullo.

Tras asegurarse de que la puerta del museo quedaba bien cerrada después de salir, Charlotte se dirigió bajo la lluvia al edificio de oficinas principal, donde subió por la escalera de emergencia en lugar de hacerlo en ascensor. Cuando llegó a la tercera planta, abrió la puerta y asomó la cabeza. El pasillo se hallaba desierto. Pero al aproximarse con sigilo a la zona de recepción principal oyó voces.

Al doblar la esquina vio al señor Sung y a Margo hablando con uno de los agentes federales. A Adrian se le oía en su despacho, gritando al teléfono. Desmond no se encontraba a la vista.

Charlotte logró llegar a su despacho sin ser vista; allí cogió su bolso y las llaves de su coche y regresó en silencio al pasillo alfombrado, bajó la escalera y salió a la lluvia. Se colocó tras el volante de su BMW, lo puso en marcha y se alejó del aparcamiento a gran velocidad.

Llovía con intensidad. Puso los limpiaparabrisas a velocidad máxima y aun así apenas veía la carretera al frente. Inclinada hacia adelante, tratando de orientarse, pensó: ¿Por dónde habrías ido tú, por Palm Canyon Road o por la autopista? Tenía que alcanzar a Jonathan antes de que entrara en el complicado sistema de autopistas de Los Ángeles o jamás le encontraría.

Se decidió por la autopista y condujo todo lo deprisa que se atrevía en aquella desierta carretera resbaladiza a causa de la lluvia. Cuando se acercaba a la Interestatal Diez, apuntó sus faros a la rampa de entrada y se dirigió hacia el oeste, siguiendo los letreros que indicaban «dirección Los Ángeles». Casi no había tráfico a aquella hora. Sólo de vez en cuando veía unos faros que pasaban veloces por su lado. Al frente no se alcanzaban a ver luces de posición de vehículo alguno.

La autopista estaba escasamente iluminada en esta sección que cruzaba una zona de dunas en su mayor parte, con ocasionales interrupciones en la lluvia negra al pasar por delante de alguna valla publicitaria: anuncios de moteles, desvíos para ir al Joshua Tree National Monument y Painted Hills, cebos para jugar al bingo en la reserva india Morongo.

—¿Hasta dónde habría llegado Jonathan? Le llevaba quince minutos de ventaja. Y sabía que no era un conductor lento.

Cuando pasó rápidamente por delante de la salida para ir a San Gorgonio, echó un vistazo al indicador de la gasolina y se llevó un susto. El depósito estaba casi vacío.

Unos kilómetros más adelante se hallaba la ciudad de Banning, y más allá un tramo conocido como las Badlands, una carretera sinuosa y traidora famosa por los accidentes de coche fatales que se producían en ella. Una vez en las Badlans no había teléfono de emergencia, ni salidas, ni arcenes a los que arrimarse. Quedaría atrapada.

¿Debería detenerse y poner gasolina?

Tardaría demasiado. Consultó su reloj. El vuelo de Jonathan salía al cabo de dos horas y media. Si llegaba al aeropuerto antes de que ella le alcanzara, subiría al avión enseguida.

Charlotte agarraba el volante con las palmas húmedas de sudor. La gasolina que le quedaba sólo era suficiente para regresar a Armonía Biotec. Éste era el punto sin retorno.

Aspiró profundamente apretando el acelerador para correr más.

Cuando por fin vio unas luces de posición delante, rogó en silencio: «¡Por favor! Que sea Johnny». Pero cuando estuvo más cerca vio que se trataba de un camión rojo cargado de palmeras.

Charlotte lo adelantó y trató de ir a más velocidad. Pero la superficie de la carretera estaba resbaladiza. Las primeras lluvias de California siempre hacían aflorar la gasolina que había goteado de millones de coches; aún no había llovido lo suficiente para arrastrarla.

Cuando notó que la parte trasera de su BMW coleaba, aferró con más fuerza el volante y miró con atención a través de la tormenta.

Otras luces de posición.

Sus faros inundaron el coche que iba delante cuando aceleró para colocarse detrás. Pero era un Honda blanco con cuatro pasajeros.

Se pasó al otro carril y siguió adelante.

La ciudad de Banning llegó y pasó. A continuación se encontraban las Badlands. Su indicador de gasolina señalaba que el depósito estaba vacío.

Otras luces de posición.

—Por favor —susurró—. ¡Por favor!

Pero era un Corvette azul eléctrico con dos cabezas recortadas en silueta en los asientos delanteros.

Charlotte estaba tan concentrada con la vista al frente que al principio no se percató de las luces que se le acercaban por detrás; no sólo unos faros sino también unas luces destellantes.

Un coche de policía.

—¡Oh, Dios mío! —exclamó en voz alta—. ¡No! ¡No me hagáis parar ahora!

La policía hizo destellar los faros y Charlotte experimentó un breve e intenso impulso de apretar el acelerador y huir. Pero levantó el pie del pedal y se preparó para lo peor.

Sin embargo, para su sorpresa, el coche de policía la adelantó y prosiguió su camino, al parecer satisfecho de que su aviso de reducir la velocidad hubiera sido suficiente.

Respirando hondo varias veces para calmarse, aferrando el volante y procurando contenerse todo lo posible, esperó a que el coche de policía hubiera desaparecido delante antes de volver a pisar el acelerador.

Se cruzó con más salidas, más oportunidades de detenerse a poner gasolina. Pero tenía que seguir adelante, tenía que alcanzar a Jonathan...

Por fin aparecieron delante otras luces de posición. Daba la impresión de que se trataba de un vehículo bastante grande que no iba demasiado deprisa. Vigilaba con un ojo el indicador de gasolina mientras acortaba la distancia entre su coche y el otro.

Los haces de sus faros alcanzaron el parachoques trasero y un adhesivo que anunciaba: *Alpha Rents.*

¡Johnny!

Le hizo destellos.

¡Él aceleró!

—¡No! —gritó Charlotte, acelerando a su vez.

Se situó en el carril de al lado e intentó ponerse a su altura. Hizo sonar el claxon. Notó que el coche empezaba a parecer un hidroavión.

—¡Johnny! —gritó, procurando mantenerse junto a él, tocando el claxon y haciendo destellos.

Por su perfil tenso supo que estaba sumido en sus pensamientos, con las ventanillas cerradas, los ojos fijos en la carretera.

Apretó el acelerador y cobró velocidad, sintiendo que las ruedas traseras giraban velozmente. Ahora se había encendido la luz roja del indicador de gasolina. Con una desesperada embestida final aceleró, adelantó pasando a pocos centímetros del otro coche y luego, apuntalándose, giró el volante a la derecha para cortarle el paso. Vio que los faros del coche de Jonathan bajaban cuando frenó en seco.

Charlotte salió de la calzada, arrimando el coche a la cuneta, apagándose el motor cuando la gasolina por fin se agotó.

Charlotte tenía la sensación de que iba a devolver. Temblaba de tal modo que le castañeaban los dientes. Al darse cuenta de que estaba a punto de desmayarse, apoyó la cabeza sobre el volante.

—¡Eh, usted! —gritó Johnny, golpeando en la ventanilla, tratando de ver dentro—. ¿Está usted bien?

Abrió la puerta.

—¡Dios mío! ¡Charlotte!

Ella le tendió los brazos y él atrajo hacia sí el cuerpo tembloroso de Charlotte, besándola en la boca con fuerza.

—¡Dios mío! —exclamó, mientras permanecían bajo la lluvia, cogiéndole el rostro con las dos manos—. ¡Por poco nos matamos los dos!

—No ha terminado, Johnny —dijo ella entre jadeos—. Tienes que volver.

Dejaron el coche cerrado con llave junto a la carretera y regresaron a Armonía Biotec a toda velocidad; Jonathan no retiró el pie del acelerador hasta que llegaron a la entrada; apagó los faros mientras dirigía el Lincoln, sin ruido, hacia un espacio no iluminado por las farolas del aparcamiento. Cerciorándose de que nadie les veía, se precipitaron al museo, sacudiéndose la lluvia al entrar; una vez dentro, cerraron la puerta con llave a tiempo de oír sonar la alerta del correo en el ordenador.

Jonathan pulsó *Leer nuevo correo* y Charlotte contuvo el aliento mientras aparecía el nuevo mensaje:

> Es casi la una, Charlotte. Sólo quedan cinco horas.

Sin quitarse el impermeable, Jonathan sacó su ordenador portátil, lo instaló y lo enchufó en cuestión de minutos. Pulsó una tecla y por el altavoz se oyó el ruido de marcar del teléfono. Unos instantes después apareció un mensaje en la pantalla: *Marcado número de destino ... se está efectuando la llamada ... espere por favor ...*

De pronto se abrió una ventana en la pantalla y apareció el rostro de Quentin.

—Hola —dijo. Y después—: ¡John! ¡Deberías estar en un avión regresando a Londres! ¿Qué ocurre?

—Aún no puedo marcharme. Ha surgido algo.

—¿Qué? Oye...

—Quiero que hagas una llamada, Quent. Diles que el cliente con el que estoy trabajando ha sufrido un problema y no puedo dejarle, pero que puedo asistir a la reunión mediante el vídeoteléfono. En cualquier caso, con eso nos apuntamos un tanto... Quentin, ¿qué es ese ruido?

Se oía un constante *ca-chunc, ca-chunc, ca-chunc.*

Quentin se llevó la mano al oído.

—Es extraño, ¿verdad? Están excavando para construir una nueva estación de metro y está junto debajo de mi ventana.

—¿Dónde estás?

—Creía que te lo había dicho. Me alojo en el Four Seasons mientras me están arreglando el piso. Estoy seguro de que te lo dije.

Jonathan frunció el entrecejo.

—Hace veinticuatro horas aún estabas en tu piso. No recuerdo que mencionaras nada de...

—¡Lo siento! ¡No oigo nada! Pero bueno, llamarles es una genialidad. Demostrará hasta qué punto nos entregamos a nuestros clientes, les daremos a probar la lealtad que pueden esperar cuando ellos tengan problemas. ¡Me gusta, John! *—ca-chunc, ca-chunc—*. ¡Escucha esto! ¡Creo que me trasladaré al Dorchester antes de que me vuelva loco! Está bien, haré esa llamada. ¡Deslúmbrales con un poco de alta tecnología! Volveré a estar contigo dentro de dos horas.

Cuando finalizó la conexión, Jonathan siguió mirando fijamente la pantalla.

—¿Qué ocurre? —preguntó Charlotte.

—Algo va mal. Conozco a Quent y noto cuándo me oculta algo. Está nervioso por algo.

—John, vete a casa. No debería haberte hecho regresar. Allí te necesitan.

Él siguió mirando con ceño la pantalla e iba a decir algo cuando volvió a sonar la alerta del correo. Apareció el nuevo mensaje:

LOLOLOLO

—¿Qué significa eso? —preguntó ella.

—Ele o ele —respondió Jonathan, poniéndose de pie de pronto y sacudiéndose el impermeable—. Es el argot de Internet que significa «risa a carcajadas». —Volvió a sentarse y, subiéndose las mangas con movimientos rápidos y decididos, añadió—. Ese hijo de puta se está riendo de ti. Por Dios que lamentará haberlo hecho.

Segunda Parte

14

2,00. Palm Springs, California

—¿Por qué no me has esperado, Armonía? —exclamó Gideon cuando vio el pastel de boda, los invitados, el señor Lee vestido de esmoquin.

«Pero cómo iba a hacerlo —respondió Armonía en silencio, con el corazón, para que nadie, ni siquiera Gideon, la oyera—. ¿Cómo podía esperar si ibas a estar fuera diez meses y nuestro bebé nacería al cabo de nueve?»

—Jamás amaré a nadie como te he amado a ti, Charlotte —declaró Gideon con pasión, pero ya no era Gideon sino Jonathan, y alargó los brazos y puso sus manos en los hombros de Charlotte...

Charlotte ahogó un grito.

—Eh —dijo Jonathan con voz suave, sacudiéndole los hombros—. Eh, ¿estás bien?

Ella le miró y parpadeó.

—Tenías una pesadilla —dijo él.

Charlotte se incorporó y se frotó lo ojos. Había decidido echarse en el diván del despacho de su abuela y tomar una breve siesta. Consultó su reloj. Había dormido una hora.

—Debías de estar soñando —dijo él.

—Sí... Era un sueño extraño.

Ella levantó la mirada hacia él. El pelo castaño le caía sobre la frente y estaba sin afeitar. Pero sus ojos no daban muestras de fatiga.

—He encontrado algo —dijo. Olía a lluvia. ¿Había estado en el exterior?—. Sé qué es lo que persigue nuestro culpable.

Charlotte puso los pies en el suelo y esperó un momento, la cabeza apoyada en las manos. El sueño no abandonaba su mente, llenando su cerebro con un remolino de imágenes absurdas: su madre, a quien no había conocido, sentada con ella en el mirador del tejado diciendo: «Ha sido el té, Charlotte, el té...» El señor Sung haciendo girar una caja rompecabezas una y otra vez en sus manos. Su abuela apartando la cara de una alcachofa que Charlotte acababa de cocer al vapor para la cena.

La siesta no la había refrescado. En realidad, se sentía más cansada; los recuerdos la acosaban, la abrumaban.

Se levantó y fue a la cocina donde abrió el grifo y se pasó agua por la cara hasta que su sueño empezó a desmigajarse, los rostros y voces a retroceder. Cuando se secó la cara dándose unos toques con una toalla las imágenes perturbadoras habían desaparecido.

Se volvió y miró a Jonathan, sentado ante su ordenador portátil. Había estado trabajando mientras ella dormía. Tenía el pelo húmedo.

—¿Qué has descubierto? —preguntó Charlotte.

—He estado repasando los ficheros que he descargado en copias de seguridad. Y he encontrado algo muy interesante en el directorio donde guardas tus fórmulas secretas. Mira. —Dio unos golpecitos a la pantalla.

Charlotte se inclinó para ver más de cerca lo que le mostraba.

—¿Los han copiado?

—Nuestro intruso al parecer no es consciente de que tu sistema consigna automáticamente cuando se accede a los ficheros y se copian. Y mira esto —añadió—. Mira las horas y fechas de estos accesos.

—¡No lo hicieron todo de golpe! ¡Lo ha estado haciendo toda la noche!

—¿Puedes creerlo? Ese hijo de puta ha estado entrando y saliendo durante las últimas doce horas, copiando un fichero cada vez para que no le pilláramos. Pero éste es vital, Charlie. Es el más reciente.

Ella miró hacia donde él señalaba.

—Esta fórmula se ha copiado después de que Knight desconectara todos los terminales.

—Esto significa que en algún sitio hay un módem escondido.

Ella frunció el entrecejo.

—¿Podrás encontrarlo?

Jonathan sonrió.

—Oh, lo encontraré. Ya he puesto en marcha la búsqueda. —Dejó el ordenador y fue a mirar los planos de las instalaciones, aún desplegados sobre el escritorio—. Una manera de entrar en un sistema —dijo, examinando los planos— es incapacitar el *dial-back* en uno de los módems. Sin embargo, tu sistema lo habría registrado. Como no es así, sabemos que hay un módem escondido, que se conectó a la red y envió una autorrespuesta.

—¿Cómo vamos a encontrarlo?

—He instalado un *war dialer* en mi ordenador —murmuró mientras trazaba una línea con la yema del dedo—. ¿Has visto la película *Juegos de guerra*? Un *war dialer* es un software que marca cientos de números, buscando un módem al que conectarse. Mientras dormías he introducido los parámetros de los números telefónicos de esta región. Seguirá marcando hasta que encuentre un módem activo en esta instalación. Lo he conectado a mi busca para que me avise cuando el marcador encuentre algo.

Ella le vio examinar los planos, frunciendo el entrecejo mientras estudiaba líneas, arcos y cuadrados, concentrado con la misma intensidad que si estuviera resolviendo una caja rompecabezas. Era la misma expresión que tenía en el rostro cuando había colgado después de hablar con su socio, cuando había dicho que algo le pasaba a Quentin. El mismo ceño había aparecido entonces, mientras sopesaba la situación y decidía qué hacer; Charlotte quiso ayudarle diciéndole que se marchara a casa. Pero entonces había aparecido el mensaje: *LOLOLO* y se había quedado.

Justo una hora antes, Charlotte le había insistido que se marchara. Ahora se alegraba de que no lo hubiera hecho.

—Johnny —dijo revolviendo en su bolsa de piel, sacando un peine con el mango dorado escondido bajo el móvil de campanillas de cristal roto—. Tenemos que encontrar la relación entre este intruso y Rusty Brown. Quizá ha sido alguien que trabajaba con Brown, o alguien que descubrió lo del sabotaje de Brown y ha decidido aprovecharse de ello. Brown ha insistido en que trabajaba solo. Y ésa es su forma de actuar, según su historial delictivo.

Jonathan había sacado una pluma de su bolsillo y estaba trazando una línea a lo largo del diagrama.

—¡El historial delictivo de Rusty! —exclamó Charlotte, y se soltó el pelo—. ¿Cómo consiguió pasar nuestro proceso de selección? En su ficha no se menciona ninguna detención. He llamado a la señora Ferguson, la directora de personal, a su casa pero me ha salido el contestador automático. Le he dejado el mensaje de que es urgente que llame.

Lamentablemente vive al otro lado de un arroyo que en estos momentos es una furiosa avenida de aguá. No podemos llegar hasta allí en coche. —Charlotte levantó la mirada hacia la pantalla de seguridad que entonces mostraba una zona de recepción vacía—. ¿Dónde están todos?

—Knight y sus hombres se han marchado —respondió Jonathan, siguiendo con su tarea de trazar la línea—. Le he dado una copia de lo que he descargado. Con eso se ha conformado de momento. Se la ha llevado al laboratorio, donde la examinarán para ver si encuentran pruebas del delito de Rusty Brown. Han dejado a un hombre de guardia en la sala del ordenador central, pero no importa. Aun así entraremos en el sistema.

—Lo que aún me desconcierta, Johnny —dijo Charlotte, apartándose de la pantalla de seguridad— es cómo lo hará. ¿Cómo puede forzar a la gente que ingiera algo que se les ha advertido que no tomen?

Él se irguió, guardando la pluma de nuevo en su bolsillo. Cuando vio la larga cabellera negra derramándose libre sobre sus hombros, se detuvo. Una visión de aquel mismo cabello, muchos años atrás, apareció en su mente: sedosas trenzas extendidas sobre la hierba húmeda de rocío, los ojos de Charlotte cerrados, una sonrisa sublime en sus labios.

Desvió la mirada.

—Lo descubriremos cuando examinemos tu sistema. Bueno, sólo nos quedan dos cosas por hacer y tendremos a nuestra paloma. En primer lugar, tenemos que entrar.

—De acuerdo —dijo ella, separando la silla del escritorio.

—No, me refiero a mí.

—Pero no conoces mi contraseña. Incluso me has dicho, cuando has llegado, que no querías saberla.

—Forma parte de mi test de penetración hecho a medida del usuario —dijo sentándose—, cuando finjo ser el intruso. De este modo encuentro agujeros en esa seguridad que no pueden ser deteminados con otros medios. Empieza con la introducción de los datos. No quería que me dijeras tu contraseña. Ahora observa.

—¿Quieres decir que vas a adivinarlo?

—Te apuesto lo que quieras a que la consigo en tres tentativas.

—Espera —dijo Charlotte, poniendo una mano sobre el brazo de Jonathan—, el técnico de Knight ha descubierto un programa de seguridad cuya existencia ni siquiera yo conocía. Si haces dos intentos no válidos, el tercero hará que el sistema borre todos los datos.

Él meneó la cabeza, la mirada intensa.

—Eso ha sido cosa mía, Charlie. Se me ha ocurrido después de descargar todos esos ficheros, no quería que los federales se llevaran la red, aún podríamos necesitarla. Así que he entrado y cambiado las contraseñas, y luego he implantado el falso mensaje de borrar los ficheros.

A la orden de *Nombre del usuario*, Jonathan escribió: «Charlotte Lee» y pulsó *Enter*.

La siguiente orden fue: *Contraseña*. Mientras mecanografiaba aparecieron asteriscos en la pantalla. Pulsó *Enter* y apareció un nuevo mensaje:

Bienvenido a Armonía Biotec

Charlotte se quedó perpleja.

—¿Cómo lo has hecho?

—Simple investigación por encima del hombro —respondió él, mecanografiando con rapidez—. Así es como los criminales roban los números de cuentas bancarias. Un tipo mira por encima de tu hombro cuando introduces información en un cajero automático.

—Pero cuando he escrito mi contraseña, en la pantalla sólo han salido asteriscos, como ahora. Aunque hubieras mirado...

—También escuchaba. Seis pulsaciones, y no has pulsado la barra espaciadora ni el retorno manual. Claro que —añadió, repasando los datos aparecidos en la pantalla— me ha ayudado el hecho de saber algo de ti. La contraseña que la gente utiliza con más frecuencia es su nombre o el de su perro. También usan su fecha de nacimiento, o la matrícula del coche, o el sitio donde nacieron. Palabras como mago y enano son muy populares. Te sorprendería la cantidad de gente que simplemente utiliza la misma letra o el mismo número varias veces, como siete sietes.

—Aun así hay que adivinar mucho —dijo Charlotte pasándose el peine por el cabello; luego se lo recogió con el broche y arrojó el peine dentro de su bolsa de piel.

—La mayor parte de intrusos consiguen adivinar la contraseña en menos de diez tentativas, y si quieren entrar en un sistema que no dispone de protección contra introducciones erróneas múltiples, entran. Pero, como he dicho, en este caso yo ya sabía algo de ti, tenía una base por donde empezar. Cuando he oído el número de letras de que constaba, se me ha ocurrido cuál era la contraseña.

Charlotte la había elegido porque nadie conocía esa palabra: su nombre verdadero.

Jonathan de pronto estiró los brazos hacia adelante, haciendo chasquear los nudillos. Se levantó, se acercó a la pequeña cocina donde llenó el hervidor y lo puso al fuego.

—Nos quedan menos de cuatro horas y necesitaré un poco de combustible.

Abrió la cremallera de un compartimento lateral de su bolsa y sacó un paquete de café, filtros y una caja de galletas escocesas.

En cuanto vio el conocido envase de cuadros escoceses rojos y amarillos, Charlotte sintió simultáneamente alegría y dolor.

Volvían a tener diecisiete años, Charlotte estaba sentada en la cama del escondite del sótano de Jonathan. Comían galletas escocesas y él le mostró su último artilugio, un juego de ordenador llamado «Pong», a la sazón sólo disponible en salas de juegos y bares. Pero Johnny tenía uno porque acababa de regresar de Escocia, donde había pasado el verano, y su padre, que tenía que marcharse enseguida para asistir a una conferencia internacional en Perú, había consolado a su hijo con un juguete caro. Jonathan comía y reía y hablaba al mismo tiempo, explicando que originalmente se llamaba «Ping Pong» pero la empresa Atari lo había tenido que cambiar porque vulneraba una marca ya registrada.

Ése era el momento alegre. El doloroso era seis años más tarde, una lluviosa noche en Boston, cuando Jonathan le anunció que sería *hacker* del MIT. Lo habían celebrado con vino tinto y galletas escocesas, y luego habían hecho el amor de un modo lento y maravilloso sobre la colcha de Madrás en el apartamento de Jonathan. Se pasaron la noche acurrucados bajo las sábanas, con veintitrés años de edad y planeando su futuro juntos, esbozando cada uno el perfil del otro: ella descubriría una cura para el cáncer, él iba a construir el superordenador más rápido del mundo. Serían apasionados, dos jóvenes misiles lanzados al futuro. E iban a viajar, a ver mundo. «Estaremos en el Bósforo —había dicho Charlotte— y contemplaremos el sol ponerse tras las cúpulas y chapiteles de Estambul.» «En Venecia —había dicho Johnny—, tomaremos *cappucino* en la plaza de San Marcos y observaremos subir la marea.» Iban a hacerlo todo, probarlo todo, experimentar todo lo que la vida les pudiera ofrecer. Cuando Charlotte se marchó al día siguiente a San Francisco, Jonathan fue a despedirla al aeropuerto y ella nunca le había visto tan radiante y feliz.

Y luego, doce meses más tarde, había llegado el libro de poesía, haciendo añicos su mundo, poniendo fin a sus sueños para siempre.

Jonathan retiró el agua del fuego cuando empezó a hervir y sacó un cono de metal articulado de su bolsa negra. Abrió el cono y lo colocó sobre un tazón, puso en él un pequeño filtro de papel y dos cucharadas colmadas de café molido de rico aroma.

—Nunca viajo sin mi café —explicó mientras preparaba dos tazas—. ¿Sigues tomándolo solo? Si quieres tengo leche en polvo.

—Solo —respondió ella. Entonces dijo de pronto, sorprendiéndose a sí misma—. Johnny, ¿eres feliz?

Él se giró en redondo, una expresión de asombro en su rostro. Y luego la expresión se volvió sombría.

—Como todo el mundo, supongo.

Ella no pudo contenerse. Había estado esperando formular esa pregunta durante las últimas ocho horas.

—¿Tu matrimonio va bien?

—No puedo quejarme —respondió él con expresión críptica, acariciando con la mirada el pelo de Charlotte, que ahora estaba peinado y recogido—. La vida con Adele es cómoda. Previsible.

Charlotte se dio la vuelta. Parecía describirles a ella y a Forest.

Jonathan le observó la parte posterior de la cabeza, donde su reluciente cabello negro estaba despeinado a causa de la siesta, un punto al que el peine no había llegado. Deseaba alargar el brazo y alisárselo, pero Adele acudió de nuevo a su mente, y la conversación que habían mantenido por videoteléfono justo después de medianoche, mientras Charlotte estaba en la cafetería. Los ojos de Adele brillaban a causa de las lágrimas cuando dijo:

—Estás con ella, ¿verdad? Quentin sólo me ha dicho que estabas con un caso. Pero has ido a ayudarla a ella, ¿no es así?

Jonathan no entendía cómo un asunto que él se esmeraba tanto en no plantear parecía estar presente de todos modos, sustancial, interponiéndose entre ellos. El dolor que dejaba traslucir la voz de Adele... qué podía hacer él salvo responder: Sí, estoy ayudándola. Adele se merecía esa sinceridad, se merecía eso, al menos.

Cuando Jonathan dejó el hervidor de agua junto a la caja de té, los ojos de Charlotte la siguieron y se posaron en la caja.

—Aún no puedo quitarme de la cabeza lo que he soñado —dijo—. Hay algo referente a ese té que se supone que debo saber.

—Ya lo has averiguado. Forma parte de un lote contaminado.

Ella puso ceño.

—Hay algo más. Pero no logro... —Le miró a él—. Mi abuela creía en toda clase de supersticiones y lo que yo consideraba tonterías anticuadas. Me decía que como provenimos de un largo linaje de hijas sin madre, en nuestros momentos de necesidad oímos la voz de nuestra madre. Yo realmente nunca la creí. Pero contaba que ella había oído a su madre muchos años atrás, cuando se veía obligada a vivir en un sótano y se moría de hambre y no conseguía vender sus medicinas. Decía que su madre le habló desde el cielo y le dijo que hiciera las medicinas agradables a la vista para que la gente las comprara. Y esta noche, yo estaba a punto de beber el té... Johnny, he oído esa voz tan fuerte y clara como si hubieras hablado tú.

—¿Y era tu madre?

—¿Cómo voy a saberlo? Nunca le oí la voz. Pero en el sueño que acabo de tener me ha vuelto a hablar, señalándome el té... supongo que tengo que creer que le ocurre algo.

Él la miró con ojos escrutadores, como si intentara penetrar en su mente y ver con sus propios ojos el sueño y su misterioso mensaje.

—Evócalo de nuevo, Charlie —dijo—. Recuerda el sueño paso a paso. Si estás recibiendo un mensaje tienes que oírlo.

Aceptando el café, Charlotte pensó: «Sigue siendo supersticioso, como en los viejos tiempos, cuando regresaba de las Highlands con cuentos de campos de batalla encantados y mujeres que se transformaban en focas».

Mientras la veía mojar una galleta en el café y llevársela a sus húmedos y sonrosados labios, sacando su pequeña lengua de la boca, Jonathan pensó en los tiempos pasados en que había observado comer a Charlotte, siempre con el gusto con que hacía todas las cosas. Como en el café de Boston, cuando ella pidió más aliño para la ensalada y luego se la comió junto con bocados de palito de pan con mantequilla, sin dejar de hablar, con fruición: «Es lo único en lo que mi abuela y yo estábamos de acuerdo, Johnny, que la medicina occidental y la medicina china podían trabajar juntas. Ella solía decirme: "Charlotte, la medicina occidental es nueva y rápida, la china es antigua y lenta. Muy buen equilibrio, como el yin y el yang". Pero yo he decidido no estudiar medicina, Johnny. La muerte de tío Gideon me convenció de que los médicos no pueden ayudar. No pueden hacer nada si no tienen las medicinas adecuadas».

Estaba tan animada aquella lluviosa tarde, primero escuchándole mientras él hablaba de ser un *hacker* del MIT, riendo de sus historias de invasión de ordenadores cuando estaba en Cambridge y luego lanzándose a contarle su propio sueño con entusiasmo desbocado. «¡Biotecnología, Johnny! —había dicho con sus ojos verdes inflamados con visiones—. ¡Es el futuro! Y estoy intentando convencer a la abuela del potencial que tiene en sus manos. ¡El almacén de Armonía es un cofre del tesoro lleno de hierbas curativas! Pero la abuela sigue envasándolas tal como lo ha hecho durante años. Yo intento hacerle ver que esas hierbas pueden analizarse a nivel molecular y llevarse a sus límites curativos más extremos. ¡Mira ese sauce! ¡Los extractos herbales hechos con su corteza han curado dolores de cabeza, dolor y fiebre durante miles de años! Una vez los químicos descubrieron la estructura molecular en que se basaba el poder curativo del sauce, fueron capaces de sintetizar la medicina. ¡Y ahora lo llamamos aspirina! ¡La empresa Armonía está situada en una verdadera cueva de Aladino de la curación! ¡Estoy decidida a encontrarlas, Johnny! ¡Hasta la última!»

Aquella noche hicieron el amor en el apartamento de Johnny, toda la noche, para celebrar que estaban juntos en Estados Unidos, para tejer sus diferentes sueños y formar un único tapiz con ellos. Y luego un año más tarde él le envió el libro *Ganadores de la Corona de Laurel de Plata de Poesía 1981* y la urdimbre y la trama de sus sueños entretejidos se deshizo hasta que los hilos estuvieron enmarañados de forma irrecuperable.

¿Y si él no hubiera aprovechado la oportunidad y desnudado sus sentimientos en aquel poema... habrían seguido siendo amantes? Si él se hubiera guardado el libro para sí, ¿ella le habría llamado para decirle que necesitaba su espacio, su libertad? Y luego, seis años más tarde, ¿se habría reunido con él en San Francisco? ¿Habrían hecho el amor en lugar de que Charlotte le traicionara de un modo tan monstruoso?

Recordaba cómo era ella la última vez que la vio, en San Francisco. Sólo habían transcurrido seis años desde aquella noche en Boston, pero Charlotte había cambiado mucho. Aún poseía su visión, pero había reprimido su pasión y celo juveniles cuando dijo:

—Después de licenciarme en bioquímica, convencí a la abuela para que me diera una pequeña área que pudiera adaptar como laboratorio. Me permitió contratar a dos ayudantes pero hizo hincapié en que no abusara de las plantas que analizara, y en especial que no causara ninguna ofensa a nuestros antepasados, que descubrieron los usos medicinales de esas plantas.

Después Charlotte había adoptado una actitud de mujer de negocios:

—Tenemos que expandir nuestras áreas de investigación y desarrollo, pero para ello necesitamos fondos. He intentado persuadir a la abuela de que Armonía se convirtiera en sociedad anónima y ofreciera acciones en bolsa. ¡Por poco no le dio un ataque! Así que se me ocurrió otra idea. La convencí de que sacara una nueva línea de productos. Dije: «El tónico Loto Dorado es muy popular, ¿por qué no introducir champú y aceite corporal Loto Dorado? ¿Por qué no ambientador Dicha y polvos secantes Mei-ling? Cosméticos, vitaminas para niños. Incluso había pensado preparar productos para animales domésticos».

Mientras Jonathan observaba a Charlotte cortar con atención un tomate enano con cuchillo y tenedor como si lo estuviera diseccionando, en lugar de metérselo entero en la boca, se dio cuenta exactamente de cuánto había cambiado: Charlotte había desarrollado un perfil lleno de aristas. Ya no era redondeada y suave como había sido. Al parecer la ambición le había cincelado la redondez.

—Charlotte —dijo ahora, con repentina curiosidad por algo—, ¿cómo convenciste a tu abuela de que trasladara la fábrica aquí? Creía que jamás abandonaría San Francisco.

—Cuando investigué un poco y supe que la parte sur de California lleva a cabo más investigación y desarrollo biomédico que ningún otro sitio en el mundo, supe que era donde debía estar Armonía. Adrian lo consideró buena idea y trató de convencerla, utilizando hojas de cálculo y señalando márgenes de beneficios; llegó a llamar a esta zona una «comunidad científica». Ella hizo oídos sordos. Yo me limité a decir que nos uniríamos a una familia de empresas farmacéuticas y eso la abrió. La abuela era muy sensible a la palabra «familia».

—No me extraña que te nombrara su sucesora —murmuró él—. Tenías la misma manera de ver las cosas que ella.

—Hubo un tiempo —dijo ella con voz suave— en que tú y yo veíamos las cosas de la misma manera.

Sus ojos se encontraron, y en el espacio de tres latidos estuvieron unidos en recuerdos mutuos de un pasado compartido. Pero entonces Jonathan recordó una traición, Charlotte recordó otra y ambos regresaron al presente.

—No tenemos mucho tiempo —dijo él—. Poco más de tres horas. —Apartando su café y sacudiéndose las manos, añadió—: Primero revisaré estas fórmulas confidenciales y veré si nuestro intruso ha dejado rastro de comprobación. Después tendré que volver al edificio principal.

—¿Rastro de comprobación?

—Es un registro cronológico de las actividades del sistema. El rastro de comprobación verifica las entradas fallidas a una identificación de usuario determinada, horas de entradas extrañas, datos borrados, cambios, cosas así. Nuestro amigo ha hecho su trabajo sucio en horas de trabajo. Los intrusos atrapados son los que cometen errores estúpidos, como invadir un sistema en plena noche o utilizar la identificación de un empleado que está de vacaciones.

—¿Cómo ha entrado éste en el sistema?

—Posiblemente a través de una puerta trasera, como por ejemplo una contraseña maestra instalada por el fabricante de software, o una brecha en tu mamparo. El extremo frontal es todo seguridad, mientras tu base de datos está detrás, básicamente insegura. Pero el intruso realmente tendría que saber lo que hacía para encontrar esos puntos débiles y te aseguro que ahora no lo está haciendo. No te preocupes, encontraré sus huellas digitales en el disco duro. Y entonces tendremos a ese hijo de puta.

Mientras Jonathan efectuaba una búsqueda, los ojos de Charlotte se posaron una vez más en la caja de té. De pronto el inquietante sueño acudió a ella de nuevo, así como la extraña advertencia que le había sonado tan real que le había hecho caer la taza de té de las manos. ¿En verdad había oído la voz de su madre? ¿O sólo eran imaginaciones suyas?

Cogió la caja y la examinó, buscando las letras azules y plateadas y el pequeño dibujo de un sauce llorón reflejado en un lago por si veía algo que le diera alguna pista. Sacó una bolsita de té y la sostuvo en la palma de la mano. Y entonces reparó en que...

—¡Ya está! —exclamó de pronto—. ¡Esto es lo que tenía que descubrir! ¡Johnny, mira! ¡Estas bolsitas de té han sido manipuladas! ¡Este lote no se ha falsificado en la fábrica, sino después!

—Esto significa que no es obra de Rusty Brown.

—¡No! Es alguien que quiere que parezca que ha sido parte del sabotaje de Rusty Brown. ¡Apuesto a que si analizamos el resto de té de ese lote lo encontraremos intacto!

—¡Dios mío! —Jonathan se puso en pie de un salto—. ¡Se lo han hecho deliberadamente a tu caja particular de té! ¡Tú eres el blanco! —De pronto la cogió por los hombros—. Charlie. Tienes que marcharte de aquí. Enseguida.

—¿Qué?

—Tienes que ponerte a salvo.

—No...

—Llévate mi coche alquilado. Así será más difícil que te reconozcan.

—Johnny, no pienso marcharme.

—Maldita sea, no discutas conmigo. ¿Y Forest? ¿Puedes quedarte con él?

—¡He dicho que no me marcho!

—¡Por Dios, Charlie! ¡Alguien está tratando de matarte! —La cogió con más fuerza—. ¡Quiero que salgas de aquí ahora mismo! Vete lo más lejos que...

Ella se apartó.

—¿Estás loco? Y no me voy a ninguna parte. Jonathan Malcolm Sutherland, y deja de darme órdenes. Soy una mujer adulta y puedo decidir por mí misma.

Él la miró echando fuego por los ojos.

—¡Estás en peligro, por el amor de Dios!

—¡También lo estás tú y miles de personas. Y mi empresa —añadió, alzando la voz— y no tengo la más mínima intención de irme!

Sus palabras taladraron el aire resonando en el silencio, la pasión de Charlotte chocando con la de Jonathan con un fragor que competían con los truenos que retumbaban fuera.

—Bueno, me quedo —dijo más tranquila, la voz temblorosa pero llena de decisión—. Encuentra a ese hijo de puta a tu manera —dijo, señalando el ordenador con un dedo— y yo lo encontraré a la mía.

Se miraron airados en un espacio cargado de furia y deseo, hasta que por fin Charlotte giró sobre sus talones y regresó al museo, pasando por delante de vitrinas que ya había examinado, hasta que llegó a una titulada *Nueva fábrica, 1936*. Era un diorama de una planta de fabricación y embotelladora, completa con personas en miniatura de pie junto a una cinta transportadora en miniatura, y encima una fotografía de un grupo de gente bajo un cartel enorme: *Productos Herbales Chinos Armonía Perfecta*.

Y se quedó allí, temblando, el corazón latiéndole con fuerza —«No pienses en el té envenenado, concéntrate en descubrir al asesino»—, fijándose en la figura central del grupo, su abuela, aunque resultaba difícil imaginar a esa bella mujer joven como su abuela. Armonía sólo tenía veintiocho años cuando se tomó la fotografía, aunque oficialmente tenía treinta. Iba vestida de blanco porque estaba de luto.

En la fila delantera, de pie uno junto al otro, se encontraban Margo y Adrian, de siete años de edad y formando pareja ya, Margo más alta que su futuro marido, el rostro de Adrian exhibiendo la belicosidad que aumentaría con los años.

Por supuesto, Charlotte no aparecía en la fotografía, ni Desmond o Jonathan. Ellos pertenecían a otra generación. Pero había otras personas a las que Charlotte reconoció, sonriendo de un modo que le hizo preguntarse si ocultaban algún secreto, el secreto de un asesino que quería matarla a ella...

15

San Francisco, California, 1936

El día en que el Dragón por fin vino a por mí era un día de frío viento y caliente sol, con un cielo del color de la porcelana azul y nubes tan blancas que resultaban cegadoras: un día de buena suerte. Me vestí con atención procurando no precipitarme en mi excitación y romper algo sin querer, pues entonces tendría que reprogramar mi reunión para otro día. El señor Lee fue conmigo, claro, y nos llevamos a nuestra hija. Nunca íbamos a ninguna parte sin Iris.

Mientras nos dirigíamos en coche hacia Daly City yo prestaba atención a los malos presagios; a la primera señal de mala suerte, daríamos media vuelta y volveríamos a casa. Ese día precisamente precisábamos la máxima buena suerte, porque era el día en que iba a ver cumplido mi sueño.

Cuando salí, humillada, del Club de Campo de la señora Barclay, siete años atrás, fui directa al señor Lee y le dije que pagaría el pasaje de su familia a California. También les daría empleo, si me hacía un favor a cambio. Le pedí que se casara conmigo.

Para una mujer china éste es un acto vergonzoso. Pero el señor Lee no lo trató como tal. Me respondió con honor y dignidad. Sabía que estaba embarazada y dijo que no le importaba. No mencionamos el amor, pero creo que él me amaba. Ahora pienso que el señor Lee me había amado todos aquellos años en Chinatown, cuando yo utilizaba su teléfono, cuando nuestros apartamentos iban de arriba abajo según cambiaban nuestras circunstancias, cuando le observaba pintar sus visiones internas y él me escuchaba mis sueños. Expresó este amor callado aceptando al hijo de otro hombre como propio. Todo el mundo nos creyó cuando dijimos que Iris había nacido dos meses antes de tiempo, porque resultó ser una niña pequeña y frágil, que estuvo a punto de no sobrevivir a sus primeras semanas.

No engañé a Gideon. Aquella noche, ocho años atrás, cuando se quedó ante mi puerta mirando mi recepción nupcial, me preguntó:

—¿Por qué, Armonía? ¿Por qué no esperaste?

Siete meses más tarde tuvo su respuesta.

Iris se convirtió en el centro de mi universo. ¡Cómo iba a ser de otro modo! En sus venas corría la sangre de mi honrado padre, Richard Barclay, y del dueño de mi corazón, mi amado Gideon. Una niña dulce y encantadora, en cuanto me la pusieron en los brazos mi nuevo sueño nació: por Iris convertiría mi pequeña empresa en un imperio.

Volví a ser china. Después de aquel día en el Club de Campo no volví jamás a intentar ser blanca. Sólo vi a Fiona Barclay en una ocasión, cuando Gideon y Olivia se casaron y el señor Lee y yo asistimos a la boda. Su hijo nació seis meses después de Iris. Le llamaron Adrian, por el abuelo de Olivia. Esto debería haber constituido el punto de separación de mi querido Gideon y yo, pero estábamos unidos por dos cosas: saber que Iris era nuestra —aunque nunca hablamos de ello— y el contrato que Gideon había conseguido con la empresa Explotaciones Mineras de Titanio. Éramos socios y así seguimos.

El señor Lee fue un buen padre para Iris y un marido respetable para mí. Como la empresa Productos Herbales Chinos Armonía Perfecta florecía y nuestros beneficios aumentaban sin cesar, mi erudito esposo podía ejercer tranquilamente su arte con absoluta entrega, creando pinturas tan inspiradas y magníficas que empezaron a estar muy solicitadas. A la sazón yo no lo sabía, pero el día en que el Dragón regresó a mi vida, el señor Lee acababa de empezar lo que sería la obra maestra de su vida.

Cuando llegamos a Daly City, el señor Lee se desvió de la carretera principal y nos llevó a través de huertos y bosquecillos llenos de verdor y buena suerte, y cuando por fin llegamos a una alta verja y un cartel que rezaba Taft & Sons Cider, dije a Iris:

—Mira, ¿ves todos esos edificios?

Pero por supuesto no los veía. Iris no entendía lo que yo decía. No miraba adonde yo señalaba. No me miraba cuando le hablaba. Sus ojos estaba en todas partes, arriba en el cielo, abajo en la hierba, aquí y allá, siempre revoloteando como un par de mariposas atrapadas en una jaula invisible.

—Retrasada —dijeron los especialistas—. No le pasa nada a su oído o a su vista, señora Lee. El problema de su hija reside en el cerebro. Nunca hablará, nunca entenderá siquiera lo que le digan.

Aun así, cogí a Iris de la mano y la conduje hacia los grandes edificios de una fábrica. Iba a mostrarle la maquinaria y las cintas transportadoras, los almacenes y las oficinas; iba a describirle la gran cantidad de trabajadores que habría allí, fabricando, etiquetando y envasando todas las maravillosas medicinas producidas por la empresa Productos Herbales Chinos Armonía Perfecta. Yo siempre trataría a mi hija como una niña normal, porque ¿quién sabía con seguridad que su cerebro no entendía mis palabras? Y ¿quién sabía si algún día no me miraría de pronto y diría: «Sí, veo»?

El vigilante de la fábrica, un anciano caballero vestido con mono de faena azul, nos saludó con la mano y se aproximó con su escoba. Dijo hola a Iris pero ella no le reconoció, aunque le había visto varias veces. El hombre se metió la mano en el bolsillo y sacó un caramelo. Pero cuando se lo ofreció, Iris no lo cogió. Miraba hacia el sol con los ojos entrecerrados y después bajó la vista a sus zapatos y luego miró por encima de su hombro y otra vez hacia el cielo.

Di las gracias al vigilante y le cogí el caramelo. No se lo di a Iris, porque ella no entendía lo que era dar y recibir. Le acerqué el caramelo a los labios e inmediatamente ella lo aceptó en su boca, masticándolo sin dejar de mover sus ojos, investigando, buscando un lugar donde posarse.

—Qué bonita es —murmuró el vigilante.

Y lo era. Aunque, como yo, el padre de Iris era estadounidense, mi hija poseía los ojos rasgados y los pómulos altos de sus antepasados chinos. Recordaba haber visto una vez una fotografía de mi madre, Mei-ling, cuando era niña. Iris se le parecía.

Por fin el agente inmobiliario llegó en su coche, pero cuando vi la expresión de su cara cuando se apeó, supe enseguida que algo iba mal.

—Lo siento, señora Lee —dijo mientras el viento arreciaba y una nube tapaba el sol—. El propietario se ha hecho atrás.

—Pero no es posible —dije, sabiendo ya lo que iba a decir y preguntándome por qué no lo había previsto.

El señor Osgood sorbió por la nariz, echó una mirada al viejo vigilante, que estaba apoyado sobre una escoba, y dijo:

—Bueno, lo siento, pero le han hecho una oferta mejor y la ha aceptado.

—Pero eso no es legal. Yo le di a usted un depósito. Ese cheque es vinculante, señor Osgood.

—Sí, bueno —se metió la mano en la chaqueta y sacó un cheque—. Se lo devuelvo. El propietario ha recibido una oferta mejor.

No era la primera vez que oía esas palabras.

La primera vez fue con motivo de un gran envío de hierbas procedentes de Shanghai. Debido a la creciente competencia en China entre Jiang Jieshi y Mao Zedong por alcanzar el poder, y las incursiones japonesas en las ciudades costeras, las importaciones de China eran cada vez más escasas. Pero yo tenía un contrato vigente con la Compañía Comercial Eastwinds y las hierbas que desaparecían de los muelles eran mías. Más adelante descubrí que había un trato secreto y el envío completo de hierbas raras, minerales y especias fue a parar a la Compañía de Salud Dragón Rojo. En el segundo incidente estuvo implicado un comerciante de antigüedades especializado en rarezas orientales. Me había informado con gran excitación de un libro que se había descubierto hacía poco tiempo, de más de cuatrocientos años de antigüedad, que se creía había sido escrito por el doctor Li Shizhen, el gran médico de la dinastía Ming. Supuestamente contenía muchas recetas medicinales desconocidas hasta entonces. Me prometió el libro; éste acabó en posesión de Dragón Rojo.

Y ahora también se quedaba con mi fábrica, mi sueño.

—¿Quién es ese comprador que paga más? —pregunté, sujetando a mi hija mientras ella tiraba de mi mano y la hacía oscilar de un lado a otro, como el viento, como si quisiera marcharse de aquel lugar de mala suerte. Yo ya sabía la respuesta, pero quería oírla, quería que este hombre pronunciara las palabras ante mí.

Él se aclaró la garganta y no me miró a los ojos.

—La Compañía de Salud Dragón Rojo.

Tuve la sensación de que la vida se me escapaba. Apoyé una mano en el brazo de mi esposo para sostenerme.

—Señor Osgood —dije—, el propietario de la Compañía de Salud Dragón Rojo es una persona poco escrupulosa que carece de honor.

—Bueno, sé que está usted afectada...

—Intentó destruir el almacén del señor Huang incendiándolo. Pagó a una espía para que le contara mis secretos. Me robó. Y elabora a conciencia venenos que dañan a gente inocente.

—Bueno, yo no sé nada de todo esto, yo sólo...

—Se ha deshonrado usted, señor Osgood.

—¡Yo! ¡Espere un momento!

—¿Cuánto le ha pagado él para que me devuelva mi depósito, señor Osgood?

Cuando me llegaron los papeles legales una semana más tarde, me hallaba en mi despacho de Chinatown, una pequeña habitación sobre la Compañía Comercial Huang. El propietario de la Compañía de Salud Dragón Rojo me demandaba por difamación y por infligirle tensión emocional intencionadamente.

Telefoneé de inmediato a Gideon. Me dije que lo hacía porque él era mi socio en el negocio y tenía que saber lo que pasaba. Me dije que era porque este asunto iría a los tribunales y sabía que Gideon estaba relacionado con los mejores abogados de la ciudad. Me di muchas razones de por qué le había llamado a él y no a mi esposo, o a mi abogado, o al señor Huang o a cualquier otra persona que pudiera ayudarme. Conocía la verdadera razón. Estaba asustada y necesitaba a Gideon.

Era la primera vez que ponía los pies en la mansión de los Barclay desde el día en que entregara a Fiona Barclay el anillo de mi padre.

El interior de la casa parecía no haber cambiado en esos nueve años: el mismo mobiliario victoriano, el terciopelo y las borlas y los cojines de ganchillo, y una amplia colección de cachivaches que cubrían cada centímetro de espacio disponible. Gideon había dicho que Olivia estaba llevando a cabo una sutil campaña para convencer a Fiona para redecorar la casa. Gideon, Olivia y su hijo de siete años, Adrian, ocupaban un ala de la casa, y mientras eran libres de redecorar sus estancias como desearan —cosa que hicieron, según me contó Gideon, con la pasión de Olivia por el nuevo diseño de interiores procedente de Europa: Bauhaus, tubos de acero y madera moldeada escandinava—, Fiona les prohibió cambiar un cenicero, un pequeño cuadro en el resto de la mansión.

El estudio donde me reuní con Gideon y su abogado era claustrofóbico, decorado con un recargado papel pintado victoriano y alfombras con estampados florales. Sabía que Olivia quería pasar por esta casa como una tormenta, barriendo todas las chucherías, desnudando las paredes, enrollando las alfombras, colocando moderno linóleo, instalando muebles de líneas suaves y elegantes y tapicerías satinadas, liberando de trastos todas las superficies. Muy moderno, muy eficiente. Yo lo sabía porque es lo que habría hecho de haber sido mi casa.

No me sentía feliz en la casa donde el señor Lee, Iris y yo vivíamos en Oakland. El *feng shui* era muy malo. La casa estaba situada en una pendiente de forma que nuestra suerte rodaba colina abajo. En algún momento del pasado se había añadido una habitación, con lo que el plano de la planta había pasado de ser un agradable cuadrado a una forma irregular. Al principio esa habitación añadida había sido la de Iris, pero cuando era pequeña y nos dimos cuenta de que no se desarrollaba con normalidad, la trasladé de aquel dormitorio de mala suerte y la puse en el nuestro. La sala de estar tenía forma de L, lo que produce una sensación de algo incompleto, y cuando vi cuánto le costaba a mi hija aprender y andar, que su mente parecía tener carencias en algunos puntos, supe que era debido a la sala de estar de mala suerte. Quise comprar una casa en San Francisco. Pero mi esposo era chino y sufríamos limitaciones; en Oakland, las leyes de la propiedad eran más indulgentes.

La casa de Gideon tenía buen *chi*, salvo que su flujo estaba bloqueado por tanta madera oscura y confusión de objetos. Olivia lo sabía, igual que yo. Por eso sabía qué haría ella para alterar la casa, para hacer que entraran la suerte y la prosperidad. Y quizá un segundo hijo.

Olivia había tenido dos abortos y le habían aconsejado que no volviera a quedar embarazada. Le di a Gideon una botella de vino Loto Dorado para Olivia, pero no sé si lo tomó. En cuanto a mi propia esterilidad con el señor Lee, el Loto Dorado no podía hacer nada. A menudo, en la época de Chinatown, le había considerado un alma buena que se sentiría a gusto en un monasterio, trabajando en algún manuscrito místico. Y en nuestra noche de bodas, cuando lloró suavemente en mis brazos al confesarme que no podría darme un segundo hijo, le consolé. Iba a tener el hijo de Gideon. Sería suficiente.

Pero ahora sabía cómo se sentía Olivia. Simpatizaba profundamente con ella, aunque ella no lo sabía.

En el estudio sólo éramos cuatro. O porque sabía que yo iba a ir, o por pura coincidencia, Fiona Barclay aquel día no estaba en casa. Había llevado a su nieto Adrian al parque, junto con la hija de una amiga de Olivia, una niña de la misma edad que Adrian, Margo, que pasaba las vacaciones con los Barclay.

Cuando el señor Winterborn, abogado de Gideon y hombre muy respetado en el mundo jurídico, terminó de revisar los papeles que yo le había entregado, dijo:

—Esto no tiene buena pinta, señora Lee. En absoluto. —Me miró por encima de sus gafas bifocales—. ¿Dijo usted estas cosas delante de testigos?

Además del señor Osgood, estaba presente el vigilante, que había oído cada una de mis palabras.

—Sí.

—Dice usted que sus acusaciones son ciertas: las fórmulas robadas, el incendio de la Compañía Comercial Huang. ¿Tiene pruebas?

Miré a Gideon.

—¿Del incendio? No, no tengo ninguna prueba.

—¿Y de la acusación de que Dragón Rojo elabora productos tóxicos que perjudican a las personas desprevenidas?

—Eso es cierto. He estado junto al lecho de víctimas de Dragón Rojo.

—Tengo ciertos conocimientos del ámbito de los productos farmacéuticos, señora Lee, y como usted misma ya sabe, los productos de hierbas no están regulados federalmente. No existe ninguna ley que ordene advertir algo en las etiquetas. Así que, básicamente, se deja al conocimiento del comprador. —Se quitó las gafas y, dejándolas sobre la mesita que había junto a su silla, dijo—: Aquí hay mucho dinero en juego, señora Lee. Su empresa va extraordinariamente bien, considerando el resto de la economía. —El mundo se hallaba, por supuesto, inmerso en una profunda depresión, muchas personas se habían quedado sin trabajo, mucha gente había perdido todo lo que tenía depositado en el banco. Incluso los Barclay habían sufrido, pues habían perdido casi la mitad de sus inversiones. Pero mi empresa prosperaba porque cuando uno no puede pagar un médico recurre a la automedicación—. Este hombre intentará quitarle todo lo que tiene. Podría quedarse con su empresa, su casa, su coche, incluso su tetera.

—¿Y nosotros? —intervino Olivia colocando un cigarrillo en una larga boquilla y encendiéndolo con un encendedor de oro—. ¿Pueden tocarnos algo a nosotros?

Cuando había telefoneado a Gideon para decirle que le necesitaba, él había dicho que fuera enseguida. Mi llamada había interrumpido un partido de tenis. Olivia aún vestía su falda y blusa blancas, como si este asunto fuera una breve diversión antes de volver a su juego.

El señor Winterborn dijo:

—En la demanda no se les menciona a usted y su esposo, señora Barclay, y lo más probable es que no lo hagan. Como su participación en la empresa Productos Herbales Chinos Armonía Perfecta se limita a la división de exportación, ubicada en Hong Kong, no están relacionados con las operaciones de San Francisco.

Nuestro contrato con Explotaciones Mineras de Titanio había llevado a otros, de modo que pronto estuvimos distribuyendo mis remedios por todo el sudeste asiático. Como habíamos importado hierbas de Hong Kong, para elaborar los compuestos, y luego volvíamos a enviarlos allí, era lógico que tuviéramos una planta en Hong Kong. Gideon era el director de Armonía-Barclay Ltd., fue lo que le ayudó a hacerse rico y triunfar a los treinta y cuatro años.

—Hasta ahora, señora Barclay —repitió el señor Winterborn—, no parece que puedan hacerles nada a usted y su esposo.

Ella se recostó en la silla y lanzó una larga bocanada de humo. Detrás del humo vi sus ojos fijos en mí. Al ver el modo en que se sentaba en la silla de respaldo alto, una bronceada pierna cruzada en gesto informal sobre la otra, recordé la época en que Olivia había sido amable conmigo. Pero eso fue antes de que Gideon me pidiera que me casara con él y antes de que se lo pidiera a ella porque yo me había casado con el señor Lee.

Aparté la mirada de Olivia y miré por la puerta abierta hacia el espacioso salón. Al fondo, unos grandes ventanales daban a la curva norte de la ciudad y, más allá, la bahía. Era posible ver el nuevo puente en construcción: las dos torres y los cables de suspensión que sujetaban las cubiertas que parecían estirarse para unirse una con otra. Recordé la noche en que Gideon y yo permanecimos en aquel promontorio y él me describió su sueño de construir un puente que el mundo jamás había visto.

El puente del Golden Gate sería monumental, pero no era de Gideon.

—Señora Lee —dijo el señor Winterborn—, ¿cuántas fórmulas diría que le robó Dragón Rojo?

Volví al presente.

—Cuatro, que yo sepa con certeza. Quizá cinco o seis.

«¿Por qué, Gideon —tenía ganas de preguntar—, ese puente no es tuyo? ¿El estado rechazó tu oferta? ¿Alguien sobornó a la Comisión o tenía algún pariente en ella y por eso le dieron el encargo? Gideon nunca volvió a hablar del puente del Golden Gate después de aquella noche que pasamos bajo las estrellas, o sea que no supe cuál había sido la causa de que su sueño se desvaneciera.

—Necesitaremos pruebas sólidas y tangibles, señora Lee.

Yo escuchaba el tictac del ornado reloj del abuelo, que marcaba con un susurro el transcurrir de los minutos. Pensé en las dos cubiertas del puente, que se estiraban para unirse una con otra, del modo en que a veces tenía la sensación de que hacíamos Gideon y yo, durante momentos capturados en que, discutiendo envíos, costes y beneficios en nuestra empresa asiática, le veía mirarme y nuestros ojos se encontraban y por un instante percibíamos el deseo del otro. Sospechaba que él no era feliz en su matrimonio.

—Olivia —dijo Gideon, levántandose con brusquedad y pasándose los dedos por el cabello para echárselos hacia atrás. Iba vestido de blanco igual que su esposa: pantalones, jersey, zapatos. Pero Gideon no daba la impresión de estar ansioso por volver a su partido de tenis—, ¿podríamos tomar un poco de café?

—Claro —respondió ella poniéndose en pie. Se volvió a mí y me preguntó—: ¿Le apetece un poco de café, señora Lee?

Interpreté claramente el significado: yo no formaba parte del «podríamos» de Gideon.

—Gracias —respondí.

Se acercó a una esquina del estudio y tiró del cordón de la campanilla. Cuando apareció una doncella, Olivia pidió café y pastel de sésamo. Cuando regresó a su silla, dando unos golpecitos a su cigarrillo para echar la ceniza en un cenicero de cristal, dijo—: De veras, Gideon, ¿crees que es prudente que te vincules con este caso? Quiero decir, piensa en lo que podría perjudicar al apellido Barclay.

Él siguió con la vista fija en mis papeles, hojeándolos, con el entrecejo fruncido.

—Por el amor de Dios, Olivia, qué cosas dices.

Ella me miró y sonrió.

—Estoy segura de que la señora Lee estará de acuerdo en que protejamos el apellido Barclay.

Seguía llamándome señora Lee como si yo fuera mayor que ella, aunque las dos teníamos veintiocho años. Lo hacía para recordarme mi apellido chino, yo lo sabía, y que no había conseguido lo que había ido a buscar a aquella casa nueve años antes: el derecho a llevar el apellido de mi padre. Lo hacía para recordarme también que ella sí era una Barclay, que aquella era su casa, que Gideon era suyo. Olivia de alguna manera había triunfado en una carrera que yo ni siquiera sabía que estábamos disputando.

—Tu esposa tiene razón, Gideon —declaró el señor Winterborn—. Ahora mismo no estás vinculado con el caso. Pero la Compañía Dragón Rojo es poderosa y tiene mucho dinero. Si deciden ir tras de ti también, tal vez no ganes.

Gideon devolvió los papeles al abogado.

—Estaré al lado de Armonía —dijo con voz tranquila— pase lo que pase.

—Muy noble por tu parte —dijo Olivia con una sonrisa fija.

—Señora Lee —dijo el señor Winterborn, poniéndose de pie; era un hombre alto, delgado casi hasta la flaqueza, con el pelo blanco y penetrantes ojos azules—. Puede estar segura de que Dragón Rojo presentará buenas razones contra usted. Nosotros presentaremos otras aún más fuertes. En primer lugar, quiero ver sus libros de producción. Compararemos las fechas desde cuando usted experimentó o fabricó sus fórmulas hasta cuando Dragón Rojo sacó las suyas.

—No tengo libros de producción, señor Winterborn.

Él se quedó callado, me miró, luego miró a Gideon y después de nuevo a mí.

—Bueno, en ese caso, cualquier nota o carta en la que usted mencione las fórmulas, cualquier registro escrito que esté fechado y sea comprobable.

—Tengo el libro de recetas de mi madre. Contiene fechas y fórmulas.

Él se desabrochó la chaqueta azul oscuro y metió las manos en los bolsillos de los pantalones. Gestos esmerados mientras su mente trabajaba.

—Supongo que eso tendrá que ser suficiente —dijo—. Si es lo único que tiene usted. También necesitaré saber los nombres de todas las personas que han trabajado para usted digamos que en los últimos diez años. —Se interrumpió y me miró con aire interrogativo—. Tiene anotados los datos de las personas que han trabajado para usted, ¿no?

—Señor Winterborn —expliqué—, Chinatown no es como San Francisco. Allí, una chica viene a mi fábrica y me dice que tiene hambre, necesita dinero, tiene problemas. La llevo a la sala de envasado y pido a una de las otras que le enseñe a poner etiquetas en las cajas. Al finalizar la jornada, le doy su dinero. Al día siguiente quizá vuelva, quizá no.

—Efectuó usted unos comentarios muy desfavorables referentes a Dragón Rojo, señora Lee, y si no podemos encontrar algo que los respalde, lo perderá usted todo. Lo entiende, ¿verdad?

—Él me robó.

El hombre se pasó la mano por el cabello.

—Sí, lo entiendo. Pero necesitamos pruebas. Si podemos encontrar al menos un caso en el que sus derechos hayan sido violados, la prueba de una sola fórmula robada...

Había una fórmula que yo sabía con seguridad que Dragón Rojo me la había robado, y lo había puesto por escrito para demostrarlo. Pero ¿cómo podía hablar de ello allí, con aquel hombre a quien acababa de conocer y delante de Gideon y de Olivia?

—Le entregaré el libro de recetas de mi madre. Algunas fórmulas están fechadas.

Él se frotó la barbilla.

—Tal vez no sea válido ante un tribunal. Los registros escritos pueden falsificarse. ¿Tiene alguna carta en la que describa una fórmula?

—Tengo una —dije de mala gana—. Era una fórmula secreta que saqué de una antigua receta escrita en un papiro. Nadie sabía que estaba trabajando en ella. Y Dragón Rojo no poseía ese papiro...

—Adelante.

Miré a Olivia, pero no tropecé con los ojos de Gideon.

—Había un problema con la fórmula, así que la envié a un químico para que la analizara. Me escribió para decirme que eliminara un ingrediente, cosa que hice. Una semana más tarde, Dragón Rojo lanzó un nuevo producto. Era la misma fórmula que yo había descubierto en el papiro y contenía el ingrediente que yo había eliminado de la mía.

—Eso indica —señaló el señor Winterborn con una sonrisa complacida— que la fórmula le fue robada antes de recibir la respuesta del químico. ¿Aún conserva esas cartas, señora Lee?

—Sí.

—¡Bien, eso es un comienzo! —Se frotó las manos—. Por cierto, ¿de qué medicina se trata?

—Se llama Yang Diez Mil.

—Qué nombre tan poco usual.

—En chino es un nombre muy bueno. Diez mil es un número mágico en los cálculos chinos, muy poderoso. Y yang es el principio masculino. El Yang Diez Mil es un tónico para la potencia.

—¿Un tónico para lo potencia? —Arqueó sus cejas plateadas—. Dios mío, ¿quiere usted decir que es...?

—Es un afrodisíaco.

El día en que comenzó el juicio yo tenía grandes esperanzas aunque también un poco de miedo. El señor Winterborn y su personal habían trabajado incansables para preparar una buena defensa para mí, que en realidad era una acusación contra la Compañía de Salud Dragón Rojo. El personal del señor Winterborn había seguido la pista de las chicas que trabajaron para mí años atrás y consiguieron sus declaraciones. Repasaron a conciencia el libro de recetas de mi madre y compararon las fórmulas y fechas que éste contenía con las de los productos Dragón Rojo y encontraron ocho casos en los que yo había creado un remedio y una semana más tarde Dragón Rojo lo tenía en el mercado. También obtuvimos el testimonio del señor Huang que, después de nuestro acuerdo verbal de alquiler, había sido abordado por un representante de la Compañía de Salud Dragón Rojo para alquilar el mismo espacio.

El señor Winterborn me aseguró que, con suerte, la Compañía Dragón Rojo retiraría la demanda y se resolvería todo el asunto, de forma tranquila y fuera de los tribunales, en cuestión de días.

Rogué para tener suerte cuando dejé a Iris al cuidado de una de las primas del señor Lee, a quien yo había ayudado a venir de Hawai. Ambas fingimos que Iris me hacía gestos de despedida, aunque en realidad su mano estaba intentado alcanzar algo que sólo sus activos ojos veían.

El sol brillaba el primer día del juicio. Y cuando me detuve para elevar la mirada al cielo, en la escalinata del palacio de justicia, vi un pájaro de largo cuello emprender el vuelo desde el tejado y lo tomé por una señal de buena suerte.

El hombre al que yo imaginaba como el Dragón llegó al palacio de justicia vestido con modestia y con actitud seria. Estaba en la sesentena, tenía el cabello negro como el azabache y el rostro sin arrugas; era un apuesto chino conocido por su atractivo y generosidad, y también por su predisposición hacia los clubes nocturnos y mujeres blancas. Como si quisiera realzar su imagen de *playboy*, llegó en compañía de su hijo de dieciocho años, quien se sentó detrás de él al otro lado de la barandilla; un muchacho sereno con el rostro alargado vestido con traje oscuro y cuello almidonado.

Me complació ver que había cuatro mujeres en el jurado, lo cual el señor Winterborn me dijo que era sumamente insólito y me aseguró que ayudaría a mi causa. Lo tomé por otra señal de buena suerte. También me alivió ver que la sala de justicia se hallaba casi vacía, salvo por

Gideon y Olivia que se sentaron en la primera fila y el señor Lee unos asientos separado. No habría público que presenciara esta pérdida de honor, y cuando el abogado de Dragón Rojo se puso en pie para efectuar sus comentarios iniciales, su voz resonó en la gran sala.

El señor Osgood, el agente inmobiliario, fue el primero en testificar, y después lo hizo el vigilante, quien me lanzó una mirada de disculpa al corroborar el testimonio del señor Osgood. Pero Dragón Rojo no se detuvo aquí. Presentaron testigo tras testigo en la sala del tribunal, que declararon que me habían oído efectuar comentarios despectivos acerca de Dragón Rojo. Algunos eran válidos, la mayoría eran falsedades.

Y en los siguientes días procedieron a desmontar mis alegaciones una a una: presentaron documentos y libros de los últimos diez años, con fórmulas y sus fechas de fabricación. Eran las fórmulas que Dragón Rojo me había robado, pero estaban fechadas con anterioridad. Sabía que esas anotaciones eran falsas, pero no tenía medios para demostrarlo. Presentaron a mujeres que habían trabajado para mí que declararon que en ningún momento hubo una espía de Dragón Rojo entre ellas. Por fin se presentó la prueba de que Dragón había estado fuera del país cuando se produjo el incendio en el almacén del señor Huang.

Desmontaron mi propia declaración de una forma brillante. El señor Winterborn llamó a la señora Po al estrado, y bajo su interrogatorio ella habló radiante del nuevo ungüento que yo le había dado en el bonito tarro y que le había curado la piel agrietada, el insomnio y los dolores de cabeza de su esposo. Y sí, recordaba exactamente cuándo se lo había dado, justo dos semanas después del Año Nuevo chino porque acababa de instalar un nuevo sistema de plancha al vapor en su lavandería. Esto fue semanas antes de que Dragón Rojo sacara al mercado su nuevo ungüento de fórmula exacta a la mía y presentado también en un bonito tarro.

Sentí una leve sensación de triunfo. Pero entonces el abogado de Dragón Rojo se puso en pie y dijo:

—Señora Po, ¿puede decirnos quién era presidente en la época de este incidente?

—¿Qué? —preguntó ella—. ¿Presidente?

—El presidente de Estados Unidos.

Yo sabía que la señora Po no se interesaba por los asuntos que trascendían Chinatown. Sabía por qué aquel hombre había hecho aquella pregunta. Cuando la mujer respondió: «¿George Washington?», el tribunal prorrumpió en carcajadas.

Pero ahora había público. Creo que eran trabajadores de la fábrica Dragón Rojo, pues aplaudían cada pequeña victoria por parte del Dragón y abucheaban las mías.

El libro de remedios de mi madre fue manoseado, leído, copiado, fotografiado y examinado hasta que empezó a descoyuntarse. El señor Winterborn presentó testigos que testificaron en relación a la fecha en que yo había creado fórmulas específicas. Dragón Rojo trajo expertos que demostraron que las fórmulas tenían mil años de antigüedad. El hecho de que Dragón Rojo no fabricara esos compuestos hasta que yo preparé los míos no era ninguna prueba de que me los hubieran robado.

Por último se hizo evidente que el juicio no iba bien para mí o para la Compañía de Productos Herbales Chinos Armonía Perfecta.

El señor Winterborn había dicho que esperaba no tener que presentar el Yang Diez Mil, debido a la delicada naturaleza del producto. Pero cuando fue evidente que estaba perdiendo la batalla, me advirtió que las cosas podrían ponerse un poco feas. Yo no tenía opción. No me era posible encontrar más testigos que apoyaran mis reclamaciones. Muchos de los que habían trabajado conmigo en el transcurso de los años o tenían miedo o quizá habían sido sobornados. No era ningún secreto que el propietario de la Compañía de Salud Dragón Rojo tenía vínculos con el hampa china.

—La alegación más perjudicial —explicó el señor Winterborn una noche tras un día devastador en el juzgado— no es que Dragón Rojo robara fórmulas o tuviera un espía en su fábrica, sino que fabrica y vende medicinas letales a conciencia. Si podemos cogerle en esto, podríamos ganar. Pero para ello me temo que tendremos que presentar el Yang Diez Mil.

—Entonces lo haremos —dije.

—Tendremos que hacer más cosas, señora Lee. ¿Puede encontrar a alguna de esas personas que enfermaron a causa del Hombre Fuerte? —Así es como Dragón Rojo llamaba a su fórmula del Yang Diez Mil: Tónico Hombre Fuerte—. ¿Puede encontrar a alguna viuda que testifique?

Gideon dijo:

—Dios mío, no puede pedir a una pobre mujer que se siente en ese estrado y diga al mundo entero que su marido murió porque tomó un afrodisíaco.

—Las encontraré —declaré.

Cada noche mientras duró el juicio mi esposo y yo íbamos a nuestra casa de Oakland, donde daba de comer a Iris, la bañaba y la acostaba, y luego revisaba mis notas de la jornada y repasaba lo que iba a suceder al día siguiente, mientras el señor Lee se retiraba a su estudio a pintar en silencio.

A la mañana siguiente leíamos en el periódico una información extrañamente distorsionada de lo sucedido el día anterior: se centraban principalmente en mí, describiendo mis «vestidos chinos» y lo que había tomado para almorzar: «bolitas al vapor y fideos *chow mein* traídos de Chinatown». Me calificaban de «esposa y madre que lleva un negocio» pero no se referían a mi adversario como marido y padre propietario de un negocio. Incluso se informaba de mis estados de ánimo —«la señora Lee parecía triste»— y se insinuaban elementos sensacionalistas: «la joven y bella Armonía Lee miraba con nostalgia al señor Gideon Barclay».

Por último, no pudo evitarse presentar en el juicio el Yang Diez Mil.

Subí al estrado de los testigos pese a la recomendación del señor Winterborn de que no lo hiciera. Me advirtió que los abogados de Dragón Rojo lo aprovecharían para humillarme y ponerme en evidencia. Pero era mi única oportunidad de hablar por mí misma y dejar que el jurado, y el mundo, juzgara por sí mismo mi honradez.

—Usted afirma que su tónico es inocuo, señora Lee —declaró el abogado de Dragón Rojo. Era un hombre corpulento que vestía llamativos chalecos a cuadros y era aficionado a hacer grandes gestos.

—Lo es.

—Tendrá que hablar más alto, señora Lee —casi gritó—, para que el tribunal pueda oírla.

Comprendí su estrategia. Gritaba para dar la impresión de que él y Dragón Rojo eran fuertes y yo débil.

—Lo es —repetí en la misma voz, porque sabía que el tribunal me oía y yo no permitiría que pareciera que me podía manipular.

—¿Por qué su tónico es más inocuo si se trata de la misma fórmula que el Hombre Fuerte?

Entonces vi a una mujer de pie al fondo de la sala. Me resultó familiar, pero no pude recordar de dónde la conocía. Parecía nerviosa, temerosa. Cuando sus ojos tropezaron con los míos, oí un silencioso: «lo siento».

—No es la misma fórmula. El producto Dragón Rojo contiene un ingrediente más que el mío.

—Ah, esta contradicción es interesante: usted afirma que Hombre Fuerte es su fórmula y después dice que no lo es.

Un murmullo recorrió la sala como una ola.

—Creé mi tónico para un cliente en concreto; en casos especiales, cuando otros remedios fracasan, preparo fórmulas específicas.

—¿Cómo encontró esta fórmula en concreto, señora Lee?

—Encontré una receta en un papiro antiguo y preparé yo misma el compuesto.

—¿Un papiro antiguo, dice? ¿Quiere decir que esta receta tiene... cuántos años de antigüedad?

La sala quedó en silencio absoluto pues todos los presentes se hallaban pendientes de mi respuesta.

—La receta tiene más de mil años de antigüedad.

—O sea que, en realidad, no la inventó usted —dijo el abogado en tono teatral, y se produjo otro murmullo que el juez tuvo que acallar haciendo uso de su mazo.

El señor Winterborn me interrogó a continuación.

—La receta es antigua, señora Lee, pero ¿usted la cambió de algún modo?

—Sí, la adapté, con lo que resultó exclusivamente mía.

—¿Y qué sucedió después de preparar esta fórmula única?

—Mi cliente se puso enfermo después de probarla, y cuando vi cuáles eran sus síntomas (aceleración cardiaca, presión sanguínea alta) sospeché que se debía a un ingrediente de la receta. Escribí a un químico que en el pasado había realizado análisis para mí y le solicité su opinión. Él me respondió que realmente se trataba del ingrediente que yo sospechaba, y que debería eliminarlo de la fórmula, cosa que hice.

—¿Qué ingrediente era, señora Lee?

—Efedrina.

—¿O sea que no utiliza efedrina en ninguno de sus productos?

—Lo utilizo en el vino tónico Loto Dorado. La efedrina alivia el asma.

—¿O sea que no es tóxico?

—Sólo en grandes dosis. Resulta fatal a las personas que tienen el corazón débil o la presión sanguínea elevada.

—Pero ¿cómo puede saberlo el cliente?

—En la etiqueta aparece una nota que advierte que el vino contiene efedrina, que no debe ser tomado por personas con dolencias cardiacas.

Él le entregó una botella de Hombre Fuerte Dragón Rojo.

—¿Quiere hacer el favor de leer la etiqueta?

—Dice que devuelve la virilidad, el vigor y la potencia.

—¿Se mencionan los ingredientes?

—No.

—¿Se advierte que no se tome en exceso?

—No.

—Señoría, aquí tengo informes de diferentes análisis del contenido de esta botella. Ambos concluyen que Hombre Fuerte contiene una cantidad de efedrina que sobrepasa los límites de seguridad.

Hubo una explosión de murmullos en la sala, y vi a Gideon que me sonreía y hacía un guiño.

Pasado el fin de semana apareció un titular en el periódico: «Fabricante acusado de vender tónico sexual nocivo». Había un boceto de artista supuestamente de mí, pero parecía Anna May Wong, la estrella de cine china. El lunes por la mañana la calle, la acera y las escalinatas del palacio de justicia estaban tan abarrotados de gente que la policía tuvo que acudir para controlar a la multitud. Había periodistas y cámaras de televisión; también gente que intentaba conseguir un asiento en la sala.

Ahora sabía por qué el señor Winterborn no había querido que el tónico Yang Diez Mil saliera a la luz en el caso.

—¿Para qué sirve su tónico, señora Lee? —atronó el abogado de Dragón Rojo con el estilo teatral en que se dirigía a mí delante del público.

—Para el vigor masculino —respondí, sin querer reaccionar a su rudeza pues sabía que debía mostrarme cooperativa. Era difícil interpretar el talante del tribunal y del jurado. Esperaba que estuvieran de mi lado pero no lo sabía.

—¿Quiere decir para tener músculos fuertes?

—Virilidad —dije.

—¿Como por ejemplo que salga pelo en el pecho de un hombre?

Desvié la mirada hacia Gideon. Él me sonrió para demostrarme su apoyo. El público se rebulló, percibí su excitación mientras esperaban que yo pronunciara las palabras prohibidas. De pronto me encolericé. ¿Por qué me castigaban si yo era la víctima?

—El Yang Diez Mil es una fórmula para mejorar el rendimiento sexual. Y ese hombre —dije, señalando al Dragón— me robó la receta y dejó en ella un ingrediente letal, un ingrediente que yo eliminé de mi receta final. El tónico de ese hombre es un veneno.

El Dragón se puso en pie de un salto.

—¡No es veneno!

—¡Entonces bébalo! —gritó de pronto Gideon, también saltando de su asiento—. ¡Bébase una botella aquí mismo y demuestre que es inocuo!

—No tengo necesidad de ese tónico —replicó el Dragón—, ¿pero quizá usted sí?

Se armó un gran revuelo en la sala. El juez golpeaba con su mazo pero apenas se hacía oír con tanto alboroto.

Una vez restaurado el orden, el abogado de Dragón Rojo dijo con voz potente, dirigiéndose a mí de nuevo:

—Señora Lee, ha afirmado que usted preparó esta fórmula a petición de un cliente particular. ¿Este cliente era un hombre?

—El Yang Diez Mil es un compuesto elaborado especialmente para los hombres.

—Entonces, ¿tendrá la bondad de decir al tribunal una cosa más, señora Lee? ¿Quién era este cliente para el que preparó la poción?

El señor Winterborn se levantó.

—Protesto, señoría. La identidad del cliente no tiene importancia aquí...

—Yo creo que sí, señoría. Mi cliente opina que ha habido conspiración contra él. El nombre del cliente de la señora Lee es de importancia directa.

—Denegada la protesta. Responda a la pregunta, señora Lee.

No creía que llegaran a esto. Creía que las cartas serían confidenciales.

—Señora Lee —dijo el abogado—, tenga la bondad de indicar al tribunal el nombre del cliente para el que creó el afrodisíaco.

Me volví a Gideon. Su semblante estaba demudado.

—¿Señora Lee?

—Preparé la fórmula —dije por fin delante de todos esos extraños que me miraban boquiabiertos, periodistas y cámaras de televisión— para mi esposo, el señor Lee.

Y dichas estas palabras, que sembraron el caos en la sala, con multitud de fogonazos de cámaras de fotografiar y periodistas saliendo apresuradamente, miré a mi esposo, quien permanecía sentado con tranquila dignidad en la primera fila, la cabeza erguida.

Jamás había visto a Gideon tan encolerizado.

—¡La están crucificando!

El señor Winterborn meneó la cabeza.

—Estamos atados de manos y pies, Gideon. Armonía no ha conseguido ninguna prueba que confirme sus alegaciones. Ahora es cuestión de que el jurado decida y no creo que estén de nuestro lado.

Gideon miró furioso al abogado.

—Creía que habías dicho que el hecho de que hubiera mujeres en el jurado nos ayudaría.

—Lo creía, pero esas mujeres ahora nos resultan muy perjudiciales.

—¿Por qué?

—Porque Armonía es joven y guapa y vende drogas para el sexo a sus maridos. Es una amenaza para ellas.

—Oye —dijo Gideon—, tenemos declaraciones firmadas de químicos que afirman que el elixir Dragón Rojo es peligroso. Eso corrobora lo que Armonía ha declarado, ¿no?

—Cualquier sustancia es tóxica si se toma en cantidad suficientemente grande. Además, Gideon, en realidad no hay ninguna prueba de que nadie haya muerto por ingerir Hombre Fuerte. Ése es el problema. Estamos barajando suposiciones, no pruebas.

—Pero Armonía ha dado nombres...

—De hombres que enfermaron o murieron. Pero ¿de qué? No se realizaron autopsias. No sabemos cuál era su estado de salud antes de tomar el tónico. —Se volvió a mí y exhaló un suspiro entrecortado—. Señora Lee, creo que debería estar preparada para lo peor.

Yo no iba a abandonar las esperanzas.

—Señor Winterborn —dije—, el otro día había una mujer en la sala del tribunal... Se quedó sólo unos minutos. Me pareció que tenía miedo. Se marchó en cuanto se dio cuenta de que la había visto.

—¿Quién es?

—Al principio no lo recordaba. Y luego se me ocurrió: es Betty Chan.

Trabajó para mí hace nueve años. Y estoy casi segura de que es la que me robaba las ideas y se las entregaba a Dragón Rojo. Si podemos encontrarla, y convencerla de que testifique...

—Encargaré a un detective privado que la busque.

Aquella noche yací en la cama llorando. ¿Qué futuro iba a darle ahora a mi hija? ¿Una madre sin honor? ¿Una familia sin fortuna? El señor Lee me tomó en sus brazos y me consoló. Incluso en la cama le llamaba señor Lee. Me estuvo abrazando hasta que me quedé dormida en sus dulces brazos.

Cuando a la mañana siguiente llegamos al palacio de justicia, el señor Winterborn tenía buenas noticias.

—Mi detective ha averiguado el paradero de Betty Chan. Ahora está en camino para hablar con ella.

—¿Crees que la convencerá de que venga? —preguntó Gideon. Como de costumbre él estaba a mi lado cuando nos abrimos paso entre la multitud, mientras el señor Lee y Olivia nos seguían. Los periódicos resaltaban ese hecho y hacían referencias a «la constante compañía del señor Gideon Barclay». El señor Winterborn había sugerido a Gideon que se distanciara físicamente de mí, pero por supuesto él hizo oídos sordos a este consejo.

—Depende. Pero mi hombre sabe ser persuasivo —dijo el señor Witnerborn con una sonrisa—, en especial con las señoras. También le he dado instrucciones de que le haga saber de forma velada que será recompensada por sus esfuerzos. No es muy ético, pero todo este juicio ha sido una farsa.

El señor Winterborn solicitó un descanso mientras esperábamos la llegada de un nuevo testigo. El juez nos lo concedió.

Fue la hora más larga de mi vida, que pasé paseando por el pasillo, observando ambas entradas, comprobando la hora, mientras el Dragón y su considerable séquito permanecían sentados en bancos bajo las altas ventanas, hablando en voz baja y soltando de vez en cuando una carcajada. En ocasiones miraba hacia donde yo me encontraba, con expresión de triunfo, y yo me pregunté qué le había hecho a este hombre para merecer semejante animosidad.

Betty Chan no llegó.

—¿Dónde está su testigo, señor Winterborn? —preguntó el juez cuando se reanudó la sesión.

—Señoría, si pudiéramos...

—Señor Winterborn, ¿tiene o no tiene un testigo al que llamar?

—Señoría, solicito...

—Está usted acabando con la paciencia de este tribunal, señor Winterborn.

Las dos puertas de la sala se abrieron entonces y entró apresuradamente el detective privado del señor Winterborn. El público se rebulló, percibiendo que se cernía en el aire un gran drama cuando el hombre se acercó a la barandilla detrás de nosotros y dijo con voz suave:

—Betty Chan ha muerto. Acaban de rescatar su cuerpo de la bahía.

Debí de lanzar un grito, porque el juez tuvo que golpear con su mazo de nuevo para mantener el orden en la sala, y vi el semblante pálido de Gideon y luego el vasto borde vacío del fin del mundo abrirse, a punto de tragarme. Iba a perder.

Mi empresa, mi honor, mi sueño.

Cuando mi esposo se puso lentamente en pie, pensé que lo hacía para abandonar la sala. En cambio, para mi gran sorpresa, habló con voz inusitadamente fuerte:

—Yo soy el testigo, señoría. —Se volvió al señor Winterborn—. Ahora estoy preparado para testificar.

Mi abogado le miró perplejo; luego se volvió a mí alzando una ceja. Pero yo no tenía ni idea de lo que el señor Lee tenía en mente.

Le observé aproximarse al banquillo, aquel hombre alto y delgado que siempre me había parecido mayor de lo que era, de temperamento tranquilo, que me hacía pensar en estudiosos conventuales vestidos con túnicas de mandarín. Cuando llegó al estrado, el señor Lee sacó un sobre y se lo entregó al juez. Su voz resonó en la sala silenciosa:

—Este sobre contiene un certificado que da fe de mi perfecto estado de salud. El médico que me examinó se encuentra hoy aquí presente. —Entonces, para mi mayor sorpresa, el señor Lee se metió la mano en el bolsillo y sacó una botella—. He comprado esta botella de tónico Hombre Fuerte en la tienda de Fen Yuen de Grant Street. He pedido al propietario que sellara la botella. —El señor Lee se la entregó al juez—. Como puede ver, la botella está sellada. El propietario de la tienda también está aquí.

El público se removió, murmuró, hablando entre sí, preguntándose.

Yo me quedé paralizada cuando mi esposo pidió al juez que abriera la botella. Bajo los fogonazos de las máquinas de fotografiar y ante las cámaras de televisión, el juez lo hizo y después devolvió la botella al señor Lee.

Con un gesto complicado del que no habría creído capaz a mi esposo, se volvió al público y, antes de que yo reaccionara, se bebió el contenido entero de la botella de tónico Hombre Fuerte de Dragón Rojo.

—¡No! —grité.

Se produjo un gran alboroto en la sala. Las cámaras fotográficas no paraban de lanzar fogonazos, la gente gritaba, los periodistas se precipitaban a los teléfonos. El abogado de Dragón Rojo, furioso, intentaba decir algo al juez, mientras éste golpeaba la mesa con el mazo una y otra vez y yo corría junto a mi esposo, que permanecía en pie con la botella vacía en su mano.

Se había tomado la medicina con el estómago vacío. Sintió los efectos casi de inmediato. Cuando avisaron a un médico, el señor Lee se hallaba sentado en el suelo, la espalda apoyada en la base del estrado del juez. El corazón le latía tan deprisa que no me resultaba posible contarle el pulso; su rostro estaba pálido, la piel bañada en sudor. Temí que moriría allí mismo, escurriéndose su vida por entre mis indefensos dedos.

Le miraba muda de asombro, apenas consciente de que Gideon mantenía apartados a los curiosos, gritando:

—¡Dejen espacio! ¿Ha llegado ya el médico?

Hombres con cámaras se apretaban acercándose todo lo que podían; oí que algunas mujeres lloraban.

El señor Lee fue trasladado urgentemente al hospital.

—¿Por qué? —le pregunté en la ambulancia—. ¿Por qué lo has hecho?

Él me cogió la mano entre las suyas, sonrió levemente y dijo:

—Porque he terminado mi cuadro.

Murió aquella noche en el hospital, y los médicos dictaminaron que había sido a causa del tónico Hombre Fuerte. Después aparecieron otras personas que informaron de daños y perjuicidos ocasionados por productos Dragón Rojo. Trabajadores de la fábrica Dragón Rojo enviaron informaciones anónimas a la policía y una investigación posterior reveló que los registros de producción se habían falsificado. Cuando la policía interrogó a los empleados respecto a si conocían a Betty Chan, cuyo pobre cadáver yacía en el depósito sin que nadie lo reclamara, testificaron que verdaderamente había trabajado como espía para Dragón Rojo.

Una investigación realizada por el Servicio de Hacienda descubrió libros falsos y pruebas de evasión de impuestos, blanqueo de dinero y relaciones con la mafia china. La planta se cerró, el Dragón fue arrestado sin fianza, pendiente de la investigación de las muertes debidas a sus productos. Murió allí antes de ir a juicio, se dijo que de un ataque al corazón, aunque corrieron rumores de que se había suicidado porque no había soportado la pérdida de prestigio.

Para mi sorpresa, las ventas de los remedios Armonía Perfecta no disminuyeron, sino que en realidad aumentaron. La publicidad dada al juicio había generado tanto interés por mis medicinas, que personas que nunca las habían probado lo hicieron y se convirtieron en clientes habituales. Debido a esto, y pensando en el futuro de mi hija, aunque yo estaba de luto seguí adelante con mis planes de comprar la fábrica de Daly City. El señor Lee habría querido que lo hiciera.

Contraté a una geomántica para que revisara el *feng shui*. Descubrió una fuga en una cañería —«Tu dinero se escurrirá»— y una puerta que bloqueaba la corriente de *chi*. Repintamos los edificios con colores que armonizaban con los alrededores, colgamos móviles de campanillas para capturar e irradiar el *chi* bueno, y cuando vi que la dirección era el número 626 —que suma catorce, un número de muy mala suerte que significa «muerte garantizada»— lo cambié por el 888, para que nos aportara buena suerte y prosperidad.

El día de la inauguración de la fábrica, un día de buenos auspicios elegido por una adivina, contratamos a bailarinas del león para invocar la buena voluntad de los dioses. Nos reunimos todos, para que nos tomaran una fotografía de grupo, incluidos Gideon y Olivia, que llevaron a su hijo Adrian y a la niña que estaba invitada en su casa, Margo.

También hice lo necesario, a través del señor Winterborn, para prestar ayuda económica anónima al hijo de dieciocho años del Dragón, Woodrow Sung, pues ahora se había quedado sin madre y sin padre y no me parecía bien que sufriera por los pecados de su padre.

Transcurrieron varios meses hasta que me vi capaz de entrar en el estudio del señor Lee. No había visto su último cuadro desde el día en que lo había comenzado. No tenía ni idea de qué era lo que estaba creando, todas aquellas noches silenciosas durante el juicio. Pero tenía que afrontarlo, tenía que ver si contenía alguna respuesta a por qué el señor Lee se había matado.

El cuadro se hallaba donde él lo había dejado. Vi enseguida que no se trataba de los pandas, caballos y perros de templo de costumbre. El tema lo constituían seres humanos y era una escena amplia, con colinas y nubes y un océano a los lejos. Me quedé sin aliento. Jamás había visto una pintura tan bella.

Y entonces reconocí a los personajes, empecé a ver su historia y comprendí por qué el señor Lee se había bebido la poción.

Yo estaba situada en el centro de la escena, había un dragón rojo arrojándome el fuego de su boca y yo parecía correr, con los brazos extendidos hacia un hombre que no era chino. En el fondo, apenas visible como si se tratara de un fantasma, se halla la imagen de mi esposo, observándome correr hacia Gideon. En primer plano había una niña pequeña con mariposas por ojos. Y a su lado un bebé fantasma.

El bebé que él jamás podría darme.

16

3,00. Palm Springs, California

—¡Johnny! ¡Johnny! —Charlotte entró precipitadamente en el despacho, sin aliento—. ¡He encontrado algo!

Él estaba de espaldas al suelo debajo del escritorio.

—Un segundo —dijo él, y ella oyó el chasquido de algo que era cortado—. Bien. —Se impulsó fuera de debajo del escritorio, se incorporó y, dejando a un lado las tijeras de cortar alambre y el destornillador, se limpió el leve polvillo de la frente.

Charlotte le tendió el periódico.

—He encontrado esto en una de las vitrinas. ¡El señor Sung era hijo del competidor de mi abuela, el hombre que intentó destruir su empresa!

Jonathan acercó el amarillento periódico a la luz. Era la primera página del *San Francisco Chronicle*, fechado en 1936; el titular decía: *Dragón vencido por sauce*. Jonathan examinó el artículo.

—¿El padre del señor Sung alteraba sus productos con efedrina?

—¿Nuestro chantajista podría ser el señor Sung utilizando la efedrina como una especie de justicia divina?

Jonathan se puso en pie y se sacudió el polvo que se encontraba en la ropa.

—O alguien que quiere que el señor Sung parezca culpable.

—Johnny —dijo Charlotte viéndole abrir un compartimento lateral de su bolsa negra y sacar una bobina de alambre de cobre—, Rusty Brown no pudo ser contratado a través de los canales normales. Nuestro departamento de personal comprueba los antecedentes. Y sin embargo ese hombre fue detenido por manipular fórmulas en una empresa farmacéutica. ¡No sólo fue detenido, sino que le sometieron a juicio! Es imposible que a la señora Ferguson se le pasara eso por alto. Debió de aceptarle alguien por encima del director de personal. Y el señor Sung tiene autoridad para ello.

Jonathan se puso unos apretados guantes negros.

—Si Sung es nuestro hombre, ¿por qué te ha entregado una caja rompecabezas que te ha hecho investigar en el museo? Si es culpable, ¿por qué iba a hacerlo?

—No lo sé. Tengo la cabeza a punto de explotar.

Charlotte se masajeaba el cuello mientras inspeccionaba el pequeño despacho que había cerrado seis meses atrás, cuando creyó que jamás volvería a poner los pies en él. Pero ahora vio los platos de la cafetería, los paquetes de té, el impermeable de Jonathan colgado de un gancho junto a su jersey, las tazas de café, el equipo electrónico, los disquetes y las páginas impresas en el ordenador. El pequeño despacho de su abuela, cuya finalidad en un principio era su modesto uso por parte de una anciana china y sus recuerdos, se había convertido en el puesto de mando de la batalla.

Se volvió a Jonathan.

—Hay más —dijo—. Lee el resto del artículo.

Jonathan terminó de leer la historia en silencio mientras los truenos retumbaban en el desierto azotado por la tormenta.

—Un artículo bastante sensacionalista —dijo al cabo de un momento—. Describe todo lo que tu abuela vestía, hasta sus pendientes, sus expresiones de cara, si parecía enfadada o triste. ¡Y todas estas referencias a Gideon Barclay! ¡Parece más propio de un tabloide de supermercado que del *San Francisco Chronicle*!

—¿Has leído lo que dice de mi madre?

—No significa nada, Charlie. ¿Qué sabían en esa época?

—La llaman retrasada.

—¿Tu abuela dijo alguna vez que lo era?

Charlotte iba a menear la cabeza pero se detuvo.

—¿Qué dices? —preguntó Jonathan.

—No estoy segura. Pero ahora me parece recordar... susurros detrás de puertas cerradas. Siempre supe que había algo especial referente a mi madre, algo diferente. Quizá lo oí sin querer, quizá sólo lo percibía. Pero, Johnny, no se me ocurrió que tuviera algún problema «mental». Creía que quizá poseía el talento de su padre, el señor Lee.

—Salvo que ahora sabes que el señor Lee no era su padre.

—No. Mi sospecha es correcta. ¡Eso —y señaló enojada el periódico— sin duda lo confirma!

Johnny dejó el periódico fuera de la vista, escondiéndole a Charlotte las palabras hirientes y ofensivas referentes a la impotencia del señor Lee, el horrible relato de Armonía Perfecta elaborando un afrodisíaco para su marido.

—Me extrañaba por qué mi aspecto no era más chino —dijo Charlotte—. Examinaba fotografías del señor Lee y me preguntaba por qué mi madre y yo no nos parecíamos más a él. La abuela solía decirme que era porque Richard Barclay tenía un yang fuerte, que mi aspecto físico estaba regido por mi bisabuelo. Pero no es así. No tuve un abuelo chino. Tuve un abuelo americano. —Se frotó los brazos, temblando—. Dios mío, Johnny, estoy empezando a comprender.

Él se encontraba ante la consola de seguridad, examinando los sectores desiertos. Se volvió y miró a Charlotte.

—¿El qué?

Ella le miró con sus ojos verde claro llenos de perplejidad y asombro.

—Aquel verano —dijo—, cuando tenía quince años...

Era un caluroso domingo de julio y su abuela preparaba una barbacoa en la terraza. Los Barclay estaban presentes, claro: el delgaducho Desmond se encontraba en la piscina, exhibiéndose, mientras su madre, Margo, vestida con un llamativo traje de baño negro y de gasa, alardeaba de que uno de los profesores de su hijo había declarado que Desmond era el muchacho de catorce años más brillante que jamás había conocido. Tío Adrian se hallaba dentro de casa, hablando por teléfono como de costumbre, mientras tía Olivia, con un *sarong* hawaiano, ayudaba a la abuela de Charlotte con las fuentes de costillas, filetes de cerdo y alas de pollo, todo ello marinado en salsa de soja y raíz de jengibre.

Había más de cincuenta personas en la fiesta, riendo, bebiendo y hablando de Vietnam y Watergate, pero a Charlotte le parecía el lugar más solitario de la Tierra. Porque Johnny no estaba allí.

Tío Gideon la encontró en el mirador del tejado, llorando.

—¿Por qué tiene que marcharse Johnny? —dijo entre sollozos cuando él le preguntó qué le ocurría—. No tiene por qué ir a Escocia todos los veranos. Él es americano. Debería quedarse aquí.

—¿Te ha contado por qué va?

Charlotte se sonó con el pañuelo que él le había prestado.

—A Johnny no le gusta hablar de sus sentimientos.

—¿Le has preguntado?

Ella negó con la cabeza, pensando que septiembre quedaba muy lejos y que se moriría de soledad hasta que Johnny regresara.

—¿Qué dice tu abuela? —preguntó tío Gideon.

—¡Oh, no puedo hablar con la abuela de esto! ¡No lo entendería!

—¿Crees que no? —dijo él con una sonrisa paciente—. A mí me parece una mujer muy sensata.

Charlotte se miró con aire taciturno las manos que tenía sobre el regazo.

—No puedo hablarle de esto. No lo entendería.

—Mmm... ¿Te refieres a asuntos del corazón?

—Si la abuela lo supiera me mataría.

—No creo que fuera capaz de matar a nadie. Y sin duda no por un asunto amoroso.

Charlotte sonrió a su pesar. Tío Gideon siempre había sabido animarla, que ella recordara. Por eso le adoraba. También contribuía el hecho de que era terriblemente guapo, con sus anchos hombros bronceados y los ojos gris plateado que hacían juego con su pelo canoso. Aunque Charlotte sabía que era muy viejo —más de sesenta— tío Gideon le parecía muy sexy.

—La abuela es tan estricta... —dijo con un suspiro—. Si supiera que me he enamorado de Johnny no me dejaría volver a ir a su casa.

—Y Johnny... ¿qué siente? Por ti, quiero decir.

Ella se encogió de hombros.

—Cree que sólo somos amigos.

—O sea que no le has confesado tus sentimientos.

—¡Oh, no! ¡Nunca lo haré! Al menos hasta que lo haga él.

—A veces eso no es lo mejor, Charlotte. A veces, si esperas a que la otra persona dé el primer paso, esperas demasiado y lo pierdes todo.

—Entonces, ¿debería decírselo? ¿Debo decirle a Johnny que le quiero?

—Bueno, no quería decir eso exactamente. Tienes que ir con cuidado con la forma en que se lo dices.

—¡Estoy tan confusa! Tengo estos sentimientos... cuando estoy con Johnny...

—Charlotte —dijo Gideon con suavidad—, ¿quieres decirme alguna cosa? ¿Tú y Johnny habéis...?

Ella tardó unos instantes en comprender a qué se refería.

—¡Oh, no, tío Gideon! ¡Nada de eso! —Y entonces le miró con aire inocente y dijo—: ¿Eso le haría quedarse? ¿Que le dejara besarme?

Gideon se frotó la mandíbula y luego la nuca.

—No creo que sea la manera de encontrar respuesta. No tienes que precipitarte a hacer esas cosas, Charlotte.

—Mi amiga Melanie tiene un novio y se están besando todo el rato.

—Charlotte —dijo él despacio, como si eligiera sus palabras con cuidado—, ¿tu abuela te ha hablado... de algo?

—¿De algo?

—Bueno, de la vida, del amor. —Extendió las manos—. De los chicos.

—¿Por qué iba a hacerlo?

—Ah —exclamó él. Y repitió—: Ah —pensativo.

—¿Por qué se va Johnny, tío Gideon? ¿Por qué me deja cada verano?

—Quizá esté tratando de comprender algo.

—¿Como qué?

Gideon se quedó pensativo, sentado en el banco de madera, con el viento alborotándole el cabello, mientras Charlotte esperaba sus sabias palabras que calmarían sus sentimientos. Dijo exactamente lo que ella quería oír:

—Te diré lo que haremos. ¿Qué te parece un picnic? Sólo tú y yo. En el parque. Mañana.

Al día siguiente fue a recogerla, puntual. A Charlotte le pareció extraño que su abuela aún estuviera en casa. Era lunes y pleno día, a esa hora siempre estaba en la fábrica. Y normalmente también por la noche, y los fines de semana también, porque siempre había algo que vigilar, o corregir, o arreglar, o planificar, y la abuela nunca se limitaba a dejar que su personal lo hiciera.

Pero aquel mediodía, cuando tío Gideon llegó para llevar a Charlotte de picnic al parque, estaba en casa. Y para mayor asombro de Charlotte, cuando estaban a punto de cruzar el umbral de la puerta, la abuela la acogió en sus brazos, abrazándola con fuerza, y murmuró:

—Que te diviertas, Charlotte.

Había lágrimas en los ojos de la abuela, cuyo significado Charlotte no comprendió hasta mucho más tarde, años más tarde.

—Johnny —dijo ahora Charlotte—, si mi madre era retrasada, ¿cómo llegó a casarse? ¿Se curó? ¿O es posible que nunca se casara y la historia de un joven marido que murió en un accidente de buceo fue un mito inventado para ocultar el hecho de que yo era ilegítima? Seguro que Margo y Adrian lo saben. Tienen la edad que tendría mi madre. Siempre he imaginado que habían sido amigos. Pero ese artículo de periódico... —Se le quebró la voz—. Dice que Iris Lee era demasiado simple mentalmente incluso para mantenerse sentada quieta, que tuvieron que sacarla de la sala del tribunal. Johnny, ¿cómo es posible que no me enterara de nada todos estos años? ¿Y cómo murió en realidad? ¡Cuántos secretos y mentiras! La abuela me contó que mi madre había muerto al caerse por una escalera. Pero ¿fue así, Johnny, realmente?

—Hay maneras de averiguarlo, buscando en Internet, estadísticas públicas, archivos de los periódicos —dijo Jonathan, mirándola a la cara y poniendo las manos sobre sus hombros—. Pero ahora tenemos que llegar al centro de esa red y necesito que distraigas al agente que está de guardia.

Se interrumpió, presionando sus dedos en la carne de Charlotte, ardientes sus ojos de emociones y sentimientos que habían estado reprimidos demasiado tiempo.

Charlotte creyó que iba a besarla. Y luego que era ella quien iba a besarle a él.

—Lo que yo estaba haciendo allí —dijo él apartándose y señalando la parte posterior del escritorio— era unas conexiones creativas. Nuestro intruso ha estado accediendo al sistema a través de un terminal de la casa, y lo más probable es que aún esté haciéndolo. Voy a redirigir el camino para que la próxima vez que se conecte para copiar una fórmula venga directo a nosotros. Nuestro amigo se encontrará una gran sorpresa.

Ella miró la pantalla del ordenador.

—Pero si le haces llegar aquí, no encontrará las fórmulas y desconectará.

—Mira más de cerca.

Sus ojos se abrieron de par en par.

—¿Fórmulas falsas?

—Con etiquetas invisibles, cadenas silenciosas de código que he unido y que actúan como una especie de faros buscadores. Lo único que tiene que hacer es descargar uno y podré iniciar una búsqueda. En cuestión de minutos sabremos dónde está.

Se volvió a la pantalla de seguridad; en ella se veía el aparcamiento, unos cuantos coches abandonados bajo la lluvia. Pulsó una tecla de la consola y aparecieron los despachos de la tercera planta.

—Todavía está ahí —dijo Jonathan, refiriéndose al agente federal que había sido apostado para proteger la sala de la red—. Necesitaré unos diez minutos con el servidor de red. ¿Puedes distraerle ese tiempo?

Ella miró a Jonathan un momento, percibiendo su indecisión en el aire, sus conflictos internos y su confusión, porque eran los mismos que ella tenía. Sabía que los dos hacían grandes esfuerzos para mantenerse concentrados en el asunto que tenían entre manos, pero veintiséis años de una historia apasionada tiraban de ellos sin cesar para acercarlos, como una malévola fuerza de gravedad. Y cada vez resultaba más difícil resistirse a ella.

Charlotte miró al hombre que aparecía en la pantalla. Era corpulento, con el cabello rubio cortado al estilo militar y el cuello y los brazos de un jugador de fútbol. Charlotte dudaba de que se distrajera con facilidad.

—Tengo una idea —dijo—. Pero requiere una parada rápida en el camino.

—Hola —dijo, sonriendo mientras se acercaba a él—. Soy la señorita Lee, creo que ya sabe quién soy, ¿no?

El agente se levantó de la silla y se situó entre Charlotte y la puerta que daba acceso a la red.

—Buenas noches, señorita —murmuró—, claro que sé quien es.

—Qué lío tan terrible. No sabe cuánto agradezco la rapidez con que ha reaccionado su equipo. ¡Cuanto antes cojamos a la persona que está saboteando mi empresa, mejor! —Le ofreció la bandeja que había cogido en la cafetería—. He pensado que a lo mejor le gustaría comer algo. —A esta hora no había mucho que elegir, y el servicio de comida caliente había cerrado hacía rato. Pero había encontrado café y bollos con mermelada de frambuesa de aspecto relativamente fresco.

—No, gracias, señorita, estoy bien.

—Pero hace cuatro horas que está aquí sentado. Debe de tener hambre.

—Estoy bien, gracias.

Charlotte vio que, pese a declinar su oferta, sus ojos se posaban en los gruesos bollos, que ella había colocado del modo más tentador posible, rebosantes de mermelada.

—Falta mucho para que llegue mañana —dijo ella, dejando la bandeja en el escritorio más próximo y ofreciéndole una taza de plástico—. ¿Leche y azúcar?

—No, gracias, estoy bien —dijo él, alzando una mano.

Charlotte examinó la bandeja.

—Bueno, si no le importa, yo tengo un hambre atroz. Ha sido un día muy largo y lleno de tensión.

Eligió uno de los bollos, se volvió y se puso frente a él mientras daba un mordisco al bollo, procurando que la mermelada se saliera por un lado.

—¡Uy! —exclamó, cogiendo una servilleta—. Siempre me pasa lo mismo. —Se rió con la boca llena y se limpió la barbilla—. Mmmm... están más tiernos de lo que creía. Nuestra cocina elabora los mejores bollos... primero los fríen en abundante aceite y luego los rellenan de crema, chocolate o mermelada, y luego los espolvorean con canela y azúcar. Pruebe uno caliente cuando pueda... la parte exterior está crujiente y el centro se derrite en la boca.

Vio que el hombre se pasaba con gesto rápido la lengua por los labios.

—¿Está seguro de que no quiere uno? —Le tendió el plato—. Un bollo no le hará daño. No se lo diré a nadie, si es que no debe comerlo —añadió con un guiño.

Él volvió a declinar su ofrecimiento pero no sin vacilar, según observó Charlotte, así que ella siguió comiendo su bollo, comentando cada bocado, declarando que tendría que ponerse a régimen un mes pues la pastelería era tan rica y dulce y deliciosa. Cuando vio que los ojos del agente se iban al plato y se desviaban, volvió a ofrecérselo, y esta vez él dijo:

—Bueno...

—¡Sálveme de mí misma! —exclamó ella con una carcajada y casi dándole un golpecito con el plato.

—Supongo que por uno no pasará nada —dijo—. Muchas gracias, señorita —añadió, aceptando una taza de café.

Cuando las luces del techo parpadearon, Charlotte dijo:

—¡Vaya nochecita! En esta zona no llueve mucho, pero cuando lo hace casi esperas ver a Noé navegando.

—Sí, señorita.

Charlotte, apoyada en la pared opuesta a la sala de los ordenadores, se cruzó de brazos y dijo:

—No debe de ser muy divertido pasarse la noche aquí sentado, solo.

—No, no mucho —dijo él, poniéndose en la boca el último bocado de bollo y secándose los labios con una servilleta de papel.

—Tome otro —ofreció ella, señalando la bandeja.

No fue necesario convencerle.

Charlotte miró por el pasillo hacia donde Jonathan esperaba. Luego observó al agente zamparse otro bollo sin perder tiempo. Cuando vio que había tragado el resto del café, Charlotte dijo:

—¿No se aburre? Quiero decir, estando aquí solo. ¿No le dejan leer revistas? Si quiere yo podría...

—Estoy bien, señorita. Gracias por el café y los bollos.

Ella siguió apoyada en la pared, con los brazos cruzados. Consultó el reloj de pared. Sólo faltaban dos horas y media para que finalizara el plazo a las seis. Se metió la mano en el bolsillo del jersey, consciente de que el agente la observaba con atención. Ella no le miró cuando sacó la pequeña caja rompecabezas y empezó con gestos lentos a darle vueltas en sus manos.

Mientras trataba de sacar la primera pieza, Charlotte se puso a tararear suavemente. El agente mantenía los ojos fijos en las manos de Charlotte cuando ésta encontró la segunda pieza y la deslizó lentamente hacia un lado, sin dejar de tararear. La melodía era una sencilla nana que recordaba de su infancia, y la tarareaba con aire distraído mientras trataba de deshacer el rompecabezas con gestos lentos, rítmica e hipnóticamente. La tormenta que bramaba fuera apenas podía oírse en el interior de aquellas paredes insonorizadas. El diseño interior de las oficinas de Armonía Biotec era obra de Margo Barclay, quien personalmente había elegido las alfombras azul pálido, la tela de fibra natural de color beige en las paredes, las separaciones azules y plateadas de los cubículos de las secretarias y la iluminación suave e indirecta. La idea era crear un ambiente sosegado y de buen gusto. En aquella noche tormentosa daba la impresión de ser un capullo protector.

La primera vez que el agente bostezó, tapándose la boca con la mano, Charlotte no le miró. Con el siguiente bostezo sin disimular, le miró de soslayo. El tercero fue acompañado por un rápido parpadeo, el de un hombre que intentaba mantenerse despierto.

Tardó unos minutos más de lo que ella esperaba pero el jarabe que había inyectado en la mermelada de frambuesa por fin hizo su efecto. Aunque no estaba aprobada federalmente la fabricación de productos de opio, el laboratorio de Armonía Biotec disponía de un abundante suministro de *Papaver somniferum* con fines investigativos. Más comúnmente conocida como «amapola», *somniferum* significaba «inductor del sueño».

Mientras el agente permanecía desplomado en la silla, dormitando con la barbilla sobre el pecho, Jonathan se deslizó con sigilo en la sala de la red y se puso a trabajar.

—¡Bien! —exclamó Jonathan diez minutos más tarde mientras guardaba su equipo y volvía al pasillo—. Ya está. La próxima vez que marque se conectará con nosotros. —Echó un vistazo al agente, que seguía roncando suavemente—. Tengo que hacer una cosa más, pero en la tabla de comunicaciones. Puedo hacerlo solo. Charlie, vuelve al museo y vigila esa conexión. En cuanto llegue, avísame por el busca. Casi le tenemos, Charlie. —Le dio un apretón en el brazo—. Aguanta un poco más.

Charlotte vio desaparecer a Jonathan por la escalera del lado noroeste del edificio, luego se dirigió apresurada hacia la del lado sudeste. Cuando llegó al rellano de arriba, la pesada puerta de metal se cerró tras ella. Charlotte estuvo a punto de lanzar un grito cuando de pronto alguien salió de las sombras y le bloqueó el paso.

—¡Desmond! —exclamó, resonando su voz en la desierta escalera—. ¡No aparezcas de ese modo! Por poco no me da un ataque al corazón.

—¿Quieres un trago? —preguntó él ofreciéndole una petaca de plata.

Ella olió el licor en su aliento y se fijó en su aspecto desaliñado. Desmond parecía no haberse afeitado en veinticuatro horas, llevaba el cabello despeinado y lucía una mancha seca de lo que parecía mostaza en la pechera de su jersey negro de cuello en pico. Muy poco propio de Desmond, quien tenía obsesión por su imagen, igual que su madre. El alcohol era especialmente sorprendente.

—Bueno, prima —dijo—, ¿qué haces merodeando por aquí a estas horas? Creía que te habías ido a casa.

—He venido a buscar cierta información.

Se pasó la mano por la boca.

—¿Y la has encontrado?

—Desmond —dijo ella observándole de cerca el rostro—, ¿sabes dónde oyó hablar mi abuela de esa hierba rara del Caribe? ¿Quién le habló de ella?

Él se encogió de hombros, apoyándose en la pared.

—La vieja y yo no hablábamos mucho.

—¿Sabes cómo logró Rusty Brown que le contrataran?

Él la miró con los ojos desenfocados.

—¿Quién?

—Uno de nuestros técnicos de producción. La policía le ha detenido hace tres horas.

—Ah, él. No sé nada —*¡hip!*— de él.

—Estás borracho.

Charlotte se dirigió hacia las escaleras pero él le cogió el brazo.

—No lo bastante —dijo él con una sonrisa torcida—. ¿Sabes lo que está ocurriendo, Charlotte? Mi padre está a punto de perder millones de dólares. En realidad, no me sorprendería que fuera a la cárcel por jugar con el dinero de los inversores. Creyeron que iban a hacerse ricos con el GB4204. En cambio, la FDA aplazará su aprobación, o sea que nunca llegará, nunca será aprobada. Mi padre será un convicto. —Se rió—. Me gusta esa idea.

Charlotte le examinó. Su bello rostro parecía haberse descolgado, las atractivas facciones ya no eran tan perfectas, como si se hubieran cansado de mantenerlo todo junto.

—Desmond —dijo lentamente, observando su reacción—, estás cambiado. ¿Qué ocurrió mientras yo estuve fuera el año pasado?

—¿El año pasado?

—Fui a Europa, estuve allí un mes. ¿Ocurrió algo mientras yo no estaba aquí?

—¿Si ocurrió algo? Déjame pensar, qué ocurrió... —Se encogió de hombros—. No se me ocurre nada. ¿Por qué?

—¿Estás mándandome mensajes por el correo electrónico?

—¿Cómo?

—¿Me has mandado mensajes por el correo electrónico?

Él la miró parpadeando.

—¿Porqué iba a hacerlo? —Tomó un trago de la petaca—. Creo que mi padre estaría guapo con el traje a rayas, ¿no crees?

—Nunca te había oído hablar así.

Él se le acercó y le susurró al oído.

—Eso es porque no has escuchado —Le soltó el brazo y se apoyó en la pared, impidiéndole el paso—. Voy a contarte un secreto.

Ella volvió la cabeza pues su aliento olía fuertemente a alcohol.

—Cuando yo era un escuálido muchacho de catorce años tenía tendencia a curiosear. Un día revolvía el escritorio de mami cuando encontré una carta que le había escrito papá. ¿No te parece extraño? ¿Que un esposo escriba a su esposa si vive con ella? Bueno, decía que te quiero y todo eso y algo de que siempre estaré contigo y me haces andar con la cabeza muy alta. No tengo ni idea de a qué venía eso, pero había una frase que me pareció turbadora. En realidad, es una joya tal que la memoricé. Papá decía, y cito textualmente: «Es terrible que un padre tenga a un absoluto perdedor por hijo».

Desmond dejó de apoyarse y se pasó la mano por el cabello alborotado. Charlotte reparó en las manchas de sudor que había bajo sus brazos.

—¿Qué pensarías tú de eso? La abuela Olivia estaba obsesionada con tener un nieto auténtico, un Barclay auténtico, como ella decía. ¡Como si mi padre lo fuera! ¡Ja! Gideon era adoptado, pero Olivia parecía haber olvidado ese detalle. Así que, desde el día en que nació mi padre, Olivia metió en la cabecita de su precioso Adrian que él era un Barclay y que su único objetivo en la Tierra era producir futuros Barclays. Bueno, eso no sucedió. Por contra, me tuvieron a mí. ¡Ja!

Charlotte hizo ademán de cogerle la petaca.

—Dame eso —dijo.

Pero él esquivó su mano y dio otro largo trago.

—¿Sabías que la noche en que murió la abuela Olivia llamó a su hijo junto a ella y le dijo: «Adrian, me has defraudado»? Las últimas palabras de una madre a su hijo. Adrian Barclay, hijo del gran Gideon Barclay, no tenía *cojones** para darle un heredero.

Se tambaleó hacia atrás y chocó contra la barandilla metálica.

Charlotte hizo ademán de agarrarle.

—¡Des! Vas a caerte por las escaleras. Dame esa botella.

—Y después está mi madre, claro. Ahora la espina es ella.

—No digas eso. Siempre la has adorado, Des.

Él soltó un fuerte y resonante eructo.

—A veces incluso los ojos de los adoradores se abren.

—¿Ocurrió algo mientras yo estuve fuera el año pasado? Cuando regresé habías cambiado. Y también el señor Sung. ¿Qué pasó, Des?

—Ah, el señor Sung. El grande e inescrutable Woodrow Sung.

Al ver que él no decía nada más, Charlotte señaló:

—Cuando el señor Sung acompañó a mi abuela al Caribe, ¿sabes por qué decidió en el último minuto no acompañarla en el barco?

Desmond se encogió de hombros.

—¿No dijo que era porque se mareaba?

*En español en el original. *(N. de la T.)*

—Pero ¿por qué no lo dijo hasta el último minuto? No se prepara un viaje en barco y, cuando se está a punto de embarcar, de pronto se recuerda que se marea uno.

—Me has pillado, Charlotte. —Desmond ahogó otro eructo—. Me entregó en adopción. La firma de Sung está en todas partes. —Tomó otro trago de la petaca, sujetándose a la barandilla como si estuviera en un barco en movimiento—. ¿Sabías que mis padres no se casaron por amor? Vivían juntos desde que tenían siete años. Al parecer mi maternal abuela dejó a su hija con los Barclay y no fue a recogerla. —Desmond frunció el entrecejo—. ¿Crees que alguna vez lo hicieron? ¿Sabes que no puedo imaginarme a mis padres haciendo el amor? Bueno, me parece que en este caso es así. Mi madre es tan castrante, que apuesto a que a mi padre no se le levantó ni una sola vez con ella.

—Desmond —dijo Charlotte—, deja que te ayude a subir a un taxi. Necesitas dormir.

—Y después, por supuesto, estaba la Casa. Con C mayúscula. Olivia estaba obsesionada con esa casa. —Hipó y se secó la barbilla—. ¿Nunca te pareció extraño que mi madre pasara allí tanto tiempo? Francamente, yo prefería nuestra piscina, era mucho más nueva y estaba caliente. Aquella vieja piscina de los Barclay había sido construida a principios de siglo.

—Entonces ¿por qué veníais tanto?

—Olivia insistía. Venía y decía: «Margo, ¿cuánto hace que tú y Desmond no venís a casa?» Por qué lo toleraba tu abuela es algo que nunca sabré.

—Mi abuela era una mujer generosa, su casa siempre estaba abierta a amigos y visitantes.

—Nosotros íbamos cada semana, por el amor de Dios. ¿Por qué? «Somos familia, Charlotte. Esta casa es suya igual que nuestra.»

Él tomó otro trago.

—Por Dios, Olivia estaba obsesionada. Se pasaba horas ante su escritorio escribiendo cartas... montones de cartas.

—¿Cartas? ¿A quién, con qué motivo?

Desmond se encogió de hombros.

—Tenía ese horrible papel de carta... con un gran blasón impreso. Era de Fiona. Supongo que Olivia lo encontraba muy elegante. —Intentó tomar otro trago, pero la petaca estaba vacía. La volvió del revés, sacudiéndola, y la dejó caer al suelo—. Siempre me sentí inferior a todos vosotros —murmuró—. Cuanto más se jactaba mi madre de mí, más inútil me sentía. Yo no era un auténtico Barclay. Bueno, en realidad ellos tampoco, pero yo era... —se inclinó hacia Charlotte y dijo en un susurro—: adoptado. Era un extraño. Olivia había sido amiga de Fiona, y después Margo se convirtió en la protegida de Olivia. Un bonito grupito muy unido, diría yo. Y entonces, al otro lado de la calle, estabáis tú y tu madre. ¡Las auténticas Barclay!

Desmond se echó hacia atrás y soltó una carcajada.

Su risa se extinguió en un segundo y sus ojos se nublaron con una expresión taciturna. Mirando fijamente un punto por encima de la cabeza de Charlotte, dijo con voz suave:

—¿Sabes lo que es imaginar a tu padre mirándote como si fueras algo que se le ha metido en el zapato?

Bajó la mirada y enfocó sus ojos turbios en Charlotte.

—Oh, me olvidaba. No sabes lo que es tener un padre que te mire de ningún modo. Nunca lo tuviste, ¿verdad, Charlotte?

—Demond, pide un taxi y márchate a casa.

Hizo ademán de pasar por su lado pero él alargó la mano y sus dedos se curvaron en torno al brazo de Charlotte con fuerza.

—A ver, dicen que era una especie de as del buceo, ¿no? Qué extraño que tu abuela no tuviera ninguna fotografía suya. ¿Alguna vez piensas en eso?

—Suéltame, Des.

Él se inclinó hacia ella, envolviéndola en vapores de bourbon.

—¿No te lo has preguntado nunca? Lo de tu madre, quiero decir. Tanto secreto en torno a ella, como algodón. ¿Sabes lo que pienso? Pienso que debía de tener algo extraño.

Ella forcejeó para soltarse.

—No tengo por qué escuchar esto.

—Nadie creyó ni por un minuto que el señor Lee fuera el padre de tu madre. ¿Lo sabías? Hubo un juicio en los años treinta... salió a la luz que el señor Lee era impotente. Así que adivina quién era el padre de tu madre. ¿Sabes lo que yo oí?

—Desmond...

—Oí que cuando tú tenías quince años te parecías a tu abuela cuando tenía esa edad, cuando Gideon conoció a Armonía Perfecta.

—¿Qué insinúas?

—Tú desapareciste aquel verano, durante tres semanas. Mi abuelo también. Él no quiso decir a nadie dónde había estado, ni a su esposa, la abuela Olivia. Y tú no quisiste decirme dónde habías estado.

—No era asunto tuyo. Además, Gideon era mi tío.

—Y mi abuelo; también tu abuelo, si los rumores son ciertos. Apuesto a que a tu *Braveheart* sí se lo dijiste.

—Sí, a Johnny se lo dije. ¿Y qué?

—¿Adónde te llevó el gran Gideon? Te llevó a algún sitio, ¿no? Todo el mundo sabía que a mi cachondo abuelo le gustaban las chinas.

—Eres repugnante.

Desmond se echó a reír.

—Bueno, ¿*Braveheart* todavía está aquí?

—¡Deja de llamarle así! —Dio un tirón con el brazo y se liberó—. Y ¿qué tienes contra Johnny? ¡Él nunca te hizo nada!

—No, salvo robarte de mi lado.

—Desmond, tú nunca me tuviste. Te lo dije hace mucho tiempo. Somos primos...

—En realidad no. No de sangre. Soy adoptado, ¿lo recuerdas?

—No importa, Des. Crecimos juntos. Eres como un hermano para mí. No puedo sentir por ti otra cosa.

—¿Cómo lo sabrás si no lo pruebas?

De pronto la besó en la boca, introduciéndole la lengua a la fuerza entre los labios.

Ella le apartó y le dio una bofetada.

—Desmond, vete a casa. Estás borracho.

Cuando se volvió y bajó corriendo la escalera, oyó que le gritaba:

—¡Piensa en tu madre idiota, Charlotte! ¡Piensa en ella!

Mientras Jonathan regresaba bajo la lluvia, pensó en otra noche lluviosa, en Boston, cuando él y Charlotte se habían acurrucado bajo las sábanas, tejiendo el tapiz de sus sueños.

Fue la noche siguiente de haberle escrito el poema, inmediatamente después de que ella se marchara del aeropueto. Él había regresado a su pequeño apartamento y se había sentado en la penumbra, entre los restos que persistían del perfume de Charlotte y de su risa, y compuso el poema, directamente del corazón al papel, sin cambiar ni una sola palabra o coma de principio a fin.

Cuando al día siguiente lo envió al prestigioso concurso de poesía que anualmente celebraba la Universidad de la Costa Este no se lo dijo a Charlotte. Ni siquiera sabía por qué lo enviaba, porque creía que no lo elegirían. Él no era poeta, sólo un técnico informático que aspiraba a formar parte de la elite. Durante un año entero no le habló de ello: de que su poema había sido elegido entre cinco mil, ni del dinero que había recibido como premio, ni del hecho de que su poema iba a ser publicado en un libro junto con otros ganadores. No le contó nada de todo esto porque había decidido dejar que su poema hablara por sí mismo. El poema era mucho más elocuente de lo que jamás podrían ser sus propias palabras.

Y entonces llegó el libro. Era la primavera de 1981. Él se lo envió y esperó su respuesta durante agónicos días.

Y después ella telefoneó...

—¿Charlie? —la llamó al entrar en el museo, quitándose el empapado impermeable y cerrando la puerta con llave—. Charlie, ¿dónde estás? —Rodeó las vitrinas y miró en el despacho. Ella no se encontraba allí. Había salido del edificio principal veinte minutos antes.

Se acercó a la pantalla de seguridad y empezó a pulsar botones rápidamente, haciendo aparecer una escena tras otra: el agente federal despertando y consultando su reloj; la cafetería, desierta; la planta de producción donde un portero en mono de faena fregaba el suelo. Pero Charlotte no estaba en ningún sitio.

¿Dónde estaba?

—Maldita sea, Charlotte —exclamó en un susurro pulsando más botones para que aparecieran en la pantalla el muelle de envíos, el vestíbulo principal, el aparcamiento—, ¿dónde estás?

Se detuvo cuando vio una figura tambaleándose bajo la lluvia: Desmond, sin paraguas ni americana, haciendo eses entre los coches aparcados. Resbaló y se estrelló contra una minifurgoneta, agarrándose al tirador de la puerta antes de caer en un charco. Luego se levantó con dificultad y consiguió llegar hasta un Cadillac negro, donde se apoyó mientras hurgaba en sus bolsillos. Un minuto más tarde se hallaba tras el volante poniendo el coche en marcha.

Después de ver a Desmond salir del aparcamiento, con las luces de frenado encendidas todo el rato, Jonathan siguió pasando pantallas cada vez más ansioso al no ver ni rastro de Charlotte.

Consultó su reloj. Hacía treinta minutos que se habían separado en la sala de los ordenadores. ¿Adónde había ido?

Se acercó al ordenador, pulsó el icono de correo electrónico y después: *Comprueba anfitrión por si hay nuevo correo.*

Nada.

Volvió a la pantalla de seguridad y pulsó botones hasta que estuvo de nuevo en el edificio principal donde vio al agente federal meneando la cabeza y mirando alrededor con timidez. Jonathan observó al hombre deshacerse de una servilleta y una taza de papel, sacudirse la ropa, enderezarse la corbata y retomar su posición frente a la sala de la red como si nada hubiera pasado.

Jonathan prosiguió su búsqueda, cada vez más preocupado: la planta de envasado, el laboratorio de investigación, la sala de control y el centro de visitantes.

Ni rastro.

Jonathan cogió su impermeable y, cuando se disponía a volver a salir a la tormenta, sonó la alerta en su ordenador portátil. Tenía una llamada telefónica.

Titubeó un instante y luego se apresuró a pulsar una tecla; con suerte sería una respuesta a las llamadas que había hecho a diferentes amigos que aún tenía en la agencia. Pero, para su sorpresa, se trataba de Adele, su rostro redondo y afable mirándole con una sonrisa triste:

—¿Sabes ya cuándo vuelves a casa, Johnny? Tengo que enviar una respuesta a Buckingham Palace. ¿Qué les digo?

La expresión de sus ojos y su tono de voz le dolieron como una puñalada en el corazón. Sabía cuánto había esperado Adele esta invitación real. Había trabajado meses para conseguirla; el padre de Adele era lord, pero no tenía relaciones con la realeza. No era fácil conseguir una invitación al Palco Real. Adele parecía una niña pequeña en Navidad.

Él se conmovió.

—Dentro de unas horas sabré algo —dijo.

—¿Acepto la invitación?

Jonathan vaciló una fracción de segundo antes de decir.

—Claro. Iremos, naturalmente.

Pero ella había percibido su vacilación. Y al instante siguiente algo pareció caer tras los ojos de Adele, como unas alas que bajaran con gesto elegante.

—Adele... —empezó a decir, pero entonces algo le detuvo, clavándole donde estaba con la mirada fija en la pantalla. Un ruido al fondo.

—Tengo que colgar, cariño —dijo ella con rapidez, mirando por encima del hombro—. Ha llegado el jardinero con un millón de preguntas. Te llamaré más tarde. Ten cuidado. Te quiero.

Charlotte bajó corriendo los tres tramos de escaleras, mirando con frecuencia por encima del hombro para asegurarse de que Desmond no la perseguía, y cuando llegó a la planta baja, atisbó antes para comprobar que el vestíbulo estaba desierto; entonces lo cruzó corriendo y entró en los servicios de señoras. Encendió la luz y su visión se llenó con la cerámica de color rosa pálido, la porcelana rosa y el papel pintado blanco y rosa.

Se apoyó en la puerta y cerró los ojos. «Todo el mundo sabía que a mi cachondo abuelo le gustaban las chinas.» Oh, Desmond, estás muy equivocado. Tú y todos los demás estáis tan equivocados...

—El parque no es por aquí, tío Gideon —había dicho la Charlotte de quince años cuando se encaminaban hacia el sur en el Embarcadero.

—Oh, no vamos al parque del Golden Gate, Charlotte.

Ella no le había hostigado. Sería otra de las sorpresas de tío Gideon. En el curso de los años la había sorprendido muchas veces, con regalos y salidas especiales, pero esta vez se dio cuenta de que se trataba de algo muy especial cuando tomaron el desvío hacia el aeropuerto internacional de San Francisco. Y luego, cuando él sacó dos maletas del maletero de su coche y dos pasaportes con un billete de primera clase en cada uno de ellos, comprendió que ésta iba a ser una aventura con A mayúscula.

No fue necesario que él le dijera adónde iban. Al fin y al cabo, volaban en la compañía Singapore Airlines. Y después de veintiuna horas y media de jugar a las cartas, ver películas de cine, dormir y comer, llegaron a un bochornoso paraíso en technicolor.

Se registraron en el Raffles Hotel, dos habitaciones contiguas, y luego se sumergieron sin retraso en la pintoresca y animada ciudad donde mujeres policía con uniformes blancos dirigían el tráfico en las intersecciones y vendedores de cebollas permanecían acuclillados en las aceras con sus productos exhibidos delante para ser examinados.

Mientras Charlotte y su tío dejaban atrás los rascacielos y modernas carreteras de Singapur, exploraron las estrechas calles y callejuelas abarrotadas de pequeñas tiendas, puestos de comida y boutiques. Gideon le explicó que había estado en Singapur en dos ocasiones anteriores.

—La última vez —dijo— fue cuando tu abuela me trajo aquí para mostrarme el lugar donde ella había nacido.

Se detuvieron frente a una pequeña tienda con un letrero que decía: *Sedas Wah, circa 1884*. Tío Gideon explicó:

—Tu abuela nació aquí, en una habitación de arriba.

Charlotte ya había oído la historia de su abuela; aquella romántica historia de Mei-ling salvando al apuesto Richard Barclay que había sido atacado por unos ladrones, cuidándole en secreto, ocupándose de él, enamorándose. Cuando Charlotte había llevado a casa a Johnny para curarle un corte que se había hecho en la frente, se preguntó si para Mei-ling había sido algo parecido, tener a alguien a quien amas sentado tan quieto y callado mientras le aplicabas ungüentos y bálsamos. Johnny la había observado con ojos llenos de confianza. ¿Richard Barclay había mirado a Mei-ling del mismo modo?

—Te confiaré un secreto —dijo Gideon cuando permanecían de pie ante la tienda de sedas—. Tu abuela no es tan vieja como todo el mundo cree. En realidad tiene dos años menos. Pídele que te cuente la historia de los papeles de inmigración falsificados.

—¿Cuándo fue la primera vez que estuviste aquí, tío Gideon? —preguntó Charlotte, y la expresión del hombre se ensombreció ante los recuerdos enterrados.

—Hace treinta años, durante la guerra. Estuve prisionero en la prisión Changi, donde los hombres hacían cosas inhumanas a otros hombres. Lo único que me mantuvo con vida durante ese infierno fueron los recuerdos de la mujer a la que amaba y a la que había prometido que regresaría junto a ella.

A la sazón, Charlotte, recordando las medallas de guerra que había visto, creyó que se refería a su esposa, tía Olivia.

Gideon la llevó al Templo de las Mil Luces, donde vieron una réplica de la huella de Buda. Visitaron la estatua de sir Stamford Raffles en la orilla oriental del río Singapur, que señalaba el lugar adonde el inglés llegó por primera vez en 1819. Asistieron a un festival indio donde hombres santos con taparrabos desfilaron con ganchos, agujas y espetones clavados en su carne. Comieron *chow mein* y cerdo *kung pao* en puestos de comida callejeros; asistieron a una ópera china al aire libre donde los actores y actrices, ataviados con vistosos atuendos y complicados maquillajes, deslumbraban a la multitud con representaciones de antiguas leyendas y mitos. Fueron a Tiong Bahru Road y escucharon las dulces melodías que pájaros encerrados en trabajadas jaulas de bambú entonaban para deleite de los transeúntes.

Por último fueron a Jurong Bird Park donde se dieron un banquete a base de pollo al curry con arroz Padang mientras contemplaban los loros de llamativos colores entrar y salir de la neblina formada por una cascada.

Entonces fue cuando tío Gideon, bajo el bochornoso cielo azul, dijo:

—Charlotte, verás, las relaciones no siempre son fáciles. Lo descubrirás cuando seas mayor. La gente no siempre dice la verdad. A veces intentarán engañarte. En especial —añadió con una sonrisa— si eres una joven bonita y un muchacho se interesa por ti.

—Pero ¿cómo sabes... —empezó a decir—, quiero decir cómo sabe una chica...?

Y su voz se desvaneció en la neblina de la cascada por que no sabía qué era lo que intentaba decir. Aquella mañana, en el comedor del hotel, estaba admirando una muñeca que tío Gideon le había comprado el día anterior, y al instante siguiente estaba admirando al joven que se sentaba en la mesa de al lado. ¿La vida siempre sería tan confusa?

—Si dices a un chico que le amas —dijo Gideon— y él te dice que no te creerá hasta que se lo demuestres físicamente, no te merece. Significa que no te respeta. Y sin respeto no puede existir el amor.

Ella le confesó que conocía a chicas que ya habían ido hasta el final. Algunas de sus amigas incluso tomaban la píldora. Esa información pareció sorprenderle primero y luego entristecerle.

—El movimiento de liberación de la mujer y Woodstock —dijo, meneando la cabeza—. Los tiempos han cambiado. Pero algunas cosas permanecen inalterables, por muy antiguas que sean, Charlotte. Y una de ellas es que si un chico te quiere de verdad, no te forzará a hacer nada que no quieras hacer, no te hará «demostrarle» tu amor por él con tu cuerpo. Y a veces —prosiguió— algún chico te dirá que te quiere para conseguir lo que quiere, pero no es sincero. Pero en cambio, otras veces un chico te quiere y no sabe cómo decírtelo.

—¿Cómo se conoce la diferencia?

Gideon se rió.

—Me parece que nadie ha logrado saberlo todavía. —Y prosiguió, más serio—: Prométeme una cosa, Charlotte. Cuando llegue el momento y decidas estar en intimidad con un chico, prométeme que te asegurarás de que eso es lo que quieres hacer y de que él es con quien quieres hacerlo.

Ella se lo habría prometido allí mismo, porque Charlotte ya estaba muy segura de que era lo que quería y que Johnny era el único con quien quería hacerlo.

Gideon la llevó entonces a un jardín botánico en Peacock Lane, donde se exhibían miles de variedades de flores, y mientras Charlotte se maravillaba, paseando de la mano de tío Gideon, ante los magníficos jardines, verjas, pagodas con aleros curvados, puentes de madera y tranquilos estanques, él le dijo:

—Antes esto era una residencia privada. Aquí es donde nació tu bisabuela, Mei-ling.

Eso fue lo único que dijo. No fue muy explícito; no le dio un sermón ni le dijo: «¿Ves, Charlotte? Este es el hogar de tus ancestros, aquí es donde están tus raíces». No le dijo a bocajarro: «Por eso Johnny va a Escocia todos los veranos». Charlotte paseó por aquellos pequeños senderos y cruzó elegantes arcos y recorrió habitaciones resplandecientes de huertos y lirios y aves del paraíso y pensó: «Mi bisabuela paseó por estos mismos senderos y miró por las mismas ventanas. Durmió aquí, comió aquí, se entristeció aquí, fue feliz aquí». Y Charlotte sintió algo que nunca había sentido antes, una repentina conexión, una súbita sensación de pertenencia. Pensó en la habitación sobre la tienda de sedas de Wah, donde había nacido su abuela, se imaginó los muchos rostros que había visto, semejantes al suyo propio, con los pómulos altos y los ojos rasgados, y los dialectos que había oído hablar —cantonés, mandarín, shangainés— y las muchas estatutas de Kwan Yin que había visto, y se sorprendió al pensar: «Aquí es donde yo empecé».

Por último, tío Gideon la llevó a una pequeña tienda de Orchard Road donde le compró un collar: un colgante de plata y ámbar en una cadena de plata con amatistas. Gideon le había enseñado a abrir el medallón.

—¿Ves? Es para poner algo dentro, un recuerdo.

Ella ya sabía qué iba a guardar dentro. Ella y Johnny, para siempre.

Echándose agua en la cara en el servicio de señoras del vestíbulo principal, Charlotte observó escurrirse el agua en el lavabo de porcelana rosa. Su suerte se escurría, como con el móvil de campanillas roto. Aún conservaba el medallón, pero hacía tiempo que había perdido a Johnny.

Cuando de pronto se abrieron las puertas, Charlotte alzó la mirada y vio en el espejo a Desmond, que se balanceaba en el umbral.

Charlotte se giró en redondo.

—¡Des!

Desmond estaba empapado a causa de la lluvia, y sus ojos, por una vez no ocultos tras unos cristales oscuros, ardían con una lujuria que alarmó a Charlotte.

—Desmond —dijo cuando él lentamente se le acercó—, has bebido demasiado. Nunca podrías...

Él se abalanzó sobre ella, agarrándola con tanta fuerza que Charlotte gritó.

—He esperado demasiado para esto —gruñó él, y pegó su boca a la de Charlotte.

Ella le apretó las manos al pecho e intentó empujarle hacia atrás, pero Desmond era más fuerte. Sintió el duro borde del lavabo clavársele en la cadera cuando él se inclinó con fuerza sobre ella, metiéndole la pierna entre los muslos.

—¡Basta! —logró gritar Charlotte tirándole del pelo y apartándole la cara.

Pero Desmond tenía la mirada vidriosa y, cuando notó su erección, Charlotte supo que era inútil tratar de razonar con él.

Utilizando movimientos de *tai chi*, Charlotte consiguió golpearle en las costillas, girar y darle una patada en la parte posterior de las piernas. Él aulló y se tambaleó hacia atrás. Pero cuando Charlotte intentó correr hacia la puerta, Desmond volvió a agarrarla, haciéndole perder el equilibrio y tirándola al suelo.

—¡No! —gritó ella, dando puñetazos con todas sus fuerzas, intentando arañarle la cara.

Pero él era fuerte. Con una mano le inmovilizó las muñecas sobre la cabeza y con la otra le acarició el pecho por debajo del jersey.

Ella pataleaba y retorcía su cuerpo de lado a lado, pero el peso de Desmond la mantenía inmovilizada. Y cuando él fue a bajarse la cremallera, ella pegó la espalda al suelo, haciendo toda la fuerza que le era posible con las piernas y los brazos para sacárselo de encima.

Y entonces, de pronto, Desmond realmente salió volando de espaldas, con una mirada desconcertada en el rostro.

Charlotte se incorporó y vio a Jonathan estrellando a Desmond contra la pared.

—¡Hijo de puta! —gritó, cogiendo de nuevo a Desmond y arrojándolo contra la otra pared.

Charlotte se puso en pie de un salto.

—¡No, Johnny! ¡Está borracho! ¡No sabe lo que hace!

Jonathan sacudió a Desmond como si fuera una muñeca de trapo, y luego le arrojó contra la pared con tanta fuerza que chocó con ella produciendo un crujido. Cuando Jonathan iba a agarrarle de nuevo, Charlotte le detuvo el brazo.

—¡Johnny, para! ¡Vas a matarle!

Logró apartarle y colocarse entre los dos hombres, Jonathan respirando pesadamente, echando fuego por los ojos, y Desmond despatarrado en el suelo, frotándose la parte posterior de la cabeza y diciendo:

—Ay. Eso ha dolido.

—Haré que un guardia de seguridad le acompañe a casa —dijo Charlotte, su mano en el pecho de Johnny para mantenerle quieto.

Desmond se agarró a un lavabo y se puso en pie con esfuerzo.

—No. Nada de guardias... iré por las buenas, oficial. —Se frotó la mandíbula—. Vaya, *Braveheart*, ¿tenías que pegarme tan fuerte? Sólo estaba dándole un beso de primo.

Jonathan se abalanzó sobre él de nuevo, pero Charlotte le cogió a tiempo.

—¡Déjale, Johnny!

—Sí —murmuró Desmond, estirándose el jersey y mirando a ambos con perplejidad—. Déjame ir. Mierda, voy a vomitar...

Desmond salió del baño tambaleándose; oyeron resonar sus pasos al cruzar el desierto vestíbulo. Y luego reinó el silencio.

Jonathan se volvió a Charlotte, escrutándole el rostro con ojos furibundos:

—¿Te ha hecho daño? ¿Necesitas un médico? Por Dios, si ese hijo de puta te ha...

—¡No! —se apresuró a interrumpirle Charlotte—. Estoy bien. Déjale. Estoy bien.

Pero temblaba terriblemente. Él la atrajo hacia sus brazos.

—Deberías haberme dejado matarle —dijo Jonathan con furia apenas controlada.

Ella se apretó a él, escuchando los fuertes latidos de su corazón.

—Des nunca ha aguantado bien el licor. Mañana ni siquiera recordará este incidente.

Jonathan se apartó y vio algo que relucía en el pecho de Charlotte, justo encima del omóplato: el collar Chang. Se acordó del día en que lo había visto por primera vez, el día que regresó de sus vacaciones estivales cuando tenían quince años. En junio había dejado a una Charlotte hosca y malhumorada. La chica que le saludó aquella tarde de setiembre había experimentado una milagrosa transformación.

—¡Oh, Johnny, has vuelto! —exclamó ella, dándole un abrazo. Y luego, antes de que él pudiera decir una sola palabra, le hizo un apresurado relato de un viaje que había hecho con su tío —«¡A Singapur!»— finalizando, para asombro de Jonathan, con la declaración de que ahora comprendía por qué él tenía que marcharse cada verano.

Eso le dejó confuso, pues él mismo no sabía por qué iba a Escocia cada verano, sólo sabía por qué regresaba.

—Charlie, tenemos que volver junto al ordenador. ¿Seguro que estás bien?

Él la sostuvo mientras corrían bajo la lluvia, y cuando llegaron al museo, Charlotte se precipitó dentro y fue directamente a donde se erguía un enorme mueble bajo un suave foco, atado con tres cuerdas de terciopelo. *El complicado arte de los muebles chinos*, rezaba la placa. Y debajo: *Secreter, ca. 1815.*

—¿Qué haces? —le preguntó Jonathan.

—Esto estuvo siempre en nuestra biblioteca, que yo recuerde —dijo Charlotte desatando una de las cuerdas de terciopelo y pisando el pequeño cuadrado de alfombra gris—. Y luego la abuela lo hizo enviar aquí para su museo.

Más alto que una persona, el mueble escritorio lacado en negro estaba cubierto de asombrosos motivos dorados y broncíneos y compuesto por multitud de cajones y departamentos, con la tapa bajada provista de plumas antiguas, secante, gafas tipo Ben Franklin. Los departamentos contenían papel de escribir, y uno de los cajones estaba abierto para dejar al descubierto cera y cuerda de sellar.

—Motivos, Johnny —dijo Charlotte registrando rápidamente los departamentos y cajones—. Tenemos que preguntarnos por qué haría alguien esto. ¿Qué ganará si destruye la empresa, o si yo muero? Desmond ha dicho algo hace un rato... ¡Aquí! —Sacó de un departamento de arriba un montón de cartas que exhibían un adornado blasón y estaban atadas con una cinta—. Siempre pensé que eran un accesorio. Pero, Johnny, estas cartas son reales. Desmond me ha dicho que Olivia tenía obsesión por algo, que se pasaba horas escribiendo cartas. Este blasón... me las ha hecho recordar.

Contempló las cartas que sostenía en la mano, grueso papel de escribir de color crema con un elegante blasón.

—Johnny, antes has dicho que si encontrábamos el motivo encontraríamos al asesino. Estas cartas fueron escritas por Olivia, la madre de Adrian. Quizá encuentre en ellas los motivos de Adrian.

—O de Margo —dijo Jonathan—. De acuerdo, todo está en su lugar, todas las trampas están puestas. Atrapar al intruso sólo es cuestión de tiempo. Tengo que realizar una última tarea, examinar las actividades de personas concretas en el sistema; las veces que se conectaron, qué hicieron, cuánto rato estuvieron.

Al notar algo diferente en la voz de Jonathan, Charlotte levantó la mirada de las cartas. Examinó su rostro unos instantes y dijo:

—¿Johnny? —Alargó el brazo y le acarició la mandíbula en la que asomaba la barba—. ¿Qué ocurre?

—Vaya pregunta —dijo él con una sonrisa forzada.

—Ya sabes a qué me refiero —dijo ella con voz suave—. Actúas de un modo distinto.

—¡Por Dios, Charlotte! ¡He encontrado a Desmond encima de ti como un animal! ¿Cómo se supone que he de actuar?

—Basta —dijo ella con voz serena, como si calmara a un caballo salvaje—. Ya ha pasado. No sabía lo que hacía. Simplemente es Des, nada más. Estoy bien.

Él la miró con los ojos llenos de furia.

—Si ese hijo de puta te ha hecho daño...

Ella levantó la vista hacia Jonathan: Johnny, que aún corría a rescatarla después de tantos años.

—Sí —dijo con un nudo en la garganta—. Estoy bien.

Y entonces pensó: «No, no es así. Johnny era diferente de algún modo, de otro modo».

—¿Ha sucedido algo mientras yo estaba con Desmond? —preguntó, escrutándole el rostro.

Y cuando vio un destello de dolor cruzar su semblante, Charlotte supo que así había sido.

—¿Qué ha ocurrido? —preguntó—. Dímelo. Por favor.

—No tiene nada que ver contigo o con la empresa, Charlie. No es nada de lo que tengas que preocuparte. Algo en casa que yo...

Sonó la alerta del correo.

Otra demostración de mi poder.
www.armonía.com

Charlotte pulsó la dirección de la *web*, se activó el *browser* y unos instantes después ella y Jonathan estaban viendo la *website* de Armonía Biotec.

Pero había sido alterada.

—Dios mío —susurró Charlotte.

En el centro de la pantalla había una fotografía.

—¡Por todos los santos! —exclamó Jonathan, y de pronto se abalanzó sobre la pantalla haciéndola caer al suelo con un ensordecedor estrépito de cristales rotos y cegadoras chispas.

17

San Francisco, California, 1942

—Lo siento, señora Lee, pero voy a tener que pedirle que se marche.

Mientras inspeccionaba los cristales rotos en el suelo de mi sala de estar, causados por una piedra que había sido lanzada a nuestra ventana, me pregunté si el mundo entero se había vuelto loco.

Guerra en todos los continentes, y ahora en la ciudad, donde gamberros rompían las ventanas de personas con ojos de forma diferente.

—Si por mí fuera... —prosiguió mi casero con aire de disculpa—, bueno, quiero decir que algunos de mis mejores amigos son chinos. Pero los vecinos se quejan. Tienen miedo de convertirse también en objetivos.

—Nos mudaremos, señor Klein —dije—. Mi hija y no nos quedaremos donde no somos bien acogidos.

Y así, una vez más, me encontré sin hogar.

Cuando vendí nuestra casa de Oakland tras la muerte del señor Lee, regresé a San Francisco donde descubrí que no podía comprar una casa, ni aun siendo ciudadana estadounidense, porque era una mujer sin marido y la ley exigía la firma del marido. Gideon se ofreció a comprarme una casa, pero ya me había hecho suficientes favores en el transcurso de los años y yo deseaba seguir independiente. Le dije que me contentaba con alquilar, pensando que sería lo mismo. No había previsto que habría una guerra mundial, no había visto la tormenta que se avecinaba que pronto perturbaría mi vida y la de tantas personas más. No sabía el odio que los prejuicios ciegos podía generar.

Los chinos que vivían fuera de Chinatown habían colocado carteles en sus casas: «No somos japoneses; somos chinos». Algunos incluso llevaban letreros en la espalda para impedir ser atacados por las calles. Yo no tenía ninguno de estos carteles y por tanto se nos acusaba de ser el enemigo.

Pero compartíamos ese enemigo. Cuando leí algo acerca de la caída de Singapur y de que todos los chinos habían sido acorralados, recordé aquel día cuando tenía dieciséis años y un digno caballero se detuvo en la acera para darnos dinero. Mi abuelo. ¿Habría logrado escapar antes de la invasión de los japoneses? ¿Y el resto de la familia de mi madre que vivía en la gran casa de Peacock Lane, Elegancia Dorada y Amanecer Estival, esposas de los dos hermanos de mi madre, Primer Joven Amo y Segundo Joven Amo, y sus hermanastras Orquídea Lunar y Casia Lunar? ¿Habrían escapado, o eran víctimas de la guerra?

En mi fábrica yo había consolado a trabajadores cuyas parientes femeninas habían sido violadas y asesinadas por soldados japoneses. Organicé actos para recaudar fondos destinados al Socorro de China Unida. Envié mis medicinas a las zonas de China devastadas por la guerra. Insté a mis trabajadores a que boicotearan los productos japoneses. Y luego rompieron la ventana de mi sala de estar con una piedra envuelta en una nota que decía: «Asquerosa japonesa».

Sabía que no sería fácil encontrar un lugar donde vivir mi hija y yo.

—No sé adónde nos enviarán —me había dicho Gideon la noche que se enroló—. Es por la naturaleza de lo que voy a hacer... construir puentes y carreteras... es confidencial. Pero cuando llegue, el ejército informará a mi esposa y a mi madre. O sea que si me necesitas, acude a ellas, Armonía, y ellas te dirán dónde puedes localizarme.

Yo sabía que no podría acudir a Olivia; ella no me diría dónde se encontraba Gideon. También sospechaba que Fiona no me ayudaría. Pero tenía que pensar en Iris. Ahora mi hija contaba trece años y había que vigilarla constantemente. Se había convertido en una bonita muchacha que atraía las miradas de los hombres y muchachos adondequiera que fuera. Iris no conocía el peligro que representaban los hombres. Aún estaba encerrada en su prisión; no aprendió a hablar; existía en un mundo propio.

—¿Has pensado en ingresarla en alguna institución? —me había preguntado un día Gideon cuando estábamos repasando los libros de Armonía-Barclay Ltd. Pero percibí en su voz que no lo decía en serio. Él quería a Iris tanto como yo, y no soportaría tenerla encerrada lejos. Pero también se preocupaba a medida que se iba haciendo mujer. Se había dado cuenta de cómo la miraban los hombres y sabía que intentarían aprovecharse de ella.

Yo me hacía acompañar por Iris a todas partes. Ella constituía una imagen familiar en la fábrica de Daly City, donde los trabajadores la mimaban y le daban caramelos. Viajaba conmigo cuando visitaba tiendas de hierbas y químicos y granjas locales donde compraba algunas de mis hierbas. Iba conmigo al cine, aunque normalmente nos marchábamos a media película porque no podía estarse quieta; escuchábamos la radio juntas por la noche y, aunque yo sabía que no lo entendía, se reía con Jack Benny y Amos y Andy.

Tenía que encontrar un hogar seguro y permanente para mi hija.

Yo conservaba aún la carta de mi padre, en la que decía a mi madre que volvía a casa para divorciarse. Lamentaba que la señora Barclay tuviera que ver aquella parte, pero para probarle que Iris era nieta de su marido tendría que leer la carta entera. Si no estaba dispuesta a ayudarme a mí, seguro que querría hacer algo por la descendiente de Richard.

Volví a permanecer de pie entre aquellas magníficas columnas, pero esta vez me sentía más segura que cuando había estado allí a los diecinueve años para pedir el apellido de mi padre. Ahora tenía una hija en la que debía pensar.

—Desearía ver a la señora Barclay, por favor —dije a la doncella que me abrió la puerta.

Me hizo pasar, franqueando la gran entrada que recordaba de seis años atrás, la última vez que había estado allí, durante mi batalla con Dragón Rojo. Pero el interior había cambiado. Habían desaparecido el recargado mobiliario victoriano y el papel pintado de flores. Ahora había espacio y luz.

Me llevaron abajo, a la biblioteca, donde vi que los mullidos sofás habían desaparecido así como los escritorios repletos de cachivaches. Ahora la estancia apenas estaba amueblada, con sillas de aluminio y mesas nuevas de plástico. Lo único que abundaba eran los anteproyectos que estaban clavados al papel pintado amarillo pálido de la pared, que mostraban dónde iban a eliminarse y añadirse muros, cómo iba a cambiar la planta baja. Había grandes libros de muestras de tejidos y montones de muestras de alfombras y cortinas, y cuando crucé la puerta, Olivia sostenía en alto una muestra de satén rosa y decía:

—¿Qué opinas, Margo, querida?

Podían ser madre e hija. Margo, con trece años, había crecido alta y espigada. Tenía el pelo rubio como el de Olivia y lo llevaba peinado al estilo paje como ella. Ambas vestían falda recta hasta el tobillo y jersey, ambas se volvieron para mirarme con redondos ojos azules.

Sabía que la familia de Margo había perdido una gran suma de dinero en la crisis de 1929; como su fortuna había ido menguando sin cesar y el padre de Margo se dio a la bebida y se quedó sin empleo, la madre de Margo, de la misma hermandad de mujeres que Olivia, se había visto obligada a buscar trabajo en una fábrica para mantener a la familia. Para hacer un favor a su amiga, Olivia invitaba con frecuencia a Margo a pasar unos días en la mansión de los Barclay. Pero yo a veces me preguntaba si Margo era la hija que Olivia nunca tuvo.

Adrian, de trece años, se encontraba también en la biblioteca, tumbado sobre su estómago y hojeando una revista. Levantó la mirada cuando Iris y yo entramos y vi que intercambiaba una mirada con Margo. Cuando Olivia preguntó: «¿Qué puedo hacer por vosotras?» en un tono que indicaba que había interrumpido algo, vi que Margo hacía un rápido gesto que hizo que Adrian reprimiera la risa: se llevó los dedos a las sienes y tiró de los ojos hacia atrás.

—He venido a ver a la señora Barclay —dije—. La madre de Gideon.

—No se puede molestar a Fiona. No se encuentra bien y no puede recibir visitas.

Los ojos de Olivia se posaron en Iris unos instantes. Aunque mi hija podía ser tomada por china, la influencia estadounidense era evidente en sus facciones. Me pregunté si Olivia buscaba en ella señales de Gideon y si las había encontrado.

—La doncella te acompañará a la puerta —dijo, y volvió su atención a las muestras de cortinas.

Pero recordaba dónde se encontraba el dormitorio de Fiona, así que cogí a mi hija de la mano, salí con ella de la biblioteca y subí la gran escalinata.

Una vez arriba vi que allí persistía la influencia victoriana. Cuando la doncella me hizo entrar en la habitación y vi a la madre de Gideon, el frágil estado de su salud, comprendí cómo Olivia había logrado realizar los cambios que estaba realizando: Fiona Barclay no bajaba al piso de abajo. No sabía lo que su nuera estaba haciendo, no sabía que Olivia estaba sacando de la casa poco a poco todo el mobiliario de Fiona y, con él, el espíritu de Fiona.

Fiona Barclay se hallaba sentada en un sillón junto a la ventana, contemplando la bahía. Tenía sesenta años pero aparentaba ochenta.

—Señora Barclay —dije, preguntándome si el desequilibrio que habían sufrido sus pulmones toda la vida se estaba cobrando su precio por fin.

Ella se volvió a mí.

—Vete —me dijo al verme.

—Necesito su ayuda, señora Barclay. Necesito saber dónde se encuentra Gideon.

—Te confundes si crees que voy a ayudarte.

—¿Por qué me desprecia tanto?

—Porque te interpusiste entre mi hijo y yo.

—No me casé con él.

—Da igual, el daño ya estaba hecho. Cuando regresó de Panamá hace catorce años, el día de tu boda, me dijo cosas terribles. Me acusó de haberte vuelto contra él. Mi hijo y yo hemos sido como extraños desde entonces.

En ese momento debería haber sacado la carta de mi padre y habérsela mostrado como prueba. Pero también reparé en el tono azulado de los labios y uñas de Fiona, y supe que tenía el corazón delicado y que no viviría mucho tiempo. Así que dejé la carta en el bolso y decidí averiguar dónde estaba Gideon a través de otros medios.

Cuando me iba, vi que miraba a Iris.

—¿Qué le pasa a la niña? —preguntó Fiona—. ¿Es retrasada?

Antes de que pudiera responder, la señora Barclay se levantó con esfuerzo y, con ayuda de su bastón, se dirigió penosamente hacia un armario de madera oscura muy trabajada. Abrió las puertas de cristal, buscó en su interior y sacó una pequeña caja cuadrada de marquetería. Mientras caminaba con ella, oí que algo sonaba dentro.

Para mi sorpresa, intentó dársela a Iris. Por supuesto, mi hija no lo vio o no sabía que debía cogerlo.

La señora Barclay hizo sonar la caja ante Iris, y cuando captó su atención por un instante, hizo una cosa curiosa. Sosteniendo la caja de forma que Iris la viera, manteniéndola ante sus ojos errantes, Fiona cogió la cajita y pareció mover uno de sus lados.

Caí en la cuenta de lo que era: una caja rompecabezas. Éstas eran un invento japonés y se vendían en toda Chinatown, pero yo nunca había intentado abrir ninguna.

Estaba a punto de asegurar a la señora Barclay que mi hija no sabría qué hacer con una caja rompecabezas, cuando de pronto los ojos de Iris quedaron atrapados y enfocados en la cajita. Fiona había abierto una segunda pieza, apenas un centímetro, y ahora sus dedos presionaban el otro lado de la caja y se movió una tercera pieza. Luego volvió a colocar las tres piezas en su posición original, en el orden en que las había movido, de modo que la caja volvió a parecer una única pieza sin costuras.

Iris cogió la caja de inmediato, la volvió una y otra vez en sus manos y, para mi asombro, empezó a mover rápida y fácilmente las tres piezas en el orden correcto, como si lo hubiera hecho un centenar de veces, y luego, para mayor asombro mío, siguió —la pieza número cuatro, número cinco, seis, siete— moviendo sin vacilar las piezas y sin detenerse a examinar la madera para prever los movimientos. Sus manos y dedos volaban como si tuvieran mente propia, hasta que, ante mis ojos perplejos, la caja estuvo abierta y mostró su contenido: un caramelo.

Me quedé sin habla. Nunca había visto a Iris tanto rato quieta; tampoco había visto nunca que sus ojos permanecieran en un objeto tanto rato. Nunca le había visto hacer nada, y mucho menos abrir una caja rompecabezas.

—Puede quedarse con la caja —dijo Fiona hundiéndose en su sillón—. Y ahora tengo que pediros a ti y a tu hija que os marchéis. Estoy muy cansada. Lamento no poder ayudarte.

—¡Mira esto! —la señora Fong me tendió un bote con gesto violento.

Levanté la mirada de mi escritorio y miré con ceño la sustancia verdosa.

—¿Qué es?

—¡Se suponía que era bálsamo Mei-ling! Señora Lee, tenemos que cortar esto de raíz. No es bueno.

La señora Fong era una de mis inspectoras, una perfeccionista que se tomaba su tarea muy en serio. Era la tercera vez en tres días que acudía a mí con un producto defectuoso.

—Trabajo negligente —dijo—. No se toman interés. —Señaló con la cabeza en dirección al edificio principal de la fábrica donde el trabajo no cesaba, ahora que con la guerra había aumentado la demanda de medicinas—. Se les paga. Van a casa. No les importa. —Se refería a las trescientas personas que ahora estaban empleadas en la empresa Armonía Perfecta.

Ver un lote de bálsamo Mei-ling estropeado me alteró. De no haber sido por la señora Fong, se habría enviado y quién sabe qué perjuicios podía haber causado a los desprevenidos clientes.

Dejé mi escritorio y me acerqué a un aparador chino lacado que había bajo mi ventana. Allí tenía un calientaplatos eléctrico, un hervidor y tres teteras de barro rojo de Yixing, y una variedad de tés, cada uno para una necesidad precisa. Mi necesidad ese día era calmar mi energía yang flotante. Había estado sufriendo de insomnio y ansiedad, pues Iris y yo aún no teníamos donde vivir. Las casas de los propietarios que querían alquilarnos una vivienda estaban situadas en zonas de mala suerte o incluso en barrios peligrosos. Los lugares de buena suerte de la ciudad, donde fluía *chi* positivo y los números de la calle estaban llenos de suerte también eran lugares donde los blancos no querían a los chinos.

Mientras me servía una taza de té y metía en ella dos cápsulas de Dicha, miré por la ventana hacia el complejo de la empresa Armonía Perfecta y me pregunté: ¿Mi empresa se estaba haciendo tan grande que me resultaba imposible controlarla? El vino Loto Dorado y el Yang Diez Mil se vendían tan bien en toda Asia que nuestras oficinas de Hong Kong apenas daban abasto a servir los pedidos. Los dos remedios se habían convertido en curalotodos entre los pobres y se utilizaban como primeros auxilios en las regiones en guerra. En Estados Unidos, los suministros médicos eran bajos debido a que todo se canalizaba hacia el esfuerzo bélico, y por eso cada vez más no chinos se atrevían a entrar en las herboristerías, en busca de remedios caseros. Cuando vi formarse las nubes de la guerra, empecé a almacenar reservas de ingredientes importados, de modo que cuando el ataque de los japoneses a Pearl Harbor interrumpió todo el comercio con Asia, mis almacenes se encontraban llenos. La producción en mi fábrica nunca había sido tan alta.

Y, pese a la cinta transportadora y nuevas cubas de cobre, todas las fases de la fabricación se realizaban a mano, como el tarro de bálsamo que la señora Fong me había mostrado; aquel tarro había pasado por docenas de etapas antes de estar listo para ir a la tienda. ¿En qué punto de la cadena se había estropeado?

Los compuestos se elaboraban en enormes cubas y luego se repartían en tarros donde se dejaban enfriar y solidificar. Después se llevaban a los largos bancos de trabajo donde unas mujeres tapaban los tarros, tras lo cual otro grupo de mujeres les ponía etiqueta. La siguiente fase consistía en envolver el tarro en una hoja con instrucciones de uso y advertencias y, por fin, se enrollaba alrededor un atractivo papel azul y plateado. Un sello que semejaba un sello de correos, con la fecha y el número de lote del compuesto, cerraba el envoltorio final.

Y eso era sólo para un tarro de bálsamo Mei-ling. La empresa Armonía Pefecta también producía píldoras, cataplasmas, infusiones, elixires, ungüentos, tónicos, polvos, aceites aromáticos y especias saludables para cocinar. ¿Cómo iba a poder vigilar cada paso de cada operación?

Tomé un sorbo de té y saboreé su sabor calmante. ¿El mundo entero estaba lleno de mala suerte? ¿Ya no quedaba buena suerte?

Sí, la había, pues en aquel momento vi, reflejada en el cristal de la ventana, la imagen de mi hija sentada tranquilamente en el rincón de mi despacho, intentando abrir una nueva caja rompecabezas. Jamás olvidaría lo quieta que se había mantenido su cabeza aquella primera vez, cuando había abierto la caja rompecabezas de la señora Barclay, lo serena que había parecido mientras tenía los ojos fijos, por primera vez en su vida, en una cosa durante largo rato. Después de ese día le compré más cajas, tantas como pude encontrar —aunque eran cada vez más escasas puesto que se fabricaban en Japón— pues parecían proporcionarle un gran placer, como si su mente por fin descansara, trabajando juntos sus distraídos componentes.

Todos se maravillaban al verla. Yo no era capaz de resolver la más sencilla de las cajas rompecabezas, ni siquiera la que sólo requería ocho movimientos. El señor Winkler, el contable de mi empresa y hombre orgulloso de su mente aguda, había tardado un día completo en resolver lo que Iris podía hacer en cuestión de minutos. La llevé a otro especialista que confirmó que de algún modo en el cerebro de mi hija existía lo que podría ser un intelecto brillante, pero que se veía obstaculizado por un defecto desconocido que tal vez nunca se llegaría a descubrir.

Dejé mi té y miré a la señor Fong.

—Vamos a ver —dije.

Iris se quedó al cuidado de mi secretaria, una mujer de edad madura, muy capaz, que había tenido hijos y que quería mucho a mi hija, y acompañé a la señora Fong a la gran estructura donde se fabricaba Inteligencia Hermosa. En cuanto entramos asaltó mis oídos un estruendo que empezaba en un extremo de la amplia estancia, donde los trabajadores llenaban los tarros sacando bálsamo líquido de los calderos de acero, hasta los bancos de trabajo en el centro donde las mujeres reían y charlaban mientras sus ágiles dedos clasificaban, organizaban y tapaban los tarros, mezclándose el ruido del cristal con sus voces. Miles de tarros eran tapados y etiquetados mientras los trabajadores se movían con rapidez entre las mesas, cogiendo y depositando, dando voces, el aire impregnado del olor de la cola preparada a partir de harina de arroz, y del humo de cigarrillos de las muejres que tomaban un descanso en un rincón, y el acre aroma de té y fideos al vapor.

Gideon había descrito una vez en broma mi fábrica como un manicomio. Intentó persuadirme de que la «occidentalizara». Pero visité una moderna planta farmacéutica y me asombró lo que vi. ¿Dónde estaba el *feng shui*? ¿Dónde estaban el incienso y las plegarias a los espíritus favorables? ¿Dónde estaba el cuidado con que se preparaban las hierbas sólo en los días propicios? Aquel laboratorio que visité fabricaba sus compuestos todos los días sin consultar antes con un adivino para saber si aquel día era oportuno. Los científicos occidentales mezclaban buena suerte con mala suerte, permitían que el agua corriera por los fregaderos con lo que sus beneficios se marchaban por el deagüe, las paredes eran blancas y las luces demasiado fuertes de modo que había demasiado yang, ningún equilibrio.

No, no modernizaría. Ni siquiera por mi amado Gideon.

Acompañada por la señora Fong, inspeccioné las cubas y descubrí que la fórmula variaba de un lote a otro. También vi a mujeres fumando en sus puestos de trabajo, lo cual estaba prohibido. Asimismo se consumían almuerzos, de modo que el Dicha y el vino Loto Dorado compartían el espacio con rollitos de huevo y brotes de alubias.

La señora Fong tenía razón. A los trabajadores no les importaba el producto.

Nos retiramos a un lugar de relativa calma en el patio central, donde durante todo el día entraban y salían camiones, trayendo hierbas frescas y sacando medicinas.

—¿Qué hacemos? —dijo la señora Fong, a todas luces preocupada.

Era una empleada fiel y se tomaba como responsabilidad personal la conducta negligente de los que estaban a sus órdenes.

—Supongo que tendremos que contratar más supervisores —dije, aunque no estaba segura de que sirviera de algo. Si un centenar de empleados se comportaban con negligencia, necesitaría un centenar de supervisores para vigilarles.

—Castigue a los que obran mal —sugirió la señora Fong.

Eso significaría despedir a un centenar de obreros.

—Haga que todos vigilen a todos —dijo la señora Fong.

Eso significaría tener un centenar de espías.

No se me ocurría ninguna solución al problema.

—¿Puedo sugerir algo?

La señora Fong se giró en redondo.

—¿Quién es usted? ¿Cómo ha entrado?

Yo también miré y vi a un joven detrás de nosotras.

—Creo que puedo ayudarles —dijo, tan bajo que apenas le oíamos. El joven chino sostenía su sombrero en las manos y se aproximó a nosotras, y a la luz del sol reparé en dos cosas: que su ropa estaba limpia pero ajada, y que cojeaba.

También me resultaba familiar.

—Salga —ordenó la señora Fong—. Tenemos guardias.

La señora Fong trabajaba conmigo desde la época en que la empresa estaba situada detrás del almacén del señor Huang en Grant Street.

—¿Cómo puede ayudarnos? —pregunté al joven, que aparentaba veintipocos años.

—Ofrezca sus productos gratis a sus empleados para su uso personal o el de su familia.

—¡Qué! —exclamó la señora Fong—. ¿Está loco? ¿Recompensar a esos negligentes?

—Los productos se han de distribuir —prosiguió el joven— según se soliciten en un punto central determinado. Cuando los empleados vayan a recoger sus productos gratuitos, no sabrán qué lote van a recibir, si uno en el que ellos personalmente han trabajado u otro.

La señora Fong se mordió el labio inferior y murmuró:

—Mmmm.

—Tal vez a los empleados no les importen los extraños —siguió diciendo el joven—, pero sí les importan ellos mismos y sus familias.

Me di cuenta de por qué había venido.

—¿Necesitas trabajo? —pregunté.

—Nadie quiere contratar a un chino. Ni siquiera a un chino con un título de derecho de la universidad de Stanford —declaró con modestia—. Me acordé de usted. Creí que tal vez me ayudaría.

—¿Por qué cojeas? —le preguntó la señora Fong.

—Me hirieron. Tengo los documentos de licenciamiento del ejército.

—*Aii-yah!* —exclamó la señora Fong, y vi que de pronto afloraban sus instintos maternales.

Y entonces recordé su imagen durante los largos días en que se celebró el juicio, cuando él permanecía sentado en silencio detrás de su padre, el Dragón. Recordé que tenía un nombre inusual, Woodrow, por un presidente de Estados Unidos.

—Creía que no querrías trabajar para mí —dije con cautela.

—Lo que hizo mi padre estaba mal. Deshonró a nuestra familia. Soy su único hijo. Me corresponde a mí devolver el honor a nuestro apellido.

Le creí.

Mientras la señora Fong recorría la planta con el joven señor Sung, yo regresé a mi despacho donde me esperaba una enorme cantidad de papeles, así como listas de alquileres y mensajes de los pocos agentes inmobiliarios que estaban dispuestos a ayudar a una china a encontrar casa. Cuando entré y vi a Gideon dentro, de pie, tan apuesto en su uniforme, el corazón por poco no me estalló de alegría.

Le rodeé con mis brazos y él me rodeó con los suyos, permanecimos abrazados un largo momento, sin hablar, dejando que nuestros corazones se comunicaran por sí mismos. Cuando por fin se apartó, dijo:

—Mi madre ha fallecido.

No lo sabía.

—Mañana se leerá el testamento. El señor Winterborn dice que te menciona a ti. Imagino que mamá te ha dejado el anillo de tu padre.

Al día siguiente acudí a la gran mansión de la colina, llevando a Iris conmigo, de modo que éramos siete personas reunidas aquella tarde en el estudio que ahora era medio victoriano y medio danés moderno: mi hija y yo, Gideon y Olivia, y su hijo, Adrian, y Margo, cuyo regreso a su familia del este se había aplazado a causa del funeral.

Me costó mantener quieta a Iris. Parecía agitada. Me pregunté si era posible que recordara que había ido a esa casa unas semanas antes. Cuando alargó el brazo e hizo ademán de coger un jarrón, Olivia espetó:

—¡No toques eso!

Percibí el rencor de Olivia por nuestra presencia con la misma fuerza que la sólida silla que me sostenía. No se molestaba en disimular su resentimiento. Había vivido en aquella casa durante catorce años, su hijo había nacido allí, ella era la dueña por fin y quería que yo me marchara.

Fiona Barclay me dejó el anillo de Richard Barclay, como Gideon había supuesto. También me dejó la casa y todo su contenido.

La noche anterior a la partida de Gideon hacia el Pacífico, donde se estaba desarrollando una terrible guerra, vino a mí y me dijo:

—Olivia y los niños se marcharán enseguida. Puedes ocupar la casa en cuanto quieras.

—Hay sitio para todos.

Él hizo un gesto de negación.

—No podría vivir en la misma casa que tú, Armonía. No podría soportarlo. Y además, Olivia no querrá. Ella quería impugnar el testamento, pero yo le dije que no. La casa te pertenece a ti por derecho, Armonía.

—Pero también es vuestra —protesté.

—No. Era de Richard Barclay y tú eres carne de su carne. —Sonrió con tristeza—. En cierto modo resulta irónico. Nosotros somos Barclay y sin embargo no llevamos ni una gota de sangre Barclay en nuestra sangre. Mientras que vosotras, tú, Armonía, e Iris Lee, sois las únicas auténticas Barclay.

Todos fuimos al muelle a despedirle, donde había otras esposas y madres, y familias con lágrimas en las mejillas. Todos teníamos el mismo pensamiento: «Que regrese sano y salvo».

Observé a Gideon abrazar y besar a Olivia y luego besar a Adrian, que a la sazón contaba trece años. Incluso abrazó a Margo, también de trece años, quien impulsivamente le arrojó los brazos al cuello y le besó en la mejilla. Luego me cogió la mano y durante un largo momento me miró a los ojos, comunicándome en silencio su amor. Quiso hacer lo mismo con Iris, pero su cabeza no se estaba quieta, moviéndola de un lado a otro y arriba y abajo.

Al recordar ahora aquel día en el dormitorio de Fiona, cuando durante unos minutos los ojos de mi hija permanecieron quietos y su mente centrada, imagino lo que debió de pasar por el corazón de Fiona al contemplar a mi hija abrir con destreza la caja rompecabezas. «Aunque sospechaba que en verdad eras hija de Richard —había escrito en la carta que el señor Winterborn me entregó tras leer el testamento—, no estaba segura. Pero cuando vi a tu hija comprendí la verdad. La hermana de Richard era igual que ella. Es un rasgo de familia. O sea que sí eres hija de Richard Barclay. Y como le amé con todo mi corazón, y he seguido amándole hasta el día de hoy, te prometo que todo lo que perteneció a tu padre —su casa, su apellido, su fortuna— será tuyo. Y pido tu perdón, y el de Dios, por la forma en que te traté.»

Cuando finalmente el barco de Gideon salía de la bahía, Olivia se volivó a mí y dijo:

—Mi hijo, Margo y yo nos marcharemos de la casa esta noche.

—No hay prisa —repliqué—. Quedáos, por favor. Al menos hasta que regrese Gideon.

Pero ella me miró con dureza y dijo en un tono que no daba lugar a dudas en cuanto a sus sentimientos:

—Esa casa es mía. Nos pertenece a mí y a mi hijo. Tengo intención de recuperarla. Y, aunque sea lo último que haga, me ocuparé de que desees no haber venido nunca a este país.

18

4,00. Palm Springs, California

¡Bip! ¡Bip! ¡Bip!

Charlotte dio un brinco. Estaba sonando la alerta en el ordenador portátil de Jonathan. Dejó las cartas que había estado leyendo —cartas amenazadoras de Olivia a la abuela de Charlotte— se precipitó al despacho donde vio una luz roja destellando en la pantalla.

El intruso había entrado en el sistema.

Rápidamente cogió el teléfono y marcó el número del busca de Jonathan. Cuando oyó el tono, marcó: S.O.S., la señal que habían acordado de que el intruso había sido redirigido a las fórmulas falsas.

Al mirar la pantalla de seguridad vio a Johnny corriendo bajo la lluvia. Se encontraba en la planta de embotellado.

Charlotte volvió la vista al ordenador portátil. Después de que Jonathan enviara al suelo el ordenador más grande, inutilizándolo, había conectado el suyo portátil al sistema interno de Armonía. El corazón de Charlotte latía con rapidez cuando se sentó y se puso a mecanografiar con furia.

—*Control* más *alt* más *insert* —le había instruido Jonathan antes de marcharse hacia la planta de fabricación, armado con un escáner de pulso electromagnético y tenazas para cortar alambre—. Simultáneamente. Eso enviará la señal de nuevo, junto con mi cadena de código que actuará como sonda. Para cuando regrese, conoceremos el origen de la conexión. —Había añadido con ira apenas controlada—: Quiero estar a solas cinco minutos con ese hijo de puta antes de entregarle a los federales.

—Yo quiero diez —había dicho Charlotte. Jonathan había invalidado la página de Web para que nadie pudiera acceder a ella, pero la imagen estaba impresa en su cerebro.

—Ese hijo de puta conoce el lenguaje de marcas de hipertexto —había dicho Jonathan mientras borraba la fotografía obscena: una imagen pornográfica con la cara de Charlotte superpuesta al cuerpo desnudo de una mujer manteniendo relaciones sexuales con tres hombres.

Pero cuando iba a borrar toda la imagen, Charlotte le detuvo:

—Quiero guardarlo —dijo—. Y quiero todos sus mensajes, la lista de fechas de sus operaciones, todo lo que podamos conseguir de él. Este hijo de puta deseará no haber tenido nada que ver con Armonía Biotec. —Charlotte sacó entonces su ordenador personal portátil de su bolsa y se puso a redactar una crónica de todo lo que había ocurrido en las últimas diez horas. —Esto se distribuirá a todos los empleados, a los inversores particulares y a la prensa —dijo con seriedad—. Tal vez cumpla su amenaza, pero no antes de que yo le crucifique.

Ahora, media hora más tarde, Charlotte seguía tan furiosa que le temblaban los dedos al pulsar las tres teclas; se equivocó, dejándose una tecla. Soltó una maldición y volvió a empezar. Pero antes de poder ejecutar la orden, la ventana en la pantalla se cerró y se abrió otra al instante, sobresaltándola.

Y allí estaba, en la pantalla, el rostro de Adele Sutherland.

Por un momento Charlotte pensó que era una llamada que llegaba. Y entonces vio el mensaje en la parte inferior de la pantalla: «Grabado» y la fecha y hora de la llamada.

Cuando vio que indicaba una hora antes, se dio cuenta de que la llamada había llegado mientras ella tenía su encuentro con Desmond en la escalera. Y había sido poco después de que le hubiera parecido que Jonathan actuaba de un modo extraño.

Contempló la palabra «Grabado». Y entonces, titubeando sólo el tiempo necesario para pulsar las tres teclas para enviar el faro de Jonathan de nuevo al intruso, pulsó *Repetir*. Y la esposa de Jonathan empezó a hablar...

Cuando vio el repentino barrido de una linterna en el resbaladizo pavimento, Jonathan se refugió rápido en el umbral de una puerta y atisbó a través de la lluvia. Alguien caminaba por los terrenos de Armonía Biotec. Consultó su reloj. Faltaban menos de dos horas para que se cumpliera el plazo.

Procuró mantener la calma. La señal del busca de Charlotte significaba que el intruso había vuelto a conectar y había sido redirigido al ordenador de Jonathan. En pocos minutos iban a saber dónde tenía lugar la conexión. Y entonces atraparían a ese hijo de puta.

Cuando vio el haz de la linterna dar la vuelta lentamente al edificio, Jonathan hizo esfuerzos para contenerse. Si echaba a correr demasiado pronto podría descubrirse. Sólo unos segundos...

«Paciencia, Johnny, muchacho, paciencia.»

Mientras su cuerpo permanecía pegado a la mojada pared, su mente era un caleidoscopio de pensamientos furiosos, todos ellos en brillantes colores y explotando como fuegos artificiales: la obscena imagen con la cara de Charlotte en ella; Desmond atacándola como un animal; Quentin llamándole desde Londres, contándole la mentira de que le estaban redecorando el piso; Adele, con el dolor pintado en sus grandes ojos, hablando de jardineros, mientras al fondo...

Un gemido escapó de su garganta:

—Adele...

Jonathan la había conocido en una época en que su corazón estaba desconsolado, dolido y hambriento de amor. Habían transcurrido cinco años desde que enviara su poema a Charlotte, sesenta largos meses desde que ella le había llamado y dicho:

—Necesito mi espacio, Johnny. Hay muchas cosas que quiero hacer y necesito estar sola.

Recordaba que él había murmurado algo como:

—Sí, lo entiendo, Charlie. Yo también. Y de todos modos nos separan casi cinco mil kilómetros, demasiado...

Se sentía como si le hubiera golpeado un iceberg que se moviera con rapidez. Le había pasado por encima, convirtiéndole en una sombra congelada, desprovista de calor o sentimiento. Charlotte le había abandonado. Ya no se hallaba en su vida, ya no era su vida.

Después siguió viviendo como un autómata, sumergiéndose en sus estudios en el MIT casi como un maníaco, y después, con la ASN, ofreciéndose voluntario para trabajos en lugares remotos, trabajos con largos días y noches de vigilancia, misiones que exigían un constante pensamiento analítico, misiones peligrosas que le obligaban a permanecer con los pies en el suelo. Creía que si tenía las horas llenas no tendría que pensar en llenar su corazón. Y entonces conoció a Quentin y se hicieron socios; Quentin se ocupaba del trabajo con la gente y Johnny de lo que sabía hacer mejor: el trabajo técnico en solitario, entre bastidores. Formaban un buen equipo y Jonathan casi se estaba acostumbrando a estar vivo, cuando conoció a Adele.

Casi enseguida, su suavidad y calidez empezaron a deshelarle; su falta de impulso y de ambición creaban un cojín para el talante inquieto de Jonathan. Ella escuchaba durante horas los relatos que le hacía de sus hazañas con Quentin, y no pedía nada a cambio salvo su opinión sobre un arreglo floral o si creía que los granates iban mejor con su blusa que las perlas.

Adele no chocaba con él como hacía Charlotte, no había pasiones agotadoras o expectativas que le elevaban hasta el cielo sólo para dejarle caer en tierra como una piedra. Adele era constante, dependiente y siempre estaba allí para él. Y si tardaba horas en vestirse, decidiendo qué ponerse, eligiendo su «aspecto», él se decía que la amaba por ello, porque se estaba vistiendo para él.

Pero ahora pensó en su última llamada telefónica, la que había recibido una hora antes, y la repentina sensación de mareo que había experimentado al oír aquel ruido de fondo mientras ella le decía algo de hablar con los jardineros.

Y sintió que su mundo se tambaleaba y volvió a experimentar aquella sensación de mareo.

Charlotte veía a Adele decir: «El jardinero está aquí con un millón de preguntas» cuando Jonathan entró. Cuando vio lo pálido que estaba y la fría desolación que exhibían sus ojos, dijo:

—Lo siento. Cuando he devuelto el código de la señal me he equivocado de teclas. No tenía intención de fisgar.

Los ojos de Jonathan se desviaron hacia el rostro congelado en la pantalla. Charlotte vio que una expresión de dolor le cruzaba el semblante de un modo que conocía muy bien: Jonathan tratando de sujetar las riendas de sus emociones. Y comprendió la verdadera razón de su palidez; no era porque la hubiera pillado fisgando. Era por la misma razón por la que un rato antes se había comportado de un modo raro. Esperó a que él dijera algo, y como no lo hizo, dijo por él:

—Lo he oído, Johnny —dijo, refiriéndose al ruido de fondo mientras Adele hablaba. *Ca-chunc, ca-chunc...*

—Al principio no he querido creerlo —dijo él con voz tensa, tragando con dificultad—. Cuando ha colgado he pedido una identificación de llamada. El número es del Four Seasons Hotel. —Se volvió a ella con expresión de dolor en los ojos—. A mi socio no le están redecorando el piso y mi esposa no está en casa hablando con los jardineros.

Charlotte se levantó. Vio que Jonathan tenía lágrimas en los ojos.

—Lo siento —dijo.

—Dios mío —exclamó él, rechazando su compasión—. Parece que colecciono traiciones como otros hombres coleccionan sellos.

Ella le miró perpleja.

—Será mejor que compruebe cómo está la búsqueda —dijo bruscamente, cambiando de actitud y pasando por su lado procurando no tocarla.

Escribió con una sola mano en su ordenador portátil, pulsando enojado las teclas, primero para borrar el rostro confiado de Adele y luego para hacer aparecer la lista de fórmulas falsas.

Al percibir la dureza de su voz Charlotte deseó tocarle. También percibió amargura. Era el mismo tono que le había oído cuando mencionó que había dejado la ASN. ¿Qué había ocurrido que no le contaba a ella?

—Johnny —dijo. Se interrumpió. Les quedaban menos de dos horas de plazo. Él tenía razón. Tenían que concentrarse en esta misión. Adele, Quentin y el resto del mundo esperarían—. He descubierto algo en las cartas de Olivia —dijo, deseando poder aliviarle el dolor—. Olivia estaba obsesionada con recuperar la casa. Todas estas cartas, desde 1942 hasta 1957, amenazan a mi abuela, no la dejan en paz. ¡Literalmente son una campaña de terror realizada por una sola mujer! No sé cómo la abuela pudo callárselo todos estos años. Y pensar que...

Sonó la alerta de mensaje. Jonathan hizo aparecer el nuevo mensaje en la pantalla.

> ¿Están ahí los periodistas?

—Te escribe otra vez a través del cibercafé de West Hollywood. Respóndele, Charlie. Haré una búsqueda.

Charlotte se sentó, pulsó *Respuesta* y escribió: «No me asustas. No creo ni por un instante que lleves a cabo tu amenaza».

La respuesta fue casi inmediata:

> Un camión de las noticias con conexión vía satélite y un periodista con un micrófono servirán. No me defraudes. Exactamente a las seis, si no sigues mis intrucciones cumpliré mi promesa.

—Procura que siga comunicándose —dijo Jonathan, conectando una pequeña caja gris del tamaño de una galleta a la parte posterior de su máquina. Parpadearon dos luces: una roja y otra verde—. Bien, funciona.

«¿Cómo matarás a miles de personas?», escribió.

Unos segundos más tarde llegó la respuesta:

> Créeme, tengo poder para ello. Haz lo que te digo, Charlotte, o miles de personas morirán, empezando por ti. No puedes escapar, como tampoco lo hizo tu abuela.

Jonathan observó las luces: una roja, la otra verde.

Charlotte envió a su vez: «¿Estás diciendo que mataste a mi abuela?»

—Unos segundos más, Charlie —le pidió Jonathan.

> ¿Te ha gustado la fotografía de la Web, Charlotte?

Los dedos de Charlotte volaban, cometiendo errores: «Nop mehas convnecido de que...»

Dos luces rojas.

—Se ha ido —dijo Jonathan.

—¡Maldita sea! —exclamó Charlotte poniéndose de pie—. Sabe que sospecho que mi abuela no murió de accidente. ¡Esto demuestra que es alguien próximo a mí! Pero ¿quién de esta empresa se juntaría con Rusty Brown?

—He encontrado su armario —dijo Jonathan mientras hacía una rápida búsqueda en la lista de fórmulas falsas, volando sus dedos sobre el teclado como si trataran de escapar—. No había nada dentro. Pero he hablado con un antiguo portero que me ha dicho que él y Brown solían ir a beber a un local de Highway One Eleven.

—El Coyote Bar Grill —dijo ella—. Muchos empleados van.

—Me ha dicho que Brown era un tipo reservado, y que nunca alardeaba de haber manipulado los productos. —Jonathan escribió una serie de órdenes y el mensaje BUSCANDO destelló en la pantalla—. Brown no parecía tener amigos, salvo un «petimetre», como ha dicho el portero. Al parecer este tipo se unía a ellos algunas veces: tomaba bebidas caras. Se mostraba simpático con Brown por algo. Rusty estaba preocupado por la valoración de su rendimiento, no consiguió el ascenso que esperaba. Así que este extraño que tomaba las bebidas caras empezó a decirle a Rusty que no debía tolerar que le trataran de ese modo, que debía enseñar a esta empresa con quién estaban tratando.

—¿Cuándo fue eso?

—Hace cinco meses.

Charlotte miró a Jonathan. Las fórmulas de los productos habían sido alteradas cuatro meses atrás.

—¿Rusty dijo que le habían prometido un aumento?

—Y también un ascenso. Grandes promesas para un nuevo empleado.

—¿El portero te ha podido describir al extraño?

—Me ha dicho que llevaba barba y el pelo largo recogido en una cola de caballo. También llevaba una gorra de béisbol. Pero eso no es lo extraño, Charlie, sino el modo en que Rusty fue contratado. Dijo que fue «reclutado», que Armonía Biotec le había llamado, afirmando que lamentaba que hubiera perdido su último empleo y que necesitaban a alguien con sus habilidades y talento.

—O sea que alguien que conocía su arresto y juicio decidió utilizar a Brown para destruir esta empresa mientras él permanecía completamente entre bastidores. Alguien próximo a mí me ha traicionado.

—No es una píldora agradable de tragar, ¿verdad?

Ella le miró con ceño. Otra vez aquel tono amargo.

—Johnny —dijo—, lamento lo de Quentin y Adele. Pero quizá no es lo que piensas. Quizá tuvieron un encuentro inocente en el Four Seasons.

Él meneó la cabeza. Quentin no había pasado la noche en su cama. Adele tampoco.

—Ya debería estar acostumbrado —dijo con voz dura mirando la pantalla.

—Johnny —dijo ella exasperada—, ¿vas a decirme de qué estás hablando? Tiene algo que ver con el hecho de que dejaras la ASN, ¿verdad? ¿Qué ocurrió?

Él la miró de un modo que la asustó. Casi pensó que veía odio en sus ojos.

—¿Vas a seguir haciéndote la inocente? —dijo él. Luego se volvió—. Qué diablos, ya no importa. Y de todos modos, dos años después de que me despidieran, cayó el Telón de Acero y la Guerra Fría terminó. Me habría quedado sin trabajo de todos modos.

Ella siguió mirándole con fijeza, la rigidez de sus hombros, la manera compulsiva en que tecleaba, como si su cuerpo fuera un polvorín a punto de explotar.

—¿Qué quiere decir «haciéndote la inocente»?

Él volvió a menear la cabeza.

—Ya no importa. Como tú dices, no podemos volver atrás. Nada de lo que hagamos cambiará lo que ocurrió.

—¿Y qué es lo que ocurrió? —preguntó Charlotte, percibiendo una estridencia nueva en su voz mientras algo empezaba a asomarse en su mente, algo monstruoso e increíble—. Cuéntame lo que sucedió.

Él se puso en pie y se pasó las manos por el pelo.

—Déjalo, Charlie.

—¿Por qué te pidieron que te marcharas, Johnny? ¿Por qué fuiste el chivo expiatorio?

—¡Porque nadie más conocía los detalles precisos de mi misión! —soltó—. Sólo yo. Y —añadió—: tú.

Ella le miró fijamente.

—No hablarás en serio.

—Concerté la reunión cuando estaba contigo en el restaurante. Nadie más lo sabía, Charlie.

—¿Cómo pudiste pensar que yo haría una cosa así? ¡Soy tu amiga!

—Los celos impulsan a la gente a cometer locuras.

—¡Estaba celosa, sí! Y dolida y desolada. ¡Pero eso jamás me habría hecho traicionarte, Johnny, y vete al diablo si lo pensaste!

Se volvió bruscamente y se marchó, atravesando el museo y saliendo a la lluvia.

Jonathan corrió tras ella, saliendo a la fría oscuridad y el despiadado aguacero. Cogió a Charlotte y la hizo girar en redondo.

—¡Charlie, lo siento! ¡No sabía qué pensar!

—¡Eres un hijo de puta! —exclamó ella—. Te guardas tu preciosa noticia mientras yo hago el idiota y luego me dejas, así, sin más. «Charlotte, voy a casarme.» ¿Qué esperabas que dijera, Johnny?

—¡No lo sé, maldita sea, pero esperaba que dijeras algo!

Los ojos verdes de Charlotte echaban chispas.

—¿Esperabas que siguiera un guión que tú nunca me diste?

—¡Bueno, no esperaba que te levantaras y te marcharas!

Ella forcejeó para soltarse.

—¡Y al parecer me fui directa al KGB para contarles tu pequeña operación secreta! ¡Dios mío, no puedo creer que pensaras eso de mí!

—¿Y por qué no podía casarme? —rugió él—. ¡Fuiste tú quien dijo que quería libertad!

De pronto, dieciséis años se desplomaron como si la Tierra se hubiera abierto bajo sus pies; Charlotte se vio fugazmente suspendida en un vacío y, cuando se estrelló contra el suelo, volvía a ser 1981 y Johnny le había enviado un libro de poesía. Ella corrió a su habitación sin siquiera saludar a su abuela, cerró la puerta con un golpe, se arrojó sobre la cama y abrió la página del título donde Johnny había escrito: «Así es como me siento. Página 97». Pasó las páginas frenéticamente con manos temblorosas porque al fin estaba sucediendo, Johnny estaba rompiendo su cascarón de silencio y le decía cuánto la quería.

Y entonces el sueño se hizo añicos, cuando las frases saltaron de la página, palabras horrendas, frías, hirientes: «ir por mi camino», espacio y soledad son mi pan y mi luz», «un alma sola, un alma solitaria».

Palabras que hablaban de marcharse, de recordar «los otoños de nuestro amor», *amistad*, «pues eso es la urdimbre y la trama de mi corazón».

Nada de amor.

Nada de amantes.

Charlotte ni siquiera lloró, tan aturdida la dejaron aquellas palabras. Le telefoneó a Boston:

—Quiero que seamos amigos, Johnny —le dijo. Se lo dijo de un modo que pareciera que había sido idea de ella, porque eso le ahorraba la humillación, le ayudaba a disimular el dolor que le producía el rechazo—. Sí, nos separan casi cinco mil kilómetros... sí, tu trabajo, y yo tengo el mío...

Cada palabra le causaba una herida como un cuchillo que cortara a Jonathan trocito a trocito separándole de ella. Jamás le diría cuánto le había dolido el poema, jamás le revelaría sus sentimientos, ni a él ni a nadie, jamás.

—¡Charlie, escucha! —le dijo ahora bajo la lluvia, buscándola a través de los años, a través de la tormenta—. ¡No importa lo que ocurriera! ¡Ahora no!

Ella sollozoba, tragando aire y lluvia.

—¡Charlie! —gritó él— ¡Tenemos que volver a entrar! Ya ha terminado la búsqueda. ¡Hemos localizado al intruso!

—¿Por qué te importa? —gritó ella de pronto, mezclándose las lágrimas con las gotas de lluvia en sus mejillas. Le puso una mano en el pecho y le apartó—. ¿Por qué estás aquí?

—¡Charlie, sabes por qué estoy aquí! ¡Me preocupas!

Ella se separó un poco.

—Has dicho que te enteraste por la prensa de la muerte de la abuela. ¿Habría sido mucha molestia para ti llamarme? ¿O simplemente enviar una tarjeta? Te necesitaba. Te esperé...

—¡Pero si envié una tarjeta! ¡Y flores!

Ella alzó la barbilla y la lluvia le cayó sobre la cara y los mechones de cabello que se le habían soltado se derramaron como un ramillete de cintas negras sobre sus mejillas y sus hombros.

—No recibí flores tuyas.

—Charlie, tengo un recibo —dijo él, las manos en gesto de súplica—. Estaba en Suráfrica, intenté marcharme pero no me fue posible. Me aseguré de que en la funeraria le dieran al florista un recibo firmado. Y te llamé. Dejé docenas de mensajes. Tú no respondiste a ninguno.

Se contemplaron mutuamente bajo el chaparrón.

—Alguien debió de interceptarlos —djo él—. Alguien que no quería que tú y yo volviéramos a estar juntos.

—Johnny —dijo ella entre sollozos—, la abuela y yo tuvimos una pelea horrible la noche en que se marchó. ¡Le dije cosas terribles! Iba tras otra hierba, algo que iba a convertir en infusión. Le dije que deberíamos estudiarla, analizar su estructura química. Ella dijo que no. Nunca le gustó que sus preciosas hierbas fueran analizadas. No quería ni oír hablar de estructuras moleculares y productos químicos básicos y enzimas. Le dije que analizar sus preciosas hierbas fue lo que me llevó a la fórmula del GB4204 y entonces le dije que tío Gideon no le importaba...

—Charlie, tú no sabías nada.

—¿Por qué no me habló de ella y Gideon? ¿Y por qué se limitaba a rechazar el *sundae* de helado cada vez que se lo ofrecía? ¿Por qué no me decía, simplemente: «Me trae malos recuerdos»?

—Tenía su orgullo, Charlie. Igual que tú tienes el tuyo. Tú te callas igual que tu abuela.

Charlotte se apartó.

—No sé a qué te refieres.

Él le cogió el brazo.

—¡Sí lo sabes y es hora de que lo afrontemos!

—¡Suéltame!

Charlotte se liberó y echó a correr.

—¡Charlie! —gritó él echando a correr tras ella, agarrándole la muñeca y haciéndola girar en redondo—. Tenemos que afrontarlo. Tenemos que hablar de lo que ocurrió.

—¡Dijiste que querías estar solo!

—Después de que tú lo dijeras.

De pronto Jonathan se sintió abrumado por el recuerdo, que le asaltó como una ola bajo la lluvia: el tormento que había sentido después de recibir su llamada, imaginando su reacción a su poema, pensando que cogería un avión y volaría para estar junto a él y que nunca volverían a separarse.

—¡Tú lo dijiste primero! —gritó ella—. ¡Y fuiste tan cobarde que me enviaste un maldito libro en lugar de decírmelo a la cara!

—¿De qué diablos estás hablando?

—¡Te refrescaré la memoria!

Ella giró sobre sus talones y escapó corriendo, Jonathan tras ella, volando sobre el resbaladizo pavimento, cruzando la puerta de mantenimiento del edificio de oficinas, escaleras arriba, sus pasos resonando. Cuando llegaron al tercer piso, Charlotte olvidó la prudencia cuando abrió la puerta y entró en el tranquilo vestíbulo. Unos instantes más tarde se hallaba en su despacho, y Jonathan detrás, cerrando la puerta. Ella se precipitó a la caja fuerte de la pared y cogió el libro.

Se lo arrojó a Jonathan.

—Fuiste tú —dijo, respirando aceleradamente—. Tú acabaste con nuestra amistad.

Él la miró con fijeza, el libro en el suelo, a sus pies.

—De acuerdo —dijo ella, recogiéndolo—. Si estás demasiado asustado para leer tus cobardes palabras... —Pasó las páginas frenética y leyó—: «Espacio y soledad son mi pan y mi luz». —Le miró con aire desafiante—. Si estas palabras no son un adiós, ¿qué son?

Él frunció el entrecejo.

—Pero ése no es mi poema —replicó él, cogiéndole el libro de la mano—. Éste no es el que yo escribí.

Ella le miró parpadeando.

—¿Qué quiere decir el que tú escribiste?

—Bueno, claro, ¿por qué crees...? —Pasó más páginas—. Aquí.

Ella cogió el libro y leyó, posando sus ojos en la dedicatoria: *Para Charlotte, de Jonathan Sutherland.*

—No lo entiendo. Tú nunca me dijiste que habías escrito un poema.

—Quería que fuera una sorpresa —dijo él simplemente.

—¡Johnny, yo no lo sabía! ¡Creía que habías encontrado un poema en un libro!

—Pero aun así, Charlie, ése no es el que yo te decía que leyeras.

—Sí lo es. —Hojeó hacia la página del título, donde él había escrito: «Así es como me siento. Página 97».

Cuando lo leyó en voz alta, él dijo:

—¡Charlie! ¡Eso no es un siete, es un uno!

—¿Qué? ¿Quieres decir que me equivoqué de poema? ¡Pero por qué no me lo dijiste! ¡Te limitaste a enviarme el libro! ¡Sin ninguna explicación! ¡Yo no lo sabía!

—Bueno, quizá fue como has dicho; tenía un guión pero al parecer olvidé dártelo. Léelo ahora, Charlie, lee lo que mi corazón te dice.

Estoy a más de mil kilómetros por encima de la Tierra,
El frío espacio bosteza como para tragarme entero,
Sé por qué estoy aquí,
Se extienden las alas, tensos cables aguardando,
¡Tú!
La curva giratoria de la Tierra coge la primera barra amarilla
y la sostiene por un fugaz instante,
Una barra de puro amarillo, la curva de la vida misma,
Mi respiración se hace más lenta cuando tú te liberas y asciendes,
Gloriosa y divina hacia las estrellas,
Lanzo un grito cuando el cálido roce en mis velas emplumadas,
Disipa la duda por inútil,
Abajo, las diminutas olas centellean como diamantes sobre terciopelo,
Yo me giro y tropiezo como un recién nacido,
Y caigo como la piedra,
Las alas tensas, soy el cohete,
Soy más rápido que tú,
Tú eres majestuosa: yo la velocidad misma,
Me enderezo y me arrojo violentamente entre blancos cañones punteados,
Te derroto aquí, aún es oscuro,
Pero sé que todavía subes,
Tres años pasarán más o menos,
Al parecer,
Pero yo esperaré y tú me encontrarás,
Entre las olas ondulantes y crestadas,
Patas arriba,
La velocidad de Dios, mi amor,
hasta entonces.

Charlotte permaneció callada un largo momento; luego alzó los ojos llenos de lágrimas.

—¡Oh, Johnny, qué bonito! ¡Y cuánto tiempo perdido!

—Es culpa mía. Debería haberte dicho algo. Pero cuando aquella noche me llamaste y dijiste que sólo querías que fuéramos amigos...

—Porque cuando leí el otro poema, que hablaba de querer ser sólo amigos... Sufrí tanto —dijo ella.

—¡Ni la mitad que yo! Dios mío, Charlotte, te quiero, lo sabes. Siempre te he querido.

Se arrojaron uno en brazos del otro, dejando a un lado el pasado y el dolor, buscándose los brazos y los cuerpos, conectando, hasta que se besaron con toda su pasión, un beso que había tardado dieciséis años en producirse.

Charlotte cerró los ojos y se rindió al abrazo de Jonathan, rodeándole el cuello con los brazos, las manos en su pelo mojado, la lengua en su boca, saboreándole, alimentando un hambre que sentía desde hacía demasiado tiempo. Jonathan la estrechaba con fuerza y ninguno de los dos podía respirar, la apretaba contra su cuerpo, pasándole las manos por el cabello, la espalda, la cintura, deseando sentirla toda a la vez mientras se deleitaba voraz con su boca.

—Johnny, Johnny, te quiero...

—Charlotte, mi vida...

Le abrió el broche para liberar su cabello y se lo acarició, apartándoselo a un lado para besarle el cuello mojado por la lluvia.

Charlotte notó la dureza de Jonathan apretada a su muslo. Bajó una mano hacia ella.

Y de súbito se oyó el enorme estruendo de un trueno.

El edificio tembló y todas las luces de las instalaciones de Armonía Biotec se apagaron.

19

San Francisco, California, 1957-1958

Nunca jamás había visto a la señora Katsulis tan intranquila e inquieta.

Llevaba ocho años trabajando para mí, y en todo ese tiempo siempre había sido una mujer fuerte, estable y sensata, cualidades por las que la había contratado.

La señora Katsulis era la compañera de Iris, una enfermera diplomada con experiencia en el trato de adultos con deficiencias en el desarrollo. Así es como lo llamaban los médicos occidentales; decían que mi hija padecía «deficiencias en el desarrollo». Los médicos chinos declaraban que se trataba de un bloqueo del flujo entre sus cincuenta y nueve meridianos. Gideon escuchaba a los médicos occidentales y quería que Iris probara medicaciones con nombres que sonaban a mala suerte como metilfenidato y clorpormazina. Pero yo calmaba la sangre de mi hija y suavizaba su *chi* con decociones de flores de crisantemos, Zapatilla de Señora, y hueso de dragón fosilizado. En su dormitorio coloqué almohadas rellenas de espliego y cuencos llenos de capullos de naranja; eliminé todos los espejos que reflejaban su cama para que su espíritu no se asustara cuando se viera a sí mismo mientras ella dormía; y en las paredes pinté ocho símbolos de la buena suerte en turquesa, que es el color del nordeste, también símbolo de buena suerte. Con el tiempo, la mente sin ataduras de mi hija halló la tranquilidad de modo que cuando no estaba ocupada con uno de sus enormes y complicados rompecabezas, que ella realizaba con asombrosa rapidez, podía por fin permanecer sentada quieta durante largos períodos de tiempo en la azotea o en el jardín, junto a la piscina. En esos momentos parecía normal, y los que visitaban mi casa por primera vez creían que simplemente era tímida.

Y entonces un día Iris empezó a salir y extraviarse. Hice poner cerraduras nuevas en todas las puertas, pero, igual que los rompecabezas, no había cerradura que Iris no pudiera abrir. Por esta razón la señora Katsulis adoptó la costumbre de dormir en el dormitorio de Iris. Mi hija se había convertido en una joven muy guapa y los hombres que no la conocían confundían su conducta con coquetería, con una invitación a la seducción.

El motivo por el que Iris sintió este repentino impulso de escaparse no lo sé. No tengo ni idea de qué visión la hacía salir de casa, pues daba la impresión de que buscaba algo. Una vez la seguí, y observé que caminaba con la actitud de alguien que se ha perdido y busca señales que le indiquen el camino de vuelta a casa. Cuando la detuve en la esquina, ella se limitó a sonreír y regresó conmigo. Pero me pregunté hasta dónde habría ido, qué habría visto que le hubiera hecho pensar: «He llegado».

No tuve más hijos. El señor Lee no había podido darme un bebé, y cuando él murió vi a los hombres sólo como amigos. Gideon Barclay era el dueño de mi corazón, él sería siempre el único hombre al que amaría, e Iris era la hija que creamos juntos. Esto me bastaba. Si en ocasiones pensaba en nietos, o veía los nietos de otras mujeres de mi edad, quizá sentía una punzada de dolor. Porque Iris no podría casarse, y yo, con cuarenta y nueve años y sin estar casada, sabía que ya no tendría más hijos. El linaje de Richard Barclay finalizaba con mi hija.

Y por eso, cuando la señora Katsulis acudió a mí, retorciéndose las manos, el semblante pálido como las blancas nubes que se cernían sobre la bahía, y me contó lo que había descubierto de Iris tuve dos reacciones. Al principio me enojé y me indignó que alguien hubiera tocado a mi preciosa hija, y me avergoncé porque semejante deshonor nos hubiera sobrevenido. Pero luego pensé: Iris está embarazada, qué más da quién sea el hombre, porque el linaje que iniciaron Richard y Mei-ling al fin y al cabo proseguirá.

Se lo dije a Gideon, claro, y él se indignó, como yo había previsto. Como era su padre, quiso encontrar al hombre que lo había hecho y darle su merecido. Pero eso jamás lo podríamos saber, porque Iris había salido de su habitación una noche sin despertar a la señora Katsulis y la encontramos a la mañana siguiente durmiendo en el mirador de la azotea. Todos creímos que simplemente había subido a contemplar las estrellas. Pero entonces supe que debía de haber salido a la calle también. Gracias a la buena suerte y a la atenta vigilancia de Kwan Yin mi hija no había sufrido un destino peor.

Gideon quería hablar con la policía. Ésa era su manera de actuar, a través de canales oficiales, al estilo estadounidense. Pero existían también la manera «familiar» de hacer las cosas, el estilo chino. Tenía que proteger el honor de mi hija.

—Voy a llevarla a Hawai —le dije a Gideon—. Allí tendrá a su hijo, lejos de miradas curiosas. Cuando regresemos, diré a todo el mundo que Iris se casó pero que el muchacho murió en un accidente.

—Armonía —me dijo Gideon de un modo tan tierno que deseé que me rodeara con sus brazos—, nadie se creerá esa historia.

—Claro que no. Pero todos serán educados y sabrán que deben defender el honor de mi hija. Será un secreto a voces, compartido por todos, pero del que nadie hablará.

Tuve que hacer muchos preparativos antes de llevarme a Iris a Honolulú, pues yo seguía siendo la única persona que controlaba mi empresa, la cual ahora se llamaba Productos Armonía. La fábrica de Daly City había experimentado una gran expansión y varias renovaciones, y siguiendo el consejo de Gideon finalmente había recurrido a la automatización. Había aprendido que tener en cuenta los consejos podía resultar beneficioso, pues cuando seguí el consejo del joven señor Sung de que ofreciera productos gratuitos a los empleados, la calidad empezó a mejorar enseguida, como él había previsto, ya que nadie sabía qué lote le tocaría, y así no volvimos a tener ningún problema de calidad y mi empresa siguió creciendo. En 1949, cuando se produjo un embargo de las importaciones de la República Popular China, que limitó drásticamente el suministro de hierbas, realizamos los envíos a través de Hong Kong, utilizando nuestra propia compañía, Armonía-Barclay Ltd., como proveedor. El crecimiento no paró y, a medida que la gente se interesaba más por la salud y se hacía más consciente de la importancia de las vitaminas y las hierbas, las recetas de mi madre empezaron a aparecer fuera de los límites de Chinatown, en *drugstores* y mercados y un nuevo fenómeno denominado tiendas de alimentación sana.

Mientras estaba redactando largas y detalladas instrucciones para mis supervisores, pues esperaba permanecer fuera casi un año, recibí una visita inesperada.

Olivia Barclay no había puesto los pies en la casa desde el día en que se marchó de ella, quince años atrás, y nos habíamos visto pocas veces desde entonces; una vez en la boda de Margo y Adrian, porque Gideon me invitó, y otra vez en el hospital donde Gideon se recuperaba de una operación en la rodilla. Yo sabía por Gideon que no era una mujer feliz, pese a ser muy rica y la reina de sus círculos sociales, pese a ser una Barclay y haberse casado con el apuesto Gideon. Todas estas cosas parecían no ser suficientes. Yo aún tenía la casa.

Ésta era, claro está, la razón de las cartas que me escribía, enviadas durante años, llenas de palabras airadas y venenosas, amenazas de dejarme sin casa, promesas de hacerme desear no haber abandonado nunca Singapur. No hablé con nadie de esas cartas, ni siquiera a Gideon; se hicieron menos frecuentes, más breves y menos vehementes, hasta que finalmente dejaron de llegar.

Al acompañar a Olivia a mi sala de estar supe lo que ella veía al mirar las paredes, los suelos y los muebles. Ella veía el insulto y la profanación de su sueño. No quedaba nada de la era victoriana, pero tampoco había dejado nada del mundo ultramoderno de Olivia. Yo había llevado China a mi nuevo hogar, de modo que cuando miró alrededor vio muebles tallados en exóticas maderas oscuras, biombos lacados en negro y dorado, pinturas en pergamino en las paredes, obras de arte escasas pero significativas como el dragón imperial de pie sobre un cofre de palisandro, las enormes lámparas hechas con jarrones adornados con dibujos de patos mandarines sobre un fondo rojo, y, dominando el salón, un trío de grullas de latón de tamaño natural entre juncos y bambú verdigrises que parecían de verdad. Mientras servía té en unas tazas azul cobalto decoradas con mariposas y peonías, vi en sus ojos lo que pensaba Olivia. Se habría dicho que había arrojado basura en mi casa.

—No es una visita social —dijo, sin probar el té de jazmín o mis galletas de almendra y sésamo, sin siquiera molestarse en añadir educadamente: «Me siento honrada, pero estoy demasiado llena para comer».

Dijo:

—Me gustaría ir directa al grano —en un tono afilado como una espada. Abrió el bolso y sacó dos sobres, uno sellado y el otro no. Al entregarme el segundo dijo—: Lee éste primero.

Más cartas, pensé. Y éstas tan importantes que tiene que entregármelas en persona.

Cuando abrí la primera, retirando con cuidado los papeles que había dentro, sentí que el corazón me daba un vuelco. Supe enseguida que Olivia había venido a darme malas noticias, que había venido con mala suerte, pues su carta no había sido escrita por ella, el remite del sobre era de una agencia de detectives privados de Hong Kong.

—He tardado quince años en obtener esta información —dijo, sacando un cigarrillo de su bolso y encendiéndolo sin pedir permiso—. Nunca creí que fueras hija de Richard Barclay. O que, si lo eras, él se hubiera casado con tu madre. Me ha costado mucho dinero y trabajo obtener esta información; con la guerra se perdieron muchos archivos, y también personas. Pero el hombre al que contraté por fin logró descubrir lo que yo necesitaba saber.

No miré los papeles. Mantuve mis ojos fijos en los de ella.

—¿Y qué es lo que descubrió? —pregunté con voz suave.

—Que yo tenía razón. Tu madre y Richard Barclay no se casaron legalmente.

—No —dije—. Legalmente no. No obstante eran marido y mujer.

—De un modo que no tendría ninguna fuerza ante un tribunal. Su certificado de nacimiento es falso, igual que sus papeles de ciudadanía. Estoy segura de que los tribunales encontrarían muy interesante, señora Lee, saber que usted entró en este país con papeles falsos. Imagino que la enviarán de nuevo a Singapur.

—¿Y esto? —pregunté, mirando el sobre sellado.

—Mi hombre incluyó esto con su informe. Indica que es personal para usted.

¿Por qué no lo había abierto, un simple papel pegado con pegamento, cuando había investigado mi vida entera? Contenía una carta del reverendo Peterson, el hombre que nos había ayudado a mi madre y a mí tantos años atrás.

> Perdóname, Armonía —había escrito—. Este hombre me ha engañado. Ha fingido que también era clérigo y cuando descubrí que me habían engañado y le había confiado información que no tenía que oír nadie, le busqué y le pedí al menos que te hiciera llegar esta carta, si le era posible. No sé dónde estás, Armonía, pero sin duda el cliente de este detective te conoce, ya que está investigando tus orígenes. Como he revelado la verdad a este hombre, también debo revelártela a ti, para que no sea utilizada en tu contra; una verdad, mi querida Armonía, que mucho tiempo atrás juré jamás revelaría.
>
> Tu madre no murió el año que tú partiste hacia América.

El resto acudió a mí en imágenes en lugar de palabras, que saltaban del papel como escenas de película en una pantalla: mi madre enterándose de la nueva Ley de Inmigración que iba a ser aprobada en Estados Unidos que prohibiría que incluso los hijos de ciudadanos estadounidenses entraran en el país; mi madre acudiendo al reverendo Peterson en busca de ayuda; los dos ideando un plan que consistía en alterar el año de mi nacimiento, de modo que tuviera dieciocho años en lugar de dieciséis y por tanto pudiera viajar como adulto; fingir mi madre una enfermedad grave para que yo la abandonara y empezara mi nueva vida con mi padre en Estados Unidos.

> Le hablé a este charlatán —escribía el reverendo Peterson— de Mei-ling y mi engaño, la falsificación de documentos oficiales, y ahora eso puede ser usado contra ti. Lo lamento verdaderamente. Pero no lamento tanto haber roto la promesa que hice a tu madre, porque al escribirte, con esta noticia, soy libre de darte otras noticias más felices. He dicho que tu madre no murió el año en que partiste de Singapur. No murió al año siguiente, ni al siguiente. Un día acudió a mí, unos meses después de que partieras, para contarme una historia de lo más fantástica: su padre había ido a buscarla, dijo. La había buscado por Malay Street donde le dijo que al desterrarse, al convertirse en un ser inexistente, le había conferido honor a él, y por eso le pedía que volviera a casa.
>
> Les visité allí, Mei-ling encantada en el jardín de su padre, sirviéndonos té y esos divinos pastelillos por los que es famosa. Nunca había visto a una mujer tan feliz. Y yo sabía el porqué: era, Armonía, porque ibas a encontrar a tu padre, Richard Barclay.
>
> Le pregunté por qué había fingido que iba a morir. Me respondió que de otro modo tú nunca la habrías abandonado. Si ella no podía estar con el hombre al que amaba, le bastaba con que lo estuviera su hija.
>
> Y entonces, cuando los dos estuvimos solos y fuera del alcance del oído de otras personas, tu madre me contó algo extraordinario. Dijo que en cuanto regresó a casa de su padre, se puso a buscar tu paradero en América. Tenía que hacerlo sola, sin la ayuda de su padre, pues tú eras un secreto latente entre ellos, tú, Armonía, eras la vergüenza de su familia. Pero Mei-ling necesitaba saber que estabas bien, que habías encontrado a tu padre. Estas preguntas le ardían en el corazón mientras escribía una carta tras otra a San Francisco y aguardaba largas semanas su respuesta. Por fin recibió noticias en forma de un recorte de periódico, en el que se anunciaba tu compromiso con Gideon Barclay. Quiso escribirte enseguida.

Su padre, tu abuelo, lo descubrió y le recordó que había devuelto el honor a la familia borrando de su vida a su hija ilegítima engendrada por un diablo extranjero. Pero traer a la hija de vuelta a Singapur sería volver a traer el deshonor a la familia. Mei-ling no sabía qué hacer. No podía ir a América y estar contigo debido a las leyes que prohibían que los chinos entraran en Estados Unidos. Y no podía pedirte que regresaras a Singapur.

Oró a Kwan Yin, y la respuesta le llegó de un modo curioso. Tu madre me dijo que la Diosa le habló a través de la voz de su madre. La madre de Mei-ling había muerto muchos años atrás, cuando Mei-ling no era más que una niña. La voz dijo: «Armonía ya no pertenece a este mundo, tiene trabajo que hacer en el Nuevo Mundo. Déjala en manos de su destino».

Mei-ling jamás te escribió, aunque le dolía en el alma estar separada de ti. Sabía que su madre había hablado con sabiduría, pues si Mei-ling te hubiera escrito tú habrías regresado, lo que habría arruinado dos vidas.

Clavé la vista en estas palabras y la sabiduría de mi madre me hizo llorar de emoción. Tenía razón. Si hubiera tenido noticias de ella, habría regresado. Y aunque no lo hubiera hecho, ¿mis cartas no habrían llevado vergüenza y deshonor a la casa de mi padre cada vez que hubieran llegado?

El reverendo Peterson había añadido unas palabras al final de su carta, que leí a través de las lágrimas:

Lamento decirte que tu amada madre falleció hace poco tiempo, pero lo hizo en paz; había vivido feliz durante treinta años en la casa de su padre, elaborando medicinas, cuidando de la gente. Cuando murió, tenía una botella de vino Loto Dorado de Armonía Perfecta en sus manos, la bella etiqueta con el sauce azul y plateado sobre el pecho. Estaba orgullosa de lo que había conseguido su hija. Y sé que no pasó ni un solo día sin pensar que tú vivías en casa de tu padre, Richard Barclay.

Dejé la carta en mi regazo y miré a Olivia. Ella había venido con intención de asustarme. En cambio me había devuelto la vida de mi madre. Había venido con la intención de arrebatarme esta casa.

—Puedes hacer lo que quieras con la información que el detective te ha dado —dije—. Pero jamás tendrás la casa de mi padre.

Aquella misma noche apareció Gideon ante mi puerta, mientras yo preparaba nuestras maletas.

—Olivia acaba de llegar a casa. Estaba muy trastornada por algo. Me ha dicho que había venido a verte. Armonía, ¿qué ha ocurrido? ¿Por qué ha venido Olivia? ¿Qué te ha dicho?

Le mostré la carta del reverendo Peterson y después lloré en brazos de mi amado: de alegría, de tristeza, por la felicidad de mi madre, por su muerte. Él se quedó conmigo aquella noche; mi amado Gideon se quedó conmigo y se marchó justo antes del amanecer, mientras yo dormía.

Al día siguiente, cuando Iris, la señora Katsulis y yo estábamos a punto de subir a bordo del vuelo de la Pan Am a Hawai, vi a Gideon avanzar apresurado entre la multitud. Pensé que había ido a despedirnos, pero observé que llevaba una maleta.

—Le he dicho a Olivia que quiero el divorcio. Me voy a Hawai contigo y nuestra hija.

Regresamos diez meses más tarde con Charlotte, que había nacido en Hilo, una tranquila ciudad donde nadie nos conocía. Como yo había previsto, nadie creyó mi historia del joven marido de Iris que había muerto en un accidente de buceo, pero todo el mundo la aceptó y guardó el secreto.

Mientras nos hallábamos en Hawai, Gideon y yo tejimos sueños de nuestra vida juntos. Pero cuando llegamos a San Francisco nos enteramos de que no se podrían hacer realidad.

Olivia no concedió el divorcio a Gideon. Yo ya lo esperaba. ¿Por qué iba a cederme las dos cosas, casa y marido, a mí? Pero también había problemas en la familia, y se necesitaban la fuerza y la orientación de Gideon. En el ojo del huracán se hallaba la incapacidad de Margo de quedar embarazada.

Margo y Adrian llevaban siete años casados y aún no tenían hijos. Ahora Margo quería adoptar un huérfano pero Olivia no quería; insistía que su nuera acudiera a un especialista y encontrara la manera de tener un heredero propio. Olivia quería que su nieto fuera un Barclay.

—He intentado hacerle ver —me dijo Gideon un día— que nosotros no somos auténticos Barclays, que Richard Barclay me adoptó. Pero a ella le conviene olvidar ese hecho para forzar a Adrian a intervenir cada vez que Margo va a ver a un abogado o visita una agencia de adopciones.

Las dos se peleaban constantemente, suegra y nuera, y ya no disfrutaban de aquella proximidad que en otro tiempo habían tenido, cuando Olivia aún vivía en la gran casa y mostraba a la joven Margo muestras de telas para cortinas. Adrian, de casi treinta años y con un alto cargo en la oficina de San Francisco de Armonía-Barclay Ltd., se encontraba entre las dos, obedeciendo a su madre y complaciendo a su esposa, y así empezó a ir cada vez con mayor frecuencia a clubes náuticos y campos de golf y, según sospechaba Gideon, a burdeles de Nevada.

Me inquietó lo que oí, pues sabía cuánto deseaba Gideon tener nietos, y sabía que semejante discordia perturbaba la armonía interior de Margo y su equilibrio del yin y el yang y bloqueaba el flujo de su *chi*, lo que disminuía sus probabilidades de quedar embarazada algún día. Gideon me preguntó si podía ayudarle, si conocía alguna cura. Le recordé que mis medicinas no curan, pues ése no es el camino chino, sino que sólo restablecen el equilibrio y la armonía en el cuerpo para que éste pueda curarse por sí mismo. Pero esto era lo que Margo precisaba: recuperar la armonía.

Le di una botella de vino Loto Dorado, que yo misma había tomado cada día desde hacía años. Yo era la prueba, le dije, de los poderes equilibradores de mi medicina, pues aunque tenía cincuenta años, la mayoría de la gente me hacía más joven. La botella que le di a Gideon para Margo era de mi propio suministro especial, no procedía de mi fábrica, lo elaboraba yo misma en mi cocina, componiéndolo del mismo modo que lo había hecho mi madre, y como se había preparado el tónico Loto Dorado un millar de años atrás: se empapaban los ingredientes en un gran cuenco de cerámica lleno de fuerte licor chino, *gao liang*, se sellaba bien el cuenco y se dejaba reposar la mezcla durante seis meses, luego se colaba, se refrescaba con más *gao ling*, se volvía a sellar y se dejaba empapar durante otros seis meses. Entre los poderosos ingredientes que utilizaba se encontraban la angélica, que regula el equilibrio menstrual, gusano de seda en polvo, que calma la sangre, y placenta humana desecada. Éstos eran fuertes agentes rejuvenecedores y fertilizadores.

A Margo yo no le gustaba. No creía en las medicinas a base de hierbas, aunque eso fuera lo que la había hecho rica. Por eso cuando Gideon me dijo que se tomaba con constancia el vino Loto Dorado y me pidió más, supe que su deseo de tener un hijo era hondo y auténtico.

A principios de la primavera de 1958, descubrí que Iris volvía a estar embarazada.

Esta vez no fui a Hawai ni le dije nada a Gideon. Mantuve a Iris en sus aposentos. Informé a Gideon y a nuestros amigos de que mi hija se había caído por la escalera y se encontraba recluida en la cama debido a una parálisis temporal. Contraté a dos enfermeras para que ayudaran a la señora Katsulis y para mantener a mi hija vigilada las veinticuatro horas del día. Proporcioné a Iris tantos rompecabezas como fueron necesarios para que estuviera ocupada. Y siete meses más tarde, cuando llegó la hora, volví a hacer de comadrona de mi nieto.

Ya tenía previsto lo que debía hacer. Tras examinar el niño con atención bajo la luz, y satisfecha porque no tuviera rasgos chinos, cogí el bebé de Iris mientras ésta dormía, lo bañé y lo envolví en una manta, y en plena noche fui a casa de Margo. Le dije que me habían llamado para ir a casa de una amiga cuya hija estaba a punto de parir. La hija no estaba casada y la familia no quería el bebé. Le dije a Margo si ella quería ese bebé, que sería nuestro secreto, y que el señor Sung, que era amigo mío y podía confiar en él, conseguiría un certificado de nacimiento y papeles de adopción como si la adopción fuera legal.

Margo aceptó el bebé de una extraña con alegría. Olivia no se mostró satisfecha cuando le dieron la noticia, pero era demasiado tarde para intervenir. Y Adrian sintió alivio porque se habrían terminado las peleas. Nadie sabía que el niño adoptado era nieto de Gideon Barclay.

Le pusieron de nombre Desmond.

20

5,00. Palm Springs, California

—¡Johnny! —gritó Charlotte entrando en el despacho a toda prisa, con un libro en la mano y una toalla para el pelo en la otra—. ¡Ya sé quién es!

—Yo también —dijo él, pulsando la tecla de *Enter*; apareció en la pantalla el resultado de su búsqueda.

Se apartó del ordenador y miró a Charlotte, que se había quedado de pie en el umbral de la puerta.

Después de su discusión bajo la lluvia y de haberse quedado sin luz en el despacho de Charlotte, ella se había cambiado de ropa: unos pantalones de lana oscuros y un jersey amplio que siempre guardaba para una emergencia. Jonathan había recuperado su maleta de su coche de alquiler y se había puesto unos tejanos y una camisa de batista azul. Charlotte pensó que había pasado de ser un atildado caballero londinense a ser de nuevo un tosco escocés de las Highlands. Y Jonathan pensó que Charlotte había cambiado su imagen de ejecutiva que erigía barreras por una más relajada que no ponía barrera alguna.

Tenía ganas de cogerle la toalla y terminar de secarle el largo cabello, acariciándolo, mimándolo bajo su roce. Se moría de ganas de volver a tenerla entre sus brazos como la había tenido brevemente una hora antes, cuando comprendieron el terrible malentendido que se había producido dieciséis años atrás. Como dijo Charlotte, cuánto tiempo perdido porque un uno parecía un siete.

—¡Está todo aquí! ¡Léelo!—Le tendió el libro que había encontrado en una vitrina titulado *Diario chino, Cantón, ca. 1828*. Consistía en hojas de papel vitela protegidas entre dos tapas de madera y atadas con bramante pasado por agujeros arriba y abajo—. He visto que había algo escrito —dijo cuando él le cogió el libro—. Pero, para mi sorpresa, no eran las memorias de alguien que vivía en China en 1828 sino de Armonía Perfecta Lee, en San Francisco, en 1958. ¡Al parecer la abuela escribió un diario durante un tiempo y yo nunca lo supe!

Jonathan abrió con cuidado las frágiles páginas, siguiendo con los ojos la precisa letra floral que la abuela de Charlotte había aprendido tiempo atrás en la escuela misionera de Singapur. Se detuvo de pronto y miró la parte inferior de la página.

—¿Desmond es hermano tuyo?

—Hermanastro. Supongo que tuvimos padres diferentes. Mis sospechas acerca de mi padre se confirman aquí; mi madre no se casó nunca. El buceador fue inventado, todo fue una complicada mentira que todo el mundo conocía. Ahora escucha —se apresuró a añadir, bajando la toalla y recogiéndose el pelo en una cinta de seda negra—. ¿Recuerdas que te he dicho que debía de haber ocurrido algo mientras yo estaba en Europa el año pasado, que Des había cambiado? Bueno, creo que ese algo era que descubrió la verdad de su nacimiento. Johnny, hace un rato, cuando Desmond me ha cogido en la escalera, ha dicho cosas extrañas. No paraba de hablar de mi madre y de hacer comentarios despectivos de Margo...

—No tienes que convencerme —interrumpió Jonathan. Señaló la pantalla—. He tardado un poco debido al fallo en la corriente, pero he podido recuperar los ficheros más recientes a los que se ha accedido y efectuar una búsqueda de la última fórmula copiada. Mi sonda ha devuelto una dirección IP, que he podido reenviar a Internic.

Charlotte miró la pantalla.

—¡Desmond Barclay!

Jonathan fue a buscar su cazadora negra.

—No tenemos mucho tiempo.

Cuando de improviso sonó el teléfono, Jonathan y Charlotte lo miraron un momento y Charlotte dijo:

—Es él —y lo cogió.

Pero era la directora de personal, la señora Ferguson, disculpándose por no haber llamado antes, explicando que acababa de despertarse y había escuchado los mensajes de su contestador.

—Gracias a Dios que es usted madrugadora, señora Ferguson —dijo Charlotte, procurando mantener la calma—. ¿Recuerda haber entrevistado a Rusty Brown para darle empleo? —Escuchó—. ¿No aprobó su solicitud? Entonces ¿quién lo hizo? Sí, gracias, señora Ferguson, eso es lo que quería saber. —Colgó y se volvió a Jonathan—. La señora Ferguson ni siquiera quería contratar a Brown. Dijo que tenía antecedentes penales. Adivina quién pasó por encima de su decisión.

—Desmond.

Salieron a toda prisa del museo y fueron al edificio principal, donde entraron por una puerta cuando pasó por su lado el camión de mantenimiento nocturno. Cuando entraron en el vestíbulo, Charlotte indicó:

—¡Por aquí!

Subieron la escalera de emergencia y cuando llegaron al tercer piso, Charlotte recogió del suelo la petaca de plata que Desmond había tirado antes. Se la llevó a la nariz y dijo:

—Lo que me imaginaba. No contiene alcohol. Simple agua. ¡Desmond fingía estar borracho! Probablemente se ha enjuagado la boca con un poco de bourbon de Adrian, o se ha salpicado un poco por encima de la ropa. Ha sido una actuación, Johnny, para hacerme creer que estaba demasiado bebido incluso para sostenerse en pie.

—Demasiado bebido también para enviar mensajes —añadió Jonathan.

Corrieron por el pasillo, deteniéndose para asegurarse de que el agente federal que hacía guardia ante la puerta de la sala del ordenador central no les veía, y entraron en el despacho de Desmond.

Su ordenador, como todos los demás, había sido desconectado y etiquetado por el equipo de Knight. Igual que su teléfono y módem externo. Charlotte y Jonathan rebuscaron bajo el enorme escritorio de ejecutivo, abrieron cajones, revolvieron la papelera y se acercaron al aparador de caoba, el bar, el armario donde colgaban trajes y ropa deportiva de diseño, detrás del sofá tapizado y sillas a juego, la librería con puertas de cristal, incluso debajo de la papelera de mimbre que contenía una palmera artificial, buscando frenéticamente dónde podía tener un módem escondido.

—Tiene que estar aquí —dijo Charlotte—. Este despacho es el único lugar del edificio donde Desmond podía confiar en que no le molestaran. Podía cerrar la puerta con llave y actuar.

Jonathan volvió al armario empotrado que había entre la librería e inspeccionó de nuevo el equipo de música, tocadiscos, televisor en color.

—Aquí está —dijo, retirando el televisor en su estante giratorio y dejando al descubierto un ordenador portátil escondido detrás y el módem externo conectado a él.

—Por lo menos —observó irónica Charlotte—, Desmond no es tonto.

—Apuesto a que este número es un DDI.
—¿Qué significa eso?
—*Direct Dial Inwards*, Marcado Directo Interno. No pasa por el conmutador principal, por lo que no hay forma de que tu administrador del sistema pueda detectar que están marcando. También apuesto lo que quieras a que si comprobamos el software del correo electrónico de este ordenador portátil encontraremos un archivo lleno de interesantes mensajes enviados a través de remitentes anónimos.

Jonathan volvió a colocar el televisor en su sitio, dejando el ordenador portátil y el módem donde estaban, comprobando que todo quedaba igual que antes, cerró el armario y dijo:

—Vamos a hacer una visita a Desmond.

Charlotte miró por la ventana y, al ver que seguía lloviendo, puso cara de preocupación.

—Vive a unos dieciséis kilómetros de aquí. Pero está en uno de los cañones, Johnny. Tendremos que ir con cuidado.

Mientras avanzaban por Palm Canyon Drive, despacio porque la lluvia torrencial les impedía ir demasiado deprisa, Charlotte dijo:

—He descubierto tantos secretos en las últimas horas, Johnny, que la cabeza me da vueltas. Es como si todo lo que yo creía saber de mi familia se hubiera vuelto del revés. Lo que creía era negro ahora es blanco y viceversa. ¡Tío Gideon es mi verdadero abuelo! ¡Y Desmond, mi hermano! Me pregunto...

Jonathan desvió los ojos una fracción de segundo para mirarla.

—¿Preguntarte qué?

—Te he dicho que la abuela creía que su madre le hablaba desde la otra vida. Decía que les sucede a todas las hijas de nuestra familia al menos una vez en la vida.

—Sí, ¿y qué?

—Johnny —le miró en la oscuridad, iluminándose su rostro de vez en cuando con las luces de la calle—, resulta que Mei-ling no había muerto cuando mi madre oyó su voz. O sea que, ¿y la voz que yo oí, Johnny, previniéndome acerca del té? ¿Significa que lo que mi abuela me hizo creer todos estos años, que mi madre había muerto como consecuencia de una caída por una escalera, es mentira? ¿Significa que mi madre aún vive...?

Llegaron a una intesección inundada donde el agua ya tapaba el bordillo e inundaba las aceras. Jonathan redujo la velocidad dirigiendo el coche hacia el centro de la calzada, donde el nivel del agua era más bajo. Agarraba el volante y atisbaba en la lluvia como un hombre concentrado en una sola tarea: llegar al otro lado. Pero sobresaltó a Charlotte diciendo de pronto:

—No sé cómo podrás perdonarme.

Ella le contempló en la penumbra; la única iluminación era el reflejo de los haces de los faros en la lluvia.

—¿Qué dices?

—Perdonarme por pensar que fuiste tú quien alertó a la KGB de mi operación secreta. —Seguía con los ojos fijos en la carretera y Charlotte vio la débil palpitación de una vena en la sien—. Mientras estabas en el museo leyendo el diario de tu abuela —dijo con calma, apretando el acelerador y el freno por igual para avanzar centímetro a centímetro en la inundación—, he telefoneado a mi superior de la ASN. Bueno, ahora está retirado. He encontrado el número de teléfono de su casa. Verás, Charlie, siempre creí la historia que me contó Quentin de por qué había dejado la ASN. Le creí cuando dijo que lo hacía para protestar por mi despido.

—¿Y qué te ha dicho tu ex jefe? —preguntó ella, mirando su perfil, recordando la sensación que le había producido su abrazo una hora antes, el sabor de su boca, y el vertiginoso descubrimiento de su increíble malentendido con el poema.

—Cuando me despidieron, Quentin fue a ver a mi superior y le pidió mi puesto. Cuando le dijeron que ya tenían a otro hombre, dimitió. —Por un instante Jonathan desvió los ojos de la carretera—. Estaba desolado porque me habías dejado. Y furioso. Realmente me convencí de que habías sido tú quien me había traicionado. Olvidé que también había telefoneado a Quentin desde el restaurante. Mi leal socio preparó mi despido.

Charlotte puso una mano sobre la de él, notando los duros nudillos que se aferraban al volante.

—No me extraña —dijo—. Y yo no estoy enfadada. Tenemos que acabar con la pesadilla de esta noche, Johnny...

No fue necesario decir más.

Desmond vivía en las colinas que daban a Rancho Mirage, en una casa de cristal y mármol de cinco millones de dólares llena de costosas esculturas y pinturas, un gimnasio privado y peluquería, y una piscina interior climatizada.

El mayordomo filipino con americana blanca hizo entrar a Jonathan y a Charlotte y les acompañó por corredores de dos niveles hasta que llegaron a la «sala de juego», una amplia zona acristalada amueblada con un bar completo y ocho taburetes, una mesa de billar, dos gigantescas pantallas de televisión, seis máquinas de juegos electrónicos, un centro de juegos de ordenador y una enorme chimenea hundida en el centro rodeada por sofás empotrados en el suelo.

Desmond se encontraba en el bar, sirviéndose un *ginger ale*.

—Hola —dijo con una sonrisa—. Una noche horrible, ¿verdad?

La tormenta estropeaba la exuberante vista del desierto valle, que se observaba tras un jardín de cactus y rocas iluminado. Ni siquiera el amanecer podía atravesar las negras nubes y la fuerte lluvia.

Charlotte observó que Desmond se había quitado su pretencioso atuendo negro para ponerse un pretencioso conjunto blanco de pullover Hugo Boss, pantalones de algodón y zapatos de ante. Pero al menos ya no llevaba gafas de sol. Jonathan se dirigió hacia él, diciendo:

—Es hora de que alguien te quite ese aire de suficiencia.

Pero Charlotte le cogió del brazo, notando que sus duros músculos se flexionaban y temblaban.

—Es lo que quiere que hagas, Johnny.

—¿Aún recurres a la fuerza bruta? —preguntó Desmond.

—¿Y cómo llamas tú lo que has hecho a Charlotte? —gritó Jonathan.

Desmond dio un brinco.

—Me has dado una buena paliza.

—Habría hecho mucho más —dijo Jonathan— si Charlotte no me lo hubiera impedido. Si todavía puedes andar tienes que darle las gracias a ella.

Desmond miró a Charlotte.

—Bueno, ¿qué opinas de nuestra nueva *website*?

—Eso ha sido un error —dijo ella sin inflexión en la voz.

—Yo creo que mejora la vieja imagen de la empresa.

—Desmond, no estás borracho —señaló Charlotte.

—Hace dos horas has dicho que sí lo estaba. Decídete, Charlotte. ¿O debería decir «hermana»? —Tomó un sorbo de su *ginger ale*—. Ah, veo que no te sorprende que te llame así. ¿Lo has sabido siempre? ¿Todo el mundo conocía mi asqueroso pequeño secreto excepto yo?

—Acabo de descubrirlo, Desmond. No lo sabía. —Le observó abrir el frigorífico de debajo de la barra y sacar un puñado de cubitos de hielo—. El numerito del borracho ha sido eso, un numerito. ¿Qué me dices de lo que ha sucedido después? Me has atacado. ¿Eso ha sido real o una comedia?

Dejando caer los cubitos de hielo en su vaso, dijo:

—Cuando hace un rato me has dicho que me considerabas más un hermano, he tenido que hacer esfuerzos para no reírme. Es irónico, ¿no crees? Quiero decir, realmente soy tu hermano. Bueno, hermanastro. —Se encogió de hombros—. Estaba preparado. Creía que esperabas eso de mí, así que tenía que seguir en el papel, ¿no? ¡Mi hermana, por el amor de Dios!

Se estremeció mientras revolvía sus cubitos con un dedo.

—¿Sabes por qué es un secreto delicioso? No creo que Madre Queridísima sepa que Iris fue mi verdadera madre. Estoy seguro de que Margo ha imaginado alguna bella debutante seducida por un profesor de cálculo de Stanford. Quizá un astronauta. Oh, no, no existían en 1957. Bueno, seguro que Margo esperaba que mi papi hubiera sido alguna mente brillante o algún héroe estadounidense, y que mi mami hubiera tenido la belleza de Grace Kelly y el pedigrí de la princesa Diana. Creo que saber que soy el resultado de que la idiota Iris saliera de su cascarón le estropeará el día.

—No hables así —le recriminó Jonathan.

—Ya me perdonarás —dijo Desmond, lanzando a Jonathan una mirada letal—, pero en mi casa puedo decir lo que me plazca. —Se volvió a Charlotte—. Tenía la impresión de que *Braveheart* aún no se había ido. Le quedaba trabajo que hacer, ¿verdad?

—¿Cuándo descubriste, Desmond, que mi madre también era tu madre? ¿Fue el año pasado, cuando yo estaba en Europa?

Él alzó su vaso en gesto burlón de brindis.

—Sobresaliente, hermanita. Sí, fue cuando estabas fuera. Como puedes imaginar, la noticia me tomó por sorpresa. Intenté aceptarla con ecuanimidad, pero eres muy observadora y te fijaste en que había cambiado. Bueno, ¿no habrías cambiado tú si te hubieras enterado de la verdad de tu nacimiento? En especial si fuera una historia tan ridícula.

—¿Cómo lo descubriste? ¿Con el diario del museo?

—¿Diario? ¿Qué diario? No, lo averigüé por Krista.

Se inclinó con los codos apoyados en la barra de caoba pulida y señaló una pared cubierta de fotografías de su familia: sus tres esposas, su hija Krista de su segunda esposa, su hijo Robbie de la primera. Desmond compartía la custodia de los adolescentes con dos ex esposas, y Krista y Robbie iban de un hogar al otro constantemente.

—¿Qué pasa con Krista? —preguntó Charlotte, mirando la última foto de la serie, en la que aparecía una bonita muchacha soplando las velas de un pastel de cumpleaños que decía: «Felices dieciséis».

Desmond se irguió y tomó un largo trago de *ginger ale*.

—Hace poco más de un año —dijo—, Krista empezó a mostrar señales de un trastorno de la sangre. Le salían morados con facilidad, las heridas no se le curaban. Cuando le sacaron el apéndice, tuvieron que ponerle tres bolsas de sangre. El medico nos dijo que los síntomas correspondían a más de una enfermedad y que tenían que averiguar exactamente de qué enfermedad se trataba para empezar el tratamiento. Dijo que era posible que Krista sufriera de un trastorno genético hereditario llamado enfermedad de von Willebrand, que requeriría determinada terapia. Si no era ésa, la terapia podía resultarle perjudicial. Lo que necesitaba era un extenso historial de salud de la familia. Cuando le dije que me habían adoptado y que no conocía a mis padres biológicos, me instó a averiguar todo lo que pudiera porque era crucial para el tratamiento de mi hija.

—Entonces acudiste a la abuela —dijo Charlotte.

—Bingo —dijo, saludándola con su vaso—. Al principio la anciana me dijo que no sabía nada de mis padres auténticos, pero cuando le expliqué la urgencia de la situación y que resultaba vital que descubriera mi ascendencia, por fin confesó que aunque no tenía ni idea de quién era mi padre, podía asegurarme que mi madre no había padecido la enfermedad de von Willebrand. Le pregunté cómo podía estar tan segura. Y entonces fue cuando soltó la bomba H, la bomba A y la bomba de neutrones al mismo tiempo. —Soltó una breve y amarga carcajada—. ¡Ojalá tuviera una fotografía de la cara que puse en aquel momento!

Desmond salió de detrás de la barra y fue al centro de la habitación. Se paró para mirar dentro del hoyo de la chimenena un largo momento, los ojos fijos en las brasas encendidas y lenguas de fuego.

Se volvió para mirar a Charlotte, su actitud más seria.

—Entonces recordé haber oído algo de por qué tu abuela heredó la casa de la bisabuela Fiona. Algo referente a que Iris tenía el mismo trastorno mental que la hermana de Richard Barclay. O sea que mi hija después de todo no había heredado un trastorno de la sangre, porque al parecer lo que hay en nuestra familia son idiotas.

—Iris no era una idiota —dijo Charlotte con voz suave.

—¡Tenía goteras en la azotea! —gritó de pronto, y Jonathan se acercó a Charlotte de forma instintiva.

—¡Oh, míralos! —dijo Desmond—, siempre tan unidos.

—Entonces descubriste la verdad —dijo Charlotte; quería que él siguiera hablando—. ¿Y después qué?

—Tú entonces estabas en Europa, visitando todas esas fascinantes empresas farmacéuticas. La gran Charlotte Lee de Armonía Biotec invitada a fiestas y a cenas y a visitar Wellcome y Merck y Bayer mientras yo estaba de rodillas dando gracias a Dios porque mi hija tuviera un trastorno de la sangre temporal, porque podía curarse, y al mismo tiempo maldiciéndole por haberme hecho hijo de una idiota que ni siquiera supo que estaba teniendo relaciones sexuales.

—¿Se lo dijiste a alguien? ¿A Adrian o a Margo?

—¿Estás loca? Margo se habría puesto hecha una furia. Además, aproximadamente en esa época empezó a cobrar forma mi pequeño plan, y sabía que si papi y mami conocían la verdad harían algo para estropearlo.

—¿Qué plan era? —preguntó Jonathan, y Charlotte percibió que se ponía tenso, notó el tono peligroso de su voz.

—¿No te parece irónico, Charlotte —dijo Desmond haciendo caso omiso de Jonathan—, que pasara toda mi vida tratando de complacer a Margo porque sabía que, en el fondo, estaba decepcionada porque yo no era un Barclay, y ahora resulte que sí soy un Barclay?

—¿Asesinaste a mi abuela?

Desmond sonrió.

—Ah, te refieres a mi correo electrónico. Me pareció un golpe genial. No, no tuve nada que ver con su muerte. Pero cuando te he atrapado en la escalera, husmeando, y has dicho que creías que su muerte no fue un accidente, decidí divertirme un poco con ello, aprovecharlo, por decirlo de alguna manera. —Se encogió de hombros—. Si la mataron, puedes estar segura de que no lo hice yo.

Un rayo quebró el firmamento y explotó, inundando la amplia sala de juegos de cegadora luz blanca.

—¿Has envenenado mi té? —preguntó Charlotte.

—Sólo lo suficiente para que te encontraras mal, para que te asustaras. No quería que murieras. Realmente quiero que hagas esa declaración de prensa. Y vas a hacerla, ¿lo sabes? No tienes escapatoria, Charlotte.

Consultó su reloj.

—Vaya, vaya, mira la hora. Son casi las seis, Charlotte. —Miró alrededor—. Pero ¿dónde están los periodistas? ¿Dónde está la minifurgoneta con la conexión via satélite? Mi amenaza iba en serio, querida hermana. Mataré a miles de personas. Puedo hacerlo.

—Lo que me llama la atención —dijo Charlotte— es que no parece sorprenderte vernos aquí.

Desmond se encogió de hombros.

—Cuando me he dado cuenta de que habías llamado a *mister* Spock para que viniera a salvarte, he sabido que era cuestión de horas el que descubrierais lo que ocurría. Y, por supuesto, el que metierais las narices en ese museo. No sabías que yo sabía lo que hacías, ¿verdad? Podías engañar a Valerius Knight, pero yo te conozco demasiado bien, Charlotte. ¿Así que has descubierto... en un diario, has dicho... que soy tu hermano?

Cruzó la sala, rodeando cojines y otomanas, dirigiéndose al otro lado, donde las máquinas de juego estaban alineadas.

—Qué sorpresa —dijo dándole a los botones del juego *Star Trek: la nueva generación*—. Todos estos años he deseado a mi propia hermana. Al parecer es algo de familia.

Se volvió para mirarles.

—Recuerdo haber oído un día a la abuela Olivia contarle a mi querida madre adoptiva que odiaba a tu abuela porque el abuelo Gideon estaba enamorado de ella. Olivia le dijo a Margo que todo había ido bien mientras Armonía creía que Gideon era su hermano. Pero él tiró de la manta revelando que era hijo adoptivo de Richard Barclay y entonces se hicieron amantes. ¿Ves la ironía del asunto, Charlotte? —Se rió—. ¡Es lo contrario de tú y yo! ¡Tú no sabías que yo era tu hermano y ahora lo sabes!

La lluvia caía sobre los cristales de las ventanas del techo con gran estruendo.

—¿No es para morirse de risa? —dijo Desmond con voz tranquila, contemplando el vaso que sostenía en la mano—. Toda mi vida he tenido la sensación de que no valía nada porque no era un Barclay auténtico. ¡Y resulta que soy el único Barclay de toda la familia Barclay! ¡Ja! ¡Igual que en tu caso, Charlotte, mi bisabuelo fue Richard! Eso nos hace algo aristocráticos, ¿sabes? Todos estos años creciendo y sintiéndome como un extraño, ¡y ahora resulta que los extraños son mi padre y mi abuelo!

Se apartó de la máquina de juego y se acercó a las puertas de cristal que daban a una cascada creada en la roca natural de la montaña. Sobre el fondo de la tormenta, el reflejo de Desmond era de un blanco fantasmal.

—Desmond —dijo Charlotte—, ¿qué es todo esto? ¿Por qué descubrir quién eres te ha impulsado a querer destruir la empresa?

—Y sigo queriéndolo —dijo él—. Tengo intención de llegar hasta el final, Charlotte. Haz esas declaraciones a la prensa y no mataré a miles de personas inocentes.

—Pero ¿por qué?

Él sonrió con aire juguetón.

—Para que yo lo sepa y tú lo averigües.

Ella le miró con impaciencia.

—No creo que puedas hacerlo.

—Créeme, sí puedo.

—¿Cómo? No puedes obligar a la gente a ingerir algo contra lo que se les ha prevenido.

—Oh, no les obligaré. Querrán hacerlo.

Ella le miró fijamente mientras un trueno retumbaba en las montañas haciendo temblar el suelo y vacilar las luces.

—Son las fórmulas confidenciales —dijo ella por fin—. Es eso, ¿no?

Él hizo un guiño.

—Ésa es mi lista, hermana. Sí, las fórmulas confidenciales. Las que actualmente están en desarrollo y que podrían hacernos ganar millones, posiblemente incluso millardos.

—¿O sea que intentas venderlas a otra empresa? ¿A Synatech, quizá?

—Oh, no, eso es demasiado corriente. Estamos en una nueva era, Charlotte. Hay que ir acorde con los tiempos. Voy a publicar las fórmulas en Internet.

—¿Y qué conseguirás con ello? —preguntó Charlotte.

Desmond miró a Jonathan.

—*Braveheart* sabe de qué estoy hablando, ¿verdad?

—Maldita sea, Desmond —exclamó Charlotte.

—¿Sabes cuántas víctimas de cáncer hay en el mundo, Charlotte? —preguntó Desmond—. ¿Cuánte gente espera desesperada... cualquier posible cura? Distribuiré esas fórmulas y en un abrir y cerrar de ojos cientos de pequeñas farmacias de todo el mundo empezarán a elaborar los medicamentos con la esperanza de ganar millones. Y, créeme, la gente los comprará.

—Pero ¿de qué manera matará eso? Esas fórmulas están en la categoría de experimentales, pero tú y yo sabemos que algunas de ellas realmente funcionan mientras que otras... —Se interrumpió—. Dios mío, vas a alterarlas.

—Cada vez eres más lista.

—¿Vas a volverlas mortales?

—Ya las he alterado.

—No saldrá bien, Desmond. Lo único que tengo que hacer es enviar un aviso desde Armonía Biotec.

—Oh, vamos, Charlotte. En primer lugar, no sabes qué fórmulas he alterado y cuáles tengo intención de publicar. ¿Y cómo vas a enviar el aviso? ¿A través de las páginas de prensa? Hay millones de páginas de prensa, millones de salas de charla y millones de *websites*. Pregúntaselo a *Braveheart*, él te lo dirá.

—¿Por qué haces esto?

—¡Porque la empresa es mía por derecho! —rugió, sobresaltándoles! ¡Soy el único heredero de Richard Barclay! Armonía Biotec empezó con su hija. Cuando ella murió, debería haber pasado a mí.

—¡Dios mío, Desmond, eres retorcido! ¿Estás diciendo realmente que si no puedes tener la empresa la destruirás?

Él consultó su reloj.

—Decídete —espetó—. Son casi las seis. —Cruzó la habitación hasta un antiguo teléfono de pago que había colgado en la pared—. Te lo haré más fácil. Aquí tengo el número de las noticias del Canal Siete. Puedes efectuar tus declaraciones por teléfono.

Cuando Jonathan hizo un movimiento súbito hacia un armario que había junto a las máquinas de juego, Desmond dijo:

—Yo de ti no lo probaría. Quédate donde estás y mi mayordomo no se convertirá en Jean-Claude Van Damme. Con cuchillos. —Añadió con una sonrisa—: Parece esmirriado pero es cinturón negro en varias artes marciales.

—Desmond —dijo Charlotte casi suplicante—, Esto no tiene sentido. ¿Qué ganas con ello? En cualquiera de los dos casos, si hago la declaración o si te dejo publicar esas fórmulas... la compañía se arruinará. Perderás tu empleo, tu inversión, ¡probablemente esta casa! ¡Matar la empresa Armonía es como un suicidio!

Él levantó el auricular, lo contempló un momento; luego colgó y dijo:

—Bueno... hay una tercera posibilidad.

—¿Y cuál es?

—Que me cedas Armonía Biotec.

Un trueno retumbó y resonó. Las llamas de la chimenea bailaron a merced de una corriente invisible.

—Así que es eso —dijo Charlotte—. Eso es lo que perseguías. Quieres que te dé mi empresa.

—Es mía.

—Olvidas que también soy heredera de Armonía Perfecta. Y yo soy la mayor.

—¡Y yo soy el varón! —gritó él.

Echando una mirada a Jonathan, Charlotte dijo:

—De acuerdo, no discutiré eso ahora. Pero, por el amor de Dios, Des, ¿por qué no acudiste a mí en un principio? ¿Por qué mataste a personas inocentes? ¿Por qué esos ridículos mensajes? ¿Por qué esa estúpida rueda de prensa y el plazo?

—Bueno, en primer lugar, querida hermanita, no esperaba que dijeras: «Ah, bien, tienes razón, la empresa es tuya». También lo he hecho porque quería hacerte sufrir.

—¿Por qué?

—Porque tenías todo lo que yo no tenía.

—¿Cómo puedes decir eso? —exclamó ella.

—Tu abuela te quería, Charlotte. ¿Sabes cómo ha sido mi vida con Margo? ¿Hasta qué extremos llegaba para demostrar al mundo cuánto me quería? Aquellas grandes fiestas, poniéndome sólo a mí en nuestra tarjeta de Navidad anual, alardeando ante todo el mundo de lo magnífico que era su hijo. Durante mucho tiempo creí que mi nombre era «Eres adoptado pero». Ella empezaba así todas las frases. O decía: «Te queremos como si fueras nuestro». Me sentía como un perro extraviado que ella hubiera acogido.

Contempló el vaso que tenía en la mano.

—Creo —dijo con voz suave— que si hubiera sabido que era un auténtico Barclay, el nieto del gran Richard Barclay, creo que habría podido amarme.

Alzó los ojos hacia Charlotte.

—Esa casa también debería haber ido a parar a mí. En cambio, la vieja te la dejó a ti y tú no la quisiste y la vendiste a unos extraños.

—Se la ofrecí a Margo y Adrian —dijo ella.

—¡Ofreciste vendérsela! —volvió a gritar—. ¡Intentaste venderles lo que ya les pertenecía... lo que me pertenecía a mí!

—Desmond, escucha, podemos arreglar esto...

—No me des órdenes, Charlotte. Y no, no podemos «arreglar esto». Cédeme todo el control o destruiré la empresa Armonía y a ti.

—Desmond —intervino Jonathan, con un ojo puesto en el mayordomo—, que yo recuerde, nunca tuviste mucho tiempo para la informática. Estoy impresionado. Al parecer has recibido clases. Eres consciente, por supuesto, de que transmitir aunque sólo sea una fórmula por Internet te llevaría días, o incluso semanas, para que llegara al número de personas al que tú deseas que llegue.

—Jonathan tiene razón, Des —se apresuró a convenir Charlotte—. No tienes capacidad para hacerlo.

Desmond miró primero a Charlotte y después a Jonathan; y luego, lentamente, sonrió.

—Ah, ¿y es aquí donde se supone que digo: «En realidad, tengo preparada una pequeña demostración»? Me acerco a mi ordenador y digo: «¡Observad!», transmito una fórmula y los federales entran corriendo por esa puerta. ¿Es eso lo que habéis planeado? Por Dios, qué diáfana puedes ser a veces, Charlotte. ¿Has oído hablar alguna vez de *spamming*. ¿*Hot keys*? ¿Macros? ¿Envíos cruzados? Tecleo una orden de tres teclas y antes de que tengas tiempo de decir: «Ahí van los beneficios», la preciada fórmula GB4204 de Charlotte ha llegado a medio millón de direcciones.

Jonathan lanzó una mirada de precaución a Charlotte.

—Supongo que has estado tomando lecciones, Des —dijo mientras mentalmente calculaba la distancia que le separaba del armario cerrado hacia donde Desmond no dejaba de mirar.

—Bueno, tener un hijo de diecisiete años que ha estado pegado a un ordenador desde que salió del vientre de su madre sin duda me ha servido de ayuda. La primera vez en la vida que ese muchacho se da cuenta de que tiene padre.

—Realmente no crees que vas a conseguirlo, ¿verdad? —dijo Jonathan, una mano en el brazo de Charlotte, indicándole que diera despacio un paso atrás—. Enviar por Internet propiedad intelectual, como por ejemplo una fórmula registrada robada, es un delito federal.

Desmond le echó una mirada fulminante.

—Y tú tampoco me des órdenes. Sé lo que es legal y lo que no lo es. Podría argumentar que, como tengo parte de la propiedad de la empresa, sólo cogería lo que es mío. Y además, una vez alterada la fórmula, ¿sigue siendo una fórmula de Armonía? Una pregunta interesante, creo. Pero ahora no tenemos tiempo de hablar de eso. —Cogió un montón de documentos legales, grapados y encuadernados con unas tapas azules—. Me he tomado la libertad de redactarlo todo. Lo único que tienes que hacer, Charlotte, es firmar en la línea de puntos.

Ella clavó la vista en los papeles como si le estuviera tendiendo una serpiente.

—¡No hablarás en serio!

—Absolutamente en serio, hermanita. Firma los papeles y tú y *Braveheart* podéis marcharos a casa, felices pensando que habéis salvado miles de vidas... y las vuestras también.

—Me sorprende que tengas tantas ansias de poder. Nunca me había dado la impresión de que te interesara tanto llegar a dirigir la empresa.

—No creo que Desmond quiera dirigir la empresa —declaró Jonathan con calma, alejándose un poco más.

—¿Qué quieres decir? —preguntó Charlotte.

—No vas desencaminado, *Braveheart*. Desmond se encogió de hombros—. Supongo que no sirve de nada mantenerlo en secreto. Si quieres saberlo, hermanita, tengo intención de venderla.

—¡Venderla!

—¿Crees que no sé que Synatech se puso en contacto contigo hace unos ocho meses para hacerte una oferta de compra? Una oferta, añadiría yo, que habría supuesto una buena cantidad de dinero para tus bolsillos. Bueno, como he dicho, he hablado con ellos...

De pronto sonaron en toda la casa las campanillas del timbre de la puerta. En cuanto el mayordomo desapareció, Jonathan cruzó la sala con grandes pasos hacia el armario cerrado. Un momento más tarde regresó el mayordomo.

—Señor Barclay —empezó a decir.

Inmediatamente detrás de él apareció Valerius Knight.

—Oh, Dios mío —murmuró Desmond, dejando su vaso—. Ha llegado Elliot Ness.

Knight se acercó a él, con un ordenador portátil en la mano.

—¿Es su ordenador personal, señor Barclay?

—¿Qué hace usted con eso?

—¿Quiere hacer el favor de identificarlo?

Desmond vaciló. Luego dijo:

—Es evidente que ya lo saben.

—Sí o no, por favor.

—Claro que es mío.

—Señor Barclay, queda usted detenido por sospechoso de manipulación de producto y conspiración para cometer fraude...

—¿Qué?

Dos agentes con impermeables mojados se pusieron al instante a ambos lados de Desmond, le cogieron las muñecas y le pusieron las esposas.

—Queda arrestado —prosiguió Knight— por sospechoso de espionaje industrial, fraude y piratería.

—¡Un momento! ¿Qué pruebas tienen?

—La prueba está aquí, señor Barclay —dijo Knight, mostrándole el ordenador.

Desmond sonrió.

—Muéstreme un solo fichero de ese ordenador.

—Puedo enseñarle treinta y ocho —declaró Knight mostrándole un disquete—. Estos ficheros fueron borrados del directorio, por supuesto, pero los hemos encontrado. Todavía estaban en el disco duro.

—Parece que Robbie no te enseñó lo suficiente —intervino Jonathan mientras pasaba los dedos por la superficie del armario.

—Llévese el ordenador —dijo Desmond encogiéndose de hombros—. No me importa. No tienen ninguna prueba de nada. Pero, realmente, Charlotte, me has decepcionado. Te he advertido que no avisaras a los federales. Ahora tendré que cumplir mi amenaza.

—Bueno, técnicamente —dijo Jonathan— no ha sido Charlotte quien ha alertado a Knight de tu ordenador escondido. He sido yo. También ha sido idea mía que hiciera que su técnico utilizara un programa para encontrar ficheros borrados.

—No importa —dijo Desmond—. Arrestarme no me detendrá. Estaré en la calle dentro de unos días, quizá dentro de unas horas. Y entonces haré que tú y Charlotte deséis no haber... Eh, ¿adónde vais vosotros?

A una señal de Jonathan, otros dos hombres de Knight entraron en la habitación y se dirigieron hacia el armario, el cual abrieron dejando al descubierto un centro de juegos informáticos. De inmediato se pusieron a etiquetar los cables, los hilos y los enchufes, con celeridad, en silencio, como habían hecho en los despachos de Armonía Biotec. Cuando desconectaron la unidad central de la pantalla, Desmond protestó:

—No pueden llevarse eso.

Knight se acercó a él con dos zancadas y le mostró un papel para que Desmond lo leyera.

—Tenemos autorización para llevarnos todo el equipo que sea sospechoso, señor Barclay.

Desmond se echó a reír.

—Adelante. Ese disco duro tiene cuatro *gigs*, por cierto. Muchos ficheros para examinar. A ver, quizá haya guardado las fórmulas robadas en «Cartas a tía Matilda». O quizá están alojados en algún lugar de mi directorio de recursos AlphaWorld. ¡Eh! ¡«Impuestos de los años 1986-1996»! ¡Ése sí que es un fichero grande!

—Por alguna razón, Desmond —intervino Jonathan cuando se reunió con los agentes ante el armario del ordenador, abriendo cajones e inspeccionando estantes—, no creo que seas tan estúpido como para guardar las fórmulas robadas en tu disco duro.

—¿Quieres examinar mis disquetes? —preguntó Desmond—. Abre ese armario. Sí, ése.

Jonathan abrió una puerta y quedaron expuestos unos estantes atestados de juegos, equipo de deporte y, en la parte inferior, cajas de zapatos llenas de disquetes.

—Sírvete tú mismo —dijo Desmond con una sonrisa ligeramente triunfante.

Jonathan intercambió una mirada con Charlotte; ambos pensaban lo mismo: tardarían semanas o meses en revisar todos aquellos ficheros.

Knight se acercó, se detuvo y echó un vistazo a las cajas.

—Dios mío —exclamó.

—No saben cómo me estoy divirtiendo —dijo Desmond.

Los ojos de Jonathan examinaron los estantes, pasando los ojos por las cajas de un viejo Monopoly y de un Cluedo, un rompecabezas de quinientas piezas, un Intelect y unas damas. Cuando sus ojos se posaron en una caja decorada con vistosos dragones y brujos, la sacó.

—Veo que ahora juegas a juegos de ordenador, Des —dijo sosteniendo en alto la caja—. Recuerdo que solías burlarte de mí por jugar a *Pong* y a *Asteroides*. ¿En qué nivel estás?

—¿Eh?

Jonathan sacudió la caja, la abrió, dejó caer el disquete en su mano abierta.

—¿Ya has llegado a *Dragonmaster*?

Desmond carraspeó.

—No es mío. Es de mi hijo. Juega cuando me viene a visitar los fines de semana.

Jonathan dio la vuelta a la caja, examinándola.

—Deberías comprarle a tu hijo cosas más nuevas. Esta versión es vieja. Los juegos ya no vienen en disquetes. ¿O no lo sabías?

—Desmond —dijo Charlotte—, sé que Robbie consiguió este juego cuando estaba en séptimo grado. No creo que juegue con él en estos momentos.

Desmond se encogió de hombros, un gesto nervioso, rápido.

—¿Y yo qué sé con qué juega ahora? Quizá no lo ha tocado en años. Ese armario está lleno de juegos viejos.

Jonathan hizo girar el disquete en sus manos y luego lo sostuvo ante la luz.

—Me pregunto si éste ha sido utilizado para escribir en él. No parece que esté protegido.

—Es un maldito juego de ordenador —dijo Desmond, empezando a percibirse una nota de pánico en su voz.

—Los discos de juegos pueden alterarse —dijo Jonathan—. Me pregunto si esas fórmulas confidenciales no podrían estar escondidas en algún lugar en *Mordred's Castlekeep*. ¿O quizá están enterradas bajo el lago de *Khalila's Sorrow*?

Valerius Knight alargó el brazo y cogió la caja del juego y el disquete de las manos de Jonathan.

—Siempre he querido probar un juego de ordenador —dijo—. Éste me parece bastante sencillo.

—Oiga... —empezó a decir Desmond.

Volvieron a sonar las campanillas del timbre de la puerta, y unos instantes después aparecieron Margo y Adrian.

—¿Qué está pasando aquí? —atronó el padre de Desmond—. Acabamos de recibir una llamada de Sung para decirnos que viniéramos aquí enseguida. Ha dicho que era una emergencia.

—Al parecer me están arrestando —explicó Desmond.

—¿Qué?

—Es un error, padre. No te preocupes.

—¿Con qué motivo te arrestan, por el amor de Dios?

—Dicen que soy el culpable de haber manipulado los productos.

Adrian clavó los ojos en su hijo.

—¿Eres el responsable de esos cuatro envenenamientos, Desmond?

—Claro que no —respondió en su lugar Margo con voz áspera—. La policía ya ha arrestado al responsable.

—Sí, pero tú contrataste a Rusty Brown, ¿verdad, Desmond? —dijo Charlotte—. La señora Ferguson lo atestiguará.

Adrian miró con ceño a los agentes que desenchufaban el ordenador y lo envolvían en plástico. Luego se volvió a Desmond.

—No estás en tus cabales. ¿Contrataste a sabiendas a un hombre con antecedentes penales? ¿Por qué diablos lo hiciste?

Desmond se encogió de hombros.

—Quería darle una oportunidad de ver el error que había cometido, una oportunidad de rehabilitarse. Es un buen técnico, conoce bien su trabajo.

—Desmond —dijo Charlotte—, contrataste a propósito a Brown por sus antecedentes. Conociste su existencia por los periódicos, leíste lo de su detención y juicio y cuando salió de la cárcel le llamaste y le ofreciste un empleo. ¿Le hiciste grandes promesas, Desmond? ¿Fue así cómo le manipulaste? Y luego, cuando estaba bebiendo en el Coyote Bar Grill, después de que le negaran un aumento, le metiste en la cabeza la idea de vengarse.

—Una fantasía interesante —dijo Desmond con una carcajada poco convincente.

Jonathan revolvió en el armario, sacando cajas de zapatos llenas de disquetes, apartando esquíes y pelotas de fútbol, hasta que vio algo apretado contra la parte de atrás.

—¿Esto es fantasía? —preguntó, mostrando la falsa barba y la gorra de béisbol con una cola de caballo—. El portero de noche declaró que el hombre que invitó a beber a Rusty Brown llevaba barba y cola de caballo.

—¡Esto es ridículo! —exclamó Adrian—. ¿Y qué motivos tendría Desmond para querer destruir la empresa?

—Porque descubrió —dijo Charlotte— que Iris Lee era su madre.

Los dos Barclay se miraron unos instantes. Luego Margo dijo:

—No te creo.

—Es cierto —se oyó otra voz en la habitación—. Iris era la madre de Desmond.

Todos se volvieron para ver la figura que acababa de llegar.

Se oyó un jadeo colectivo.

—¡Abuela! —exclamó Charlotte.

21

6,00. Palm Springs, California

Todos me miraron como si estuvieran viendo a un fantasma.

Quizá así era. Yo había regresado del mundo de los muertos, no les había dado tiempo para prepararse.

Desmond, esposado, se había quedado blanco como su atuendo y su padre rojo como una amapola. Margo se limitó a mirarme con una expresión inescrutable —como Olivia me había mirado muchos años atrás— mientras Charlotte, perpleja, tenía la vista clavada en mí y Jonathan, recuperándose de la impresión, empezaba a sonreír.

Él fue la primera persona a la que saludé; Jonathan, que se había hecho un hombre muy guapo. Le besé en ambas mejillas y le dije que me alegraba de verle de nuevo.

Él sonrió y dijo:

—Lamento haberme perdido su funeral, señora Lee.

Siempre me gustó su sentido del humor. No me extraña que mi nieta se enamorara de él. No ha parecido sorprenderse tanto de verme como los otros. Recuerdo que una vez me dijo que su abuela era «clarividente», que tenía lo que se llama el «tercer ojo». Quizá él heredó este conocimiento secreto.

—Charlotte —dije a continuación, abrazándola aunque estaba rígida como un árbol, con la boca abierta de par en par como un hueco en la corteza. Como Charlotte siempre lo ha sabido todo, desde que era muy pequeña, me divertía ver que había algo que no sabía, para variar.

—Abuela —repitió, como un disco rayado. Me rodeó con sus brazos y dijo—: Creía que estabas muerta y estás viva.

Sentí sus lágrimas en mi cuello y sus brazos en torno a mí. La abracé también.

Adrian, que nunca aprendió elegancia, exclamó:

—¡Qué diantres! ¡Tú estás muerta!

—¿Es una orden? —pregunté, entrando en la sala de juegos de Desmond que siempre me había recordado una nave espacial—. ¿He roto una norma de etiqueta, Adrian?

—Armonía —dijo Margo—, qué agradable sorpresa.

Siempre fue mala mentirosa, pero creo que es porque nunca tuvo intención de hacerlo bien.

Y entonces todos se precipitaron a mí a la vez —los policías, Desmond, sus padres, el mayordomo con chaqueta blanca— las manos abiertas como si yo fuera un premio al final de una carrera. «¡Abuela - señora Lee - señora - Armonía!» La llamaban todos los nombres que se les ocurrieron como si pelearan por el honor de escoltarme hasta un asiento. ¿No veían que no era ninguna inválida? Tenía ochenta y nueve años (noventa y uno para ellos) pero llevaba mi bastón y gozaba del apoyo del brazo del señor Sung, quien me condujo a un sofá incorporado en la pared y parte del suelo y en el que resultaba imposible sentarse. Cuando me incliné, con la ayuda del policía africano y Jonathan, para sentarme en los grandes cojines, dije a Desmond:

—Aquí hay mal *feng shui*. No habría que sentarse más bajo que la altura de las rodillas.

Todos rieron, una risa nerviosa, porque ¿cómo se trata a un fantasma? Tomaron posiciones como si fueran actores esperando a que se levantara el telón. El señor Knight, a quien el señor Sung me había descrito, parecía complacido, enojado y confuso al mismo tiempo, apoyado en una palmera de cristal con burbujas de agua que flotaban hacia arriba en el centro de su tronco rosa. Le miré a los ojos y vi una aguda inteligencia detrás de ellos, una mente que trabajaba con rapidez, clasificando, tomando decisiones. Vi a un hombre inclinado a la venganza que ya estaba viendo cómo podía encajar esta nueva situación en su esquema particular para destruir las medicinas que no habían logrado salvar a su hijo. Supe que, una vez más, como había ocurrido en 1936 cuando emprendí la batalla contra el padre del señor Sung, mi empresa iba a aparecer en los titulares de los periódicos.

—Bueno, ¿qué?—dijo Adrian con su brusquedad acostumbrada—, ¿no vas a decirnos qué es todo esto?

Debo confesar que Adrian nunca me había gustado, aunque era

hijo de mi amado Gideon. Adrian tiene más de Olivia que de su padre. Y Olivia tampoco me gustó nunca.

Margo hurgó en su bolso de piel de cocodrilo, sacó una cigarrera de oro, encendió un cigarrillo con un encendedor de oro con su monograma del mismo modo en que había visto a Olivia hacerlo en tantas ocasiones.

—Hable —dijo después de tragarse el humo y soltarlo, hablando a través de la pantalla de humo como siempre hacía Olivia—. Esto es un lío.

—Fingí mi muerte —expliqué.

—Bueno, eso es evidente —espetó Desmond, en tono parecido al de Adrian aunque en realidad no fueran padre e hijo.

Me detuve para examinar los rostros de los que me rodeaban, para calibrar la felicidad de algunos, la ira de otros. Sentí la mirada escrutadora de Valerius Knight, un agente del gobierno inteligente y decidido que observaba con expresión de cautela a esta vieja china de cabello blanco vestida con un modesto *cheongsam*. Vi en sus ojos que no me consideraba intrascendente, como habrían hecho otros.

—Fingí mi muerte —repetí— porque necesitaba estar segura de que después de morir yo la empresa estaría a salvo.

Me volví a Desmond.

—No confiaba en ti. Aquel día en que te dije que Iris era tu madre, vi que se operaba en ti un cambio que era como una enfermedad progresiva, como la gangrena que va corroyendo un miembro. La maldad se había apoderado de ti, Desmond. Ahora que sabías que eras mi nieto, yo sabía que esperarías que te dejara una parte importante de la empresa. Pero no podía hacerlo. Eres un irresponsable, Desmond, no quieres Armonía como Charlotte. Si te hubiera dejado una parte importante, ¿habrías estado dispuesto a compartir el poder con Charlotte? Creo que no.

—Siempre creíste saberlo todo —me replicó este joven insolente.

Así que le dije lo que sabía:

—Tengo la buena suerte de que el señor Sung disfrute de una relación mutuamente respetuosa con un abogado de una empresa farmacéutica llamada Synatech Corporation. Quizá ese nombre te resulta familiar, Desmond.

Vi que apretaba la mandíbula, lo que me hizo suponer que mi conjetura era correcta. Mi nieto había planeado vender el trabajo de mi vida a un competidor que sólo quería mi nombre y mis laboratorios.

Una empresa que permitiría que el vino Loto Dorado y el bálsamo Mei-ling desaparecieran de los estantes de las farmacias.

—Pero ¿por qué esta charada, abuela? —preguntó Charlotte—. ¿Por qué no te limitaste a avisarme? Podías haber confiado en mí.

—¿Qué pruebas tenía de que tú o la empresa corríais peligro por parte de Desmond? No era más que la intuición de una anciana. Desmond habría esperado a que yo muriera para poner en práctica su codicioso plan, pero yo no podía esperar tanto. Tenía que saberlo. Una vez me hubiera marchado y tú estuvieras sola, no podría ayudarte. Así que decidí morir pronto para de este modo poder hacerlo.

—¿Con ayuda del señor Sung? —preguntó Charlotte.

—Lo siento —dijo el anciano abogado—. Me resultó difícil. Pero había dado mi palabra a tu abuela.

—¿El accidente de barco?

—No hubo barco ni naufragio.

—¿Y el ataúd que está enterrado en el cementerio de San Francisco? —preguntó Margo, con una expresión como si hubiera mordido algo amargo.

—Está vacío, por supuesto.

—Dios mío —murmuró Adrian dirigiéndose hacia el bar y cogiendo una botella de Jack Daniel's. Se sirvió un pequeño vaso y casi se lo arrojó a la garganta, como si apuntara a un blanco. Luego se sirvió otro y volvió a apuntar.

—Son las seis de la mañana, Adrian —observó Margo con sequedad.

—¿Ah, sí? Vengo aquí y veo a una mujer muerta caminando y hablando, una mujer, por el amor de Dios, a cuyo funeral asistí...

Se interrumpió, miró a su esposa a los ojos y dócilmente dejó el vaso. Yo conocía la aversión que sentía Margo por el alcohol y sabía por qué. Gideon me había contado que cuando Margo era una niña se despertaba chillando. Conocía el dolor y la vergüenza que había sufrido, y por esa razón toleraba yo a Margo, aunque muchas veces Charlotte había declarado que no entendía por qué dejaba que la mujer de Adrian me pisara, como ella decía.

Margo desvió sus ojos hacia mí.

—La insistencia del señor Sung en que el féretro fuera cerrado me pareció bastante forzada.

—Y después descubro —prosiguió Adrian— que mi hijo adoptivo en realidad es mi... un momento, dejadme calcular...

—Desmond —dije— es el biznieto de tu abuelo, Richard Barclay.

—¿Y no es también —intervino Margo a través de un velo de humo del cigarrillo— nieto de Gideon Barclay, el padre de Adrian?

Comprendí lo que quería decir. Yo estaba siguiendo el linaje de Desmond a través de mi descendencia de Richard Barclay. Pero existía el secreto latente de que Iris no era hija del señor Lee sino de Gideon.

—Me está entrando dolor de cabeza —murmuró Adrian.

—Abuela —dijo Charlotte—, la caja rompecabezas que me ha dado el señor Sung, venía de ti, ¿no?

—Quería guiarte en la dirección correcta.

—Me habría ido bien un poco más de ayuda.

—¿Cómo querías que te diera pistas más consistentes? Entonces habrías sabido que estaba viva y Desmond habría ocultado su enfermedad...

—Bueno, ¿cuáles son exactamente los cargos contra mi hijo? —interrumpió Adrian dirigéndose a Knight, y mientras el agente federal señalaba con paciencia al padre de Desmond el alcance de sus supuestos crímenes, vi que la vergüenza crecía en los ojos del hijo y la admiración en los del padre—. ¿Tú has hecho todo esto? —dijo Adrian con asombro. Y alzó una mano con gesto rápido—. No, no me respondas a eso, hijo. No delante de estos agentes. —Una sonrisa asomó a los labios de Adrian—. Pero, Dios mío, quienquiera que lo haya ideado tiene que ser muy listo. Tuvimos a... ¿cuántos agentes federales nos invadieron anoche?

Desmond miró a su padre con desconcierto. Yo comprendí lo que Adrian no comprendía: que Desmond había creído que sus padres estarían avergonzados y furiosos. Y sin embargo había que ver a Margo y Adrian, sonriendo ante su hijo con orgullo.

—¿Por qué no estáis furiosos conmigo? —preguntó Desmond con aire de niño pequeño.

—¿Por qué íbamos a estarlo? —preguntó a su vez Adrian.

—¡Porque esto demuestra que, al fin y al cabo, soy un perdedor, tal como tú has pensado toda mi vida!

Adrian parpadeó al ver la confusión de su hijo.

—¿Qué te hace pensar que yo tenía esa idea?

—Lo leí en una carta —reveló Demsond—. ¡Se lo escribiste a mamá hace veinticinco años! Le decías lo terrible que era para un padre tener a un perdedor por hijo.

Un silencio de asombro siguió a sus palabras mientras los padres de Desmond le miraban fijamente, y luego se miraban uno a otro. Vi perplejidad en el rostro de Adrian, pero al cabo de un momento fue como si estuviera produciéndose un amanecer, como si la luz inundara sus oscuras facciones y en sus ojos asomara la comprensión.

—Recuerdo esa carta —dijo Adrian—. Pero, Desmond, no me refería a ti. ¡Hablaba de mí mismo!

Me di cuenta de que me tocaba a mí hablar, pues sabía desde hacía años que Adrian se comparaba con su padre.

—Gideon nunca te consideró un perdedor, como tú dices —declaré—. Te lo parecía a ti. Gideon te quería mucho y estaba orgulloso de ti.

—Armonía —dijo Adrian, también con aire de niño—, ¿sabes lo que les ocurre a las plantas que crecen en la sombra?

—Algunas florecen.

—Cuando tenía siete u ocho años, estaba orgulloso de saber que mi padre había construido una carretera de emergencia para evacuar refugiados. Cuando tenía diez y los periodistas venían a entrevistarle, yo me ponía como un pavo real oyéndole responder a sus preguntas. Cuando la revista *Life* vino para fotografiarle y yo tenía doce años, me dije que algún día yo sería como él. Y después, cuando tenía trece y comprendí el verdadero significado de sus medallas de guerra, empecé a pensar que intentaría ser como él. Cuando le entrevistó Edward R. Murrow en la televisión, empecé a preguntarme si alguna vez podría llegar a ser como él. Y por fin empecé a pensar que era imposible que llegara a serlo.

—Eso no lo hizo Gideon —le recordé—, sino tú mismo. Igual que —me volví a Desmond— tú leíste una carta que no estaba destinada a ti y leíste palabras que no se referían a ti pero las interpretaste así, y sobre esas palabras montaste tu vida.

Otro silencio siguió a mis palabras, esta vez lleno de mudos interrogantes de un centenar de preguntas no formuladas. Incluso el agente Knight, aquel hombre sólido como una roca, daba la impresión de estar inseguro, buscando entre las burbujas rosa que flotaban en aquella ridícula palmera su propio lugar en este drama.

—Bueno, señora Lee —dijo Jonathan al fin, para romper el silencio—, no cabe duda de que planeó esto muy bien.

—No tan bien —dijo Charlotte de pronto—. Abuela, ¡vendí la casa! No la conservé.

No pude por menos de sonreír. ¿No había reflexionado sobre este asunto mi nieta, que siempre lo sabía todo?

—Fui yo quien compró la casa, Charlotte. Yo soy el comprador al que nunca conociste.

—Bueno, ¿y ahora qué? —dijo Adrian—. ¿Quién es ahora el propietario de la empresa?

Margo se reunió con su esposo en la barra y le rodeó la cintura con un brazo.

—Todavía no es nuestra, cariño —dijo con un suspiro.

Charlotte se me acercó y se sentó a mi lado en aquel sofá bajo.

—Tengo tantas preguntas —dijo mi nieta quien en otra época tenía todas las respuestas—. ¿Qué le ocurrió a mi madre? ¿Murió después de caerse por la escalera?

—No. Eso fue otra historia para proteger el honor de Iris. Gideon y yo por fin la ingresamos en una institución.

—¡Una institución! —exclamaron todos al unísono, como si hubiera dicho que la había enterrado viva.

—Las monjas católicas cuidaron bien de ella, y creo que fue feliz hasta que murió.

—¿O sea que está muerta?

—Iris vivió hasta los sesenta.

—Pero... ¡si sólo hace ocho años de eso! —dijo Charlotte—. Todo este tiempo mi madre estaba viva y tú no me lo dijiste.

—Quise hacerlo, Charlotte, muchas veces...

La muchacha se levantó de un salto como si el sofá estuviera ardiendo.

—¿Por qué tantos secretos, abuela? —preguntó irritada. Me miró con los ojos llenos de reproche—. Todos estos años sabías que Desmond era mi hermano y no me lo dijiste.

¿Iba a aliviar su dolor por lo que iba a decir a continuación, o le causaría aún más daño? No importaba; había llegado el momento de decirlo.

—Desmond no es tu hermano, Charlotte —dije.

—¿Qué? —exclamó Desmond—. ¿Quieres decir que me mentiste?

Alcé una mano.

—No te mentí, Desmond. Mi hija Iris era tu madre. —Entonces me volví a Charlotte y dije con toda la suavidad de que fui capaz—. Pero Desmond no es tu hermano, Charlotte. Es tu sobrino. Iris no era tu madre, era tu hermana.

Charlotte frunció el entrecejo como solía hacer cuando trataba de abrir una caja rompecabezas cuando era pequeña.

—No te entiendo.

—Charlotte —dije—, soy tu madre.

El silencio de once personas descendió en aquella habitación que me recordaba una nave espacial. Incluso el señor Sung, que conocía y había guardado mi secreto todos esos años, se quedó sin habla. Y los policías, que no conocían la historia de nuestra familia, se quedaron mudos de asombro pues percibían que se acababa de efectuar una gran revelación.

—La noche en que Gideon fue a mi casa —proseguí—, la noche antes de que Iris y yo nos marcháramos a Hawai, se quedó conmigo y me consoló. Y luego, al día siguiente, se fue a Hawai con nosotras, donde nació el bebé de Iris y donde lo enterramos después de que viviera sólo dos horas. Charlotte, yo tenía cuarenta y nueve años, no creía que pudiera quedar embarazada. Pero resultó que sí podía, y tú naciste dos meses después del hijo de Iris. Cuando te trajimos a casa, dijimos a todo el mundo que eras la hija de mi hija.

Vi que los ojos de Charlotte se llenaban de admiración, aquellos ojos verdes que había heredado de Richard Barclay.

—¿Entonces quieres decir que mi padre...?

—Era Gideon. Recuerdo, Charlotte, aquellos años hace mucho tiempo, en que me decías que no te quería. Porque era estricta y protectora contigo, decías que no te quería. Sí te quería, y aún te quiero, Charlotte, más que a mi propia vida, porque tú eres la hija del amor que me dio mi amado Gideon.

Tendí mi mano a Jonathan, que me ayudó a levantarme de aquel sofá de mala suerte, y me acerqué a Desmond, quien estaba de pie entre dos policías.

—Tú eres mi nieto —dije—. Yo te traje a este mundo. Mis manos fueron las primeras que te tocaron. Te quise desde el momento en que naciste. Quizá debería haberte dejado conmigo, como hice con Charlotte. Pero creí que tendrías una vida mejor siendo un Barclay. Tal vez cometí un error ocultando tu verdadera identidad, pero lo hice por ti, Desmond. Tienes algo chino, Desmond, y en aquella época aún existían prejuicios.

Alargué el brazo para acariciar la mejilla que había tocado por primera vez treinta y ocho años antes, cuando le saqué del vientre de mi hija.

—Has utilizado mi empresa —dije— y mi nombre para tu propio provecho egoísta. Y has quitado vidas inocentes. No puedo seguir llamándote nieto.

Me volví.

—Y ahora las muertes de esas tres mujeres están en mi alma.

—Desmond lo habría hecho de todos modos —dijo Charlotte con amargura.

—No si le hubiera dejado la empresa a él. No sabía que Desmond recurriría al asesinato. Si lo hubiera sabido le habría entregado a él la empresa, así. —Extendí las manos para formar la imagen de una bandeja.

—Pero no lo sabías, abuela, nadie lo sabía. Si no hubieras fingido tu muerte, habría muerto gente inocente de todos modos. En realidad, habrían muerto miles. Pero como aún estabas viva, has podido guiarme, conducirme hasta él, y hemos podido impedirle que mate a esos miles.

—Si no es mucho pedir —intervino Adrian—, ¿qué ocurrirá ahora? ¿Alguien haría el favor de decir quién demonios es el propietario de la empresa?

Miré a este hombre que era el hijo de Gideon, pero que no tenía nada de su padre, y vi la vida infeliz que había vivido persiguiendo riquezas porque se sentía inferior, y porque creía que con el dinero conseguiría orgullo.

—Quieres saber lo que ocurrirá con el dinero de tus inversores. El dinero que robaste.

—Tú no entiendes de altas finazas, Armonía. Nunca lo has hecho.

Pensé en aquel día en el muelle en que vimos partir a Gideon hacia la guerra, y Olivia me prometió que me arrebataría mi casa. Recuerdo la expresión en el rostro de su hijo, un rostro hambriento incluso entonces, a los trece años, pero que ya creía que únicamente la posesión de la riqueza de los demás le otorgarían valor a los ojos de su padre. «Altas finanzas» era como Adrian denominaba al robo.

—La empresa pertenece a mi hija —dije—. Juntas trabajaremos para devolver el honor a Productos Armonía.

Valerius Knight y sus oficiales se llevaron a mi nieto, seguidos de Adrian y Margo, que aseguraban a Desmond que contratarían a los mejores abogados. Y cuando se hubieron marchado, Charlotte dijo:

—Abuela, quiero hacerte una pregunta.

—¿Sólo una? —dije con una sonrisa.

—Mi nombre chino. Siempre pensé que me lo había puesto Iris. Odiaba ese nombre.

—Ya lo sé, Charlotte. Cuando me enseñaste el libro de cuentos y dijiste que querrías llevar el nombre de aquella niña, dije que podríamos cambiarlo.

—Aunque ahora me doy cuenta de que me lo pusiste tú.

Meneé la cabeza.

—No fui yo quien te puso tu nombre chino. Fue tu padre, Gideon.

—¿Él?

—Es lo que tú eras para él. La noche en que naciste, te sostuvo en sus brazos, te miró sonriendo y dijo: «Eres un soplo de alegría para mí». Y esto es lo que pusieron en tu certificado de nacimiento. Era un nombre chino afortunado: Soplo de Alegría.

—¿Sabes lo que me resulta extraño? —dijo despacio, a su manera americana—. Hace años, cuando en Chinatown tocaste fondo, oíste a tu madre que te habló, ¿lo recuerdas?

¿Cómo iba a olvidarlo?

—Tú creíste que era la prueba de que había muerto. Y más tarde te enteraste por el reverendo Peterson de que en aquella época ella todavía vivía. Anoche, cuando oí la voz que me prevenía del té, creí que era la voz de mi madre que me hablaba desde el otro mundo. Y ahora descubro que mi madre también está viva. Me avisaste de que el té estaba envenenado y no estabas muerta.

—No podía permitir que lo bebieras.

—Pero ¿cómo lo sabías?

—Mantenía vigilia ante mi altar de Kwan Yin, esperando el resultado de esta larga noche. Había encendido un pebete y mientras el perfumado incienso me llenaba la cabeza, tuve una visión: eras tú, llevándote una taza a los labios. Supe que el té estaba envenenado. Y por eso te envié un aviso desde mi corazón.

Entonces oímos un trueno, que se desvaneció como un invitado que se marcha malhumorado de una fiesta. Miré a través de los muros de cristal de la casa de Desmond y vi que la tormenta empezaba a amainar y estaba amaneciendo. Era de día; la oscura noche había terminado.

Pero quedaba un último secreto por revelar.

—Abuela —dijo Charlotte—, antes de que te marcharas te dije cosas terribles. Siento mucho lo que dije.

Me volví a mi hija y volví a abrazarla, diciendo:

—Charlotte, no oí nada.

—Abuela —dijo ella con voz suave, cogiéndome las manos—. Madre. No sé qué decir, cómo llamarte. Después del funeral lloré noches enteras. Mi abuela, que había sido como una madre para mí, había muerto. Pero ahora está viva, mi madre que fue como una abuela para mí.

Dije:

—Cuántas veces estuve a punto de llamarte «hija». Y cuántas veces me preguntabas por tu madre y yo tenía que mentirte... y cada mentira era como una roca en mi corazón hasta que mi corazón resultó una carga demasiado pesada.

Charlotte bajó la mirada a nuestras manos entrelazadas. ¿En qué pensaba cuando veía estos envejecidos dedos que en otro tiempo mezclaban medicinas, traían niños al mundo, acariciaban a Gideon con amor y secaban sus propias lágrimas cuando era una niña?

—Durante años —dijo con voz suave—, te miré como si te hallaras al otro lado de un gran abismo. Yo estaba en un saliente y tú en otro. No había ningún puente que nos conectara, ninguna relación madre/hija que nos uniera. Faltaba un peldaño y tú parecías inalcanzable. —Charlotte alzó los ojos de Richard Barclay a mí y cuando habló oí las voces de muchas Charlottes —la niña pequeña, la adolescente, la joven, la adulta madura—, todas esas hijas que anhelaban tener una madre—. ¿Por qué nunca me lo dijiste?

—¿Y cuándo lo hubiera hecho? —dije—. ¿Cuando tenías siete años? ¿Cómo le dices a un niño que su abuela en realidad es su madre y que su padre es el marido de su tía Olivia? ¿Te lo decía cuando eras adolescente, cuando estaba intentando enseñarte moral, honor y respeto de una misma? Charlotte, guardé el secreto por muchas razones. ¿Cómo iba a decírtelo a ti y a nadie más? ¿Habrías podido llevar esa carga, si los Barclay no lo sabían? —Aparté mis manos de las suyas y las puse sobre sus mejillas—. ¿Crees que fue fácil para mí? ¿Sabes qué supone para una mujer tener a sus hijos en brazos y saber que nunca podrán llamarla «madre»?

—¡Pero habríamos estado más unidas! —protestó ella—. Siempre noté que había cierta distancia entre tú y yo. Y tú siempre estabas en la fábrica...

Por fin lo había sacado, lo que le causaba el dolor más profundo a Charlotte. Y ahora había llegado el momento de revelar mi último secreto.

—Tengo que decirte algo.

Volvimos a sentarnos en aquel sofá que nos obligaba a tener las rodillas altas, me volví a mi hija y dije:

—Sé que sentías resentimiento porque la fábrica me apartaba de ti. Pero tenía que estar allí, Charlotte. Verás, cuando el reverendo Peterson me escribió aquella carta hablándome de mi madre, olvidó decirme una cosa importante. Olvidó decirme que mi madre no había muerto en Singapur.

Vi los ojos de Charlotte fijos en mí, y percibí que Jonathan también se sentaba a mi lado, cerca.

—Cuando recibí aquella carta en 1957 —empecé a contar con voz suave, reviviendo aquel agridulce recuerdo—, comprendí que debía regresar a Singapur y buscar lo que quedaba de mi familia. Por supuesto mi abuelo había muerto, y muchos otros, debido a la guerra. Pero encontré a un primo que me contó una historia fantástica. Me dijo que cuando mi abuelo, el aristocrático padre de Mei-ling, murió, mi madre tomó la decisión de ir a América a buscarme. Las leyes de inmigración aún eran estrictas, en 1953, pero las leyes para los turistas eran más tolerantes. Mi primo acompañó a mi madre, que para entonces ya era anciana, a California. Mi primo me dio esto. —Metí la mano en el bolso y saqué el viejo artículo de periódico que había conservado durante cuarenta años. Estaba amarillento y quebradizo y la fotografía resultaba difícil de distinguir. Se la entregué a Charlotte y dije—: Tú odiabas aquella gran fábrica de Menlo Park porque me separaba de ti. Decías que la quería más que a ti. Abrí aquella moderna fábrica en 1953, cuatro años antes de que nacieras, después que Gideon me convenció de que necesitábamos grandes cubas relucientes y cintas transportadoras y tubos de ensayo. Era una gran fábrica moderna que podía preparar medicinas mil veces más deprisa que la fábrica de Daly City, curando a mil veces más personas.

Charlotte miraba el frágil recorte de periódico y su descolorida fotografía con el entrecejo fruncido.

—¿Qué se supone que estoy mirando? —preguntó.

Le expliqué que cuando regresé a Califonia acudí a la oficina del *San Francisco Chronicle* y les mostré el artículo, pidiéndoles una copia de la fotografía. Me la vendieron por dos dólares y veinticinco centavos. También la llevaba en mi bolso y ahora se la di a Charlotte. Esta fotografía brillante era mucho más clara que la del viejo periódico, de modo que pudo ver con claridad los rostros de las personas que formaban el grupo mientras yo cortaba la cinta en la entrada de esa nueva fábrica.

—Esta fotografía fue tomada el día de la inauguración —dije—. Mira —y señalé una cara que había al fondo—. Ésta es mi madre, es Mei-ling. Vino a la inauguración de mi nueva fábrica.

Jonathan se inclinó hacia adelante para mirar la fotografía mientras yo me recostaba en el sofá, recordando el día en que había estado en las oficinas del *San Francisco Chronicle*, en 1958, contemplando el rostro de mi madre, a pocos metros de mí, estando conmigo y no estando al mismo tiempo.

Charlotte me miró con los ojos llenos de admiración.

—¿No te dijo nada?

—No podía hacerlo. Había prometido a su padre que nunca se pondría en contacto conmigo.

—¡Pero él estaba muerto!

—Estaba con nuestros antepasados. Ella aún debía honrarle y obedecerle. Pero al mismo tiempo, honraba y obedecía a su corazón. Mi madre estaba allí el día en que inauguré la nueva fábrica, y, según me contó el primo de Singapur, murió unos días más tarde, en San Francisco, y fue enterrada en el cementerio donde ahora también yace enterrado mi ataúd vacío. Charlotte, cuando asististe a mi funeral, pisaste la hierba de la tumba de tu abuela.

—Pero —empezó a decir Charlotte con dolor en la voz— sigo sin entender. ¿Qué tiene esto que ver con la fábrica?

—Mira el rostro de mi madre —dije—. ¿Ves el orgullo que hay en sus ojos? ¿Ves con qué alegría mira a su hija? Cuando vi esto, Charlotte, y vi que había estado a pocos metros de mí y sin embargo se había mantenido alejada, comprendí lo que era el honor familiar y el sacrificio de una madre. Y por eso iba cada día a la fábrica a la que tú creías que yo amaba más que a ti. Porque mi madre había estado allí. Porque era el lugar donde había sentido su alegría y felicidad últimas.

»Mi madre se hallaba en el mismo espacio que yo sin que yo lo supiera, igual que tú has estado en el mismo espacio que tu madre y no lo sabías. Ella se encontraba cerca de mí y sin embargo no podía llamarme «hija», igual que yo te tenía tan cerca y no podía llamarte «hija».

—¿Por qué no me enseñaste esto? —protestó Charlotte—. ¿Por qué no me lo dijiste?

—El deseo de mi madre era que yo no supiera que había venido. ¿Cómo iba a deshonrar ese deseo?

Volví a meter la mano en el bolso y saqué mi último regalo a mi hija. Le sequé las lágrimas que le resbalaban por las mejillas y le mostré la fotografía que había llevado conmigo treinta y nueve años. Era una pequeña fotografía en blanco y negro de una mujer asiática sentada en una cama de hospital con un recién nacido en brazos. A su lado, rodeándola con un brazo protector, estaba un apuesto estadounidense, sonriendo a la cámara.

—Ésta fue tomada la noche en que naciste —declaré. Los ojos de

Charlotte se llenaron de lágrimas al ver a Gideon, a mí y la pequeña forma que era ella—. Una enfermera la tomó. Acababa de traerte junto a mí y yo te sostenía por primera vez. Es la única fotografía en que tú y yo estamos como madre e hija.

La voz de Charlotte era frágil como las campanillas de cristal cuando confesó:

—No sé qué decir.

—Tenemos mucho tiempo para hablar. —Miré a Jonathan y luego a mi hija—. Pero te diré una cosa ahora: a muy pocos se nos concede un gran amor duradero en nuestra vida, Charlotte. Mi madre encontró ese amor en Richard Barclay, y yo en Gideon. Pero las dos perdimos ese amor. Tú no debes cometer ese mismo error, Charlotte. —Cogí la mano de Jonathan y la entrelacé con la de Charlotte—. Has encontrado ese amor, hija. Consérvalo. Abre tus puertas.

Me preguntó a qué me refería.

Dije:

—Hace años te vi cerrar tus puertas, una a una, hasta que fuiste una casa completamente cerrada. ¿Crees que encerrándote mantienes fuera la mala suerte? También dejas fuera la buena suerte. Abre las puertas, Charlotte —dije, sonriendo—. Abre las puertas y las ventanas. Deja que entre la suerte. Deja que entre el amor.

Esta obra, publicada por
GRIJALBO,
se terminó de imprimir en los talleres
de Hurope, S.L., de Barcelona,
el día 23 de octubre
de 1997